Märkisches Jahrbuch
für Geschichte

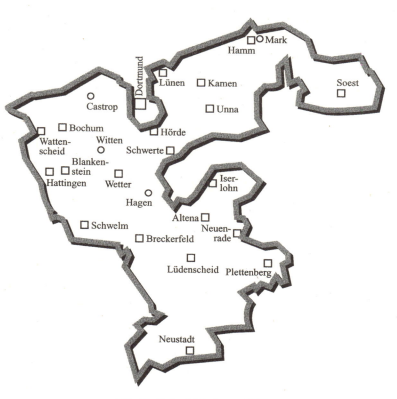

Die Grafschaft Mark um 1590

Märkisches Jahrbuch für Geschichte

Im Auftrage des Vereins
für Orts- und Heimatkunde
in der Grafschaft Mark
(Witten)

herausgegeben durch

Dietrich Thier

in Verbindung mit

Stefan Pätzold, Hardy Priester und Olaf Schmidt-Rutsch

113. Band

2013

ISSN 1867-7827
© Verein für Orts- und Heimatkunde in der Grafschaft Mark
Witten

Gesamtherstellung:
Klartext-Verlag

Inhalt des 113. Bandes

Aufsätze

Stefan Leenen
Die Burg Altendorf – ein Zwischenbericht...7

Hilda Lemke
Vom Totengedenken zur Traditionspflege –
Spuren einer kultähnlichen Verehrung
Engelberts III. von der Mark...59

Raimund Trinkaus
Zur Frage nach dem Widmungsträger des ‚Syberger Epitaphs'
aus der Stiepeler Dorfkirche. Ergänzungen zum Erbfall
der ersten Syberger Lehnsnehmer der Kemnader Güte......................95

Stefan Pätzold
„Dieser attraktive und wohlbekannte Name"
Carl Arnold Kortum (1745-1824) als Bochumer ‚Erinnerungsort'........111

Gerhard Bergauer
Historische Karten von Bochum – Original und
Neuzeichnung von Kortum bis heute..137

Axel Heimsoth
Alfred Krupp und die Eisenbahn.
Produktion und Marketing im 19. Jahrhundert...................................153

Gerhard E. Sollbach
„Kraftvoll schlägt die Flamme vaterländischer Begeisterung
empor" – Kriegsstimmung 1914 in der Stadt Hagen..........................186

Thomas Parent
Bismarck in Bismarck – Anmerkungen zu einem
kirchlichen Kriegerdenkmal im Ruhrgebiet..207

Dietmar Scholz
Verwaltungsbehörden als lokale „Mithelfer" bei der
Ausführung der NS-Politik. Zur Situation in
Castrop-Rauxel zwischen 1933 und 1945..231

Dietmar Scholz
Wir sind Preußen gewesen. Fakten und Gedanken
zum „Nachleben" eines untergegangenen Staates.....................................253

Kleine Beiträge

Gerhard E. Sollbach
Ein halbes Jahrtausend Wandel der
Gemeinde-Selbstverwaltung in Westfalen am Beispiel
von Herdecke an der Ruhr oder:Historischer Wandel
der Gemeinde–Selbstverwaltung in Herdecke..275

Andreas Janik
Eickeler Grabsteine in der Sammlung des Märkischen Museum........283

Gerhard Koetter
Der Industrielle und Politiker Louis Berger..295

Wilhelm Hacke
Wilhelm Beumer (1848-1926) –
eine bürgerliche Karriere im Kaiserreich..300

Dieter Schidt
Carl Franzen. Der Architekt des Märkischen Museums.
Eine Kurzbiographie..307

Wolfgang Lippert
Klara Rheker. Museumsassistentin...313

Bericht über das Geschäftsjahr 2010 JHV 2011..316
Anschriften der Mitarbeiter am Jahrbuch 111 (2011)...............................319
Anschrift des Vereins..321
Beilage: Plan der Stadt Bochum aus dem Ende des 17. Jh.

STEFAN LEENEN

Die Burg Altendorf – ein Zwischenbericht

Inhalt: 1. Lage, S. 7. – 2. Übersicht Forschungsgeschichte und Forschungsstand, S. 8. – 3. Historische Quellen zur frühen Burganlage, S. 10. – 4. Kurzbeschreibung der Anlage, S. 13. – 5. Übersicht zu einigen der bisherigen Erkenntnisse, S. 15. – 5.1 Graben, S. 15. – 5.2 Vorburg, S. 16. – 5.2.1 Ringmauer und Türme (V9-V12), S. 16. – 5.2.2 Die Bauten der Nordseite (V1-V5), S. 19. – 5.2.3 Der Westbau (V6), S. 21. – 5.2.4 Der Südostbau (V7-V8), S. 22. – 5.3 Hauptburg, S. 23. – 5.3.1 Ringmauer, S. 23. – 5.3.2 Wohnturm (H1), S. 25. – 5.3.2.1 Das Erdgeschoss der älteren Innengliederung, S. 28. – 5.3.2.2 Das erste Obergeschoss der älteren Innengliederung, S. 29. – 5.3.2.3 Das zweite Obergeschoss der älteren Innengliederung, S. 31. – 5.3.2.4 Das Untergeschoss der jüngeren Innengliederung, S. 32. – 5.3.2.5 Das Erdgeschoss der jüngeren Innengliederung, S. 33. – 5.3.2.6 Das erste Obergeschoss der jüngeren Innengliederung, S. 35. – 5.3.2.7 Das zweite Obergeschoss der jüngeren Innengliederung, S. 36. – 5.3.2.8 Das dritte Obergeschoss der jüngeren Innengliederung, S. 36. – 5.3.2.9 Die Abortanlage und der innere Treppenturm, S. 38. – 5.3.3 Bauten am Wohnturm, S. 39. – 5.3.3.1 Der Treppenturm, S. 39. – 5.3.3.2 Die beiden Räume im Südosten (H2 - H3), S. 41. – 5.3.3.3 Die Räume im Westen (H4-H7), S. 42. – 5.3.3.4 Zugangsbauten, S. 43. – 5.3.3.5 Der Burghof, S. 44. – 6. Funde, S. 45. – 6.1 Übersicht über das Fundmaterial, S. 45. – 6.2 Datierung der Fundstücke, S. 48. – 7. Deutung, S. 49. – 7.1 Vorgänger, S. 49. – 7.2 Ältere Burganlage, S. 50. – 7.3 Jüngere Burganlage, S. 52. – 7.4 Zuordnung der Ringmauer und der Anbauten im Nordwesten der Hauptburg, S. 55. – 7.5 Nur zwei Phasen? S. 55. – 7.6 Zusammenhang von besitzgeschichtlichen Ereignissen und Bauphasen, S. 57. – 7.7 Ausblick, S. 58.

1.

Die Ruine der Burg Altendorf liegt auf einem Plateau etwa 45 m über dem Ruhrtal. Mit der kommunalen Neugliederung kam die westfälische Gemeinde Altendorf 1970 aus dem Ennepe-Ruhr-Kreis als Stadtteil Burgaltendorf an die Stadt Essen und gehört seitdem zum Rheinland.

2.

Erstmals wissenschaftlich vorgestellt wurde die Anlage durch Albert Ludorff im Denkmalinventar des Kreises Hattingen von 1909.[1] Die damals gedruckten Fotos entstanden allerdings etwas früher, da sie den Zustand vor den Sicherungsmaßnahmen 1903/04 zeigen, bei denen Mauerlücken geschlossen und Metallanker eingebracht wurden.[2] Eine kurze Beschreibung folgte 1917 durch Heinrich Watenphul.[3] 1940 veröffentlichte Leo van de Loo ein Heimatbuch über die Geschichte der Burganlage, das aus heutiger Sicht aber leider nur eingeschränkt nutzbar ist.[4] Zu den Grabungen 1966-1969 brachte Heinrich Eversberg zwei Bände zur Geschichte und zu einzelnen archäologischen Aspekten heraus.[5] Auf seine Ergebnisse beruft sich auch Eberhard Neumann bei der Vorstellung der Ergebnisse der Grabungen 1972.[6]

Von der Aufnahme um 1900 durch Ludorff sind außer den Bildern keine weiteren Unterlagen erhalten. Einige Pläne stammen aus den 1920er-Jahren, als der Einbau einer Wohnung in den Trum der Hauptburg geplant war, ein Unterfangen, das nie realisiert wurde.[7] Noch vor Beginn

1   ALBERT LUDORFF (bearb.): Die Bau- und Kunstdenkmäler des Kreises Hattingen, Die Bau- und Kunstdenkmäler von Westfalen 29, Münster 1909, S.15 f.
2   WILFRIED RUTHMANN: Die Burgruine Altendorf als Objekt der Denkmalpflege und des Denkmalschutzes, in: HEINRICH EVERSBERG (Hg.): Beiträge zur Bau- und Kulturgeschichte der Burg Altendorf an der Ruhr, Hattinger heimatkundliche Schriften 16, Hattingen 1968, S. 66-79, S. 69; LEO VAN DE LOO: Heimatbuch der Gemeinde Altendorf a. d. Ruhr, Jahrbuch Heimatverein Hattingen/Ruhr 1939/40, Altendorf 1940, S. 78 f.
3   HEINRICH WATENPHUL: Burg Altendorf, in: Der Burgwart. Zeitung für Wehrbau, Wohnbau und Städtebau 18 (1917), S. 52-57 .
4   VAN DE LOO: wie Anm. 2. Als Serie waren die Texte 1938/39 erschienen: Scholle und Schacht 4 (1938), S. 65 f., 69 f., 73-75, 78 f., 81 f., 85-87, 89 f.; 5 (1939), S. 41 f. Vieles ist erzählend und ausgeschmückt geschrieben, bei den detaillierten Informationen, z. B. zur Genealogie, fehlen die Nachweise.
5   EVERSBERG: wie Anm. 2 und HEINRICH EVERSBERG (Hg.): Beiträge zur Geschichte der Burg Altendorf an der Ruhr, Hattinger heimatkundliche Schriften 18, Hattingen 1971. Das 1990 vom Heimat- und Burgverein Essen-Burgaltendorf e. V. herausgegebene Buch „Die Burg Altendorf" beruht im Wesentlichen auf Beiträgen aus den Publikationen Eversbergs von 1968 und 1971.
6   Eberhard G. Neumann: Burg Altendorf/Ruhr. Grabungen, Bauuntersuchungen und vorläufiges Ergebnis, in: Westfalen 50 (1972), S. 58-69 und in: Château Gaillard. Etudes de Castellologie médiéval 5, Caen 1972, S. 133-141.
7   Der Einbau einer Wohnung für die Künstlerin Josefa Berens-Totenohl in Form eines hölzernen Einbaus in den Turm wurde vom Landesarchitekten 1925 aus hygienischen

der Grabungen wurde der Wohnturm 1965 vermessen,[8] Öffnungen usw. verzeichnet, allerdings auf eine detailreiche, steingerechte Wiedergabe verzichtet. Diese Unterlagen sind auf einem fast 50 Jahre alten Stand und die wenigen Fortführungen schließen nicht alle Grabungsergebnisse ein.[9] Das Mauerwerk des Wohnturmes wurde 1963-1967 im Vorfeld der Grabungen vom Efeu befreit, die alten Stützanker an der Außenseite ausgetauscht und die dabei entstandenen Mauerlöcher geschlossen. Mehrere große Öffnungen wurden zugesetzt, die Mauern neu verfugt und schadhafte Steine so ausgetauscht, dass die neuen Steine möglichst nicht auffielen.[10] Ausgebrochene Tür- und Fensterlaibungen und die Bögen über den Öffnungen wurden beigemauert.[11]

Die archäologischen Untersuchungen durch den Gymnasiallehrer Eversberg und eine Schülerarbeitsgemeinschaft wurden 1967-1969 mit sehr viel Engagement durchgeführt. Die Vorgehensweise entsprach allerdings auch für damalige Verhältnisse nicht dem Stand der Wissenschaft,[12] und die Dokumentation weist erhebliche Unzulänglichkeiten und Lücken auf, welche die Interpretation im Nachhinein erschweren. Das umfangreiche Fundmaterial ist heute ebenso wie die Dokumentation

---

und denkmalpflegerischen Aspekten abgelehnt: HANS MICHELS: Die westfälische Malerin und Dichterin Josefa Berens-Totenohl und die Burg Altendorf, in: EVERSBERG: wie Anm. 2, S. 64 f.

8   RUTHMANN: wie Anm. 2, S. 77.
9   NEUMANN bildet einige Pläne in großem Maßstab ab, die auch Erkenntnisse der Grabungen beinhalten: NEUMANN: wie Anm. 6. Auch die Bauphasenzuordnung durch das LVR-Amt für Denkmalpflege im Rheinland aus dem Jahr 2003 wurde auf den alten Planunterlagen vorgenommen: Unterlagen des Heimat- und Burgvereins Essen-Burgaltendorf e. V. Ein Laserscan von der Hauptburg durch die FH Bochum für das Portal „Ruhrzeiten" steht bisher nicht für die weitere Forschung an der Anlage zur Verfügung.
10 RICHARD BÖNNINGHAUSEN: Die Restaurierung der Burgruine in Altendorf (Ruhr) aus bautechnischer Sicht, in: EVERSBERG: wie Anm. 2, S. 27-41, S. 29.
11 RUTHMANN: wie Anm. 2, S. 77.
12 Es fehlen maßstabsgerechte Zeichnungen, absolute Höhenangaben sowie eine systematische Fundbeschreibung und Fotodokumentation. Für die Zuordnung der Bauphasen und die absolute Datierung von Bauteilen wäre es hilfreich gewesen, die Grabungsschnitte bis auf den gewachsenen Boden abzusenken. Dies ist aber an nahezu keiner Stelle erfolgt. Eine archäologische Ausbildung besaß Eversberg nicht. Die Grabung stand aber unter der Aufsicht des Landesdenkmalamtes, dessen Vertreter auch einen Vortrag zur Grabungstechnik hielt (HEINRICH EVERSBERG: Bericht über die Tätigkeit der Archäologischen Arbeitsgemeinschaft des Jungengymnasiums Hattingen in der Burgruine Altendorf, in: EVERSBERG: wie Anm. 2, S. 80-102, S. 91.), ansonsten aber traten die Fachleute eher selten im Grabungsalltag in Erscheinung.

über mehrere Einrichtungen verstreut.[13] Dies liegt vor allem daran, dass der Grabungsleiter die Objekte zu Hause bzw. in Vereinsräumen verwahrte, wo sie nach seinem Tod verblieben oder nach dem Belieben der Nachkommen verteilt wurden. Der Hauptteil der Funde befindet sich in den Beständen der Stadtarchäologie Essen, die im RuhrMuseum liegen. Einige herausragende Stücke liegen beim Heimatverein Hattingen/Ruhr e.V., weitere Fragmente beim Verein zur Erhaltung der Isenburg e.V. und in der Heimatstube Sprockhövel. Beim Heimat- und Burgverein Essen-Burgaltendorf e. V. lagern einige Spolien und später aufgetauchte Objekte. Funde in der Vitrine des Restaurants auf der Vorburg sind nach einem Besitzerwechsel verschwunden. Die Grabungstagebücher werden derzeit in eine digitale Version übertragen und die Funde in den Ablauf der Grabungsarbeiten eingegliedert.[14] Zusammen mit den Fotos und Skizzen kann dann ggf. die Herkunft eines Großteils der Objekte benannt werden. Auch die weiteren Unterlagen sowie die vorhandenen Befunde sollen weiter ausgewertet werden. Dieser Text kann also nur einen groben Überblick bieten.

3.

Der Ort Altendorf wird als *villa Aldendorpe* erstmals in einer Urkunde des Jahres 1166 aus dem Stift Maria ad gradus in Köln erwähnt.[15] Durch die ebenfalls im Text genannten Nachbarorte[16] ist eine eindeutige Identifizierung gegeben, die bei diesem häufigen Ortsnamen in noch älteren Erwähnungen nicht möglich ist. Die Familie von Altendorf ist seit dem Ende des 12. Jahrhunderts belegt.[17] Die Herren von Altendorf

---

13 Versuche, die Stücke langfristig und zu adäquaten Lagerbedingungen bei der zuständigen kommunalen Archäologie zusammenzuführen, sind bisher gescheitert.
14 Für die Objekte der Stadtarchäologie Essen hat Cordula Brandt eine Nachinventarisierung bereits in den 1990er-Jahren erstellt.
15 THEODOR JOSEF LACOMBLET: Urkundenbuch für die Geschichte des Niederrheins oder des Erzstiftes Cöln, der Fürstenthümer Jülich und Berg, Geldern, Meurs, Cleve und Mark, und der Reichsstifte Elten, Essen und Werden, Bd. 1, Düsseldorf 1840, Nr. 413, S. 284 f.
16 Wenengeren, Dalehusen, Oiberge, Mikelenbeke.
17 Hermann von Altendorf (*Aldendorp*) und seine Brüder Heinrich und Caesarius sind Zeugen der Essener Äbtissin Elisabeth im Jahr 1197: THOMAS SCHILP (Bearb.): Essener Urkundenbuch. Regesten der Urkunden des Frauenstifts Essen im Mittelalter, Bd. 1, Düsseldorf 2010, Nr. 45, S. 29. Zwischen 1197 und 1359 sind aus den Beständen

waren Ministeriale[18] der Essener Äbtissin und hatten im späten 13. und frühen 14. Jahrhundert das Drostenamt des Stiftes inne.[19] Zeitweise waren sie Burgmannen des Kölner Erzbischofs auf der Neu-Isenburg.[20] Eine Beziehung zum Grafen von der Mark war schon durch dessen Funktion als Stiftsvogt gegeben.[21] Der Ort Altendorf wird auf neuzeitlichen Karten zum Machtbereich der Grafen von der Mark gezählt.[22] Spektakuläre Ereignisse von überregionalem Interesse sind im Zusammenhang mit der Familie und der Burg Altendorf zum Leidwesen einiger Forscher bisher nicht bekannt.[23]

Auf die Wohnstätte der Familie von Altendorf gibt es nur wenige Hinweise in den Schriftquellen. 1291 erscheint eine *curtis de Aldendor-*

des Stiftes und der Stadt über siebzig Schriftstücke mit Beteiligung der Familie von Altendorf – meist als Zeugen – im Urkundenbuch, im Findbuch zum Stift Essen des Landesarchivs NRW, Abteilung Rheinland: 120.75.01 Essen, Stift, Urkunden, online unter: http://www.archive.nrw.de/LAV_NRW/jsp/findbuch.jsp?archivNr=185&klassId=1&tektId=400&id=091 (23.08.2013) sowie in den Urkunden-Regesten Stadt Essen, Band 1, Stadtarchiv Essen, verzeichnet.

18 Als solche werden Familienmitglieder z. B.1197 und 1301 bezeichnet, SCHILP: wie Anm. 17, Nr. 45 und 250.

19 Wennemar von Altendorf wird 1285 (SCHILP: wie Anm. 17, Nr. 160, S. 75), 1287 (Nr. 170, S. 79 f.), 1288 (Nr. 175, S. 82 f.), 1289 (Nr. 178, S. 83 f.), 1290 (Nr. 186, S. 88), 1291 (Nr. 192, S. 91), 1298/1301 (Nr. 255, S. 120 f.), 1309 (Nr. 309, S. 150), 1310 (Nr. 331, S. 160) als Drost bezeichnet, Pilgrim von Altendorf 1325 (Nr. 470, S. 228 f.).

20 THEODOR JOSEF LACOMBLET: Urkundenbuch für die Geschichte des Niederrheins oder des Erzstifts Cöln, der Fürstenthümer Jülich und Berg, Geldern, Meurs, Cleve und Mark, und der Reichsstifte Elten, Essen und Werden, Bd. 3, Düsseldorf 1853, Nr. 233, S. 193.

21 1295 bezeugt Adolf von Altendorf als Knappe eine Urkunde des Grafen von der Mark: SCHILP: wie Anm. 17 , Nr. 209, S. 99. Einen für die Position der Altendorfer überraschenden direkten Kontakt zum König legt eine Urkunde von 1282 nahe, in der ein Adolf von Altendorf belehnt wird: RI VI,1 n. 1702, in: Regesta Imperii Online, URI: http://www.regesta-imperii.de/id/1282-08-28_2_0_6_1_0_1878_1702 (abgerufen am 02.09.2013).

22 Auf den neuzeitlichen Kartenwerken ist der Ort bzw. die Burg am Westrand der Grafschaft im Amt Blankenstein zu finden, z. B. in der Karte von Müller (1791): HEINRICH SCHOPPMEYER: Der Ruhr-Lippe-Raum zwischen 1300 und 1800, in: Aufruhr 1225! – Ritter, Burgen und Intrigen, Mainz 2010, S. 59-76, Abb. 12, S. 72. Im Schatzbuch der Grafschaft Mark von 1486 finden sich 14 Positionen zu Altendorf: WILLY TIMM: Schatzbuch der Grafschaft Mark von 1486, Quellen zur Geschichte Unnas und der Grafschaft Mark 1, Unna 1986, S. 57, Nr. 1096-1109.

23 BERNHARD STEIN & KARL KAMP: Heimatkunde der Kreise Bochum Stadt und Land, Gelsenkirchen Stadt und Land, Hattingen und Witten, Arnsberg 1900, S. 142 vermerken: „Geschichtliche Bedeutung scheint das Schloss Aldendorpe wenig gehabt zu haben", v. a. im Gegensatz zur nahen Burg Isenberg.

pe, also ein Hof, in einer Erbteilung, die Ritter Hermann von Altendorf zur Vermeidung eines Streits zwischen seinem Erstgeborenen Wenemar und seinen Kindern aus zweiter Ehe festlegt.[24] Danach soll Wenemar den Hof erst nach dem Tod des Vaters erhalten, da dieser sich ihn zur Nutzung vorbehalten hat. Dieser Hof muss demnach geeignet gewesen sein, zu einer standesgemäßen Altersversorgung beizutragen, eine nähere Beschreibung gibt es aber nicht. In einem weiteren Dokument über einen Erbschaftsstreit taucht 1329 gar kein konkreter Besitz in Altendorf auf,[25] 1343 existiert eine Wohnung (*wanincghe*) des Heinrich Vytinc zu Altendorf.[26] Erst 1356 wird im Zusammenhang mit einem Wenemar[27] von Altendorf explizit *castrum seu habitacionem*, Burg oder Wohnhaus, der Ritter genannt, allerdings nur am Rande als nähere Beschreibung zur Lage des Ausstellungsortes der Urkunde.[28] In einem späteren Nachtrag im gegen Ende des 13. Jh. angelegten Essener Totenbuch[29] steht „*domum Wenemari de Aldendorp*" als Orientierungsangabe.[30] Dieser Eintrag ist aber wahrscheinlich auch nicht älter als die Erwähnung als *castrum*.[31] Hinsichtlich der Schriftüberlieferung wird eine sichere Datierung der

24 LA NW, Abt. Rheinland, Stift Essen, Urkunden, Nr. 131, ediert in Theodor Ilgen u. a. : Westfälisches Urkundenbuch, Bd. 7, Münster 1901, Nr. 2206, S. 1042.
25 LA NW, Abt. Rheinland, Stift Essen, Urkunden, Nr. 332.
26 LA NW, Abt. Rheinland, Stift Essen, Urkunden, Nr. 423. Sie dient als den Verhandlungsparteien bekannter Orientierungspunkt für die Lage eines Gutes.
27 Wenemar ist der Leitname der Altendorfer. Die Lebensdaten der einzelnen Träger dieses Namens sind aus den Erwähnungen nicht zu rekonstruieren.
28 LA NW, Abt. Rheinland, Stift Essen, Urkunden, Nr. 517. „*Actum in villa ayldendorpe predicta in horreo Wenemari domini de ayldendorpe armigeri pueri* [?] *praefate Jutte, sito ante castrum seu habitationem ipsius Wenemari*".
29 THORSTEN FISCHER: Überlegungen zur Neuanlage der Essener Memorialüberlieferung um 1300, in: THOMAS SCHILP (Hg.): Pro remedio et salute anime peragemus. Totengedenken am Frauenstift Essen im Mittelalter, Essener Forschungen zum Frauenstift 6, Essen 2008, S. 261-284, S. 266 f.
30 KONRAD RIBBECK: Ein Essener Necrologium aus dem 13. und 14. Jahrhundert, in: Beiträge zur Geschichte von Stadt und Stift Essen 20 (1900), S. 31-134, S. 132. Eine *domus* kann dem Wort nach ein (befestigtes) Haus, ein Gut oder allgemein Besitz sein. STEFAN FRANKEWITZ: Der Niederrhein und seine Burgen, Schlösser, Herrenhäuser an der Niers, Geldrisches Archiv 11, Geldern 2011, S. 29 sieht im mittelalterlichen Gebrauch dieses Begriffes immer das befestigte Haus.
31 Es geht um die Memoria für Äbtissin Kunigunde von Berg (reg. 1327-1337, +1355). Der Name Wenemar ist in der Familie von Altendorf seit dem 13. Jh. und noch 1359 belegt: Findbuch, wie Anm. 17, Nr. 550. Im Nekrolog tritt mit ihm zusammen der Besitz des *Henrici de Vitinch* auf. Auf dieses Gut nimmt eine Urkunde von 1343 Bezug: s. Anm. 26. Der Eintrag dürfte damit etwa gleich alt oder jünger sein als die erste Erwähnung als *castrum*.

Burg vor die Mitte des 14. Jh. demnach nicht möglich sein.[32] Die für die Zeit vor 1356 für Altendorf interessante Frage, ob ein Adelsgeschlecht auch immer auf einer Burg gesessen hat, ist hier wie auch in vielen anderen Fällen nicht zu beantworten. Dass es durchaus auch größere Höfe ohne Befestigungselemente gewesen sein können, ist mehrfach archäologisch belegt.[33] Als Inhaber eines Hofamtes der Essener Äbtissin werden die Herren von Altendorf Wert auf einen repräsentativen Wohnbau gelegt haben. Die Marschälle des Stiftes, die Herren von Horst, wohnten im 13. Jh. allerdings auch in einem vergleichsweise einfachen Steinhaus auf einem von einer Mauer umgebenen künstlichen Hügel als Nachfolger einer kleinen Holzburg in der sumpfigen Emscherniederung.[34]

4.

Die Burg Altendorf (Abb. 1) gliedert sich in eine größere Vorburg in Form eines unregelmäßigen Vierecks mit einer maximalen Seitenlänge von ca. 70 m und eine nahezu quadratische Hauptburg von ca. 30 m Seitenlänge. Mit den rekonstruierten Grabenbereichen misst die Anlage heute ca. 130 x 90 m.

Die Vorburg wird von einer Ringmauer umgeben, an die alle Gebäude im Inneren anschließen. An den vier Ecken befinden sich Rundtürme (V9-

---

32 Z. B. Anton Lehnhäuser: Klöster, Burgen und feste Häuser an der Ruhr, Essen 1924, S. 104, 106 und Van de Loo: wie Anm. 4, S. 51 schreiben, dass die Essener Äbtissin Katharina von der Mark (reg. 1337-1360) sich auf der Burg aufgehalten haben soll. Dafür geben sie aber keine Quellenangabe. Vielleicht geht dies auf einen Äbtissinnenkatalog aus der Mitte des 17. Jahrhunderts zurück, in dem unter Katharina von der Mark vermerkt ist: „hatt ahn den Häussern zu Borbeck und Altendorff bey der ruhr [...] genanndt, hoff gehalten": Otto Seemann: Die Äbtissinnen von Essen, in: Beiträge zur Geschichte von Stadt und Stift Essen 5 (1883), S. 11, Einleitung. Die Ersterwähnung der Burg wird durch diese 400 Jahre später ohne Nachweis niedergeschriebene Anmerkung nicht älter. Es wäre jedoch interessant, inwieweit die Äbtissinnen auf die Anlagen ihrer Dienstleute Zugriff hatten und diese selbst nutzten.

33 Z. B. der Große Hof in Sendenhorst (Stefan Eismann: Mittelalterliche Schachfiguren und Spielsteine aus Sendenhorst, in: Von Anfang an. Archäologie in Nordrhein-Westfalen, Mainz 2005, S. 522 f., S. 522.) oder der Hof am Westhafen in Hamm (Eva Cichy: Der Siedlungsplatz Hamm-Westhafen, Bodenaltertümer Westfalens 46, Mainz 2008.).

34 Cornelia Kneppe: Schloss Horst, in: Burgen Aufruhr, Unterwegs zu 100 Burgen, Schlössern und Herrensitzen in der Ruhrregion, Essen 2010, S. 210-213, S. 211.

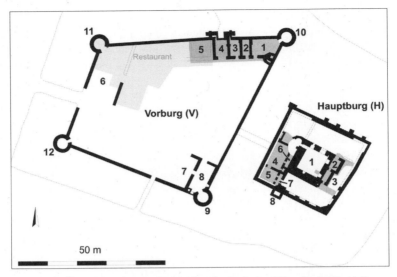

Abb. 1: Übersichtsplan der Burg Altendorf mit den Kürzeln der Bauteile. Dunkelgrau gerastert sind die bei den Grabungen archäologisch untersuchten Flächen. Quelle: Stefan Leenen

V12). Der ursprüngliche Zugang zur Vorburg befand sich an der Nordseite (V4). Beidseitig des Tores schlossen sich unterschiedlich große Räume an (V1-V3, V5). An der Westseite stand ein größeres Gebäude (V6). Die heute sichtbaren Mauerteile sind zum größten Teil in den 1960er-Jahren auf den Fundamenten errichtet worden. Der einzige besser erhaltene Bau liegt an der Südostecke (V7-V8).

Der Standort der heutigen Brücke zur Hauptburg entspricht nicht der ursprünglichen Lage. Die Hauptburginsel wird von einer einfachen Ringmauer eingefasst. An der Nordostseite weist sie einige Stützpfeiler auf, an der Innenseite sind v. a. im Süden Auflagen für einen Wehrgang zu sehen. Auf der Südecke befand sich ein Maueraufsatz, vielleicht ein kleiner Turm. Im Südwesten springt ein Rechteckbau mit dem Rest einer Wendeltreppe (H8) in den Grabenbereich vor.

Dominierendes Gebäude ist der nahezu quadratische Wohnturm (H1). Im Südosten ragt ein Fallschacht über die Mauerflucht hinaus. Hier lag auch ein schmales Gebäude (H2-H3), von dem heute aber nur noch einige Mauerreste im Boden erhalten sind. Ebenso gab es einen mehrräumigen Anbau auf der Westseite (H4-H7). Zur Vorburg hin besaß der Wohnturm einen halbrunden Vorbau, der später durch einen polygonalen Treppenturm überbaut wurde.

5.
5.1

Dass die Burg Altendorf von einem Graben umgeben war und dieser auch die Haupt- von der Vorburg trennte, ist aus alten Plänen ersichtlich. Der gewachsene Boden liegt im Graben – höchstwahrscheinlich durch Ausheben – etwa 1,5 m[35] tiefer als in der Hauptburg.[36] Eversberg ging von einem wasserführenden Graben aus, der von der westlich gelegenen Anhöhe, auf der heute die katholische Kirche steht, über eine Kaupenleitung versorgt wurde. Teile dieser Leitung sollen bei Bauarbeiten 1897 beobachtet worden sein,[37] worüber in den Unterlagen aber keine Hinweise zu finden sind. Die heutige Ausdehnung und Tiefe des Grabens sind modern und wurden im Zuge der Sanierung angelegt. Sie sollen sich an dem alten Zustand orientieren. Von der Südostseite der Hauptburg wurde ein Schnitt bis zum Grabenrand gezogen.[38] Dabei ließ sich an dieser Stelle eine schmale Berme von weniger als 2 m Breite feststellen. An anderen Stellen waren keine Bermen nachzuweisen, was Eversberg auf Planierungen zurückführte. Der ganze Grabenbereich scheint künstlich mit einer 0,30 m dicken Tonlage ausgefüllt zu sein, welche die Wasserführung erst möglich machte.[39] Durch den Einsatz von schweren Maschinen konnten in den weiteren Abschnitten der üblicherweise besonders fundträchtigen

---

35 Die Maße sind den von Eversberg bzw. Neumann publizierten Plänen und Beschreibungen entnommen, eigene Messungen sind kursiv gesetzt. Vielen der hier dargestellten Erkenntnisse aus den Grabungen liegen Informationen aus der Fotodokumentation zugrunde. Die über 1.000 Bilder besitzen aber keine Inventarnummern, so dass sie hier nicht zitiert werden.
36 EVERSBERG: wie Anm. 12, S. 86.
37 VAN DE LOO: wie Anm. 4, S. 22.
38 HEINRICH EVERSBERG: Zweiter Bericht über die Tätigkeit der Arch. Arbeitsgemeinschaft des Jungengymnasiums Hattingen in der Burgruine Altendorf und das Ergebnis der Arbeit, in: EVERSBERG: wie Anm. 12, S. 79-107, S. 86.
39 EVERSBERG: wie Anm. 38, S. 97.

Gräben keine Funde und andere Beobachtungen gemacht werden.[40] Im Bereich der Vorburg nahmen Verkehrswege, Bauten und die Anlage des Parkplatzes Einfluss auf die Gestaltung, sodass hier nicht der ursprüngliche Zustand wiedergegeben ist.

5.2
5.2.1

Die Vorburg macht in ihrer heutigen Form, den Restaurantbau einmal ausgenommen, einen recht geschlossenen Eindruck. Die Originalsubstanz in diesen Mauern ist aber unterschiedlich groß. Schon 1917 waren drei der Ecktürme teilweise oder völlig verschwunden.[41] Für die Sanierung wurden die Mauern freigelegt und es zeigte sich, dass vor allem auf der Nordseite und im nördlichen Abschnitt der Südostseite sowie am Turm V10 die Außenschalen weitgehend fehlten. V11 war in etwa bis zu sieben Steinlagen über dem Boden erhalten, die Westseite der Mauer noch etwas höher.

V9 ist der einzige der vier Ecktürme der Vorburg, der noch über dem Sockelbereich erhalten ist (Abb. 2), was auf die Nutzung des anschließenden Gebäudes (V8) bis in das 19. Jh. zurückzuführen ist. Die Südwest- und Südostseite der Vorburg laufen in einem annähernd rechten Winkel auf die Südecke zu, sodass der Turm nach außen eine Dreiviertelrundung besitzt, zum Innenraum von V8 aber eine gerade Wand. An der Außenseite weist er über einem Sockel einen Absatz auf, direkt darüber

---

40 WILFRIED RUTHMANN: Der Abschluß der Restaurierung der Burgruine Altendorf (1968-1970) und der Bau eines Gaststättenbetriebes im Burggelände, in: EVERSBERG: wie Anm. 5, S. 36-54, S. 43.

41 Von V10 fehlte jede Spur, die Türme im Westen waren fast ganz abgetragen: WATENPHUL: wie Anm. 3, S. 53. Für den Bau des Schulgebäudes wurden hier Steine gebrochen: WATENPHUL: wie Anm. 3, S. 55. VAN DE LOO: wie Anm. 4, S. 20: V12 war bis auf den Sockel zerstört, von V11 nur ein Teil der Innenschale erhalten, V10 völlig verschwunden, ebenso große Teile der Ringmauer, von der nur im Südwesten ein Teil erhalten blieb. Eversberg ging davon aus, dass V10 zusammen mit dem Torbau für die Steingewinnung zum Bau des Kötterhauses auf der Anlage zwischen 1810 und 1823 abgetragen wurde: HEINRICH EVERSBERG: Die Burg Altendorf als Kötterei, in: EVERSBERG: wie Anm. 2, S. 27-41, S. 29.

Abb. 2: Der Südostbau mit anschließendem Rundturm auf der Vorburg. Umrandet ist der Bereich des ehemaligen Fensterdurchbruchs.
Quelle: Stefan Leenen

finden sich vier längsrechteckige, doppeltrichterförmige Schießscharten, die gleichmäßig über die Rundung verteilt sind. Im Geschoss darüber liegen zwei weitere Scharten zur Flucht der Ringmauer, davon die nach Nordosten in Form einer Doppelscharte, und eine Scharte nach Süden.[42] Der heutige Betonboden des etwa *4 m* breiten Raumes gibt wohl nicht die Originalhöhe wieder, die Scharten lägen ansonsten sehr dicht über dem Boden. Ein Hinweis darauf ist auch die im unteren Bereich zugesetzte Türöffnung. Über der Zone mit den Schießscharten ändert sich auf Höhe des Türsturzes der Grundriss des Innenraums von rund in achteckig. Bis zu dem vorkragenden Gesims auf der Außenseite und damit der höchsten erhaltenen Stelle des Turmes sind es nochmals *1,9 m*. Vielleicht befand sich hier ein weiteres Geschoss ohne Öffnungen zum Grabenbereich. Von V8 führt eine Tür zu der Treppe ins Sockelgeschoss, direkt darüber – noch

---

42 Details und Maße zu den Scharten und den Schießkammern finden sich bei JOHANNES GRUBER U. A.: Bauliche Einzelheiten in der Burg Altendorf, in: EVERSBERG: wie Anm. 5, S. 55-78, S. 62-70.

im EG von V8 – eine weitere in das obere Turmgeschoss, die vermutlich hölzerne Treppe oder Leiter ist nicht mehr vorhanden. Möglicherweise war der Turm, abgesehen vom fehlenden Dach, nicht höher als heute. Auf einem Foto aus dem späten 19. Jh. sind außen zwei Reihen regelmäßig gesetzter Gerüstlöcher im Mauerwerk zu sehen.

Abgesehen von der Südecke der Vorburg gab es wohl nur noch am Südwestturm V12 Anzeichen für Maueröffnungen. Wie groß die erhaltene Originalsubstanz der dortigen beiden Schießscharten *2,6 m* über einem Absatz war, ist unklar. Drei der vier Türme schlossen an Gebäude an und werden von diesen aus zugänglich gewesen sein. Für V12 kann dies nur angenommen werden.

Die Ringmauer der Vorburg wurde in mehreren Abschnitten errichtet. Baufugen waren nahe V11 im nordwestlichen Ringmauerrest,[43] im Südosten kurz vor dem Anschluss an V8 und im Fundament von V4 zu sehen. Bis auf die letzte wurden sie aber weder in den Texten erwähnt

Abb. 3: Ansicht der Burg, die den Zustand im Jahr 1821 darstellen soll (oben) und weitere Ansicht ggf. nach diesem Vorbild entstanden (unten). Quelle: Van de Loo: wie Anm. 4, zw. S. 36 u. 37; Fotodokumentation.

---

43 EVERSBERG: wie Anm. 2, Abb. 6.

noch weiter untersucht. Die ursprüngliche Höhe der Ringmauer ist nicht bekannt, auf einem Bild des 19. (?) Jh. (Abb. 3) reicht sie etwa so hoch wie das OG von V8.[44] Im Vorfeld der Grabungen wurde die Ringmauer bereits saniert, mit einer Breite von 1,30 m aufgemauert, und erst dann die daran anschließenden Gebäudeteile freigelegt.[45] 2002 stürzte ein Teil der Südostmauer ein und musste erneuert werden.

5.2.2

Der Schwerpunkt der Grabungen in der Vorburg lag um das Tor im östlichen Abschnitt der Nordmauer. Entlang der Ringmauer kamen insgesamt fünf durch Mauern getrennte Bereiche zu Tage, die alle eine Tiefe von 5,25 m besaßen. Diese Mauern sind nicht alle gleich stark und es zeigen sich einige Versprünge,[46] was möglicherweise auf die schlechte Erhaltung zurückzuführen ist. An die Tordurchfahrt V4 schlossen sich nach Osten zwei schmale (V2-V3) und ein breiterer Raum (V1) mit Verbindung zum Nordostturm (V10) an, nach Westen ein größerer Raum (V5). Der 4 m breite Torraum war mit Sandsteinplatten ausgelegt und lag etwas höher als die angrenzenden Räume. Im Sockelbereich der Mauern wies er einen profilierten Absatz auf. Die Toröffnung zum Burghof war 2,84 m breit, an der Außenseite konnte die Öffnungsbreite nicht ermittelt werden.[47] Der Unterbau der Steinplatten bestand nach Eversberg aus einer 0,40 bis 0,50 m dicken Schicht aus Ziegelschutt, nähere Erläuterungen fehlen.[48] Beiderseits des mutmaßlichen Tores wurden zwei Mauerzungen im Graben gesichert und als Fundament einer Brückenkonstruktion gedeutet, die genaue Funktion aber nicht erklärt. Sollte es sich um die Substruktion von aufgehendem Mauerwerk handeln, sprang der Torbe-

---

44 Das Bild soll die Burg im Jahr 1821 darstellen.
45 Dies führte z. B. dazu, dass eine Mauerzunge bis in die Toreinfahrt hinein fortgesetzt wurde, da das Tor zu dieser Zeit noch nicht frei lag. Eversberg 1968: wie Anm. 2, S. 94, Abb. 9.
46 EVERSBERG: wie Anm. 2, Anhang Blatt 11.
47 EVERSBERG: wie Anm. 2, Anhang Blatt 11.
48 EVERSBERG: wie Anm. 12, S. 93 f. Bei Eversberg ist nicht immer klar, ob er mit Ziegeln Dachziegel oder Backsteine meint.

reich vielleicht 2 m aus der Nordfront der Vorburg vor. Eine 1,85 m breite und 2,60 m tiefe Einbuchtung[49] nach Süden könnte dann für die innen liegende Hälfte einer Wippbrücke bestimmt gewesen sein.

Der Abschluss von V5 konnte nicht sicher ermittelt werden. Bei einer Breite von 6,75 m fand sich dem Bericht zufolge nur ein Streifen in Lehm gesetzter Steine, der als Fundament einer Fachwerkwand angesprochen wurde.[50] Ein Foto zeigt aber, dass eine Mauer, die mit der Mauer zum Hof verzahnt und ebenso breit war, mindestens bis etwa zu einem Drittel der Raumtiefe in die Fläche hereinragte. Die Tür zu V5 soll 2,65 m breit gewesen sein,[51] allerdings zeigen die Abbildungen, dass die entsprechende Stelle sehr schlecht erhalten war. V5 besaß eine Feuerstelle mit einem Boden aus Backsteinen. Eine solche fand sich auch in der Ostwand des 3,30 m breiten Raumes V3. Daran schloss sich ein nur 2,50 m breiter weiterer Raum (V2) an, der als einziger keinen Steinplattenboden besaß. V1 mit unregelmäßigem Grundriss und 7,50 bis 8,50 m Breite war mit vollständigen oder fragmentierten profilierten Steinen gepflastert.[52] An seiner Südostseite verzweigt sich die Mauer zum Innenhof beim Anschluss an die Ringmauer in drei Stränge, die zusammen etwa eine halbrunde Form bilden. Eine genaue Funktion konnte bisher nicht ermittelt werden, es könnte sich um die Substruktion einer Treppe handeln.

Der Innenhof vor der Torduchfahrt bestand aus sorgfältig in Lehm gesetztem Schotter und der gesamte Innenbereich war mindestens 1,20 m hoch aufgeschüttet.[53] Diese Aufschüttungen zeigen sich auch in einigen Bildern an der Südostseite der Vorburg in unterschiedlich farbigen Schichten, die Anteile von Steinschutt und wohl auch Schieferbruch enthalten. Hier sind aber auch schon Bereiche mit Beton verfüllt.[54]

Die aufgefundenen Mauern von V1-V4 wurden mit geringer Höhe aufgemauert. Über V5 befindet sich heute das Restaurant, auf V4 steht ein Schuppen. Aus den Unterlagen geht nicht hervor, ob entlang der

---

49 EVERSBERG: wie Anm. 2, Anhang Blatt 11.
50 EVERSBERG: wie Anm. 12, S. 94.
51 EVERSBERG: wie Anm. 12, S. 94.
52 EVERSBERG: wie Anm. 12, S. 94.
53 EVERSBERG: wie Anm. 12, S. 95.
54 EVERSBERG: wie Anm. 12, S. 100.

Nordmauer der Vorburg nach Westen bis V6 noch weitere Baustrukturen vorhanden waren, Eversberg nahm dies aber wohl an.[55]

Insgesamt zeigt sich das Bild einer Randbebauung mit gleicher Breite, die mindestens die östliche Hälfte der Nordseite der Vorburg einnahm. Der Torbau tritt an der Innenseite nicht besonders in Erscheinung, sprang aber vielleicht zur Feldseite leicht vor die Front der Ringmauer vor. Ob er im Aufgehenden besonders betont war, ist nicht zu klären.

5.2.3

Auf dem nach der Grabung entstandenen Grundriss ist im Westen der Vorburg eine Mauer zu erkennen, die etwa 10 m vor der Ringmauer Nord-Süd-gerichtet verläuft. 1940 spricht van de Loo von einem „Rest einer alten, efeuumrankten Mauer […], die parallel der Nordwestmauer verlief" und noch den Ansatz eines Rundbogens an einem ehemaligen Torpfeiler in der Nähe von V11 zeige.[56] Ein Bild zeigt einen Maueransatz an der Innenseite der nördlichen Ringmauer, auf dem die Interpretation eines daran anschließenden Gebäudes beruhen dürfte. In der Fotodokumentation ist die aufgehende Mauer im Auffindungszustand nur einmal im Hintergrund unscharf zu sehen, dort besitzt sie einen schrägen Süd- und einen geraden Nordabschluss.[57] Alle anderen Aufnahmen zeigen sie lediglich während der Wiederaufmauerung als Wand des Restaurants. Auf der Südseite gab es keine archäologischen Untersuchungen, ein Abschluss der Mauer ist nicht gesucht worden. Die heutige Höhe der Außenmauer des Restaurants an der Nordwestecke der Vorburg und am Eingang ist vollständig neu aufgeführt. Eversberg nahm einen großen Bau zwischen den beiden Ecktürmen an und deutete ihn als Bauhaus des 16. Jh.[58]

---

55 EVERSBERG: wie Anm. 2, Anlage Blatt 11 zeigt eine gestrichelte Fortführung der Gebäudeflucht.
56 VAN DE LOO: wie Anm. 4, S. 20.
57 Im Hintergrund wahrscheinlich auch auf EVERSBERG: wie Anm. 2, Abb. 6.
58 EVERSBERG: wie Anm. 38, S. 96.

5.2.4

Der mit 11,25 x 5,25 m größte vollständige Raum der Vorburg liegt in der Südostecke und bezieht V9 mit ein. An der zur Hauptburg gerichteten Außenseite verläuft etwa in der Höhe der Decke des EG ein waagerechtes profiliertes Steinband, von dem ausgehend vier senkrechte Bänder die Mauerfläche darüber in vier abwechselnd schmale und breite Felder einteilen. Während im EG an der Südostseite nur ein großes Fenster nahe dem Turm zum Graben führt, liegen darüber in den schmalen Feldern zwei kleine Fenster. Zur Zeit der Nutzung des Baus im 19. Jh. wurde ein weiteres Fenster im EG eingebrochen, da der überdachte Bereich nicht bis zum alten Fenster reichte. Die Stelle ist heute verschlossen und kaum mehr sichtbar. (Abb. 2) Nach Südwesten ist ein weiteres kleines Fenster im EG erhalten.

An der Südostseite besitzt der Raum im EG eine offene Feuerstelle, die nach dem Grabungsbericht einen Lehmboden besaß und nicht gepflastert war. Zumindest ein Teil des Kaminzuges muss ergänzt sein, da hier noch im frühen 20. Jh. das oben erwähnte Fenster zur Außenseite lag. Der Rauchschacht ragt als Mauervorsprung im OG in den Raum hinein, an einer Öffnung könnte ein Ofen angeschlossen gewesen sein. Eine von Steinen begrenzte Rinne führte zur Grabungszeit von der Raummitte zur Südwestwand zu einem noch erhaltenen Abfluss in den Graben.[59] In der Westecke ist ein schmaler Brunnenschacht halb in die Stärke der Mauer eingelassen. Bis zu einer Tiefe von 5,30 m ist er ausgemauert, was der Tiefe der Fundamente der Ringmauer entspricht. Darunter führt er noch mindestens 3,50 m weiter fort.[60] Die hofseitige Mauer, in der noch der nordwestliche Gewänderest die Lage des Eingangs markiert, führt über V8 hinaus nach Nordwesten und in der Ringmauer ist gegenüber ein weiteres Fenster erhalten. Das Gebäude wird also in dieser Richtung weiter geführt haben (V7), weitere Untersuchungen wurden bisher aber nicht angestellt. Ein Durchgang zu V8 weist noch Originalsubstanz am südwestlichen Gewände auf, sodass die Lage einer Tür, die sich vom angrenzenden Gebäudeteil nach V8 öffnete, gesichert scheint. Ob dieser Bau sich weiter bis zum Anschluss an den Westbau fortsetzte, ist unklar, möglich sind auch ein schmalerer Verbindungstrakt oder eine Freifläche.

---

59 EVERSBERG: wie Anm. 12, S. 95.
60 EVERSBERG: wie Anm. 12, S. 96.

Alternativ zum heutigen Standort wurde der Südostbau in den 1960er-Jahren für das neue Restaurant auf der Burg vorgeschlagen, dies aber nicht ausgeführt.[61]

Watenphul interpretierte V7 und V8 als von Christopher von Vittinghof-Schell im 16. Jh. erbauten Ersatz für den alten, unbequemen Wohnturm der Hauptburg,[62] Eversberg als Doppelhaus aus dieser Zeit, das als Brauhaus genutzt wurde.[63] Zumindest die Entwässerungsrinne im Boden und der integrierte Brunnen legen nahe, dass es sich um einen Wirtschaftsbau, vielleicht die Küche, handelt.

5.3
5.3.1

Ein Mauergeviert von etwa 30 m Seitenlänge umgibt die Hauptburg und stützt den mehrere Meter über dem Grabenniveau liegenden Innenbereich zum Graben hin ab. An der Südwestseite springt ein turmartiger Bau (H8) in den Grabenbereich hinein, ansonsten gibt es abgesehen von vier Stützpfeilern auf der Nordostseite und einer Eckverstärkung an der Nordecke keine gliedernden Elemente.

Die Ringmauer ist auf den ältesten Aufnahmen von Ludorff in einem schlechten Zustand: An der Nordostseite waren die Stützpfeiler ausgebrochen, in der Südostseite klaffte eine große Bresche. Nach den ersten Sicherungsarbeiten war 1917 die Mauer noch 5 bis 8 m hoch an der Südost- und Südwestseite erhalten und es werden drei Strebepfeiler an der Nordostseite erwähnt.[64] An der Südostseite befanden sich zwei auf vorkragende Steine gestützte Rundbögen, die als Erkerrest angesprochen wurden,[65] und auch auf den Inventarbildern schon gut zu sehen waren. Zum Bau des Schulgebäudes waren der Ringmauer Steine entnommen worden[66] und 1957-1960 wurden die südöstliche und nordwestliche

---

61 RUTHMANN: wie Anm. 40, S. 48.
62 WATENPHUL: wie Anm. 3, S. 53.
63 EVERSBERG: wie Anm. 38, S. 96.
64 WATENPHUL: wie Anm. 3, S. 53.
65 WATENPHUL: wie Anm. 3, S. 54. Sie gleichen auf dem Bild Ludorffs denen des achtteiligen Gewölbes im Erdgeschoss der jüngeren Phase des Wohnturms.
66 WATENPHUL: wie Anm. 3, S. 55.

Ringmauer repariert, da sie z. T. eingestürzt waren.[67] Die Sanierung und wahrscheinlich auch die umweltbedingte Schädigung der Steine veränderte etwa die Südwestseite nachhaltig: Auf den Bildern der Zeit um 1900 ist sie deutlich höher erhalten und es ist ein Mauerwerk mit stellenweise durchlaufenden Reihen größerer Steine zu sehen, zwischen den Lagen befinden sich kleinere, flache Steine. Drei Reihen Gerüstlöcher sind in regelmäßigen Abständen über die Mauerfront verteilt. Diese Struktur ist heute kaum noch zu finden, die Gerüstlöcher sind zugesetzt. Eine kleine Scharte bzw. ein Schlitzfenster, das einzige in der Ringmauer, ist die letzte verbliebene Öffnung. Ursprünglich gab es noch eine zweite in einem Mauerabschnitt weiter oben an der Südwestseite, die heute nicht mehr vorhanden ist.

An der Innenseite verbreitert sich der untere Abschnitt der Mauer auf großen Strecken nach einem Absatz. Beidseitig der Südecke wachsen aus diesem Absatz mit der oberen Ringmauerpartie verbundene Pfeiler hervor, die vermutlich ehemals einen breiteren Wehrgang stützten. In der Südecke befindet sich über dem heutigen Boden eine Quermauer, die auf gemauerten Bögen aufliegt. An dieser Stelle befanden sich auf der Außenseite die großen Kragsteine, die wiederum über aufgesetzte Bögen eine in den Grabenbereich hineinragende Auflagemöglichkeit boten, sodass hier wahrscheinlich ein kleiner Eckturm auf der Mauer aufsaß. Ob ein ähnlicher Bau auch auf der Eckverstärkung an der Nordecke saß oder auch an weiteren Ecken, ist nicht zu klären

In der westlichen Hälfte der Südwestmauer springt H8 mit 3,80 m Breite 2,10 m vor die Flucht der Ringmauer.[68] Zur Burginnenseite befindet sich ein größerer Mauerblock, der ebenfalls zu diesem Bauteil gehört haben könnte. H8 weist nach Südosten auf der Höhe des Burghofes ein kleines Schlitzfenster auf, im Geschoss darunter sind es zwei weitere nach Südosten und Nordwesten. Die Erschließung des nur 2,40 x 1,30 m kleinen unteren Raumes sowie ggf. eine Einteilung in unterschiedliche Ebenen ist unklar. Der ebenerdige Bereich war über eine *0,7 m* breite Wendeltreppe erreichbar.

Auf eine Mehrphasigkeit der Ringmauer mit einem älteren Sockel und einer jüngeren Aufstockung in Form der Pfeiler, wie sie Neumann

---

67 RUTHMANN: wie Anm. 2, S. 73.
68 Nach EVERSBERG: wie Anm. 38, S. 96 war er nachträglich an die Ringmauer angesetzt. Tatsächlich ist er aber im Inneren mit der Ringmauer verzahnt.

annahm,[69] gibt es bisher keine gesicherten Hinweise. Die genaue Höhe und die Form des Mauerabschlusses sind nicht bekannt.

5.3.2

Das beherrschende Bauteil der Ruine Altendorf ist der große Wohnturm. (Abb. 4-5) Im Sockelgeschoss misst er außen etwa 12,55 x 13,70

Abb. 4: Nordost- und Südostseite des Wohnturmes. Gekennzeichnet sind zugesetzte Öffnungen und die Stellen mit flächigen Ergänzungen.
Quelle: Stefan Leenen

Abb. 5: Nordwest- und Südwestseite des Wohnturmes. Gekennzeichnet sind zugesetzte Öffnungen und die Stellen mit flächigen Ergänzungen.
Quelle: Stefan Leenen

m.[70] In seiner jüngsten Phase wies er fünf unterschiedlich hohe Ebenen auf. Die Außenmauer verjüngt sich mit jeder Ebene an mindestens zwei Seiten, Ausnahme ist die oberste Ebene. Der Fundamentbereich springt an den freigelegten Stellen der Ostecke, der Nordwestseite und an der

69 NEUMANN: wie Anm. 6, Abb. 36.
70 EVERSBERG: wie Anm. 5, Beilage Blatt 3. Die Maßangaben zu Bauteilen aus den Grabungsberichten, Publikationen und Plänen sind nicht immer einheitlich.

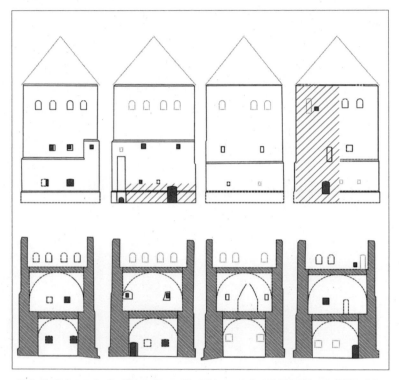

Abb. 6: Schematische Darstellung der Elemente der älteren Phase (SW-, SO-, NO-, NW-Seite) des Wohnturms. Gestrichelt sind Ergänzungen nach Befund, gepunktet freie Ergänzungen. Breit schraffierte Mauerfronten wurden vermutlich von an den Turm anschließenden Bauten verdeckt. Quelle: Stefan Leenen

Westecke mit zwei Stufen vor. An der Außenseite finden sich mehrere Vorsprünge, an denen die Mauer ebenfalls dünner wird. Der Unterste zieht sich entlang der Südost- und Südwestseite, auf der Nordostseite wurde die Mauer nicht in dieser Tiefe freigelegt. Zwei weitere Absätze, die mit oben abgeschrägten und unten gekehlten Steinen abgedeckt sind,[71] gliedern die weitere Turmfassade: Einer zieht sich entlang der Nordostseite, setzt sich dann etwa auf der Höhe eines alten Eingangs in das 1.

---

71 Die heutigen Wasserschläge können auch ältere Vorgänger am gleichen Platz, z. B. einfache schräge Abdeckungen, abgelöst haben.

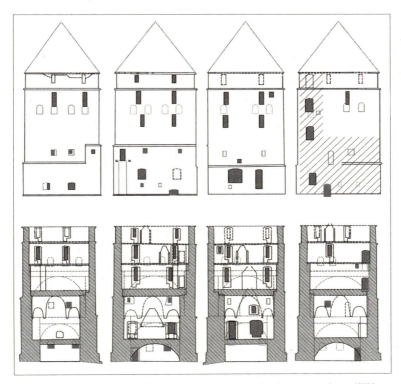

Abb. 7: Schematische Darstellung der Elemente der jüngeren Phase (SW-, SO-, NO-, NW-Seite) des Wohnturms. Gestrichelt sind Ergänzungen nach Befund, gepunktet freie Ergänzungen. Breit schraffierte Mauerfronten wurden vermutlich von an den Turm anschließenden Bauten verdeckt. Grau sind die Strukturen der älteren Phase. Quelle: Stefan Leenen

OG der früheren Innengliederung im Südabschnitt der Nordwestseite fort bis fast an die Südecke. Von dort führt er 2,8 m nach oben versetzt um die Ecke und entlang der Südostseite. Der zweite Absatz läuft um den gesamten Turm auf der Höhe des Bodens des heutigen 3. OG. Reste eines weiteren zur oberen Abgrenzung des 3. OG sind vor allem an der Südostseite zu sehen.

Die Innenaufteilung hat sich während der Nutzungszeit mindestens einmal grundlegend geändert, Elemente der unterschiedlichen Phasen sind noch ablesbar. (Abb. 6-7)

5.3.2.1

Durch eine Grabung im Inneren von H1 hat Eversberg die Tiefe der Fundamente nach einem Vorsprung von etwa 0,5 m Breite mit etwa 1,4 m unter der heutigen Kelleroberfläche angeben können. Bis in 1,30 m Tiefe fanden sich Objekte des 19. Jh.[72] Deutliche Befundgrenzen auf den Fotos legen die Verfüllung einer Grube zu dieser Zeit nahe. Ein Bodenbelag wurde nicht gefunden. Da die Verfüllung des Suchschnitts modern war, ging Eversberg davon aus, dass auch zur Nutzungszeit der Hohlraum unter einem Holzboden unverfüllt war.[73] Die Ergebnisse dieser räumlich begrenzten Untersuchung müssen aber nicht repräsentativ für den Rest des Raumes sein. Ein heute verschlossener, *1,3 x 0,8 m* großer, gemauerter Schacht an der Nordwestwand führt bis zu seinem nicht befestigten Boden *1,7 m* in die Tiefe. Die Nordwestwand des Kellers setzt sich in diesem Schacht fort, ein Absatz ist nicht vorhanden. In dieser Wand befindet sich ab *0,8 m* über dem Boden ein Loch, das nicht näher untersucht werden konnte.[74]

In den vier Ecken des heutigen UG sind die Konsolen und Ansätze der Mauervorlagen eines Kreuzgratgewölbes zu sehen, das später durch eine niedrige Tonne ersetzt wurde, die heute die Nordost- und Südwestwand des Raumes verdeckt und in die Zugänge hineinragt. Im heutigen EG zeigt sich in der Südostwand eine bogenförmige Struktur, die als Rest des Gewölbes gedeutet wird. Zu einem Halbkreis ergänzt würde sie in etwa die Breite zwischen den erhaltenen Konsolen einnehmen. Damit läge der Scheitelpunkt ca. 6 m über dem Boden. In den etwa 6,4 x 7,5 m großen überwölbten Raum führte von der Südostseite ein 1 m breiter Eingang. Die sorgfältig gearbeiteten Gewände mit abgeschrägter Basis waren im unteren Bereich noch erhalten. An der Innenseite liegen Vertiefungen für einen Riegelbalken als Türverschluss. Gegenüber befindet sich ein leicht schräger, ansteigender Gang, der zu einem an der Nordwestseite vorgelagerten halbrunden Fundament eines mutmaßlichen Treppenturms führte und den Zugang zum nächsten Geschoss darstellte. Die Gewände

---

72 EVERSBERG: wie Anm. 12, S. 97.
73 EVERSBERG: wie Anm. 12, S. 93. Ein so großer ungenutzter Raum wäre aber zumindest ungewöhnlich.
74 EVERSBERG sagte, dass dieses bis zu dem an H1 angesetzten Fundament auf der Außenseite führe, freundl. Mitteilung D. Bonnekamp, Heimat- und Burgverein Essen-Burgaltendorf e. V.

sind nicht mehr vorhanden, Löcher an den Seiten ermöglichten einen Verschluss des Raumes vom Gang aus. Zur Südwestseite führen durch die 3 m starke Mauer schräg nach oben zwei Licht- und Luftschächte, die sich nach außen verbreitern, deren Öffnungen aber nachträglich verschmälert wurden. Ein weiterer, gleichbleibend breiter Schacht führt zur Südostseite, ein zweiter an dieser Seite wurde 1965 vermauert.[75] Von ihm ist an der Innenseite eine *0,85 x 0,85 m* große zugesetzte Öffnung zu sehen, an der Außenseite ebenfalls eine zugesetzte unregelmäßige Öffnung. Im Bereich mehrerer auffälliger Strukturen befinden sich außen an der Nordostwand ebenfalls Baufugen, die zu einem zugesetzten Fenster des UG gehören könnten. Mögliche weitere Öffnungen z. B. an der Nordwestseite könnten den dort vorgenommenen Veränderungen und Zerstörungen zum Opfer gefallen sein. Ob es etwa in der Südwestwand eine Feuerstelle gab, ist nicht zu klären, da sie von der Tonne verdeckt wird. In der alten Mauer liegt jedoch ab dem heutigen EG sichtbar in der Mittelachse des älteren Raumes ein Rauchkanal, der bis zum obersten Geschoss der älteren Gliederung führt. Durch die Umgestaltung der jüngeren Phase könnte er oben wie unten überbaut bzw. zugesetzt worden sein.[76] An der Nordwestwand tritt in der Mitte knapp unter dem Scheitel der heutigen Tonne ein *0,3 m* hoher, *0,4 m* breiter Stein etwa *0,2 m* aus der Wand hervor, dessen Funktion ungeklärt ist.

5.3.2.2

Durch den Rücksprung in den Außenmauern war der höher gelegene Raum mit etwa 8,8 x 9,9 m deutlich größer. Auch er war mit einem Kreuzgratgewölbe versehen, dessen Scheitelpunkt etwas mehr als 6 m über dem Boden lag und dessen Ansatz hinter dem jüngeren Gewölbe in der Westecke noch zu sehen ist (Abb. 8). Der Gewölbescheitel ist in der Westhälfte der Südwestwand sichtbar, da hier beim späteren Umbau das Gewölbe entfernt wurde und sich dessen Mauerstruktur von jener der Südwestwand unterscheidet. Vier Gerüstlöcher, davon zwei für einen schräg über die Raumecke führenden Balken, sind in der Westecke

---

75 RUTHMANN: wie Anm. 2, S. 78.
76 Vgl. Kap. 5.3.2.5.

Abb. 8: Vom jüngeren Gewölbe verdeckter Bereich in der Westecke des Wohnturms. Links der Ansatz des älteren Gewölbes, daneben eine Nische und ein Fenster. Rechts das Füllmauerwerk des jüngeren Gewölbes.
Quelle: Stefan Leenen

erhalten. Die Bodenhöhe des Raumes wird grob durch eine jetzt vermauerte, schmale Tür zur Nordwestseite und den Boden eines Abortraumes im Südosten angezeigt. Etwa auf der Höhe des mutmaßlichen Bodens ragen an der Nordwestseite des heutigen EG zwei Konsolsteine in den Innenraum. Wegen der starken Veränderungen auf dieser Ebene ist aber eine Zuordnung unsicher.

Im Bereich des 1. OG der älteren Phase sind unterschiedliche Fensteröffnungen vorhanden: Nach Nordosten liegen zwei etwa *0,5 m* breite und *0,9 m* hohe Fensteröffnungen. Zumindest die östliche besitzt wohl einen nach innen trichterförmig erweiterten Schacht, da dort ein breiterer Bogen als oberer Abschluss des Schachtes noch zu sehen ist. Nach Südosten befinden sich ebenfalls zwei rechteckige Fenster mit nach innen erweitertem Schacht. An der Südwestseite liegen zwei Fensteröffnungen, von denen die östliche im Inneren nicht mehr zu sehen ist. Die schmalste Stelle dieser Schächte befinden sich etwa auf der Hälfte der ca. *1,6 m* dicken Mauer und erweitern sich nach außen zu ursprünglich etwa *1 m* hohen Öffnungen, die nachträglich verkleinert wurden. Im Nordwesten ist ein Fenster südlich der Türöffnung von ca. *1 x 1 m* Größe außen zugesetzt und innen der Schacht mit Löchern für einen Verschlussriegel noch vorhanden. Es liegt ebenso wie das westliche Fenster der Südwestseite hinter einer später vorgesetzten Mauer,[77] sodass hier auch noch größere Flecken des hellen Wandverputzes erhalten sind. Die Fenster im Westen liegen etwa 1 m über dem vermuteten Bodenniveau, die im Osten 2 m oder mehr und sind zudem anders gestaltet.[78] Durch die Überdeckung von Mauern der späteren Phase werden aber auch die Fenster der Nordostseite sicher zur älteren Phase zu zählen sein. Dies könnte auch für die Südostseite zutreffen, vielleicht wurden die Schächte später verändert.[79]

Beidseitig der Wasecke befinden sich zwei mit Steinplatten eingefasste etwa gleich große Wandnischen, die zur Aufbewahrung oder zum Abstellen einer Lichtquelle gedient haben dürften. Vielleicht gab es eine weitere im Norden der Südostwand, zumindest befindet sich dort eine rechteckige zugesetzte Stelle. Zur Ausstattung des Raumes gehörte ein offener Kamin auf der Nordostseite, von dem noch Reste des Rauchabzuges zu sehen sind. Der Rauchkanal verlief in der Mauer bis zum Dach. Ob es einen weiteren Kamin an der Südwestseite gegeben hat, kann wegen der vorgesetzten Mauer nicht festgestellt werden.

5.3.2.3

Der etwa 9,5 x 10,8 m große oberste Raum besaß kein Gewölbe. Nimmt man den gleichen Abstand vom Gewölbescheitel zum darüber liegenden Fußboden wie zwischen EG und 1. OG an, so ist auch der Abstand vom Boden zu den Fensteröffnungen an der Südwest- und Nordwestseite mit etwa 1 m vergleichbar. In der Außenschale im Südosten sind vier zugesetzte Fensteröffnungen zu sehen, von denen zwei noch komplett

---

77 Der Hohlraum wurde von Neumann als Gang in der Mauerstärke gedeutet: NEUMANN: wie Anm. 6, Abb. 37, S. 61.
78 Die Schächte sind trichterförmiger, ihre Öffnungen sind deutlich kleiner.
79 Sie besitzen ein Gewände aus Sandstein, das eher den Fenstern der jüngeren Phase ähnelt und zumindest der Schacht des nördlichen Fensters würde auch von dem ehemals vorhandenen Gewölbe überschnitten werden.

mit dem nach oben abschließenden Rundbogen erhalten sind. Sie sind etwas schmaler als *1 m* und ca. *1,3 m* hoch. Je zwei Öffnungen liegen im Westen und im Osten mit etwa 1 m Abstand beieinander. Im Inneren sind jeweils eine senkrechte Fuge der beiden westlichen Öffnungen und beide Seiten der nächst folgenden zu sehen.[80] An der Nordwestseite sind außen zwei zugesetzte gleichartige Öffnungen im gleichen Abstand von der Westecke wie im Südosten zu sehen, im Inneren die westliche Öffnung ohne den Bogen und etwas weiter östlich der untere Teil der zweiten Öffnung. Noch etwas unter dem Niveau der Fenster befindet sich weiter nördlich in der Nordwestwand eine *0,62 m* hohe und *0,53 m* breite Öffnung, die in den Bereich führt, in dem über einem halbrunden Fundament die Erschließung über eine Treppe vermutet wird. Die Zugehörigkeit zur älteren Phase kann vermutet werden, da die Öffnung in der jüngeren Phase wahrscheinlich vom Fußboden verdeckt gewesen wäre, ist aber nicht sicher nachweisbar. Sollte parallel zum Geschoss darunter auch im 2. OG eine Tür zum mutmaßlichen Treppenturm geführt haben, so käme sie vielleicht im Bereich eines großen Ausbruchs zu liegen, der sich auf den Bildern vor der Sanierung 1903/04 zeigt.

Wie das Gebäude nach oben abgeschlossen war, ist nicht zu klären. Ein mögliches Ende der Mauern könnte im Bereich des umlaufenden Gesimses zwischen dem 2. und 3. OG der jüngeren Phase gelegen haben. Der starke äußere Rücksprung der Mauer zum 3. OG und die andernfalls sehr große Raumhöhe sprechen für einen Abschluss des 2. OG der älteren Phase etwa an dieser Stelle. Eine offene (Wehr-)Plattform ist auf einer Holzkonstruktion unwahrscheinlich, es dürfte also ein Dach existiert haben. Hinweise auf Zinnen sind nicht vorhanden, in die Aufstockung sind keine einbezogen worden.

5.3.2.4

Das Gewölbe des alten EG wurde entfernt und ein Nordwest-Südostorientiertes Tonnengewölbe eingebaut. Es setzt nah am Boden an und ist maximal 2,70 m hoch. Die bestehenden Durchgänge werden im oberen

---

[80] Die von Westen gesehen dritte Öffnung scheint in zwei Schritten zugesetzt worden zu sein: In der Füllung befindet sich außen und innen eine Baufuge.

Bereich vom Gewölbe abgeschnitten, die Licht- und Luftöffnungen mussten durch die Tonne hindurch verlängert werden. Ein etwa *1 m* tiefes Loch, das den Gerüstlöchern ähnelt, führt nahe des Zugangs in der Nordwestseite schräg in die Tonne.

5.3.2.5

Den oberen Bereich des alten EG und den unteren Bereich des alten 1. OG nahm nach dem Umbau ein etwa 7,3 m hoher Raum ein. Wenn die Konsolen im UG die Eckpunkte des alten Gewölbes markieren, so geht der jetzige Raum nach Südosten und Nordosten über die alten Dimensionen hinaus und misst dann etwa 7,5 x 8,6 m. Die Mauern im Südwesten und Nordwesten führen in etwa die Stärke aus dem Kellerbereich fort, sie weisen noch Bauteile auf, die mit der alten Einteilung in Verbindung gebracht werden. Oberhalb des alten 1. OG wurde diese Mauerstärke durch das Aufsetzen einer neuen Mauerschale fortgeführt, hinter der die Elemente des alten 1. OG noch erhalten sind. Für die Ausdehnung des Raumes nach Südosten und Nordosten muss die Mauer bis zum Abschluss des alten 1. OG etwa 1 m tief abgebrochen worden sein. Dies wäre ein extrem aufwendiges Vorgehen, um einige Quadratmeter mehr Raum zu gewinnen, insbesondere, da das zweischalige Mauerwerk eine neue Schale zum Innenraum hin benötigt.[81] Im Nordosten ist zumindest im oberen Raumabschnitt eine etwa *0,3 m* breite neue Schale wieder vor die Wand gesetzt worden, da sie die Fenster der alten Phase verdeckt. Der neu geschaffene Raum war mit einem achtteiligen Rippengewölbe abgeschlossen, dass auf Konsolen in den Wänden aufsaß. Bögen überspannen die Ecken des Raumes und bilden so den achteckigen Querschnitt, über dem sich das Gewölbe spannte. Die Ansätze der profilierten Gewölberippen sind meist erhalten.

---

81 Eine ähnliche Situation findet sich in einem Gebäude der Vorburg der Burg Ravensberg (Lkr. Gütersloh). Die ursprüngliche Wandfläche wurde in die Mauer hinein zurückversetzt, allerdings nicht so weit wie in Burgaltendorf. Das Ergebnis ist deutlich weniger sauber, vielleicht wurde nur die Innenschale entfernt im Zuge eines eiligen Umbaus oder einer Reparatur: STEFAN LEENEN: Die archäologischen Ausgrabungen auf der Burg Ravensberg im Herbst 2006 – ein Vorbericht, in: 91. Jahresbericht des Historischen Vereins für die Grafschaft Ravensberg (2006), S. 68-76, S. 71.

Der Eingang von außen liegt im Westteil der Nordostseite und wurde durch zwei Sperrriegel gesichert, ein weiterer zum Treppenturm an der Nordwestseite. Von einem großen Fenster ist östlich des Zugangs von außen nur die mehr als 2 m breite Öffnung mit den seitlichen Sitzbänken geblieben. In der Südostwand befinden sich zu den Ecken hin zwei 1,7 m breite Nischen, von denen die südliche zu einem Fenster führt. In den 1960er-Jahren waren beide Öffnungen bodentief bis nach außen durchgebrochen. Ursprünglich könnten es Nischen mit Sitzbänken und Fenstern vergleichbar mit den besser erhaltenen in den Geschossen darüber gewesen sein, wegen der größeren Breite aber wohl mit einem Doppelfenster und zwei Sitzbänken. In der nördlichen Nische sind an beiden Seiten etwa *0,8 m* hohe Ausbruchstellen der Bänke zu sehen. In der Nordseite dieser Nische liegt auch eine kleinere, *0,34 x 0,34 m* große Nische. Ein etwa 3,2 m breiter Kamin, von dem noch der trichterförmige Abzugsschacht erhalten ist, lag zwischen den Fenstern der Südostwand. Der Rauchkanal wurde nachträglich in die Wand eingebaut und führt nach oben bis zum Abbruch der erhaltenen Mauer. Der Rauchfang lag auf zwei *0,20 x 0,45 m* starken Stützen, die in *1,10 m* tiefen Löchern in der Mauer verankert waren. In den dickeren Mauern finden sich keine weiteren Öffnungen bis auf eine vergleichsweise kleine in der Südwestwand, von der ein Rauchkanal bis zum heutigen 2. OG führt.[82] Die Öffnung erinnert an einen offenen Kamin, unterscheidet sich aber in der Größe und dem Fehlen eines Rauchfangs deutlich von allen anderen der Burg. Vielleicht war hier ein Ofen angeschlossen und die Öffnung wurde erst später umgestaltet. Eine 1,4 m breite Nische mit rechteckigem Fenster befindet sich an der Nordostseite in der vom Gewölbe eingerahmten Wandfläche. Sie kann nicht zur älteren Phase gehören, da sie in der Kaminrückwand dieser Zeitstellung liegt. Vielleicht ist sie noch nach dem großen Umbau hinzugekommen, in einer Periode, als der Raum unter dem Gewölbe der einzig komfortabel nutzbare war. Ob es in der Mauer nach Nordwesten weitere Merkmale gegeben hat, ist aufgrund eines großen Ausbruchs, der 1965 geschlossen wurde, nicht zu sagen.[83]

---

82 WATENPHUL: wie Anm. 3, S. 55. Der Heimat- und Burgverein bestätigte dies durch einen Rauchversuch, freundl. Mitteilung D. Bonnekamp. Bei der Restaurierung lag das Schachtende 2005 offen und ist heute zugesetzt.
83 RUTHMANN: wie Anm. 2, S. 77. 10 qm der Außenschale mussten ergänzt werden. Es handelte sich um eine große Öffnung, die bis zum Innenraum führte und einen weiteren Zugang aus der Zeit nach der Aufgabe als Adelssitz darstellen dürfte.

5.3.2.6

Über dem Gewölbe besaßen die weiteren Stockwerke nur noch Holzdecken, die auf durch Rücksprünge im Mauerwerk gebildeten Stufen auflagen. Diese Auflager wurden durch Zurückverlegen der ursprünglichen Wand und durch Aufmauerung vorhandener Versprünge geschaffen. Wahrscheinlich lagen im 1. OG die Unterzugbalken für den Boden in Südost-Nordwest-Richtung, hier befinden sich zumindest zwei breite Versprünge als Auflagemöglichkeit. Der einzige Zugang lag an der Nordwestseite vom Treppenturm aus. An der Nordwest- und Südwestseite befinden sich keine weiteren Öffnungen nach außen. Der Südwestseite ist hier im oberen Abschnitt eine etwa 0,55 m starke Mauer vorgeblendet, in der sich eine Reihe von mindestens vier Gerüstlöchern erkennen lässt. Im unteren Teil handelt es sich wahrscheinlich noch um die Mauer des alten 1. OG. Im Nordosten und Südosten befinden sich jeweils zwei bodentiefe Nischen, die zu schmalen Querstockfenstern mit Sandsteingewände führen. Die Breite der Nischen beträgt 1,2 bis 1,3 m, lediglich die südliche im Südosten ist wegen eines Einbaus in der Südecke schmaler und das Fenster als solches etwas zur Mitte der Wand hin verschoben. Die Nischen weisen bis auf die westliche in der Nordostwand, wo sie vermutlich ausgebrochen ist, je eine Sitzbank auf. Zwischen den Fenstern liegt in der Nordostwand ein etwa 2,2 m breiter Kamin, von dem der Abzugsschacht und die mit Backsteinen[84] ausgemauerte Rückwand erhalten sind. Der Kamin nutzt den Rauchkanal des aufgegebenen Kamins der älteren Phase. Im Südosten liegt zwischen den Fenstern der leicht vor die Wand vorspringende Rauchkanal des Kamins im EG. Das Fragment eines *0,4 m* breiten Werksteins ragt südlich der Türöffnung aus der Wand, seine Funktion ist nicht geklärt.

---

84 Backsteine unterschiedlicher Formate tauchen vor allem als Rückwand der Feuerstellen und in den Rauchkanälen, vereinzelt auch in Nischen, Gewölbefüllung und bei Flickstellen der jüngeren Phase auf. Ansonsten ist das Baumaterial Sandstein, vermutlich aus lokalen Lagerstätten.

5.3.2.7

Hier dürften die Unterzüge für den Boden in Nordost-Südwest-Richtung auf Mauervorsprüngen gelegen haben. Die an den Wänden erkennbare Gliederung ist recht einheitlich: In der Nordwestwand befindet sich der Eingang vom Treppenturm und dadurch bedingt nur ein schmales Querstockfenster mit Sitzbank, an allen drei anderen Seiten sind je zwei derartige Fenster zu sehen. Im Südwesten sind die heutigen Formen neu aufgemauert und besitzen daher auch keine Gewände aus Werksteinen. Im Nordosten liegt ein zusätzliches kleines rechteckiges Fenster östlich neben dem östlichen Querstockfenster, dessen unterer Teil heute durch einen Betonblock der statischen Sicherung zugesetzt ist. In dieser Wand befindet sich zwischen den Fenstern ein Kaminrest. Der Abzug des Rauchfangs entlüftet allerdings nicht in den vorhandenen, im Bereich dieses Geschosses mit Backsteinen verschlossenen, Kanal des Kamins der älteren Phase, sondern in einen neuen Schacht wenige Dezimeter weiter östlich. Die Rückwand der Feuerstelle ist im unteren Bereich mit Backsteinen ausgekleidet, die Halbpfeiler des Rauchfangs sind teilweise noch vorhanden. In der Südostwand liegt zwischen dem südlichen Fenster und dem Rauchkanal der Kamine der unteren Geschosse ein weiterer Kaminrest mit einer erhaltenen Rauchfangstütze. In der Nordost- und Südostmauer finden sich im 2. OG keine eindeutigen Spuren der Vorgängerphase, in den beiden anderen Wänden nur bis zu einer bestimmten Höhe. Es wäre durchaus möglich, dass diese Bereiche im Zuge der Umgestaltung extrem stark verändert oder sogar neu aufgebaut wurden.

5.3.2.8

Ein Rücksprung im Mauerwerk zur Auflage der Balken für den Boden ist in diesem Bereich nicht vorhanden. Vielleicht lag die Konstruktion in Balkenlöchern, in der Südostwand sind in der Dokumentation zwei zu sehen. Heute verdeckt die große Betondecke den Übergangsbereich zwischen dem 2. und 3. OG. Die Trennung der beiden Geschosse kann nicht sehr mächtig gewesen sein, der Scheitel eines Fensters im 2. OG der Nordwestseite liegt direkt unter dem Fuß eines Kamins im 3. OG. Das Geschoss mit seinen *0,7* bis *0,8 m* starken Mauern hat in den letzten 150 Jahren viel Substanz eingebüßt und ist nur noch fragmentarisch erhalten, lediglich die Südostseite besitzt fast noch die gesamte Höhe. Insgesamt ist sowohl die Geschosshöhe, erkennbar zwischen den beiden umlaufenden Gesimsen an der Außenseite, geringer als die der anderen Geschosse als auch die Höhe der Querstockfenster mit Sitzbank. Zwei von ihnen sitzen in der Südostmauer, in der Südwestmauer war das westliche im unteren Bereich erhalten, der Ansatz des östlichen wurde aufgrund von Hinweisen rekonstruiert. Im Nordwesten sind die unteren Bereiche von zwei Fenstern vorhanden, die mutmaßliche Stelle der Tür zum Treppenturm lag schon bei den frühesten Abbildungen im Bereich eines großen Ausbruchs. Der heute dort verbaute Gewändestein scheint in einem neuen Mauerblock zu liegen und gibt damit nicht unbedingt die Position einer originalen Öffnung wieder. In der Nordostmauer war auf den Abbildungen des ersten Denkmalinventars das westliche Fenster erhalten, im Bereich des mutmaßlichen östlichen lag ein Ausbruch.[85] Die heutige Mauer ist neu aufgebaut und das kleine Fenster im Westen ohne Grundlage ergänzt, dafür das ehemals vorhandene weggelassen worden. In der Südostmauer liegt nördlich des mittigen Rauchkanals ein Kamin, der vermutlich einen eigenen Schornstein besaß. Die nördliche Stütze des Rauchfangs war in den 1960er-Jahren noch die am besten erhaltene der Anlage. Gegenüber in der Nordwestmauer liegt der einzige Kamin dieser Seite. An der Nordost- und Südwestseite durchbrechen heute große Betonrinnen zur Entwässerung des offenen Bereiches des 3. OG die Außenfront.

Einen Hinweis auf den Abschluss des Baus oberhalb des 3. OG gibt es nicht. Neumann geht von einem weiteren Geschoss aus, das auf seiner Rekonstruktionszeichnung offen unter einem steilen Dach liegt.[86] Ein kleiner Mauerrest noch über dem Gesims am oberen Abschluss der Nordwestmauer könnte als Zeichen eines weiteren Geschosses gedeutet worden sein. Hier sind aber ebenso eine Giebelmauer oder ein breit gemauerter Schornstein möglich.

---

85 Nach dem Bild, das den Zustand 1821 darstellen soll (Abb. 3), war es aber vorhanden. Das Bild zeigt zudem, dass der Treppenturm auch das 3. OG erschloss.
86 NEUMANN: wie Anm. 6, S. 64; EVERSBERG: wie Anm. 38, Abb. 11.

5.3.2.9

An der Südostseite von H1 befindet sich nahe der Südecke ein Schacht, der im Inneren der Mauer vom 1. OG der älteren Bauphase bis auf das Niveau des Eingangs in das EG derselben Phase führt. Die Abdeckung des Schachtes springt deutlich nach außen vor die Turmwand vor. Am unteren Ende befindet sich ein Ausfluss über einer großen Steinplatte, der mit einem halbrunden Bogen überwölbt ist. Der schmale Abortraum selbst ist überwölbt und besitzt ein *0,50 x 0,56 m* großes Fenster mit doppeltrichterförmigem Schacht nach Südwesten. Daneben befindet sich eine *0,23 x 0,30 m* große und *0,33 m* tiefe Nische. Der Raum ist außen dadurch hervorgehoben, dass der um den Turm laufende Absatz hier abbricht und oberhalb des Fensters weitergeführt wird. Der Fallschacht selbst liegt am Ende des Raumes und misst *0,38 x 0,33 m*. Von einer Sitzkonstruktion ist nichts erhalten.

In der jüngeren Phase lag der Abtritt im Bereich des neuen Gewölbes und wurde daher durch eine in die Südecke eingebaute Wendeltreppe zugänglich gehalten. Das kleine, zum Innenraum hin dreiseitige Treppenhaus besitzt im 1. OG der jüngeren Phase einen 1,8 m hohen und 0,87 m breiten Zugang. Die runde Treppe erreichte auch das 2. OG, dort ist aber der Abschluss im Raum nicht erhalten. Hier kann sich der Treppenturm nicht mehr in der ursprünglichen Form fortgesetzt haben, da er ansonsten zwei Fenster zugesetzt hätte. Nur etwa die untere Dreiviertelumdrehung der Treppe mit *0,9 m* langen Stufen ist erhalten. In der Rückwand der Abortkammer liegt heute oberhalb des Schachtes eine *1,92 m* hohe und *0,74 m* breite Tür zur Außenseite, die in ihrer Machart den Fenstern der jüngeren Phase gleicht. Ihr Gewände steht etwa *0,05* bis *0,06 m* über den Schacht vor, sodass dieser zur Zeit der Türnutzung wahrscheinlich nicht mehr in Betrieb war. Zwei große Balkenlöcher liegen an der Außenseite beidseitig der Tür und sind heute verschlossen. Vermutlich stützten sie eine vorspringende Konstruktion, zu der die Tür Zugang gewährte.

5.3.3
5.3.3.1

An der Nordwestseite konnte das Fundament eines halbrunden Baus freigelegt werden, das heute von einem jüngeren Bauteil überlagert ist. Der Radius beträgt 3,45 m, aufgehendes Mauerwerk ist nicht erhalten. An der Südseite liegt der Anschluss an den Wohnturm frei, sodass die Verzahnung mit dem Turm zu sehen ist. Innerhalb der nach oben verlängerten Fluchten des Fundaments befinden sich die Zugänge zum Erdgeschoss und 1. OG der frühen Phase, hier könnte auch der nicht erhaltene Eingang zum 2. OG gelegen haben. Ein Treppenturm wäre also an dieser Stelle durchaus sinnvoll, zumal innerhalb des Turmes keine Möglichkeit zu finden ist, wie die Gewölbe umgangen werden konnten und die Geschosse zueinander in Verbindung standen. Deutliche Spuren im heutigen Mauerwerk, die auf einen Ansatz von Mauern eines Turmes an der Nordwestfront hindeuten, sind nicht sichtbar. Allerdings existieren von dieser Seite auch keine Aufnahmen von Ludorff und sie war zudem großflächig schwer beschädigt. Auch die Aufteilung eines mutmaßlichen Treppenturmes muss im Dunklen bleiben. Eine Wendeltreppe um den Mittelpunkt des Halbkreises könnte nur eine halbe Umdrehung beschreiben, zu wenig, um die Geschosse zu verbinden. Eine kleinere Treppe innerhalb des Halbkreises wäre möglich, ein so großer Bau dafür aber nicht notwendig. Da es aber keinen Hinweis darauf gibt, dass die Durchgänge zu den Geschossen an dieser Seite nachträglich verlegt wurden, muss eine Erschließung an etwa dieser Stelle stattgefunden haben.

Später wurde nach Norden versetzt auf dem halbrunden Fundament ein polygonaler Treppenturm mit Wendeltreppe errichtet, der alle Geschosse[87] der neuen Aufteilung mit Ausnahme des Kellers verband und der heute in Resten bis fast zur halben Höhe des erhaltenen Wohnturmes reicht. Er soll durch die Besitzer der Anlage zwischen 1852 und 1858 zur Steingewinnung genutzt worden sein.[88]

---

87 Für das 3. OG ist dies nicht nachweisbar, da an der Stelle, an der die Tür gesessen haben müsste, kein Originalmauerwerk vorhanden ist. Parallel zu den Geschossen darunter ist es aber anzunehmen. Vgl. auch Anm. 85.
88 EVERSBERG: wie Anm. 41, S. 31 nach einem Bericht vom 19.08.1900; HEINRICH EVERSBERG: Die Katholische Schule zu Altendorf, Besitzerin des Burggeländes von 1858 bis 1959, in: EVERSBERG: wie Anm. 2, S. 42-51, S. 45.

Dieser jüngere Treppenturm ist nicht mit dem Wohnturm verzahnt. Da es aber höchst unwahrscheinlich ist, dass ein Erschließungssystem, das auf die Ebenen der älteren Phase abgestimmt ist, genauso die völlig unterschiedliche neue Aufteilung bedienen konnte, wird eine neue Erschließung mit dem Umbau des Wohnturmes einhergegangen sein müssen. Nach Norden besitzt der Treppenturm auf zwei Seitenflächen ein einfaches, schräges Gesims. Neben den Zugängen zu den Geschossen öffneten sich auf der Höhe des halbrunden Fundaments eine Tür nach Nordwesten und eine nach Südwesten zum dortigen Anbau (V4 - V7), die auch vom Anbau aus verriegelt werden konnte. Über diesen beiden Durchgängen befand sich jeweils wieder eine Tür. Diejenige zum Anbau wird über einige Wendeltreppenstufen erreicht, da die Stufen der Turmtreppe das erforderliche Niveau noch nicht erreicht hatten. Die obere Tür nach Nordwesten könnte zu einem Balkon o. Ä. geführt haben, einen Anbau scheint es an dieser Stelle nicht gegeben zu haben, da neben der unteren Tür eine einfache Schießscharte, die allerdings am Ende eines extrem engen Schachtes liegt und dadurch wenig funktional ist, in diese Richtung weist. Zwei Rundbogenfenster sind nach Nordosten erhalten. Wahrscheinlich war ihre Hauptaufgabe, diese Seite ästhetisch ansprechend zu gliedern, da das obere Fenster direkt über der Treppenstufe lag. Nach Südwesten gibt es unterhalb des 1. OG noch eine Stelle mit glatten Werksteinen, die einen Gewänderest darstellen wird. Sie liegt deutlich oberhalb der Stufen und könnte zu einem Fenster gehören. Darüber ist auf der Höhe des 1. OG noch ein Gewänderest erhalten, möglicherweise von einem weiteren Fenster. Nach dem nicht im Original erhaltenen Bild (Abb. 3), das die Ruine im Jahr 1821 darstellen soll, gab es an der Nordostseite ein weiteres kleines Rundbogenfenster und eine Tür oder ein größeres rechteckiges Fenster. Die Treppenstufen sind *1,3 m* lang und etwa *0,21* bis *0,24 m* hoch. Eine vollständige Umrundung überwindet einen Höhenunterschied von etwa *3,8 m*, sodass zwischen dem Erdgeschoss und 1. OG zwei Umrundungen, zum 2. und 3. OG jeweils etwa eine Umrundung nötig gewesen wäre.[89]

---

[89] Podeste vor den Zugängen zu den Geschossen können die zu erreichende Höhe zusätzlich regulieren. Auch liegen die Durchgänge in das 1. und 2. OG etwas unter dem vermuteten Bodenniveau, eine weitere Stufe könnte demnach im Durchgang oder Raum vorhanden gewesen sein.

5.3.3.2

Abgesehen vom Treppenturm waren vor der Grabung keine weiteren Bauten in der Hauptburg bekannt. Van de Loo schrieb, dass der Bergfried ohne nennenswerte Nebengebäude sei.[90] Erst bei den Grabungen wurden weitere Räume im Südosten und Nordwesten entdeckt.

Auf einer Länge von fast 11 m liegen an der Südostseite vor dem Wohnturm zwei Räume. Der nördliche (V2) misst innen 2,6 x 3,8 m, beginnt in der Ostecke von H1 und umgibt den Eingang in das heutige UG. Daran schließt sich ein mit 1,58 x 4,16 m deutlich schmalerer Raum an (V3). Über einem Fundamentsockel waren noch wenige Steinlagen der Mauern vorhanden, an der Außenwand und an der Mauer von H1, welche den westlichen Abschluss der Räume bildet, war teilweise noch Verputz erhalten. An seinem südlichen Ende öffnete sich ein Bogen, der dem des Abortausflusses gleicht. Beide Bögen liegen im rechten Winkel zueinander. An der Rauminnenseite befand sich vor der Bogenöffnung eine Art Schwelle und erhaltene Ansätze in der Westmauer geben Hinweise auf ein gemauertes Podest an dieser Stelle, vielleicht ein Abortsitz.

Nach Norden nahm die Erhaltungshöhe ab, sodass der mutmaßliche Eingangsbereich in den größeren Raum schlecht erhalten war: Im Nordosten zeigte die Mauer eine durchgehende Steinlage, eventuell als Unterbau einer Schwelle, und an der Wohnturmwand war noch ein Werksteinstück, vielleicht der Rest eines Gewändes, erhalten. Der kleinere Raum könnte vom größeren aus erschlossen worden sein. Eine schmale Treppe, die in Kombination mit einer Stützmauer den Eingang zum Turm nach Erhöhung des Außenniveaus zugänglich hielt, gehört nicht zur gleichen Bauphase. Die Mauern der beiden Räume sind heute kaum mehr erhalten oder mit Erde zugedeckt. Am Fallschacht des Abortes und in der daneben liegenden Turmmauer sind Steine zu sehen, die in die Flucht der dort ansetzenden Mauer von V3 hervorstehen, sodass dieser Anbau zur ursprünglichen Konzeption gehören dürfte. Die Höhe der Anbauten konnte nicht ermittelt werden. Die vermutlichen Ansatzstellen für die Mauer gehen bis etwa 2,5 m über das Niveau des Eingangs und enden damit knapp unter der Höhe der Schachtenden des EG der älteren Phase. Vielleicht waren diese Räume niemals höher.

90 VAN DE LOO: wie Anm. 4, S. 20.

Durch die Trennung in zwei Raumeinheiten ist auch eine unterschiedliche Nutzung anzunehmen. V2 scheint der Vorraum zum ehemaligen Haupteingang des Turmes zu sein, während V3 vermutlich eine Abortanlage ergänzend zu der im alten 1. OG enthielt.[91]

5.3.3.3

In der Verlängerung der Nordwestwand von H1 nach Süden befindet sich eine Mauer zwischen H1 und der Ringmauer, die zusammen mit einer weiteren zwischen der Ringmauer und halbrundem Fundament einen Bereich im Westen der Hauptburg einfasst, der in verschieden große Einheiten gegliedert ist. Nach Nordwesten liegen zwei Räume, H5 misst etwa 4,2 x 3,6 bis 3,8 m, H4 setzt die Flucht fort und ist 9,6 m lang. In seine Ostecke ragt das halbrunde Fundament hinein, die Mauer zwischen diesem und der Ringmauer weist drei Gerüstlöcher auf. Zwischen H4 und H1 liegt H6, ein schmaler Bereich von unter *1,1 m* Breite, der sich als H7 mit geringerer Breite und unregelmäßiger Südostwand auch zwischen H5 und der Mauer zwischen H1 und Ringmauer fortsetzt. Die Mauern sind, soweit erkennbar, an Ringmauer und H1 stumpf angesetzt, in ihrer kleinteiligen Mauerstruktur setzen sie sich deutlich von der Ringmauer ab. Dies gilt bis zu einer gewissen Höhe auch für das halbrunde Fundament, einige Steine überschnitten dieses aber bei der Auffindung noch.

In H4 befinden sich in drei schräg zu H6 ansteigende Schachtenden von *0,56* bis *0,63 m* Breite und vier schlitzartige Vertiefungen von etwa *0,7 m* Höhe und *0,15* bis *0,20 m* Breite nahe über dem Boden. In den Schlitzen könnten raumteilende Elemente verankert gewesen sein, die Schachtenden gleichen den Licht- und Luftschächten anderer Bauten dieser Zeit. Ein weiteres Schachtende liegt in H5 zur gleichen Richtung. Daneben befindet sich ein *0,75 m* breiter, zugesetzter Durchgang mit einem *0,15 m* breiten Schlitzfenster nach Osten. Eine Öffnung zwischen

---

[91] Diesem Abort wird eine Steinplatte mit halbrunder Aussparung zugeordnet, von der zwei den Abortsitz gebildet haben sollen. Sie wurde in der Vermauerung eines Lichtschachtes gefunden, ist aber später zerstört worden: Bericht von PETER HAMMER in: GRUBER: wie Anm. 42, S. 62-70. Warum diese Platte zum unteren Abort gehört haben soll, bleibt offen.

den beiden Räumen war bei Freilegung zugesetzt. An der Westecke von H1 verbindet eine kurze Mauer mit einem Gerüstloch diesen mit der Mauer von H4. Eine weitere Verbindung weiter südlich wird von einem Segmentbogen abgefangen, sodass H7 darunter durchgängig bleibt. Im UG war der zugesetzte Durchgang in H5 der einzige Zugang von H7 aus. Nach der Zusetzung beider Durchgänge können die Räume nur von oben erschlossen worden sein, sofern sie noch genutzt wurden. Die Ebene darüber könnte einen großen durchgängigen Raum auf der Höhe des Zugangs vom Treppenturm bzw. vom Hofniveau im Südwesten besessen haben. Ebenfalls möglich wären auch mehrere Räume z. B. mit einer Trennung auf der Höhe der Westecke von H1. Das Bauwerk über den Räumen wird zumindest im nördlichen Teil an H1 angelehnt gewesen sein. Ein Ausbruchbereich etwa auf der Höhe des 1. OG der jüngeren Phase könnte der Dachanschlag gewesen sein. Die Konsolsteine etwas weiter unterhalb, z. T. in einer Aufmauerung über dem umlaufenden Gesims gelegen, könnten als Auflage z. B. für ein nach Westen geneigtes Dach gedient haben. Im Norden ermöglichte der Treppenturm die Erschließung, im Süden die Wendeltreppe in H8. H5 wurde wegen einer mutmaßlichen Feuerstelle als Schmiede angesprochen,[92] was allerdings wegen der Lage sowie der Be- und Entlüftung unwahrscheinlich ist. Durch die Lage zwischen Ringmauer und Turm dürfte es kaum eine Möglichkeit für eine natürliche Belichtung von H4-H7 gegeben haben. Nach Eversberg sollen diese Räume bei einem Umbau im 16. Jh. zugeschüttet worden sein, was allerdings nicht eindeutig zu belegen ist.[93]

5.3.3.4

An der Nordwestseite der Hauptburg gegenüber dem Treppenturm wurde ein Mauergeviert freigelegt und aufgebaut, dessen eine Seite die Ringmauer bildet. Es umschließt einen sehr schmalen Streifen von 2,07 m Länge. Im Verlauf des genannten Mauergevierts ist nicht ersichtlich, ob die heute hier stehende etwa 1,8 m starke Ringmauer original erhalten war oder ergänzt wurde. Möglicherweise sprang die Flucht an dieser

---

92   EVERSBERG: wie Anm. 38, S. 82.
93   EVERSBERG: wie Anm. 38, S. 82. S. Kap. 6.2.

Stelle um ca. 2 m zurück. Hier vermutet Eversberg den ursprünglichen Zugang zur Hauptburg. Die zurückversetzte Mauer könnte die Auflage einer Brücke ggf. auch für eine Zug- oder Wippbrücke gewesen sein.

An der Nordostseite von H1 befindet sich zwischen dem Zugang zum heutigen Erdgeschoss und der Nordecke in etwa *2,9 m* Höhe eine unregelmäßig geformte Stelle, die der Ansatz eines Bogens sein könnte. Darunter verlief ein wenig hoch erhaltenes Fundament. Hierbei könnte es sich um eine Mauer mit Durchgang handeln, die zwischen den Zugang zur Hauptburg und den Eingang zum Wohnturm gesetzt wurde.

5.3.3.5

Der Bereich zwischen Ringmauer und H1 wurde durch zwei Schnitte an der Südostseite untersucht. An den Fundamenten von H1 war etwa 1 m Material aufgetragen, das zum Graben hin abfiel. Zwischen der älteren und jüngeren Bauphase wurde der Bereich zwischen Ringmauer und H1 um ca. 1,65 m mit Lehm und Kies aufgeschüttet.[94] Eine Oberfläche der älteren Phase hat sich außerhalb der Gebäude nicht erhalten. Sie dürfte sich aber in etwa auf der Höhe der Austrittsöffnungen des Aborts an der Südostseite des Wohnturms befunden haben. Obwohl einer der Suchschnitte der Achse des Abortausflusses folgte, konnte in der Ringmauer kein Durchfluss gefunden werden.

Etwa *1,5 m* weiter nördlich vom Abortschacht war in die höher gelegene, neue Oberfläche im Anschluss an eine Fläche aus Steinplatten eine 6,35 m lange und 0,32 m breite Rinne aus Stein eingelassen, die bis zu einem noch erhaltenen Durchfluss von *0,30 m* Breite, *0,24 m* Höhe und heute bis zur Zusetzung noch *1,25 m* Länge in der Ringmauer führte. Diese Rinne markiert das Niveau des Hofes der jüngeren Phase. Von wo aus sie beschickt wurde, ist unklar. Vermutlich gehörte sie zu dem möglichen Aborterker als Nachfolger des Abortschachtes.

Vor der Nordostmauer von H2 liegt in der Flucht der Nordostseite von H1 ein Mauerrest, der zur Ringmauer zieht. Er ist mindestens *0,6 m* stark und reicht auf das Niveau von H2 herunter. Die sichtbare Südwest-

---

94 EVERSBERG: wie Anm. 38, S. 86; EVERSBERG: wie Anm. 12, S. 97; NEUMANN: wie Anm. 6, Abb. 37, S. 61. Vor der Ausgrabung betrug die Höhe der Verfüllung insgesamt etwa 3 m.

seite besitzt keine regelmäßige Außenschale. Eine Zuordnung zu einer Bauphase ist wegen der fehlenden Beziehungen zu anderen Befunden nicht möglich. Im Bereich zwischen Ringmauer und H1 wurde an der Nordost- und Südwestseite nicht weiter abgetieft, sodass hier keine Aussagen über mögliche weitere Bauteile zu treffen sind.

Wenn der Abfluss in der Ringmauer im Südosten zuverlässig die Bodenhöhe des jüngeren Niveaus markiert, so lag dieses deutlich über dem Niveau des Ausgangs vom Treppenturm nach Nordwesten. An der der Vorburg zugewandten Seite könnte das Niveau also etwas niedriger gelegen haben, wobei hier ohnehin nur ein kleiner Teil unbebaut war. Zum höher gelegenen Hofbereich an der Nordostseite könnte eine Rampe o. Ä. vermittelt haben. Hier wird es auch eine Konstruktion, z. B. eine Treppe, bis zum Eingang in das EG der jüngeren Phase gegeben haben.

Die Entwässerung des Hofbereiches erfolgte über Abflüsse in der Ringmauer.[95]

6.
6.1

Sofern es sich nicht um besonders auffällige Stücke handelte, sind die Funde in den Grabungstagebüchern nur oberflächlich erwähnt. Eine Zuordnung zum Fundort ist daher für die meisten Stücke nur über beiliegende Fundzettel und Beschriftungen möglich, die aber bei vielen Objekten nicht (mehr) vorhanden sind. Einige Fundortangaben sind zudem nicht sicher einem Ort zuzuordnen. Selbst die genauesten Angaben sind für eine exakte Auswertung fast immer unbrauchbar, da die Erdbefunde selbst kaum beschrieben und nie eingemessen wurden.

Die Übersicht über die Fundstücke eröffnet ein breites Spektrum, das in erster Linie Keramik umfasst, dazu wenige Metallobjekte (Fragmente von Nägeln, Haken, Messer, Scheren, Grapen, Steigbügel, Maurerkelle), Knochen, Glas, Stein (Mörser, Dachschiefer, Spolien, Abb. 9) usw. Es handelt sich um die bei einer solchen Anlage üblichen Funde, Aufsehen

---

95 Nach WATENPHUL: wie Anm. 3, S. 54, waren zwei Abflüsse zwischen den Strebepfeilern an der Nordostseite noch vorhanden.

Abb. 9: Spolien von der Burg Altendorf: Volutensteine, Kapitell, Basis und zwei Mörser. Quelle: Stefan Leenen; Katalog AufRuhr 1225!: wie Anm. 22.

erregende Ausnahmen gibt es nicht. Vertreten sind einfache Kannen und Töpfe aus reduzierend gebrannter Keramik, Schankgeschirr aus Steinzeug nach Art des rheinischen Vorgebirges in einfacher und aufwendig verzierter Form und Steinzeug Westerwälder Art bis hin zu polychrom bemalter, oxidierend gebrannter Irdenware und Steingut. Zeugen von hochwertigem Tischgeschirr sind auch Fragmente von Pullen mit Weinranken und einer Landschaftsdarstellung, sowie Bruchstücke von Schnellen mit szenischer Darstellung, dem kursächsischen und dem englischen Wappen.

Abb. 10: Keramik von der Burg Altendorf: Zwei Bodenfliesen, ein Ofenkachelfragment mit Darstellung der biblischen Eva und eine Scherbe mit englischem Wappen (unterschiedlicher Maßstab). Stefan Leenen; Hähnel: wie Anm. 99, S. 361.

Hinweise auf eine vergleichsweise komfortable Heizung in Form eines Kachelofens geben Fragmente von reduzierend gebrannten Topfkacheln mit Rundboden aus der Verfüllung von H4. Eine grün glasierte Kachel mit Darstellung der Eva[96] verweist auf die neuzeitliche Version des Ofens aus Motivkacheln mit biblischen Szenen. Der Fussboden war teilweise mit bunt glasierten und verzierten Fliesen belegt (Abb. 10).

Die meisten Fundstücke stammen von zwei Plätzen aus der Verfüllung von H4 und von einem Abfallhaufen am Beginn der Steinrinne an der Südostseite von H1.

---

[96] Archäologische Beispiele liegen etwa aus Bielefeld und Lemgo vor: JULIA HALLENKAMP-LUMPE, Studien zur Ofenkeramik des 12. bis 17. Jahrhunderts anhand von Bodenfunden aus Westfalen-Lippe, Denkmalpflege und Forschung in Westfalen 42, Mainz 2006, Nr. 63, 497, S. 276 f., 286, 326, Taf. 4, 35.

6.2

Ein erster Überblick über das Material zeigt eine Datierung der meisten Stücke etwa in das 14. bis 18. Jh. Aus diesem Zeitraum stammt die Masse der Keramik. Einige wenige ältere Randscherben reduzierend gebrannter Keramik, u. a. vielleicht aus den Töpfereien in Dortmund-Groppenbruch, und Fragmente von Faststeinzeug können noch in der 2. Hälfte des 13. Jh. hergestellt worden sein.[97] Einziges sicher noch älteres Stück ist ein Fragment einer römischen Terra-Sigillata-Schale. Die plastisch verzierte Keramik gehört meist in das 15./16. Jh.[98] Von den Pullen ist ein verschollenes Fragment durch eine Inschrift auf 1589 datiert, ein anderes hat ein gutes Vergleichsbeispiel aus den 1570er-Jahren.[99] Die ornamentierten Bodenfliesen konnten extern anhand der Muster auf die Zeit um 1400 bzw. Ende 15./Anfang 16. Jh. datiert werden. Der Gesamteindruck unter Berücksichtigung der Glasur unterstützt aber auch eine Verlegung im 16. Jh.[100] Einziger, allerdings ebenfalls nicht stratifizierter, Münzfund ist ein Hälbling aus Rellinghausen von 1420/30.[101]

Eine Säulenbasis aus Sandstein, die in H4 vermauert war[102] und ein Würfelkapitell aus Trachyt (Abb. 9), das 1,5 m über dem mutmaßlichen Burghof der frühen Phase an der Ringmauer der Hauptburg entdeckt wurde,[103] werden von Eversberg auf um 1200 datiert.[104] Beide Stücke

---

97 Die meisten Scherben der Kugeltöpfe sind sehr unspezifisch und weisen kaum datierbare Merkmale auf. Die Fragmente der Topfkacheln ähneln solchen z. B. von der Burg Isenberg, der Neu-Isenburg oder Schloss Horst. Dieser Formen finden sich aber genauso im 14. Jh.: HALLENKAMP-LUMPE: wie Anm. 96, S. 26 f., 38.
98 Zwei Fragmente von Trichterhalskrügen mit Auflagen von Beerennoppen bzw. dem Kopf eines bärtigen Mannes (Christus mit Dornenkrone?) dürften dem 15. Jh. zuzurechnen sein. Ein Bartmannkrug und Pullen mit aufgelegten Medaillons mit der Darstellung einer Landschaft bzw. Gartens (Paradies?) und Weinranken werden aus dem 16. Jh. stammen.
99 Das Fragment mit sächsischem Wappen ist nicht aufzufinden. Bei ELSE HÄHNEL: Siegburger Steinzeug Bd. 2, Köln 1992, S. 223, Nr. 361 ist eine Schnelle mit sächsischem, französischem und englischem Wappen und der Jahreszahl 1576 abgebildet.
100 EVERSBERG: wie Anm. 38, S. 101.
101 EVERSBERG: wie Anm. 38, S. 102.
102 EVERSBERG: wie Anm. 38, S. 83.
103 EVERSBERG: wie Anm. 38, S. 86.
104 EVERSBERG: wie Anm. 5, Abb. 13, 14. 12. Jh.: HANS ERICH KUBACH & ALBERT VERBEEK: Romanische Baukunst an Rhein und Maas, Bd. 1, Berlin 1976, S. 37.

gehörten sicher nicht zur selben Säule, da die Basis kleiner, schlechter gearbeitet, aus anderem Steinmaterial und für eine runde Säule[105] gearbeitet ist, während das Kapitell für eine achteckige Säule bestimmt war. Sofern sie nicht als Spolien von einem Bau in der Umgebung der Burg stammen, ist nicht sicher, wo sie in der Burg eingebaut gewesen wären. Sollten sie zu den Fensteröffnungen im 2. OG der älteren Phase gehören, so verwundert es, dass sie entfernt wurden und nicht bei der Zusetzung der Schächte dort verblieben.

Als Spolie kam auch z. B. das Fragment eines Halbpfeilers zutage, der in der Vorburg als Gartentorpfeiler zweitverwendet wurde. Ein weiteres Fragment konnte 2002 aus der Ostmauer der Vorburg geborgen werden. Beide könnten zu Halbpfeilern im Stil der Renaissance gehören, die einen Durchgang flankierten oder einen Kamin schmückten. Zwei Fragmente einer Volute und drei weitere von Voluten mit einer sechsblättrigen Rose im Zentrum (Abb. 9) sowie eine Kugel werden als Zierelemente an den Bauten der Vorburg gedient haben und dürften ab dem ausgehenden 16. Jh. Verwendung gefunden haben.

Folgende generellen Aussagen lassen sich nach dem derzeitigen Stand der Fundbearbeitung machen: Die Räume im Westen der Hauptburg wurden nicht wie von Eversberg vermutet[106] im 16. Jh. verfüllt, sondern später. Eine Auffüllung des Bereiches zwischen Ringmauer und Hauptturm könnte nach 1400[107] erfolgt sein, hier ist die Zuordnung der Funde aber nicht eindeutig.

7.
7.1

Spuren einer Vorgängeranlage wurden nicht gefunden. Die Herren von Altendorf werden aber auch ihren Wohnsitz in der Nähe besessen haben, wenn er nicht sogar auf dem Gelände der jetzigen Anlage stand,

---

105 Ein Fragment einer kleinen Säule mit rundem Querschnitt befindet sich als Spolie in der Nordostwand des Wohnturms.
106 Information zum Fundkomplex 1993-72.
107 EVERSBERG ging von einer Aufschüttung für den ‚gotischen' Umbau aus, EVERSBERG: wie Anm. 5, S. 95.

seine Reste aber noch nicht erfasst oder durch spätere Baumaßnahmen vernichtet worden sind.

7.2

Die erste Burganlage, von der noch Mauern erhalten sind, wird sicher auch die übliche Zweiteilung in eine repräsentative Hauptburg und eine für die Versorgung angelegte Vorburg gehabt haben. Ein Hinweis auf eine ältere Vorburg lässt sich nach derzeitigem Stand aus den Befunden und Funden aber nicht entnehmen. Der mutmaßliche Torturm ist an der erhaltenen Dokumentation nicht nachvollziehbar.[108] Eine kastellartige Vorburg, wie sie in einigen Rekonstruktionszeichnungen schon für das 12./13. Jh. dargestellt ist, wird es nicht gewesen sein, da diese innovative Bauweise aus Frankreich erst im 13. Jh. in wenigen Bauten in Deutschland fassbar ist. Dennoch ist es wahrscheinlich, dass auch vor der Anlage der jetzigen Vorburg eine kleinere vielleicht existiert haben wird.

Die Hauptburg bestand aus einem Wohnturm (Abb. 6), der auf dem anstehenden Boden errichtet worden war. Im EG befand sich ein überwölbter Raum, der ebenerdig betreten werden konnte und von mehreren Fenstern an mindestens zwei Seiten erhellt und belüftet wurde. Das Geschoss darüber war ebenfalls überwölbt, besaß Fenster zu allen Seiten, einen offenen Kamin und einen Abort. Das oberste Geschoss wiederum wies mindestens vier rundbogige Öffnungen nach Südwesten und zwei nach Nordwesten auf, weitere können vermutet werden. Die häufig zu beobachtende Trennung in einen stärker durchfensterten Raum für die warme Jahreszeit und einen darunterliegenden heizbaren Raum für die kälteren Tage scheint auch hier umgesetzt worden zu sein. Spuren einer Unterteilung der Ebenen sind nicht vorhanden. Der Abschluss des Baus ist in seiner Höhe nicht gesichert, wahrscheinlich ist ein Dach über dem obersten Stockwerk. Erschlossen wurden die einzelnen Geschosse von

---

108 Die am Tor tätigen Schüler interpretieren Mörtel- und Dachziegelschutt unter der freigelegten Einfahrt als Beleg für eine ältere, tiefer gelegene Einfahrt an dieser Stelle: KLAUS-ULRICH PIEL & THOMAS POLLOW: Ausgrabung des Burgtores der Burgruine Altendorf, in: EVERSBERG: wie Anm. 2, S. 103-106, S. 104. Eversberg sieht später die Existenz eines solchen Tores als erwiesen an, ohne jedoch die Gründe aufzuführen: EVERSBERG: wie Anm. 38, S. 80.

einem Treppenbau, der auf einem halbkreisförmigen Fundament ruhte. Abgesehen von zwei Räumen im Südosten, einem Vorraum zum Eingang und einem Raum mit Abort, sind keine weiteren Baustrukturen dieser Phase auf der Hauptburg nachgewiesen. Es wird wahrscheinlich eine Umwehrung gegeben haben, diese könnte aus Holz bestanden haben oder aus einer Mauer, die durch den jetzigen Bau abgelöst wurde oder teilweise darin aufgegangen ist.

Die z. B. von van de Loo und Vaester aufgestellte Datierung für die erste Phase um und nach 1100[109] ist nach den vorliegenden Informationen nicht haltbar. Im Fundmaterial finden sich Stücke, die in die zweite Hälfte des 13. Jh. gehören könnten, diese scheinen aber aus Auffüllschichten zu stammen, sind also umgelagert. Das Füllmaterial kommt vermutlich nicht direkt von der Hauptburg, wo ein Geländeabtrag zur Gewinnung von Füllmaterial nicht sinnvoll gewesen wäre. Ob das Kapitell und die Basis vom älteren Bau stammen, ist nicht nachzuweisen. Die Rundbogenfenster, in denen ein Biforium vermutet wurde, wurden häufig als Beleg für eine romanischen Bauphase gedeutet. Tatsächlich sind die entscheidenden datierbaren Details aber nicht mehr zu sehen: In einem solchen Schacht kann z. B. sowohl ein Biforium mit Rundbogen wie auch mit Spitzbogen gesessen haben. Ebenso kann es sich um einen Bogen über einem rechteckigen Fenster gehandelt haben.[110] Ein ausgeprägter Rundbogen wäre bei einem romanischen Bau auch am Eingang zum Turm zu erwarten gewesen. Das Mauerwerk des Turmes ist mit solchem von Bauwerken des 12. oder der ersten Hälfte des 13. Jh. in der Region nicht zu vergleichen. Sorgfältig behauene Quader sind ebenso wenig vorhanden wie durchgängig sauber geschichtetes Mauerwerk. Der Eingang im EG passt kaum zu einem Wohnturm[111] des 12./13. Jh., hier

---

109 VAN DE LOO: wie Anm. 4, S. 21. Das 11. oder den Anfang des 12. Jh. nennt auch JOHANNES VAESTER: Geschichte des alten Kirchspiels Nieder-Wenigern a. d. R., seiner Rittersitze Altendorf, Holtey, Homberg und seiner sieben Bauernschaften, in: Jahrbuch des Vereins für Heimatpflege im Kreise Hattingen 1 (1922), S. 133-158, S. 150.

110 Eine solche Bauweise findet sich z. B. um 1340 auf der Burg Stockenfels: MICHAEL DITTMANN: Ein hölzernes Stockfenster des 14. Jahrhunderts auf der Burgruine Stockenfels, in: Barbara Schock-Werner (Hg.); Fenster und Türen in historischen Wehr- und Wohnbauten, Veröffentlichungen der Deutschen Burgenvereinigung, Reihe B, S. 104-109, S. 104, 106-108.

111 Für die Zeit des 12./13. Jh. sind im deutschsprachigen Raum eher Anlagen mit einer Trennung in Bergfried und Palas üblich, auch wenn durchaus parallel Wohntürme entstehen. Charakteristisch sind sie allerdings eher für den früheren Burgenbau und wieder ab dem 14. Jh.

wäre ein Hocheingang als einer Burg vorbehaltenes Bauelement eher üblich. Insgesamt erinnert der Wohnturm mit seinen kleinen Rechteckfenstern und dem umlaufenden Gesims an solche in Lichtenau (1. H. 14. Jh.)[112] oder Beverungen (nach 1348)[113], ein guter Vergleich könnte auch ein Turm auf der Burg Rheda sein.[114] Zusammen mit der historischen Überlieferung wäre eine Errichtung des Wohnturmes in Altendorf in der ersten Hälfte des 14. Jh. möglich.

7.3

In einer zweiten Phase wurde die Einteilung des Wohnturmes völlig geändert (Abb. 7). Das EG wurde durch eine Einwölbung zu einem niedrigen Keller, sein oberer Abschnitt in das neue EG einbezogen. Dieses wurde mit einem Rippengewölbe versehen und mit neuen Zugängen, zwei Feuerstellen und drei großen Fenstern ausgestattet. Die drei Geschosse darüber besaßen Holzdecken und waren nicht eingewölbt. Sie wiesen alle hohe Querstockfenster mit Sitzbank und ein bis zwei Feuerstellen auf. Eine Einteilung des 1. bis 3. OG z. B. durch Fachwerkwände in mehrere Räume kann angenommen werden. Das oberste Geschoss wurde wahrscheinlich hinzugefügt, der Dachabschluss ist nicht geklärt. Zur Erschließung der Geschosse wurde ein neuer Treppenbau benötigt. Die Anbauten im Südosten wurden vermutlich ganz aufgegeben, die alte Abortanlage war nicht mehr nutzbar. In die Rückwand des Aborts wurde eine Tür eingebrochen, die wahrscheinlich den Zugang zu einem auf zwei Konsolsteinen ruhenden neuen Abort ermöglichte. Der Zugang zum Abort wurde durch den Einbau eines Treppenturmes im Inneren des Wohnturmes weiterhin ermöglicht.

Die Umgestaltung scheint mit größeren Eingriffen in die vorhandene Substanz einhergegangen zu sein. Mauern wurden verschmälert und ab etwa dem jüngeren 2. OG stark verändert bzw. neu aufgebaut. Zu zwei Außenseiten sind im EG und 1. OG keine Fensteröffnungen vorhanden,

---

112 GEORG DEHIO, Handbuch der deutschen Kunstdenkmäler, Nordrhein-Westfalen II, Westfalen, S. 564.
113 DEHIO: wie Anm. 112, S. 98.
114 Der Turm stammt aus der Mitte des 14. Jh. und wurde später verändert: FRED KASPAR & PETER BARTHOLD: Der Ostturm von Schloss Rheda – Wehrturm, Wohnturm und geschichtliches Zeichen, in: Westfalen 88 (2010), S. 67-81, S. 72 f., 80.

was vielleicht eher mit der Struktur und Aufteilung im Inneren zusammenhängt als mit fortifikatorischen Überlegungen.

Dieser Umbau des Turmes wurde als gotische Phase bezeichnet. Zu ihr wurden auch die Bauten am Wohnturm im Nordwesten gezählt. Sie wurde in die Zeit um 1400 datiert und deutlich getrennt von der Renaissancephase des 16. Jh.,[115] in der die gesamte heutige Vorburg entstand und der polygonale Treppenturm sowie H8 angebaut worden sein sollen.

Die Vorburg erscheint auch nach den Unterlagen der Untersuchungen als homogenes Gebilde: ein unregelmäßiges Viereck mit gleich großen Ecktürmen, die von den anliegenden Gebäuden aus zugänglich sind. Die Türme – sofern der einzige erhaltene Turm als Vorbild dient – waren auf Verteidigung ausgelegt und keine Pavillons mit Wohnräumen. Ihrer Mauerstärke, Größe und der Form der Schießscharten nach waren sie für Handfeuerwaffen gebaut.[116]

Auch wenn dies durch die Archäologie bislang nicht bewiesen werden konnte, wird die Randbebauung wahrscheinlich die gesamte Nord-, Nordwest- und Südwestseite der Vorburg eingenommen und somit ein geschlossenes Aussehen geboten haben. Ein Plan von 1740 (Abb. 11),[117] der an sich recht grob gehalten ist, legt dies nahe.

Als Datierung der aufgefundenen Bauten spricht bereits Eversberg von einer groß angelegten Umbaumaßnahme in die Zeit nach 1533. Auch wenn dieses Datum nicht durch Funde oder Befunde bestärkt werden konnte, so passt die gesamte Gestaltung durchaus am besten in das 16. Jh. Das Bild, das die Ruine im Jahr 1821 darstellen soll (Abb. 3), zeigt V8 mit einem durch Bänder gegliederten Stufengiebel mit halbkreisförmigen Bekrönungen.[118] Diese Bauweise ist in der Region nicht vor dem zweiten Viertel bzw. eher der Mitte des 16. Jh. nachgewiesen,[119]

---

115 S. Anm. 133.
116 Für einen Widerstand gegen die damals gebräuchlichen Kanonen sind die Mauerstärken zu gering. Hier wären die 3 m dicken Wände des Wohnturmsockels besser geeignet, die allerdings eher auf statische Belange als auf wehrtechnische Erfordernisse zurückgehen.
117 Im Stadtarchiv Hattingen findet sich die Datierung 1740, in einer Ausstellung des Heimat- und Burgvereins Essen-Burgaltendorf e. V. aus dem Jahr 2012 wurde die Karte auf 1739 datiert.
118 Ein gutes Beispiel aus der Region ist etwa das Torhaus von Schloss Bladenhorst in Castrop-Rauxel, s. auch Anm. 119, 122.
119 Der Drostenhof in Münster-Wolbeck wird als herausragendes Beispiel auf 1554-1557 datiert (DEHIO: wie Anm. 112, S. 784), das Torhaus von Schloss Bladenhorst generell in die Bauzeit (nach 1524-1584: DEHIO: wie Anm.112, S. 217), nach KARL

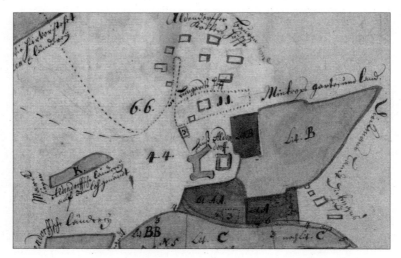

Abb. 11: Detail aus einer Karte von 1740 mit einem schematischen Grundriss von Vor- und Hauptburg. Quelle: Stadtarchiv Hattingen, Kartensammlung.

sodass die Vorburg tatsächlich unter Christopher von Vittinghoff-Schell (1501-1557) errichtet bzw. der Bau begonnen worden sein könnte, wie dies die bisherigen Bearbeiter annahmen.[120] Vergleiche für die Aufteilung der Anlage oder auch einzelne Formen etwa der Türme und Fenster finden sich z.B. bei Schloss Herten (ab ca. 1520)[121], Schloss Bladenhorst in Castrop-Rauxel (ab ca. 1528),[122] Schloss Haag in Geldern (2. H. 15. Jh.),[123] Haus zum Haus in Ratingen (15.?/16. Jh.),[124] Haus Sandfort in Olfen (Bauhaus ca. 1. Hälfte 16. Jh.)[125] oder Haus Kemnade in Hattingen

---

    E. MUMMENHOFF: Wasserburgen in Westfalen, München ⁴1977, S. 55 entstand es zwischen 1530 und 1548.

120 NEUMANN: wie Anm. 6, S. 68.
121 STEFAN KLEINESCHULTE: Schloss Herten, in: Burgen AufRuhr: wie Anm. 34, S. 339-342, S. 339 f.
122 STEFAN KLEINESCHULTE: Schloss Bladenhorst, in: Burgen AufRuhr: wie Anm. 34, S. 314-317, S. 314 f.
123 JENS WROBLEWSKI & ANDRÉ WEMMERS: Theiss Burgenführer Niederrhein, Stuttgart 2001, S. 61.
124 VOSS, ANNA-MARIA: Haus zum Haus, in: Burgen AufRuhr, wie Anm. 34, S. 287-290, S. 288.
125 STEFAN KLEINESCHULTE: Haus Sandfort, in: Burgen AufRuhr: wie Anm. 34, S. 44-46, S. 45.

(Rundturm 16. Jh.).[126] Die Fundstücke der Vorburg widersprechen dieser Datierung nicht.

7.4

Die erhaltene Ringmauer der Hauptburg bietet weder einen Hinweis auf eine Mehrphasigkeit noch enthält sie markante Elemente, die sich stilistisch sicher einer Epoche zuordnen ließen. Für die Zuordnung zur jüngeren Phase spricht das Fehlen eines Zugangs sowie eines Abflusses für den Abort der älteren Phase und das Vorhandensein eines solchen auf dem Niveau der jüngeren Phase. Auch die Übereinstimmung der Stützbögen für den Eckturm an der Südecke mit dem Trompen des jüngeren Gewölbes im Wohnturm wäre ein Indiz. In der Verfüllung zwischen dem alten und neuen Hofniveau wurde – soweit zuzuordnen – auch frühneuzeitliche Keramik gefunden. Die Einbauten im Nordwesten der Vorburg sind an die Ringmauer angesetzt, können also erst nach deren Bau entstanden sein. Sie ziehen über das halbrunde Fundament, gehören also schon zur jüngeren Geschosseinteilung. Während der jüngeren Phase haben sie sicher bestanden, da der neue Treppenturm die Erschließung dieser Räume und ihre Anbindung an den Wohnturm übernimmt. Auch die von Eversberg angenommene Verfüllung von H4 bis H7 erfolgte nicht beim Umbau zur jüngeren Phase, sondern später.

7.5

Auch wenn es nicht vollständig nachweisbar ist, so gibt es dennoch Indizien dafür, dass es eine Trennung der als gotisch und renaissancezeitlich benannten Phasen vielleicht nicht gegeben hat und die Veränderungen alle zu einer Ausbauphase des 16. Jh. gehören. Dazu gehören Übereinstimmungen mit der Vorburg, die aufgrund der Darstellung des Südostbaus mit halbrunden Aufsätzen auf dem Stufengiebel, der aufgefundenen Spolien, der Schießscharten für kleine Feuerwaffen und der Gesamtform parallel zu anderen Bauten der Region im 16. Jh. und hier eher ab der Mitte des Jahrhunderts entstanden sein kann. Die Querstockfenster von Vor- und Hauptburg sind sich in Proportionen und der Zusammensetzung

---

126 Dehio: wie Anm. 112, S. 410.

aus mehreren Sandsteinwerksteinen, die unregelmäßig weit in das Mauerwerk reichen, sehr ähnlich. Die Form der oberen Gesimse an H1 und an V12 stimmen überein. Steinmetzzeichen treten an Gewölberippen und Tür im jüngeren Erdgeschoss von H1 sowie in einem Stein mit Loch für den Türzapfen in V5 auf. Tür und Zapfenstein weisen das gleiche Zeichen auf.[127] Für eine Übereinstimmung der als gotisch und renaissancezeitlich bezeichneten Phasen spricht auch, dass der Bereich um den Wohnturm wahrscheinlich erst nach dem von Eversberg genannten Beginn der gotischen Phase aufgeschüttet wurde. Damit wären die direkten Bezüge zu diesem neuen Niveau, nämlich der neue Eingang zum Turm, die Aufgabe des Aborts, der Neubau der Abflussrinne, die Anlage der kellerartigen Räume im Nordwesten des Wohnturmes und nicht zuletzt der Bau der Ringmauer, die für das alte Abortsystem keinen Abfluss aufweist, in der heutigen Form ebenfalls deutlich jünger. Auch der Treppenturm kann zeitgleich für die neue Innenaufteilung entstanden sein. Der Vorgänger der älteren Innenaufteilung wird nicht mehr nutzbar gewesen sein, und die Zugänge zu den neuen Etagen liegen alle übereinander nahe der Nordecke, beziehen sich also auf den dort stehenden polygonalen Turm. Das alte halbrunde Fundament wurde an einer Stelle von einer Mauer von H4 überschnitten. Sollte ein Vorgänger des heutigen Treppenturmes existiert haben, der auch schon die neue Aufteilung berücksichtigte, so wäre dieser vollständig und spurlos dem jüngeren Bau gewichen. Der jetzige Treppenturm weist mit Fenstern, Schießscharte und Durchgängen noch deutlicher als der Umbau im Wohnturm in das 16. Jh., ist aber auch ein kompletter Neubau und kein Umbau eines bestehenden Bauteils.

Ein gutes Beispiel auch für die Veränderung eines älteren Turmes ist wieder der Wohnturm in Rheda.[128] Die einzeln besehen durchaus gotischen Formen der Gewölberippen oder Fenster in Burgaltendorf stehen nicht im Widerspruch zu einer Datierung ins 16. Jh.[129] Mit Ausnahme weniger Bauten, zu denen etwa Schloss Horst in Gelsenkirchen gehört,[130]

127 EVERSBERG: wie Anm. 5, Abb. 1-6.
128 KASPAR & BARTHOLD: wie Anm. 114.
129 Querstockfenster finden sich auch in Burgen des 16. Jh. wie Vischering oder Herten, ebenso Rippengewölbe.
130 Schloss Horst (1554-1570er-Jahre) bricht auch in seiner modernen Konzeption völlig mit den mittelalterlichen Vorgängerbauten. Es gilt als frühestes und besterhaltenes Beispiel der Renaissance im heutigen Ruhrgebiet. Älter wäre das Abtshaus der Abtei Werden gewesen (um 1548), das vermutlich auch ein Renaissancebau war, allerdings im 18. Jh. einem Neubau weichen musste: EVA WINKLER: Die Klosterbauten der

wurde die traditionelle Struktur der Burgen beibehalten und nur einzelne Bauteile mit den modernen Zierelementen versehen.[131] Die Gotik prägte also noch lange die Bauten der Region.

7.6

Die schriftliche Überlieferung spielte bei der Interpretation der Anlage eine große Rolle. Nachdem als Ergebnis der Forschungen drei Bauphasen festgelegt und durch Rekonstruktionszeichnungen illustriert worden waren[132] (Romanik, Gotik, Renaissance), wurde versucht, diese den markanten Daten in der Besitzgeschichte zuzuordnen. Während der Beginn der Burg wegen der Erwähnung des Ortes Altendorf in die Mitte des 12. Jh. datiert wurde, wurde der gotische Ausbau mit einem Besitzwechsel nach dem Tod des letzten Altendorfers 1386 auf um 1400 gesetzt. Der Renaissanceausbau soll dann ab 1533 stattgefunden haben, als der damalige Besitzer mit reicher Beute von einem Feldzug heimgekehrt sein soll.[133] Ohne Hinweise durch die Erwähnung von Bauaktivitäten in den Schriftquellen oder durch Bauinschriften, Wappen o. Ä. am Bau selbst sind solche Überlegungen nicht zu belegen. Die Datierungsmög-

Reichsabtei Werden. Versuch einer Rekonstruktion, Quellen und Studien 11, Münster 2005, S. 128 f, 209 f.

131 Nicht viele Herren konnten sich Neubauten wie z. B. die Schlösser Horst oder Rheydt leisten. So entstanden etwa große Teile der in den Augen der Besucher mittelalterlich anmutenden Burgen Eltz oder Vischering erst im 16. Jh. Gotische Schmuckformen wurden v. a. im Steinmetzhandwerk weiter gepflegt, die neuen Formen erst später außerhalb öffentlicher Bauaufgaben verwendet: STEPHAN HOPPE: Vom Artillerierondell zum Fachwerkhaus. Architektur der Renaissance am Rhein, in: Renaissance am Rhein, Bonn 2010, S. 68-85, S. 77 f., 82. Auch Mummenhoff geht davon aus, dass zunächst einmal die neuen Zier- und Ornamentformen nur auf einzelne Teile der Bauten angewandt wurden. Die Baukörper behielten ihre mittelalterlich-gotische Gestaltung, abgesehen von Spitzenbauten, bis zum Ende des 16. Jh. MUMMENHOFF: wie Anm.119, S. 24. Gerade mittelalterliche Bauteile blieben während des 16. Jh. noch erhalten und wurden vielfach erst später abgebrochen oder den Bauteilen der Renaissance angeglichen: THOMAS BILLER & G. ULRICH GROSSMANN: Burg und Schloss. Der Adelssitz im deutschsprachigen Raum, Regensburg 2002, S. 162.

132 NEUMANN (Château Gaillard): wie Anm. 6, S. 139 f.

133 NEUMANN: wie Anm. 6, S. 67 f. VAN DE LOO: wie Anm. 4, S. 19, 21 nennt die Jahre 1535-1540. Die Zuordnung des Ausbaus zu Christopher von Vittinghoff-Schell erscheint schon im 19. Jh. unter Berufung auf Autoren des 18. Jh: EMANUEL MÜLLER: Der Rittersitz Aldendorp, in: Blätter zur Näheren Kunde Westfalens 9 (1871), S. 41 f., S. 42.

lichkeiten der Funde und Bauformen geben diese Präzision nicht her. Für den Anstoß zum Bau wie auch für die Veränderungen kommen sicher mehrere der Besitzer in Frage. Auch mit einer neuen Einteilung, die den gotischen Umbau weglassen würde, lassen sich solche Verknüpfungen nicht anstellen. Es bleibt zunächst dabei, dass die Bauphasen nur recht grob datiert werden können.

7.7

Die Burg Altendorf bietet noch ein weites Feld für Untersuchungen. Schriftquellen sind bisher kaum aufgespürt und ausgewertet und auch die archäologischen Untersuchungen fanden nur in einem kleinen Teil der Fläche statt. Trotz der Verunklärung des Bestandes durch die modernen Restaurierungen sind sicherlich auch am Mauerwerk noch viele Informationen zu gewinnen. Auf eine sehr geringe Datenbasis stützen sich die Datierung der frühesten Phase und die Umbauten sowie die genaue Struktur der Räume, insbesondere des älteren Erdgeschosses. Auch steht eine abschließende Erklärung für die unterschiedlichen Mauerstärken und das Fehlen von Bauspuren der früheren Phase in einigen Mauerabschnitten aus. Fragen betreffen umfassende Themen wie die Vorgängeranlage und die Gesamtstruktur der Vorburg, kleinere Themen wie die Nutzung und Erschließung der Räume und den Zugang zur Burg bis hin zu Details wie den Umbau des Aborts. Wichtige Funktionselemente sind bisher kaum geklärt (z. B. Küche, Wasserversorgung) oder völlig unklar (z. B. Kapelle bzw. Andachtsraum). Das Umfeld der Anlage wurde noch gar nicht bearbeitet. Wie die zukünftigen Forschungen aussehen können, wird noch zu klären sein. Grabungen und eine umfassende Erkundung der Mauern sind wegen hoher Auflagen und Kosten derzeit nicht möglich. Zunächst sollte das vorhandene Material weiter aufbereitet werden und mit verlässlichen Plänen die Grundvoraussetzungen für weitere Arbeiten geschaffen werden. Ein Bohrprofil könnte, soweit Reste des Originalbefundes die Neugestaltung überdauert haben, Aufschluss über einen wasserführenden Graben und dessen Ausdehnung erbringen. Die Vorlage aller Ergebnisse der Grabung ist in Arbeit, wird aber noch einige Zeit in Anspruch nehmen.

„Plangor erat multus & ibi fuit ipse sepultus."
Laut war das Wehklagen, und hier wurde er bestattet.
(Vers eines Grabgedichtes)

Hilda Lemke

Vom Totengedenken zur Traditionspflege – Spuren einer kultähnlichen Verehrung Engelberts III. von der Mark

Inhalt: 1. Die Fröndenberger Klosterkirche als Begräbnisort für Angehörige der märkischen Grafenfamilie, S. 59. – 2. Mittelalterliche Chroniken und Urkunden als frühe Informationslieferanten, S 64. – 3. Ein Schmähgedicht und ein Grabgedicht, S. 68. – 4. Förderung der Engelbertverehrung durch ein Fröndenberger Heimatbuch nach dem Ersten Weltkrieg, S. 73. – 5. Fragwürdige Zeugnisse der zeremoniellen Kranzniederlegung für den Grafen von der Mark in der Zeit des Nationalsozialismus, S. 78. – 6. Vereinsschriften und Presseberichte des 20. Jahrhunderts als Dokumentierung einer Kooperation zwischen Bochum und Fröndenberg, S. 82. – 7. Eine Textvariante zur Maiabendfest-Stiftung, S. 86. – 8. Die traditionelle Ehrung Engelberts III. als Element einer Festveranstaltung im 21. Jahrhundert, S. 89.

1.

Die mehr als siebenhundert Jahre alte Klosterkirche in Fröndenberg ist angelegt auf einem Hang oberhalb des Ruhrtales. Ihr Bau, begonnen im 13. Jahrhundert, ist gemäß einer architektonischen Zisterzienser-Richtlinie turmlos konzipiert. Einige Indizien weisen darauf hin, dass sie in ihrem westlichen Teil auch der Totenbestattung diente.[1] In diesem Abschnitt des Langschiffes befand sich bis zum 20. Jahrhundert ein

---

1 Der Bereich vor dem Altar im Ostchor, genutzt für denselben Zweck, soll in späteren Jahrhunderten mit Grabplatten dicht gefüllt gewesen sein; Jürgen Reissner, Andreas Rinke, Helmut Schramm: Die Stiftskirche Fröndenberg, Beitrag zur Ortsgeschichte (17), Fröndenberg 2005, S. 24 (Foto).

großes steinernes Kenotaph[2], kunsthistorisch ins frühe 14. Jahrhundert einzugliedern, das nebeneinander die Figuren eines Mannes mit Panzer und Schwert und einer Frau in faltenreichem Gewand abbildet. Wappenembleme haben geholfen, dieses beeindruckende und kostbar gestaltete Mal als Erinnerungsstätte für Graf Eberhard II. von der Mark und seine Gattin Irmgard von Berg zu identifizieren.[3]

Als 1902 am Westende der Kirche ein Turm angebaut wurde und dadurch ein erhöhter, über mehrere Stufen erreichbarer kapellenähnlicher Raum entstand, wurde das steinerne Monument dorthin versetzt und bietet – beim langen Gang durch das Kirchenschiff schon von weitem sichtbar – einen durchaus imponierenden Anblick. Gegenwärtig existieren Überlegungen, diesen sakral wirkenden Raum als Andachts- und Meditationsnische zu nutzen und das Hochgrabmal für Eberhard II. und Irmgard erneut zu verlagern, und zwar zurück in die Nähe seines ursprünglichen Standortes. Dort lehnt nämlich an der südlichen Innenmauer eine überdimensionale Steinplatte mit dem märkischen Schachbalken[4], die, so vermutet man, eine Gruft abgedeckt hat. Vieles spricht für die Annahme, dass hier im Mittelalter die Grablegung der Angehörigen der märkischen Grafenfamilie stattfand.[5]

Folgt man der Ortslegende, die wohl erst während der Neuzeit die Gründung der Fröndenberger Frauenzisterze schriftlich fixiert, so ist die Klosterkirche das Gebäude, in dem fünf Grafen von Altena bzw. von der Mark ruhen; der 1707 erstmals gedruckte entsprechende Band der „Acta Sanctorum", einer umfänglichen Sammlung von Legendentexten, lässt

---

2   Die ebenfalls gebräuchlichen Ausdrücke Sarkophag und Tumba sind weniger angemessen. Das Kunstwerk enthält keine Gebeine; deren Verortung ist bisher nicht völlig gelungen.
3   Schon im späten 19. und im 20. Jahrhundert wurde das Steinmal beschrieben. Die neueste Darstellung stammt aus dem 21. Jahrhundert – REISSNER/RINKE/SCHRAMM: wie Anm. 1, S. 64 f.
4   Beschrieben und abgebildet ebd., S. 22 f.
5   Stiftungen zeigen, dass die Frauenzisterze schon früh mit Memorienfeiern beauftragt wurde, die das Seelenheil Verstorbener befördern sollten. Belegt sind solche kostenträchtigen Gedenkveranstaltungen in Dokumenten, die in Münster, LA NW, Abt. Westfalen, Bestand „Stift Fröndenberg, Urkunden" nummeriert gesammelt sind und im Folgenden kurz als U Fröndenberg bezeichnet werden. Aus dem 13. Jahrhundert sind U Fröndenberg 3 (1232), 8 (1237), 9 (1243), 20 (1263), 23 (o.J.), 28 (1271), 33 (1280), 43 (1293) und 55 (1299) erhalten. Schenkungen zu Memorien für die Grafenfamilie von der Mark sind allerdings erst seit 1336 bekannt (U Fröndenberg 144, 145, 146).

hier im Ostchor Otto von Altena begraben sein, in einem anderen Teil der Kirche (bzw. dorthin durch Translation der Gebeine gelangt) „Everhardus, Engelbertus, Adolphus et iterum Engelbertus"[6], also Eberhard II., Engelbert II., Adolf II., und Engelbert III. Ein Lob als mutiger, fähiger und äußerst freigebiger Mann[7] wird innerhalb dieser Generationenreihung nur Otto, dem Onkel Eberhards II., zuteil; der Text stilisiert und würdigt ihn, genealogisch unzutreffend, quasi als ‚Stammvater' der Regenten nach ihm. Als Anbahnung eines ‚Ahnenkultes' lässt sich dieser Passus, der erst nach dem Tod Engelberts III. entstanden sein kann, jedoch kaum interpretieren.

Folgt man dagegen einer älteren Quelle, so verschieben sich Informationen und Bewertungen. Levold von Northof charakterisiert in seiner 1357/58 verfassten Chronik der märkischen Grafenfamilie[8] Otto von Altena negativ als „jähzornig und rachsüchtig gegen die, die er haßte"[9], und lässt offen, wo er bestattet wurde, während er für Eberhard II. („in Fröndenberg begraben"[10]), Engelbert II. („in Fröndenberg beigesetzt"[11]) und Adolf II. („in Fröndenberg begraben"[12]) das Örtchen an der Ruhr nennt, aber nicht den genauen Platz. Für Engelbert III., der seinen Erzieher Levold überlebte, kann vom Chronisten Levold selbstverständlich noch kein Hinweis auf dessen Beerdigung erwartet werden. Die konträre Beurteilung Ottos in zwei verschiedenen Quellen und Jahrhunderten erklärt sich dadurch, dass die „Acta Sanctorum" diesen Grafen als den Erbauer der Fröndenberger Kirche rühmen, während für Levolds kritische Äußerung eher das Verlagen Ottos nach einer Erbteilung verantwortlich ist. Für einen eventuellen Engelbert III.-Kult allerdings bilden diese beiden in ihrer Parteilichkeit nicht völlig zuverlässigen Zeugnisse keinen Anhalt.

Die seit dem beginnenden 20. Jahrhundert vorhandene ‚Kapelle' am Westende der Kirche zeigt neben dem Kenotaph in der Mitte des Raumes

---

6   Quelle für Zitate ist in diesem Aufsatz: Acta Sanctorum, Bd. 4, Paris u. Rom 1867, 20. Juni, S. 51-54, hier S. 54, Cap. II, 15.
7   Ebd. („vir fortis et potens, largitate strenuus").
8   LEVOLD VON NORTHOF: Die Chronik der Grafen von der Mark, übersetzt und erläutert von HERMANN FLEBBE, Münster/Köln 1955. Zu Levolds Intentionen siehe hier S. 11.
9   Ebd., S. 87.
10   Ebd., S. 117.
11   Ebd., S. 129.
12   Ebd., S. 144.

heute an der linken Wand eine große, aber schlichte steinerne Gedenktafel für die in Fröndenberg beheimateten Toten des Ersten Weltkrieges, direkt darüber eine kleinere für die des Deutsch-Französischen Krieges 1870/71. Ersetzt wurde dadurch nach 1950 ein früheres „Kriegergedächtnis in der Stiftskirche", gewidmet „Den im Weltkriege 1914-1918 gefallenen Söhnen der Ev. Gemeinde Fröndenberg"[13], dazu geschmückt mit einem Strahlenhalbkranz als Emblem und den drei Golgathakreuzen als symbolhaftes Zeichen für Trauer und Hoffnung. Eine Inschrift, ebenfalls im Mittelteil der Tafel, besagt: „Niemand hat größere Liebe denn die, daß er sein Leben läßt für seine Freunde"[14].

Die ‚Kapelle' bietet also seit vielen Jahrzehnten Raum für eine Verehrung Eberhards II. und Irmgards sowie für die Erinnerung an die Kriegstoten. Ein direkt für einen Engelbert III.-Kult geeigneter Platz findet sich aber weder hier noch in der gesamten Fröndenberger Stiftskirche[15], falls man nicht das Gedenken für diesen bestimmten regierenden Grafen an die große Steinplatte mit dem märkischen Schachbalken im Wappen knüpft. Aufschlussreich in diesem Kontext mag sein, dass das Lexikon des Mittelalters[16] aus dem Grafengeschlecht besonders Eberhard II. als Teilnehmer an der Schlacht von Worringen (1288) hervorhebt, außerdem diejenigen Söhne, die eine geistliche Laufbahn einschlugen und als Bischof oder Erzbischof fungierten. Engelbert III. wird überhaupt nicht erwähnt – er scheint demnach trotz mehrerer Fehden relativ wenig zur überregionalen Bedeutung des Grafenhauses beigetragen zu haben. Wenn er bei diesem lexikalischen Überblick als Person nicht berücksichtigt wird, heißt das jedoch nicht, dass er auch innerhalb der Heimat- und Traditionspflege nicht als Orientierungsfigur in Frage kommt.

13 FRITZ KLUTE: Fröndenberg einst und jetzt. Ein Heimatbuch, Fröndenberg 1925, Reprint 1981, unnummerierte Seite vor S. 177.
14 Ebd. – KLUTES Heimatbuch bietet auf der unnummerierten Seite vor S. 223 auch eine Abbildung der „Gedächtnistafeln" in der katholischen Kirche St. Marien und bemerkt dazu: „Einzigartig ist in der Kirche der Platz gewählt und eingerichtet zum G e d e n k e n d e r i m W e l t k r i e g e G e f a l l e n e n. Wer möchte einen besseren Plan erdenken? Auf zwei Tafeln aus schwarzem Marmor sind in Goldbuchstaben eingemeißelt 87 Namen, - die Namen derjenigen Katholiken Fröndenbergs, die der grausige Krieg der Heimat entriß; unsere Helden sind´s!" (S. 224). Hier spiegelt sich eine Heldenverehrung, die nicht ohne Einfluss auf die folgenden Jahrzehnte ist.
15 Nach der etwa 1555 erfolgten Umwandlung der Frauenzisterze in ein freiweltlichadeliges Damenstift setzte sich die Bezeichnung Stiftskirche durch.
16 J. L. KUPPER: Mark, Gf.en v. der, in: LexMA 6, (CD-Rom-Ausgabe 2000), Sp. 297-298.

Es überrascht deshalb wenig, wenn in der ‚Turmkapelle' zwei Objekte mit dem streitbaren märkischen Grafen verbunden sind, ohne zum eigentlichen Ensemble zu gehören. Ein unauffälliger transportabler Ständer im linken vorderen Winkel des Raumes ist versehen mit einer Metallplakette in Form eines entrollten Schriftstreifens, die – eingraviert unter den Jahreszahlen 1388-1988 – vermerkt: „Wir Bochumer Junggesellen gedenken dem (sic!) Stifter unseres geliebten Bochumer Maiabendfestes Graf Engelbert III. von der Mark und halten in alter Treue am heimatlichen Brauch fest". Darunter zeichnen Junggesellenhauptmann und Junggesellenadjutant namentlich für die Stiftung dieses Erinnerungsstückes, das an sechshundert Jahre Tradition gemahnen soll.

Schon gut drei Jahrzehnte früher ist – demselben Brauchtum verpflichtet – eine etwa 65 cm hohe und 36 cm breite raffiniert gestaltete Holztafel vom 24.4.1955 hierher gelangt, „Zur Ehre des Grafen Engelbert III. von der Mark von seinen ‚Bochumer Jungen'"; für das Präsent verantwortlich erscheint mit seinem Namen nur der „Junggesellen-Hptm."[17]. Zu beiden Seiten dieser Inschrift am unteren Tafelrand ist jeweils eine Nische ausgehöhlt, vor der, an einem Haken befestigt, eine Miniaturgrubenlampe hängt. Auf dem Schriftteil der Holzplatte ruhen sozusagen die Füße einer hohen aufrechten Gestalt, platziert vor einer größeren spitzbogigen Nische in der Tafelmitte. Die Männerfigur verkörpert den Geehrten in ritterlicher Rüstung mit Helm und Harnisch, einen Umhang über Schulter und Rücken und ausgestattet mit zwei Attributen: Mit seiner linken Hand stützt er sich auf das Schwert, mit der rechten umgreift er eine Schriftrolle. Die Stadtwappen von Fröndenberg und Bochum[18] im oberen Tafelteil komplettieren die sinnreiche Anordnung. Augenscheinlich hält die hölzerne Schnitzarbeit den märkischen Grafen in einer Pose fest, die bis hin zu Schriftrolle und Schwert als Requisiten identisch ist mit der einer Bronzestatue Engelberts III., die als Denkmal einen Bochumer Brunnen zierte, der vom dortigen Bürgerschützenverein gestiftet und 1910 eingeweiht[19], dessen Metallanteil aber 1944 einge-

---

17 Das Zitat verzichtet auf die Wiedergabe der im Text durchgehend verwendeten Großbuchstaben unterschiedlicher Höhe.
18 Dazwischen sind drei Großbuchstaben – IOC (Junggesellen-Offiziers-Corps) – ineinander verschlungen.
19 ANDREAS BORNHOLDT unter Mitarbeit von KLAUS LIERMANN: 600 Jahre Bochumer Maiabendfest. Die historische Entwicklung eines städtischen Heimatfestes im Revier, Bochum (1988), S. 218 f., Abb. S. 220.

schmolzen wurde.[20] Fast ebenso frappierend wirkt die Ähnlichkeit mit der Figur im Fröndenberger Stadtwappen, die als Brustbild eines Ritters mit erhobener Lanze aus dem märkischen Schachbalken erwächst, aber den Märtyrerheiligen Mauritius meint[21], nicht den Grafen Engelbert.

Beide ‚Souvenirs', das von 1955 und das von 1988, würdigen innerhalb einer Erinnerungskultur explizit Engelbert III., obwohl der Platz in der ‚Kapelle' dafür nur bedingt tauglich ist. Sie dienen der Verehrung des märkischen Helden ebenso wie der Selbstdarstellung der Bochumer Maiabendgesellschaft, von der sie stammen. Bewahrt wird hier Brauchtum mit einer fast sakralen Komponente. Solchen Spuren eines ausgeprägten Angedenkens ist nachzugehen. Herangezogen dazu wird nach Möglichkeit auch lokales Material, das – zum Teil leicht erreichbar und deshalb populär – eine ‚kollektive' Tradition vermutlich stärker beeinflusst hat als wissenschaftlich solide, aber schwer zugängliche Resultate. Allerdings befinden sich unter den verwendeten Quellen auch einige fragwürdige Texte, die jedoch gerade in ihrer Absonderlichkeit eine nicht zu unterschätzende Aussagekraft besitzen.

2.

Zeugnisse und Überlieferungen aus dem 14. und 15. Jahrhundert sind meist zurückhaltend in ihrer Kommentierung Engelberts. Levold von Northof widmet im einleitenden Fürstenspiegel seiner Chronik gute Wünsche „Dem edlen Herrn Engelbert, Grafen von der Mark, seinem geliebten Herrn"; er möge Land und Untertanen „in Gottesfurcht und Gerechtigkeit getreulich regieren. Amen!"[22] Ähnliche Bitten wiederholen sich im weiteren Verlauf von Levolds Äußerungen zu Vergangenheit und Gegenwart: „Möge ihm Gott in seiner Gnade ein langes und glückliches

---

20 Ebd., S. 268.
21 Fröndenberg erhielt sein eigenes Gemeindewappen wohl nicht zufällig am 20. April 1937 als speziellem Tag (Hitlers Geburtstag). Das damalige Wappenbild deutet Mauritius als hellhäutigen und –haarigen Kriegertypus. Das Wappen wurde im März 1949 bestätigt, Mauritius aber dunkelhäutig und mit einem Heiligenschein als weiteres Attribut gestaltet. – Diese knappe Zusammenfassung basiert auf Informationen zum Stadtwappen von 1952 (Verleihung des Stadtrechtes an die Gemeinde Fröndenberg zum 1.11.1952), die mir Stadtarchivar Jochen von Nathusius zur Verfügung stellte.
22 v. Northof: wie Anm. 8, S. 45.

Leben bescheren, daß er in Gottesfurcht seine Taten erfolgreich ausführen kann!"[23]; „Möge ihm Gott in seiner Gnade ein schönes, glückliches und langes Leben bescheren!"[24] Anlass ist zuerst die Geburt Engelberts, dann sein Regierungsantritt. Seinen letzten Wunsch richtet Levold ganz in die Zukunft: „Nun komme ich zu einem erst kürzlich gepflanzten Reis, aus dem hoffentlich mit Gottes Beistand ein neuer edler Sproß aufwachsen wird. Ich meine die edle Dame Richarda, Gräfin von der Mark, die Tochter des erlauchten Herrn Herzogs von Jülich. [...] Der allmächtige Gott gebe der Frau Gräfin Richarda von der Mark und ihren Nachkommen ewigen Segen, daß sie gleichermaßen in Gottesfurcht wie auch in Gottes Liebe immer leben, blühen und wachsen mögen!"[25] Der betagte Chronist erwartet Fortbestand und Gedeihen der Grafschaft Mark durch einen Sohn Engelberts III., erfährt aber nicht mehr, dass enttäuschenderweise kein Leibeserbe der Regentschaft zur Welt kam.[26]

Als Zeitgenosse wendet sich Levold im 14. Jahrhundert aber auch mit Empfehlungen, Ratschlägen und Ermahnungen an seinen Lehnsherrn und vertritt als Forderung den Grundsatz, das märkische Territorium dürfe nicht durch Erbstreitigkeiten zersplittern, sondern müsse ungeteilt bleiben. Seinem früheren Schüler und jetzigen Herrn legt er „zuerst und vor allem ans Herz, bei all Eurem Tun stets Gott vor Augen zu haben, gerechte Urteile zu fällen, Kirchen und Priester zu ehren und sie nicht zu belästigen, sondern gegen Unrecht zu verteidigen"[27]. Auch weist er den regierenden Engelbert auf „Frieden und Freundschaft" mit „Städten und Orten"[28] hin und auf die Wahl kompetenter Räte und Amtmänner. Das Prinzip der Unteilbarkeit der Grafschaft untermauert er mit einem

---

23 Ebd., S. 134.
24 Ebd., S. 144.
25 Ebd., S. 164.
26 JOCHEN VON NATHUSIUS: Unveröffentlichtes Typoskript eines Vortrages in Fröndenberg, 3.11.2011 (Arbeitsgemeinschaft „Offene Stiftskirche"), entwickelt die These, bei männlichen Nachkommen Engelberts III. aus seiner zweiten Ehe mit Elisabeth von Sponheim wäre die territoriale Entwicklung und Anbindung der Grafschaft Mark wahrscheinlich anders verlaufen und eine engere Orientierung an Mittelrhein und Pfalz wahrscheinlich gewesen. Engelberts III. einziges Kind, Margarete, geboren 1356, wurde 1375 verheiratet mit dem bereits einmal verwitweten Philipp II. von Falkenstein und Münzenberg. Dessen erste Ehefrau war die Tante von Engelberts zweiter Ehefrau und Schwester des Grafen Simon III. von Sponheim.
27 V. NORTHOF: wie Anm. 8, S. 47.
28 Ebd., S. 48.

Vorfall, an den er sich lebhaft erinnert.[29] Mit allem gebotenen Respekt lässt er durchklingen, dass er seinen ehemaligen Zögling eher als erfüllt von „Tatkraft"[30] einstuft denn als achtsam.

Die Dortmunder Fehde 1388/89 und den Tod Engelberts III. 1391 hat Levold nicht mehr miterlebt.[31] Wenn er aber mit Geld und Brot eine Memorienstiftung für sich, seine Eltern und seine Wohltäter an die Fröndenberger Zisterze vergibt[32], geht er anscheinend davon aus, dass auch Engelbert nach seinem Tod an den Ort der märkischen Grablege überführt und dort das Angedenken der Grafenfamilie regelmäßig gepflegt wird.

Engelbert macht 1362 unter der Bedingung einer jährlichen Messe eine üppige Spende an das Kloster, erst ein Verzicht auf ihm zustehende Nachlässe, dann eine jährliche Kornrente und ein Geldbetrag von zwei Mark, eine davon für den Fröndenberger Beichtvater.[33] 1381 gönnt er der Zisterze zusätzlich eine jährliche Kornrente aus einem Hof zu Menden und verfügt damit die Memorie zu seinem eigenen Seelenheil und zum „ghedechtnisse […] unser vrouwen Ryckarden"[34]. Da er aber gerade diesen Hof 1384 an einen Titularbischof versetzt[35], ist fraglich, ob Äbtissin und Konvent dauerhaft in den Genuss der Zuteilung gekommen sind und später das Totengedenken für den gestorbenen Grafen ausdrücklich auf der Basis dieser Stiftung gefeiert haben. Regionale Konflikte mit Menden südlich der Ruhr könnten so ein angemessenes klösterliches Gedächtnisritual verhindert haben.

Gleich über mehrere Motive dürfte eine Schilderung aus dem 15. Jahrhundert auf die späte Rezeption von Engelberts Lebensende eingewirkt haben. Gert van der Schuren erzählt in einer nach 1450 entstandenen Chronik von den letzten Tagen des Grafen von der Mark.[36] Er

---

29 Ebd., S. 56 ff.
30 Ebd., S. 47.
31 Wohl aber äußert er sich anlässlich der Fehde zwischen dem Grafen von Arnsberg und Engelbert III. abfällig über die sich einmischenden Dortmunder Bürger; ebd., S. 145 f.
32 U Fröndenberg 211, 212 (1354, 1355).
33 U Fröndenberg 239, 240, 241.
34 U Fröndenberg 289.
35 U Fröndenberg 296. – Zur weiteren Geschichte dieses Hofes im 15. Jahrhundert siehe HILDA LEMKE: Eine Revision der Äbtissinnenliste des Klosters Fröndenberg im 14. und 15. Jahrhundert und die Rolle der Katharina von der Mark im Zisterzienserkonvent des späten Mittelalters, in: Märkisches Jahrbuch für Geschichte 108 (2008), S. 107-150, hier S. 125 f.
36 GERT VAN DER SCHUREN: Clevische Chronik, hg. von ROBERT SCHOLTEN, Cleve 1884,

habe, als Zeichen einer Krankheit sichtbar wurden, seinen Beichtvater zu sich kommen lassen, dem er mit großer Eindringlichkeit und starker Reue von Herzen beichtete und durch den er sich versehen ließ mit den zwei kirchlichen Sterbesakramenten, also dem ehrwürdigen Leib Christi und dem heiligen Öl. An einem Freitag, nämlich am Tag des heiligen Apostels Thomas vor dem heiligen Tag der Geburt Christi, gab er seinen Geist auf, den Gott der Allmächtige in seinem ewigen Reich erfreuen möge. Das geschah in seinem 62. Lebensjahr, im Jahre des Herren 1391, und man sagt, er habe auf seinem Sterbebett angeordnet, seine Freunde sollten sich rüsten bzw. an Menge verstärken, wenn man ihn von Wetter bis in das Nonnenkloster in Fröndenberg zu Grabe brächte. Eine große Anzahl von „gewapenden", so heißt es weiter, habe ihn „op sent Steffens dach" auf dem Weg dorthin an ein Wasser geführt (der Name des Flusses ist von anderer Hand mit „hoene" angemerkt), dort seien sie auf die feindlichen „borghere van Mynden"[37] gestoßen, seine Freunde aber schlugen sechzehn Gegner nieder und nahmen sie gefangen, die anderen aber flohen. Weil die Begleiter des Grafen seine Leiche nicht im Stich lassen wollten, um ihren Widersachern weiter nachzujagen, „brachten sy oeren doden heren, die dair doit gestreden ind gewonnen hadde"[38], noch am selben Tag zur Fröndenberger Kirche, wo seine Ritter die Bahre mit seinem Leichnam bis in den Chor des Klosters transportierten. Am Tag des Evangelisten Johannes schließlich trugen Priester allein und ohne andere Hilfe Leiche und Bahre bis zum Grab und bestatteten ihn ehrenhaft. Engelbert sei lebenslang ein treuer Freund der ehrwürdigen Priester gewesen und „glorioess"[39] unter seinen Rittern und Bediensteten. Der „eerlike lieue Greue Engelbrecht"[40] habe in Wahrheit noch viel mehr große Taten vollbracht, als hier von ihm geschrieben stehen.

Der klangvolle Text mit seiner Anschaulichkeit einzelner Szenen[41] informiert erstens über Ort und Zeitpunkt von Tod und Beisetzung Engelberts III., zweitens über einen Konflikt zwischen Anhängern und

---

      hier S. 38 f. – Diese Chronik soll auf der Levolds fußen (dazu Flebbe in v. Northof: wie Anm. 8, S. 39), bei der Darstellung von Sterben und Totengeleit Engelberts kann sie es jedoch nicht.
37 Ebd., S. 38.
38 Ebd., S. 39.
39 Ebd.
40 Ebd.
41 Auch wegen seiner literarischen Qualität ist der Wortlaut im vorigen Abschnitt nur wenig verknappt als Übertragung ins Neuhochdeutsche präsentiert worden.

Kontrahenten und drittens über die Haltung des Regenten gegenüber Klerus und Rittertum. Dass ihm Lob und Ruhm gebührt, scheint selbstverständlich. Hier könnten sich bereits kultische Elemente ableiten lasse. Der imponierend lange Trauerzug, der an die Translation von Heiligenreliquien denken lässt, hat noch bis ins 20./21. Jahrhundert „Beiträge zur Ortsgeschichte"[42] beeinflusst bzw. Heimatliteratur zur Ausschmückung verlockt.[43] Die Formulierung „So hat der alte Held noch im Tode gestritten und gesiegt", die 1925 in „Fröndenberg einst und jetzt" dem mittelalterlichen Chronisten „Schüren (sic!)"[44] zugeschrieben wird, führt in der Neuzeit vom Totengedenken zur Verehrung des Kriegshelden als dem Herren, dem seine Gefolgsleute Treue schulden.

Levolds Erinnerungen, vor dem Zweiten Weltkrieg[45] bzw. danach in deutscher Übersetzung vorhanden, haben offenbar weniger zur fast sakralen Überhöhung des weltlichen Landesregenten Engelbert beigetragen als die schon vor dem Ersten Weltkrieg verfügbare, aber sprachlich sperrige Chronik van der Schurens. Da der Tod des Grafen mit dem dadurch bedingten zukünftigen Verlust territorialer Eigenständigkeit eine Zäsur bedeutete, liegt hier durchaus eine Affinität zu Totenklage und weihevollem Ritual vor.

3.

Dass Engelbert III. sowohl Zustimmung als auch Ablehnung erfährt, demonstrieren zwei Texte in Versform, die verschiedentlich von Heimat- bzw. Vereinsschriften herangezogen und im 20./21. Jahrhundert populär

---

42 FRANZ LUEG: 1197 Frundeberg – 1997 Fröndenberg. Spuren der Vergangenheit, Beiträge zur Ortsgeschichte (10), Fröndenberg 1997, S. 40, übernimmt nicht nur Details aus einem Grabgedicht für Engelbert III., sondern auch aus der „Clevischen Chronik".

43 ERNST DOSSMANN: 50 Jahre fest im Sattel. Auf den Spuren des Grafen Engelbert III. von der Mark, 1330-1391, Iserlohn 2009, S. 442, erfindet in Anlehnung an van der Schuren eine „Vorahnung", die zu der Anweisung animiert habe, „unter der Trauerkleidung die Kettenhemden zu tragen".

44 KLUTE: wie Anm. 13, S. 83. – DOSSMANN: wie Anm. 43, S. 442, übernimmt diesen Satz ohne Quellenangabe.

45 FLEBBES Vorwort in: v. NORTHOF: wie Anm. 8, unnummerierte Seite.

gemacht werden.⁴⁶ Das erste dieser Gedichte, wohl noch zu Lebzeiten Engelberts verfasst, soll entweder aus dem Jahr 1387 stammen und die ein Jahr danach beginnende Dortmunder Fehde ausgelöst⁴⁷ oder später diesen viele Monate dauernden Streit verarbeitet haben.⁴⁸ Den Versen nach wird „Graf Engelbert van der Marke" vorgeworfen, er habe sich mit „frombden Gude" bereichert und sei ein „Verrader", aber der barmherzige Gott habe auf der Seite Dortmunds gestanden, „Darum hatte hey (der Graf) Ehr und Rohmes keine"⁴⁹. Die schlichten Reime, die Engelbert als raffgierigen Spitzbuben beschimpfen und ihn der Scheinheiligkeit – mit Engelszungen redend, aber brutal handelnd – bezichtigen, enden mit der Ankündigung, dass Gott den hochrangigen Übeltäter verurteilen solle: „Gott will en geweldig noch richten, / Darmit beslute ick myn Gedichten."⁵⁰

Dass allein diese Schmähung die Fehde verursacht hat, erscheint abwegig. Plausibler ist, dass aus wirtschaftspolitischem Interesse sowohl Kurköln als auch die Grafschaft Mark auf den Zuwachs der großen Handelsstädte an Reichtum, Macht und Unabhängigkeit reagierten. Levold von Northof hat ja bereits bei einem früheren Konflikt die Hansestadtbürger der Unverschämtheit gegenüber Engelbert III. und seinem Land geziehen; erst durch „Kriegsnöte" seien sie „wieder zur Vernunft gebracht"⁵¹ worden. Ob Levolds harsche Schelte berechtigt ist oder nicht, ist eine andere Frage. Die insgesamt gewichtigste Beschuldigung innerhalb des Schmähgedichtes bildet nicht der Vorwurf, Versprechen und Taten des Grafen klafften – an Treuebruch grenzend – auseinander, sondern die Anklage wegen mangelnder Gottesfurcht, eine im Mittelalter für jeden weltlichen Herrscher bedrohliche Behauptung und mehr als eine Rufschädigung. Diese kritische Facette beeinträchtigt ein positives Engelbertbild.

46 KLUTE: wie Anm. 13, S. 76 f. u. 84 f., enthält beide Texte (den ersten ohne Quellenangabe, den zweiten in der deutschen Übersetzung durch den im 20. Jahrhundert in Fröndenberg ansässigen katholischen Pfarrer Heinrich Schmallenbach), BORNHOLDT/ LIERMANN: wie Anm. 19, S. 36 f. u. 41 f., ebenfalls (den ersten zusätzlich in neuhochdeutscher Übersetzung, den zweiten aus KLUTES „Heimatbuch" übernommen), DOSSMANN: wie Anm. 43, S. 368, nur den ersten (nach JOHANN DIEDERICH VON STEINEN).
47 KLUTE: wie Anm. 13, S. 76.
48 DOSSMANN; wie Anm. 43, S. 367.
49 V. 1, 2, 9, 14 (zitiert nach KLUTE).
50 V. 19 f. (s.o.).
51 V. NORTHOF: wie Anm. 8, S. 146.

Ganz anders verfährt ein Lobgedicht, das anlässlich des Todes Engelberts verfasst worden sein soll. Johann Diederich von Steinen bringt den lateinischen Text in seiner 1748 erschienenen „Westphälischen Geschichte" mit einer durch eine Fußnote ergänzten Vorbemerkung: „Engelbert der letzte, Graf von der Mark, welcher, als er 1391. den 24. Dec. am Tage Thomas zu Wetter sturbe, hierhin (zur Fröndenberger Kirche) gebracht und begraben wurde. Es findet sich noch von ihm diese Grabschrift auf Pergament geschrieben und auf ein Bret genagelt über der Thür an der Sacristey[a)] folgender massen"; „[a)]Weil diese Grabschrift durch die Länge der Zeit ziemlich dunkel worden, hat die gegenwärtig Hochwürdige Frau Abdissin solche abnehmen und ins Archiv legen lassen"[52]. Dieses verschriftlichte Totengedenken für einen weltlichen Regenten könnte zu von Steinens Zeit immerhin um die 350 Jahre alt gewesen sein und den Anschluss der Grafschaft Mark an das Herzogtum Kleve/Jülich und an das Kurfürstentum Brandenburg überdauert haben.

Das lateinische Gedicht unter dem Titel „Planctus Engelberti Comitis de Marka Nobilissimi viri" bevorzugt nicht den populären Endreim, sondern folgt dem leoninischen Muster, bei dem das Wort am Zeilenende lautlich an ein Wort in der Zeilenmitte anklingt.[53] Bemerkenswert ist die strikte Zweiteilung der Klage um den sehr edlen Mann Graf Engelbert von der Mark in einen chronistischen und einen nicht nur rühmenden, sondern sogar heroisierenden Abschnitt, dessen drei Endverse um die Aufnahme des Gestorbenen in das Gottesreich bitten. Die ersten sechzehn Zeilen informieren, zugeschnitten direkt auf Engelbert, über Zeitpunkt (Ende 1391) und Ort von Tod (Burg Wetter) und Begräbnis (Fröndenberg)[54], aber auch über ein Fahnenritual der Begleiter, ehe sie mit ihren Gefangenen heimkehren.[55] Eingebettet wird ein Frömmigkeitsmotiv: Engelbert habe seine Sünden bereut, die Sakramente empfangen und Vergebung erlangt, habe also im Einklang mit der Kirche die Welt verlassen. Das Maß der Trauer bekräftigt die hervorragende Position des Toten: „Plangor erat multus & ibi fuit ipse sepultus" (Groß war das Wehklagen, und hier wurde er begraben)[56].

52 JOHANN DIEDERICH VON STEINEN: Westphälische Geschichte, hier 1. Teil, 2. Stück, Historie des Hochadlich-Freyweltlichen Stifts Fröndenberg, 1748 (Nachdruck Münster 1963), S. 766 f.; der lateinische Gedichttext folgt S. 767 f.
53 Die Zahl der Hebungen ist hier unregelmäßig, ein festes Metrum nicht erkennbar.
54 v. STEINEN: wie Anm. 52, S. 767, V.1, V.4 („*Wettere castro*"), V.12 („*Vrendberga*").
55 Ebd., V. 14-16.
56 Ebd., V.13.

Die Aufforderung zu weiterer Klage – der Tränenfluss soll Alemannen und Italer überströmen, Germanien und Gallien[57] – lenkt in den ebenfalls sechzehn Zeilen des Lobabschnittes hin auf fast ‚übermenschliche' Qualitäten des gütigen Fürsten (ohne allerdings den Namen Engelbert aufzugreifen): Fünf musterhaften Gestalten soll er geglichen haben, nämlich Alexander, Artus, Makkabäus, Hektor und Salomo.[58] Die Aufzählung der ihn auszeichnenden Tugenden, Fähigkeiten und Eigenschaften, die das Herrscherlob für Otto von Altena und Gottfried von Arnsberg in den „Acta Sanctorum" regelrecht bescheiden wirken lässt[59], erreicht damit ein Maß, das Verehrung über die bloße Totenklage hinaus rechtfertigt. Seine Religionstreue wird gerühmt, seine die Römer übertreffende Waffenbeherrschung, seine Sittlichkeit, Gerechtigkeit und Tugend.[60] Die sprachlichen Bilder propagieren ein glänzendes Heldentum auf allen Ebenen.

Die „Westphälische Geschichte" fährt nach dem Gedicht fort: „Ueber sein Bildniß ist geschrieben: O Maria du gnadige Belde, (/) Doer din Gnade bin ick dück erlöst im Stride un Felde."[61] Von Steinens unpräzise Angabe erfasst also eine Kombination dreier Elemente des Gedenkens an Engelbert: eine lange Grabstrophe, eine Abbildung[62] und zwei mittelalterlich klingende Verse, die – passend zur Zisterzienserkirche – Maria mit einem Stoßseufzer um Gnade und Erlösung von der Kriegslaufbahn anflehen.

Eine solche Zusammenstellung von Wort und Bild als Erinnerung an einen Toten ist nicht ungewöhnlich. Aus dem Barock des 17. Jahrhunderts hat sie sich zum Beispiel sowohl für den bürgerlichen Poeten und Syndikus Andreas Gryphius (Überschrift mit Name, Beruf und Geburtsjahr, Kupferstich mit Brustbild, lateinischer Strophe)[63] erhalten als auch für die adlige Dichterin Catharina Regina von Greiffenberg (Kupferstich mit

57 Ebd., V. 17 ff.
58 Ebd., S. 367 f., V. 20-24. – Warum BORNHOLDT/LIERMANN: wie Anm. 19, S. 42, ausgerechnet die griechischen Kriegshelden Alexander und Hektor auslässt, ist ungewiss.
59 Acta Sanctorum: wie Anm. 6, S. 54, Cap II, 15 (Otto), S. 55, Cap. III, 20 (Gottfried).
60 v. STEINEN: wie Anm. 52, S. 768, V. 25-29.
61 Ebd., S. 768.
62 Den Begriff „Bildniß" verwendet von Steinen auch bei der Beschreibung eines steinernen „Gedächtnißmahl(es)" für Johann von der Recke mit dessen etwa lebensgroßer Darstellung; ebd., S. 768 f.
63 DIRK NIEFANGER: Andreas Gryphius, in: FRANK MÖBUS / FRIEDERIKE SCHMIDT-MÖBUS (Hg.): Dichterbilder von Walther von der Vogelweide bis Elfriede Jelinek, Stuttgart 2003, S. 24 u. 25.

Brustbild und Textbruchstücken, neuhochdeutsche Strophe)[64]. Ob allerdings die kunstvoll-vielfältige Memorienserie für Engelbert III. bereits aus dem späten 14. oder frühen 15. Jahrhundert stammt, ist zweifelhaft, auch weil von Steinens Quelle als verschollen gelten muss.

Die in der „Westphälischen Geschichte" abgedruckte Beschreibung der ‚Gedenkstätte' mit einander zugeordnetem Bild- und Schriftteil wirft Fragen auf, nicht nur die nach ihrer Zuverlässigkeit. Prominent ist vor allem die lange lateinische Strophe. Ihr zweiter Part scheint aber ein überliefertes, auf jeden hervorragenden Herrscher passendes Grabgedicht zu sein[65] und nicht speziell für Engelbert III. angefertigt. Die einleitenden sechzehn Verse ähneln dagegen in mancher Hinsicht dem Bericht in der „Clevischen Chronik". Allerdings legt van der Schuren Wert auf die Feststellung, die Überführung von Wetter bis in den Klosterchor sei von gerüstetem Gefolge, die Grablegung aber allein durch Priester vorgenommen worden, während der Gedichttext, der noch im 18. Jahrhundert in der Fröndenberger Kirche vorhanden gewesen sein soll, die Beisetzung anders ausschmückt: Bewaffnete haben den Transport der Leiche unter einer Fahne begleitet, die Fahne ließen sie zurück und machten sich eine neue zu ihrem Gebrauch, sie fingen Feinde und kehrten zurück, die Trauer war gewaltig.[66] Das hier ausgeübte Fahnenritual wird damit bezeichnend, nicht nur für das Grabgedicht, das die chronistischen Verse montageähnlich mit der Totenklage um einen rühmenswerten anonymen Regenten verbindet, sondern auch für eine spätere Rezeption.

Spätestens seit 1750 kann Engelbert III. von der Mark als kultwürdige Idealgestalt, begabt auch mit Frömmigkeit, Schönheit und Weisheit, gegolten haben. Von einer an das Fröndenberg des 18. Jahrhunderts gekoppelten kultähnlichen Erinnerungspflege allerdings existieren keinerlei Spuren. Die Bochumer Verknüpfung mit der Stiftskirche als Grabstätte Engelberts stammt sogar erst aus dem 20. Jahrhundert.

---

64 FRANK MÖBUS: Catharina Regina von Greiffenberg, in: wie Anm. 63, S. 26 u. 27.
65 Eine Gisbert von Vincke zugeschriebene gereimte Strophe lehnt sich offenbar an den zweiten Teil des lateinischen Grabgedichtes an: Hier ruht ein Fürst, zu früh von uns beweint. / Demütig war er, kühn, der Feinde Feind, / Der Freunde Freund, [...] / [...] / [...] / Ein starker Kriegesheld, dem Rittertum / Die höchste Blüte, seines Landes Ruhm, / Des Rechten Licht, der Tugend heller Stern, / Ein Gipfel aller Ehr'! [...] / [...] / [...]. Bisher ließ sich aber dieser Fund nicht genauer überprüfen; die nicht nur schriftstellerische Produktion von Vinckes ist so groß, dass wohl nur ein ‚Zufallstreffer' bei der Bestätigung weiterhelfen könnte.
66 V. STEINEN: wie Anm. 52, S. 767, V. 11-16.

4.

Im 19. Jahrhundert entwickelt sich nach der Auflösung des Damenstiftes (1812) Fröndenberg über die wachsende Industrialisierung zu einer größeren Ortschaft. In der Stiftskirche, ab 1895 vorwiegend von der evangelischen Gemeinde genutzt, fehlen weiterhin verwertbare Relikte eines auffälligen Gedenkens an Engelbert III. Erst nach dem Ersten Weltkrieg tritt mit dem bereits zitierten „Heimatbuch" Fritz Klutes[67] eine Wiederbelebung der Erinnerung an die mittelalterliche Vergangenheit ein, und zwar in beachtlichem Ausmaß und gebunden an eine spezielle Vorstellung von Kampfeskraft und Heldenmut. Im Kapitel „Fröndenberg als Markaner und Preuße" widmet der Autor den märkischen Grafen Engelbert I., Eberhard II., Engelbert II., Adolf II., Engelbert III. und Dietrich eine rühmende Passage:

„Sechs prächtige Rittergestalten! Sechs Männer, wie aus einem Guß gegossen. Auf hohem Streitroß, die Glieder in Eisen gehüllt, auf dem Haupte den Helm mit offenem Visier und wallendem Federbusch, in der Linken den schützenden Schild und in der Rechten die schwere Lanze – so treten sie uns aus dem Dunkel der Geschichte entgegen. Ob bei ihren Bestrebungen das Recht immer auf ihrer Seite stand, können wir hier nicht untersuchen. Wohl aber kann behauptet werden, daß diese ‚Sechs' Männer von rastloser Tatkraft, fester Entschlossenheit, todverachtendem Mute waren, aber auch edlen, hochherzigen Sinn besaßen. Jahraus, jahrein finden wir sie auf dem Kriegspfade, und nur wenige Jahre sind es, die uns von keiner Fehde melden. Als Wächter und Mehrer ihres Erblandes lagen sie fast beständig im Streite mit den mächtigen Nachbarn, den Erzbischöfen von Köln, den Bischöfen von Münster und nicht selten auch mit den stolzen Bürgern Dortmunds, der einzigen freien Reichsstadt Westfalens.

Ihr ungestümer Tatendrang fand jedoch in diesen Kämpfen nicht seine volle Befriedigung. In den vielen Fehden unter den westfälischen, rheinischen und niederländischen Grafen, Herzögen, Bischöfen und Städten wurde ihr kräftiger Arm oft gewünscht und fast immer gern gewährt. Sogar in den Dienst ausländischer Herrscher zogen sie mit ihrem kühnen Heerhaufen. [...] Wo der Kampf am heißesten war, da finden wir in den

---

67 Siehe vor allem Fußnote 14.

Schlachten die Grafen der Mark. Im Ringen mit dem stärksten Gegner erprobten sie ihre Kraft und suchten ihren Ruhm.

Mit dem kühnen Haudegen und tapferen Draufgänger paarte sich meist auch der kluge, besonnene Feldherr. Gern und oft wurde deshalb den Grafen von der Mark der Oberbefehl übertragen. […] Wer so im Kampfe stand mit anderen Staaten wie unsere Ritter von der Mark mußte das eigene Haus wohl gut regieren können und gegen den Einfall der Nachbarn möglichst stark schützen."[68]

Dieser nicht nur eng heimatlich, sondern patriotisch engagierte Textauszug stellt alle Grafen noch unter das gemeinsame Vorzeichen des vorbildlichen Ritters und Kriegshelden. Mehrere Seiten später differenziert der Verfasser: „Er (Engelbert III.) ist der bedeutendste der märkischen Grafen, der über fünfzig Jahre im Harnisch gesteckt, vierundvierzig Jahre regierte und dessen Leiche noch seine Mannen auf dem Wege zur Kirche aus der Feinde Troß heraushauen mußten"[69]. Noch später präsentiert das „Heimatbuch" einen heroisierenden Nachruf: „Im Alter von 17 Jahren hatte dieser gewaltige Engelbert die Regierung der Grafschaft Mark angetreten; 44 Jahre hindurch leitete er die Geschicke unserer Heimat. Der Winter des Jahres 1391 setzte dem Gewaltigen den letzten Erdentag. In Wetter ereilte ihn eine schwere Krankheit, vier Tage vor Weihnachten – am 21. Dezember – stand das Ritterherz still. Als die Leiche am Stephanustag unter einem bewaffneten Trauergeleite zur Familiengruft nach Fröndenberg gebracht wurde, ist der Leichenzug in der Gegend von Menden von Engelberts Feinden angegriffen worden. Die Angreifer wurden zurückgeschlagen. ‚So hat', berichtet Schüren[70], ‚der alte Held noch im Tode gestritten und gesiegt'."[71] Sogar die 1924[72] erfolgte Benennung der Fröndenberger Engelbertstraße wird von Klute allein mit Engelbert III. verknüpft[73], obwohl alle märkischen Grafen desselben Namens mit dieser Ehrung gemeint sein könnten.

Im Vorwort seines fast vierhundertseitigen Werkes – gegeben „am Feste Peter und Paul 1925" – erklärt Klute als Wunsch, „daß die Heimat-

---

68 KLUTE, wie Anm. 13, S. 56 f.
69 Ebd., S. 75.
70 Gemeint ist der Autor der „Clevischen Chronik", GERT VAN DER SCHUREN.
71 KLUTE: wie Anm. 13, S. 83.
72 JOCHEN VON NATHUSIUS: Die Geschichte der Fröndenberger Straßennamen dargestellt auf der Basis der städtischen Aktenüberlieferung und der kommunalen Ergänzungsüberlieferung, Diplomarbeit, Meschede 2005, S. 9 u. 20.
73 KLUTE: wie Anm. 13, S. 85.

geschichte auch ein passendes Buch für die Schule sein soll"[74]. 1981 ist das „Heimatbuch" als Reprint im Auftrag der Verwaltung erneut erschienen und mehrere Jahre lang von der Stadt Fröndenberg als Ehrengabe überreicht worden, z. B. an Personen „in Würdigung der hervorragenden und langjährigen Arbeit, die Sie [...] geleistet haben [...]"[75]. Es dürfte also über viele Dekaden hinweg im Ort an der Ruhr nachhaltige Rezeption erfahren und eine erhebliche Wirkung, auch auf die Vorstellungskraft mehrerer Schülerjahrgänge, entfaltet haben. Wie hoch die von Klute persönlich finanzierte Auflage 1925 war, lässt sich nicht mit Sicherheit bestimmen, zu schätzen ist der Bestand auf mehr als hundert Exemplare, die an Schulen, Vereine und eingesessene Bürgerfamilien verkauft oder verschenkt wurden.[76] Ein Exemplar ist sogar an Reichspräsident von Hindenburg gelangt, der den Empfang mit einer Grußadresse quittiert: „Für die Aufmerksamkeit, die mir die Gemeinde Fröndenberg durch die Übersendung des Heimatbuches ‚Fröndenberg einst und jetzt' erwiesen hat, sage ich Ihnen verbindlichsten Dank. Mit den besten Wünschen für das Gedeihen Ihres Gemeinwesens [...]"[77].

Fritz Klute (1884-1965), katholischer Lehrer und Rektor, beteuert, unter Druck geraten, im Dezember 1933: „Anfangs wurde nur an eine örtliche Geschichte gedacht, doch durch eine solche Heimatgeschichte wurde das einzig rechte Ziel: Hinführen zum Ganzen, zum deutschen Volke, nicht erreicht. Den Entschluss, eine Gegenleistung für die Arbeit zu nehmen, habe ich erst gefasst, als nach Fertigstellung der Bücher gewaltige Schwierigkeiten auftraten, die mich bald in den Ruin geführt hätten."[78] Eine Lokalzeitung gratuliert ihm, als er aus Fröndenberg verzogen ist, gut drei Jahrzehnte später zur Vollendung des 80. Lebensjahres: „Jeder, der sich näher mit der Geschichte der Ruhrstadt vertraut machen möchte, greift noch heute zum Fröndenberger Buch. Wir freuen uns über die zahlreichen Bilder. Viele Fotos sollten die Heimat im Jahre

---

74 Ebd., S. 2 des Vorwortes (unnummeriert).
75 Ebd., eingeklebtes Blatt mit dem Stadtwappen.
76 Antiquarische Angebote im Internet (Einband in Leinen oder Leder) lassen ebenso wie Familienerzählungen eher auf eine höhere Zahl schließen.
77 Hellweger Anzeiger, 11./12. September 1965 (Rückblick auf das Fröndenberger Jubiläumsfest 1930) und gerahmter Brief Hindenburgs im Bestand des StadtA Fröndenberg.
78 StadtA Fröndenberg, Mappe KLUTE. KLUTE, über den einige Daten gesammelt sind, ist 1933 in zwei Verfahren verwickelt, die darauf basieren, dass er sich bei der Finanzierung des „Heimatbuches" übernommen hat.

1925 zeigen; heute haben sie historischen Wert."[79] In der Region an der Ruhr ist das „Heimatbuch", obwohl unter wissenschaftlichem Aspekt anfechtbar, noch nach 1950 populär. tatsächlich aktuell war es bis zum Zweiten Weltkrieg, von der Tendenz her noch einige Jahre mehr. Das Buch spiegelt Zeitgeschichte, wenn es nach einem verlorenen Weltkrieg und dessen Folgen während der Periode der Weimarer Republik einerseits konservativ beharrt auf enger Verbundenheit mit Heimat, Vaterland und ruhmreicher Vergangenheit, andererseits mit seiner Glorifizierung des Heldentums und des Heldentodes auch die nachfolgende politische Geschichte von dieser Basis her mit beeinflusst. Der überwiegend ‚gemütliche' und ‚anheimelnde' Tenor in Klutes zunächst harmlos erscheinendem Werk könnte ebenso wie die ausgeprägte Bewunderung für Engelbert III. als Vorbereitung für spätere Verhältnisse in Fröndenberg gedient und auch die Anbindung an das Bochumer Maiabendfest gefördert haben. Etwa zehn Jahre nach seinem Erscheinen wird das „Heimatbuch" mit seinen einladenden Tendenzen bereits in einem nicht unverfänglichen Zusammenhang genutzt.

Drei Fakten sind bedeutsam bei der Betrachtung der wachsenden Engelbert-Verehrung. Klute sieht zwar den märkischen Grafen in Fröndenberg begraben, die ‚Tumba' aber als Erinnerungsmal reserviert für Eberhard II. und Irmgard.[80] Die ausführliche Darstellung der Dortmunder Fehde im „Heimatbuch"[81] enthält keinerlei Hinweis auf die Anfänge der Maiabend-Tradition. Und schließlich widmet Klutes Werk, wenn es sich mit dem lokalen Vereinsleben befasst, den seit 1830 aktiven Fröndenberger Bürgerschützen besondere Aufmerksamkeit: „Jedes Kind kennt ihn (diesen Verein), keinem männlichen Bewohner ist der Beitritt versagt: hier kann herrschen Gemeinschaftssinn von oben nach unten, von links nach rechts; er ist nicht Diener einer besonderen Gruppe, nicht die Herberge Einzelner; er ist vielmehr die große Pforte zum Gemeinverstehen - zur wahren Heimat."[82] Die beiden ersten Punkte hätten eigentlich die sich

---

79 Hellweger Anzeiger, 8. Januar 1964.
80 KLUTE: wie Anm. 13, S. 58.
81 Ebd., S. 78-83.
82 Ebd., S. 329. – JOSEFA REDZEPI: Amt und Gemeinde Fröndenberg während der Weimarer Republik. Ein Zwischenbericht zur Stadtgeschichte, Beiträge zur Ortsgeschichte (1), Fröndenberg 1986, S. 67, erwähnt den Bürgerschützenverein nur pauschal, beurteilt das hiesige Vereinsleben aber insgesamt als „intensiv". Dem Vorwort lässt sich entnehmen, dass nach dem Zweiten Weltkrieg an einer Fröndenberger Chronik gearbeitet wurde; S. 3.

etwa eine Dekade danach anbahnende Kooperation zwischen Fröndenberg und Bochum beeinträchtigen müssen.

Dass die Verehrung von Kriegshelden wie Engelbert III. übertragen wurde auf das Gedenken an die Kriegstoten und die ihnen gebührende Erinnerungsstätte, ist in Fröndenberg nicht allein durch Klute und sein Gedankengut[83] gefördert worden. 1930 feiert der Ort sein siebenhundertjähriges, gleichzeitig der Bürgerschützenverein von 1830 sein hundertjähriges Bestehen, und die Veranstaltungsreihe beginnt am 12. Juli mit der Einweihung eines Steinmals für die Gefallenen des Ersten Weltkrieges. Die Festschrift betont, dass schon bald nach 1918 geplant wurde, „unseren fürs Vaterland gestorbenen Helden ein Ehrenmal zu setzen"[84]. Der „edlen Gesinnung der Gemeindevertretung" sei es zu verdanken, dass ein „den Taten unserer Helden"[85] würdiges Kriegerehrenmal geschaffen wurde. „Es stellt einen knienden die Fahnenwacht haltenden Krieger dar, der aus Trauer über das Schicksal seines Vaterlandes die Fahne gesenkt hat."[86] Die „Stimme aus den Gräbern dieser Helden" und der „Geist der gefallenen Helden"[87] haben dieses Mal als Dank erfordert. „Für uns alle aber sei es ein Mahnzeichen für Einigkeit, gegenseitige Liebe und Treue, für deutsche Art und deutschen Opfersinn."[88]

Klute war an den Vorbereitungen des vielfältigen Programms beteiligt.[89] Wie das für die „4 Grafen der Mark, die in der Stiftskirche ruhen", bestimmte Bild 10[90] des Festzuges am 13. Juli gestaltet und ob es von ähnlicher Heroisierung geprägt war, ist nicht zu erfahren.

---

83 REDZEPI: wie Anm. 82, S. 30, stellt knapp die seit 1921/22 in Fröndenberg existierende Bruderschaft des Jungdeutschen Ordens mit ihren Zielen dar.
84 Festbuch und Programm der 700 Jahrfeier Fröndenberg, o. O. u . J. (Fröndenberg 1930), S. 11. – In dem von mir ausgewerteten Exemplar der Festschrift sind leider mehrere Seiten beschädigt oder vollständig entfernt.
85 Ebd.
86 Ebd.
87 Ebd.
88 Ebd.
89 150 Jahre Bürger-Schützen-Verein Fröndenberg 1830-1980 (Hg. Bürgerschützenverein Fröndenberg von 1830 e.V.; Text: JOSEF KULCZAK), Fröndenberg (1980), S. 37, notiert für 1924 die Wahl Klutes zum Helfer der Vergnügungskommission. Am 24. Juni 1929 stellt Klute dem Vereinsvorstand den Plan des Festzuges für 1930 vor; S. 41.
90 Festschrift 700 Jahre Fröndenberg, wie Anm. 84, S. 22.

5.

Der folgende Text, ein offizielles Treffen zwischen Bochumer und Fröndenberger Schützen und eine Kranzniederlegung zu Gedenken und Verehrung Engelberts III. schildernd, ist mit Distanz zu lesen, da ein Rest von Zweifeln an der Qualität dieser Quelle[91] andauert:

„Das Bochumer Offizierschor (sic!) in Fröndenberg
Sonntag 25.3. stand Fröndenberg unter dem Eindruck des Wiederauflebens des alten Brauches. Zu Ehren des Grafen Engelbert von der Mark (,) der neben seiner Gattin Irmgard von Berg [sic!] in der ehrwürdigen 700jährigen Stiftskirche seine letzte Ruhe gefunden hat (,) fand eine Kranzniederlegung statt. Sie knüpft an das Maiabendfest an, das in diesem Jahr in Bochum zum 546.mal gefeiert wird. Graf Engelbert hat es gestiftet.

Herrlicher Sonnenschein strahlt vom Himmel. Es ist noch nicht zwölf Uhr (,) als sich am Adolf-Hitler-Platz immer mehr Leute einfinden. Endlich hört man Autohupensignal. Die Bochumer Junggesellen sind da, sie halten mit einer Reihe Wagen ihren Einzug. Im Hotel Wildschütz hatten sich bereits der Stab und die Fahnenoffiziere des Fröndenberger Bürgerschützenvereins versammelt, die nunmehr vor Antritt des Gemeindeoberhauptes zur Steintreppe marschieren. Dort nehmen sie mit ihrem Obersten Aufstellung. Die Bochumer Junggesellen werden von der Jungbannkapelle mit einem Einzugsmarsch empfangen. Gemeindevorsteher Robbert bringt den werten Gästen einen herzlichen Willkommensgruß entgegen. Als äußeres (sic!) Anerkennung überreicht er dem Junggesellenhauptmann das Fröndenberger Heimatbuch.[92] Schützenoberst Sils begrüßt ebenfalls die Bochumer Kameraden. Nunmehr tritt der Junggesellenhauptmann vor. Er bedankt sich zunächst für den würdigen Empfang in Fröndenberg und sagt dann unter anderem, daß das Offizierschor (sic!) 546 Jahre trotz Fehde und Krieg diese Traditionsübung hochgehalten habe.

---

91 Im StadtA Fröndenberg (Sammlung Presse 1931-1935) lagern als Typoskripte zwei leicht differierende Abschriften bzw. Kopien, die frühere ohne Datum, aber voller (am Seitenrand markierter) orthographischer Schwächen, die spätere mit einem merkwürdigen Datum, relativ fehlerarm, aber mit einer Unterstreichung und einer eingeklammerten Sachfrage versehen. Ich zitiere die zweite Fassung, aber ohne die letztgenannten Zusätze, die eine nachträgliche Kommentierung andeuten.
92 Es handelt sich hier um K<small>LUTES</small> „Heimatbuch" von 1925.

Der Hohenfriedberger Marsch, gespielt von dem Musikzug[93] des Jungvolkes, klingt aus. Die Schützen unter Vorantritt der Gäste begeben sich die Steintreppe hinauf zur Ausführung der eigentlichen feierlichen Handlung. Am Eingang der Stiftskirche steht Pfarrer Stolberg (,) der den Zug zur Tumba, dem im westlichen Ende der Stiftskirche liegenden Grabmal, geleitet. Der durch Jupiterlampen für die Filmaufnahmen[94] erhellte Raum gebot feierliche Stille. Schweigend legt der Junggesellenhauptmann einen Kranz nieder, dessen Schleifen die Inschrift tragen: ‚In treuem Gedenken dem Stifter des Maiabendfestes – das Junggesellen-Offizierschor (sic!) Bochum.' Die Fahnen senken sich auf den Sarkophag. Während der Weihestunde hat die Bevölkerung das Längsschiff der Stiftskirche gefüllt. Unter Vorantritt der Jungvolkkapelle […] bewegt sich der Zug dann zum Hotel Wildschütz, wo anschließend eine inoffizielle Feier stattfand."[95] Dieser das Geschehen vor und in der Stiftskirche darstellende Bericht (war der Verfasser überall Augenzeuge?) ist am 18. April 1934 als Rückblick auf den 15. April in der Presse abgedruckt.[96]

Der drehbuchartige Text über den Verlauf einer „Weihestunde" ist exemplarisch. „Autohupensignal" und „Jupiterlampen" brechen in die „Traditionsübung" ein als Zeichen einer neuen Zeitperiode, ebenso das Auftreten des Musikzuges der Hitlerjugend. Sprachliche Wendungen schaffen eine spezielle Atmosphäre: „Wiederaufleben[s] des alten Brauches", „in der ehrwürdigen […] Stiftskirche", „für den würdigen Empfang", „trotz Fehde und Krieg", „feierliche[n] Handlung", „feierliche Stille", „‚In treuem Gedenken'", „Die Fahnen senken sich auf den Sarkophag"[97]. Damit werden Elemente eines Kultes sichtbar, der mit seinem beeindruckenden Fahnenritual an verfügbare Traditionen anknüpft und den das Bürgertum mitprägt, das bei den Diensträngen im Verein militärische Begriffe aufnimmt. Der Ablauf der Inszenierung – Eintreffen der Bochumer Delegation, Einzugsmarsch, Empfangsreden, Feierakt in der Kirche, Musikbegleitung, lockerer Ausklang – hat sich bis in die Gegenwart etwa siebzig Jahre lang nahezu unverändert bewährt.

Das Ereignis hat wohl tatsächlich 1934 stattgefunden. Einiges spricht für die historisch korrekte Wiedergabe: Der erwähnte Gemeindevorsteher,

93 Das erste Typoskript (siehe Anm. 91) hat hier den Begriff „Siegzug".
94 Sind damit Fotos gemeint, oder ist tatsächlich im Kirchenraum ein Film gedreht worden?
95 Zur Quelle des langen Zitates siehe Fußnote 91.
96 Westfälischer Anzeiger (Hamm), 18. April 1934, Nr. 90.
97 Quelle aller Zitate: siehe Anm. 91.

am 13. April 1933 gewählt[98], amtierte in dieser Funktion nur bis zum 31.10.1934[99], die Umbenennung des Marktplatzes in „Adolf-Hitler-Platz" erfolgte am 19.4.1933[100], ein geschichtsträchtiges Datum (Vorabend des Geburtstages Hitlers). Warum der zitierte Text allerdings den 25. März als Zeitpunkt der Engelbert-Feier nennt und damit in die Nähe anderer sich 1934 jährender geschichtsträchtiger Termine rückt – Tag von Potsdam, Ermächtigungsgesetz -, ist nur zu mutmaßen.

Die Geschichte der Bochumer Junggesellen fixiert 1928 als Anfangsjahr der zunächst unbemerkten Kranzniederlegung in Fröndenberg, 1934 als Beginn der losen Kontaktaufnahme mit den Bürgerschützen an der Ruhr[101] – dabei orientiert sie sich an der Fröndenberger Vereinsschrift von 1980 und deren Angaben.[102] Einen offiziellen Festakt 1934 in der Stiftskirche kennen beide Vereine seitdem nicht mehr, wohl aber die Fröndenberger Vereinsschrift von 1955.[103] Die zwei Fröndenberger

---

98 STEFAN KLEMP: „Richtige Nazis hat es hier nicht gegeben". Nationalsozialismus in einer Kleinstadt am Rande des Ruhrgebiets, Münster 1997, S. 259. Diese materialreiche Dissertation bietet an verteilten Stellen Einblicke auch in die Hintergründe des Fröndenberger Vereinslebens und die persönlichen Querelen von Parteigenossen.
99 Ebd. S. 261.
100 v. NATHUSIUS: wie Anm. 72, S. 32.
101 BORNHOLDT/LIERMANN: wie Anm. 19, S. 254, 256 und 393 (Fußnote 487).
102 150 Jahre Bürgerschützenverein Fröndenberg: wie Anm. 89, S. 115. Hans Berning, der dieser Darstellung nach wie zufällig im Hotel Wildschütz in Kontakt mit der Bochumer Abordnung gerät, die gerade den Akt der Kranzniederlegung durchgeführt hat, ist Vorstandsmitglied und Jungschützenwart (ebd., S. 47) der Fröndenberger Schützen. Wurde hier Fritz Sils als finanzkräftiger Sponsor einer gemeinsamen Veranstaltung diskutiert? – Der lapidare Satz „Aus diesen beiden Jahren (1933/34) ist in der Vereinsgeschichte nichts aufgeführt, sodaß der Chronist auch darüber nichts berichten kann" (ebd.) berechtigt zu Zweifeln an seiner Korrektheit.
103 Bürger-Schützen-Verein Fröndenberg, 1830-1955, Text: ERICH LÜLFF, (Fröndenberg 1955), S. 59 f., sieht den evangelischen Pfarrer Stolberg, „ein treuer Bewahrer der Überlieferung", als den Initiator von Kontakten zu den Bochumern, denen er, wenn sie „in der Regel" im April für die „Ehrenpflicht" in die Stiftskirche kamen, von der Vergangenheit des Gebäudes erzählte. „1934 führten die Bochumer diesen Akt als traditionellen Brauch offiziell ein, und damals beschloß der Fröndenberger Schützenverein – genau wie die Vertretung der politischen Gemeinde – auch seinerseits den Bochumer Schützenbrüdern einen Empfang zu bereiten. Das ist 1934 und 1935 in großem und dann einige Jahre in kleinem Rahmen geschehen, bis es seit 1950 wieder in der Weise von 1934/35 geübt wird."

Begrüßungsredner 1934 gehören zur NSDAP.[104] Die Ausrichtung von Pfarrer Stolberg ist umstritten.[105]

Vom 25. April 1938 stammt ein Bericht über eine andere Feierstunde in Fröndenberg[106], der weniger exakt einzuordnen ist als der von 1934. Hier wird als Zitat behauptet, der „ ‚in Deutschland einzigartige Brauch des Bochumer Maiabendfestes ist geschichtlich überliefert'"[107], und dann die Stiftung durch Engelbert III. rekapituliert, wobei das Spottgedicht als Auslöser der Dortmunder Fehde fungiert. Anlässlich des 550. Maiabendfestes sollen am Sonntag davor die Bochumer an der Ruhr gewesen sein, der Bürgermeister betonte, „dass in diesem Jahr sich erstmalig die Partei eingeschaltet habe. Dies sei ein Beweis, wie man gerade heute am alten Brauchtum festhalte"; dann habe er die Gäste „im Namen der Partei"[108], der Bürgerschützen und der Gemeinde willkommen geheißen. Ein Vertreter der Junggesellen verkündete, im nächsten Jahr sei durch die Mitwirkung der Organisation „Kraft durch Freude" eine noch größere Beteiligung zu erwarten. Ein Redner – kein Pfarrer[109] – „schilderte den Grafen Engelbert als Helden. Noch im Tode habe er gestritten und gesiegt. Als die Leiche im bewaffneten Trauergeleite von Wetter zur Familiengruft nach Fröndenberg überführt wurde, sei der Leichenzug in der Gegend von Menden von Engelberts Feinden angegriffen worden. Die Angreifer wurden jedoch zurückgeschlagen"[110]. Hier ist zweifellos Klutes „Heimatbuch" rezipiert worden.[111]

---

104 Nach KLEMP: wie Anm. 98, S. 130 f. und 259, trat Sils am 1. April 1933 in die Partei ein, Robbert am 1. Mai desselben Jahres.
105 GERHARD LEMKE: Die Zerschlagung der katholischen und protestantischen Vereinslandschaft in einer westfälischen Kleinstadt unter der NS-Diktatur, in: Jahrbuch für Westfälische Kirchengeschichte 108 (2012), S. 245-287, hier S. 249 f., 257 f., 259-262, 269 und weitere Stellen.
106 Typskript im StadtA Fröndenberg. – Die Skepsis gegenüber dieser Quelle beruht vor allem auf der Unklarheit über den Verwendungszweck des Textes. Für das Jahr 1938 liegt im StadtA keine Pressesammlung vor im Gegensatz zu den Jahren 1919-1935. Der vorliegende Text könnte die Vorlage für einen Zeitungsartikel gewesen sein oder für die in damaliger Zeit jährlich zusammengestellten Tätigkeitsberichte der Gemeinde- und Amtsverwaltung.
107 Ebd.
108 Ebd.
109 Die Ansprache hält in diesem Fall ein Schulrektor.
110 Typskript im Stadtarchiv Fröndenberg wie Anm. 106.
111 KLUTE: wie Anm. 13, S. 83.

Ein Foto von der Begegnung 1938[112] bildet den Bürgermeister im Vordergrund von hinten ab[113], seitlich wenige Fröndenberger – nicht alle Schützen[114] –, weiter rechts zehn Männer der Bochumer Delegation mit dem großen Kranz des IOC, am Bildrand eine halbwüchsige Gestalt und eine größere, vielleicht Zuschauer. Die Beteiligung dürfte also im Jubiläumsjahr 1938 eher gering gewesen sein. Die Maiabendchronik gibt nur an, die Busfahrt nach Fröndenberg sei von der NS-Gemeinschaft KDF organisiert worden.[115] Die Fröndenberger Vereinsschriften sagen überhaupt nichts zu diesem Ereignis.[116]

Zwischen 1934 und 1938 macht sich damit eine Konsequenz der nationalsozialistischen Gleichschaltungsstrategie und eine Anbindung an die herrschende Ideologie bemerkbar, in der ein Engelbert-Kult umfunktioniert wird, der in Bochum zunächst auf Brauchtumspflege basiert und in Fröndenberg über Klute als Befürworter von Heimat- und Vaterlandsliebe bis hin zum Heldentod seinen Aufschwung genommen hat. Diese Kombination aus Bereitschaft zum Landesschutz und Bewahrung von Tradition scheint schon auf den nächsten Krieg, der Helden benötigt, zuzusteuern.

6.

Die am kultähnlichen Zeremoniell beteiligten Schützen leisten nach dem Zweiten Weltkrieg bruchstückhaft eine Aufarbeitung der jeweiligen Vereinsgeschichte. Die Jubiläumsjahre der zwei Traditionsgruppen lassen erkennen, welche Bedeutung den beiden souvenirähnlichen Gegenständen in der ‚Turmkapelle' der Stiftskirche, die als Schauplatz der Engelbert-Verehrung dient, zukommt: 1955 feiern die grün unifor-

---

112 BORNHOLDT/LIERMANN: wie Anm. 19, S. 264.
113 Bürgermeister Gustav Hohendahl ist wegen seiner auffällig kantigen Kopfform auch von hinten zu identifizieren; als Vergleichsmaterial diente ein Porträtfoto aus dem StadtA Fröndenberg.
114 Zu erkennen sind ein Zivilist und mindestens ein Mann in abweichender Uniform.
115 BORNHOLDT/LIERMANN: wie Anm. 19, S. 261.
116 Bürger-Schützen-Verein Fröndenberg (1955): wie Anm. 103, S. 37, vermeldet nur die Wahl eines neuen Vereinsführers; 150 Jahre Bürgerschützenverein Fröndenberg (1980): wie Anm. 89, S. 115, lässt den Schluss zu, dass 1938 Fröndenberger Mitglieder in Bochum gewesen sind.

mierten Fröndenberger, 1988 die blau uniformierten Bochumer. Die Fröndenberger Bürgerschützen von 1830 gehen zurückhaltend um mit der Vergangenheit. In ihrer Festschrift von 1955 weisen nur zwei kurze Stellen direkt auf die kritische Situation ab 1932 und auf Veränderungen im Vorstand 1935 und 1938 hin.[117] Das Geleitwort mahnt Frieden statt Krieg an und die „Wahrung althergebrachter Formen"[118], vor allem aber als Bindeglied die Liebe zur „Heimat und die Zugehörigkeit zur Stadt Fröndenberg"[119]; es beruft sich dabei auf die Statuten von 1838, die Standesunterschiede negligieren wollten. „Ein Wort zuvor" – geäußert vom Verfasser des Chronikteils – bedauert: „Alle wünschenswerten Unterlagen sind längst nicht mehr vorhanden."[120] Nichts deutet die Einflüsse von Partei und Wirtschaft an, obwohl Fritz Sils als Direktor der Union-Werke[121] beide Interessen bei den Schützen vertrat und gerade die industrielle Produktion der Fabrik eine Verbindung mit Bochum gefördert haben dürfte. Stattdessen hebt die Chronik hervor, dass 1878 ein jüdischer Einwohner Fröndenbergs sogar Schützenkönig wurde[122], und zwar wird dieses Ereignis hier ohne den Unterton der Komik erzählt, den Klute in seinem „Heimatbuch" darauf verwendet.[123]

Auch die Festschrift von 1980 vermeidet Aufschlüsse über die Zeit vor dem Zweiten Weltkrieg. Der erste Vorsitzende zitiert im Geleitwort Klutes Lob des Vereins wegen seines „Gemeinschaftssinn(es)"[124]. Beide Festschriften widmen dem Kapitel Bochum und Fröndenberg eigene Seiten und nennen „enge Freundschaft"[125], gefestigte „persönliche[n] Freundschaften"[126], „Bekanntschaften", „gemütliche[r] Runde" und „fröhliche Zusammenkünfte"[127] als Zeichen der Verbundenheit und der gemeinsamen geselligen Vereinsaktivitäten.

---

117 Bürger-Schützen-Verein Fröndenberg (1955): wie Anm. 103, S. 34 u. 37.
118 Ebd., S. 7.
119 Ebd., S. 8.
120 Ebd., S. 14.
121 Nach REDZEPI: wie Anm. 83, S. 36, waren die Union-Werke der größte Arbeitgeber in Fröndenberg.
122 Bürger-Schützen-Verein Fröndenberg (1955): wie Anm. 103, S. 18 u. 21.
123 KLUTE: wie Anm. 13, S. 332.
124 150 Jahre Bürgerschützenverein (1980): wie Anm. 89, S. 6. KLUTE: wie Anm. 13, S. 329.
125 Bürger-Schützen-Verein Fröndenberg (1955): wie Anm. 103, S. 59.
126 Ebd., S. 60.
127 150 Jahre Bürgerschützenverein Fröndenberg (1980): wie Anm. 89, S. 117.

Die Chronik der Bochumer Maiabendgesellschaft setzt sich einerseits offener und sorgfältiger mit der Haltung während der Zeit des Nationalsozialismus auseinander (1933-1937 „blieb der Bochumer Bürgerschützenverein alleiniger Träger des Maiabendfestes"[128]), indem sie die Krise der Traditionsfeier wiedergibt[129], andererseits ist sie sparsam mit Notizen über die Beziehung zu Fröndenberger Schützen: „Die freundschaftlichen Kontakte überdauerten die Kriegszeit und konnten im Jahre 1951 wieder aufgenommen werden"[130]; „Im Jahre 1950 reiste zum ersten Mal nach dem Kriege wieder eine Deputation nach Fröndenberg, um am Grabe Engelbert(s) III. von der Mark einen Kranz niederzulegen. Außerdem gelang es, die alten Kontakte zum Fröndenberger Schützenverein wieder neu aufleben zu lassen. Seit 1951 nimmt der Fröndenberger Bürgerschützenverein wieder am Bochumer Maiabendfest teil"[131].

Die erneuten Besuche und Gegenbesuche münden 1953 in der Stiftung eines Bandes für die Fröndenberger Vereinsfahne durch die Bochumer Gesellschaft.[132] Zeitungsartikel berichten in auffälliger Diktion – „Degen und Becher klirrten", „Blau-Weiß beherrschte die Straßen", „,Schlachtruf'"[133], „blau-weiße Invasion", „Mit klingendem Spiel"[134], „Bochum entsandte rollenden Festzug", „Schmetternde Fanfaren"[135] – von den April-Ereignissen an der Ruhr. Sie betonen, dass mit Oberbürgermeister, Bürgermeister, Oberstadtdirektor, Stadtrat und Leiter für Verkehrs- und Wirtschaftsförderung Bochumer Prominenz bei Schönwetter in Fröndenberg einzog und die Gäste mit „acht großen Reisebussen" und „zahlreichen Kraftwagen"[136] unterwegs waren. Auch wirtschaftliche Interessen dürften hier wie vor 1945 ein Motiv für den Ausflug gebildet haben. Die Rolle der Fröndenberger ist dabei eher bescheiden, obwohl es einige Hinweise auf freundschaftliche Beziehungen gibt.[137] Emotionen kommen auf bei der Würdigung Engelberts III.: Ihm zu Ehren setzten

---

128 BORNHOLDT/LIERMANN: wie Anm. 19, S. 256.
129 Ebd., S. 256-263, 266-268 u. 348 f.
130 Ebd., S. 256.
131 Ebd., S. 285.
132 Bürger-Schützen-Verein Fröndenberg (1955): wie Anm. 103, S. 56.
133 Bochumer Morgenpost, 20.4.1953.
134 Westdeutsche Allgemeine/Bochumer Anzeiger, 20.4.1953.
135 Ruhr-Nachrichten, 20.4.1953.
136 Bochumer Morgenpost, 20.4.1953.
137 Zum Beispiel „ ,Städtebund weiterhin pflegen' " (Ruhr-Nachrichten, 20.4.1953), aber auch „in gemeinsamer feucht-fröhlicher Runde beisammen […]" (Bochumer Morgenpost; 20.4.1953).

die Bochumer „mit zackigem Schwung die Fanfaren an den Mund" als „widerhallenden Ehrengruß", „Ganz groß war die traditionelle Kranzniederlegung", „Gemessenen Schrittes ging es dann in die ehrwürdige Stiftskirche. [...] Minutenlanges Schweigen ehrte den toten Ahnherrn"[138], „die Blitzlichter der Photographen funkelten", die Bochumer erwiesen dem Grafen, der „ihr schönstes und traditionsreichstes Stadtfest gestiftet hatte, die gebührende Reverenz und legten an seinem Sarkophag in der ehrwürdigen Stiftskirche Kränze nieder, wie das seit einigen Jahrzehnten schon zum strenggehüteten Zeremoniell des Festes gehört"[139]. Manche der Formulierungen klingen vertraut. Erstmals erhielt die „Traditionsfahrt", so heißt es, als „Unternehmen in erweitertem Rahmen eine große offizielle Bedeutung"; „Ein Festtag zweier Städte, die durch Wurzeln jahrhundertealten Brauchtums zueinander gefunden haben"[140]. Pfarrer Stolberg klärt 1953 einerseits darüber auf, dass der ‚Sarkophag' nicht Engelbert III. gilt, sondern Eberhard II. von der Mark, andererseits hält er daran fest, dass der „symbolische Akt der Kranzniederlegung einer (sic!) der schönsten und tiefsten Erlebnisse in der Wachhaltung dieses alten Brauchtums"[141] sei. Erst sein Nachfolger Pfarrer Brune ermahnt 1960 von der Kanzel die Schützen, „so wie Graf Engelbert auf dem Felde gekämpft und die Tugenden verteidigt habe, einen Kampf mit sich selbst auszufechten, um auf diese Weise dem großen Vorbild nachzueifern"[142]. Totengedenken und Heldenverehrung werden damit ansatzweise entzerrt. Die – historisch betrachtet – irrige Überzeugung, Engelbert III. habe das Maiabendfest gestiftet und zu ihm gehöre das Fröndenberger Kenotaph, erweist sich jedoch als Tradition immer noch als lebendig.

138 Bochumer Morgenpost, 20.4.1953.
139 Westdeutsche Allgemeine/Bochumer Anzeiger, 20.4.1953.
140 Ruhr-Nachrichten, 20.4.1953.
141 Ebd.
142 Hellweger Anzeiger, 11.4.1960.

7.

Ein als Typoskript vorliegender Text zum Grund der Festüberlieferung besitzt seiner drastischen Formulierungen wegen einen gewissen Seltenheitswert: „‚Um die Monatswende April/Mai wird von den ‚Bochumer Maischützen' alljährlich an der Gruft Engelberts III., welcher der bedeutendste der Märker Grafen war, in der Stiftskirche ein großer Lorbeerkranz mit blauweißer Schleife niedergelegt.

Die Kranzniederlegung der Bochumer Maiabendgesellschaft 1388 hat folgende historische Bewandtnis: [...] Graf Engelbert (ergrimmte) gar sehr über die harte Bestrafung (einer ihm lehnspflichtigen Frau). Die Dortmunder Bürger (,) die die Strafe als gerecht ansahen und sich in ihren festen Mauern sicher fühlten, spötteleten über des Grafen Zorn, machten Spottgedichte und Schmähschriften auf ihn und vertrieben solche sogar in der Grafschaft Mark. Einige davon kamen dem Grafen zu Gesicht und steigerten seinen gräflichen Zorn ins Unendliche. Das schlug natürlich dem Faß den Boden aus. Eine derartige Frechheit mußten die Dortmunder büßen. Graf Engelbert rief seine Ritter und Herren zum Kriegsdienst und zur Fehde gegen die freie Reichsstadt Dortmund auf. Dazu kamen noch viele Verbündete, die die Entwicklung der Stadt schon länger mit scheelen Augen angesehen hatten. [...]

Bei einem dieser räuberischen Überfälle (während der Fehde) kamen Dortmunder Bürger auch in die Nähe Bochums bei Harpen und trieben eine Herde Vieh, dem Grafen Engelbert gehörend, hinweg, um damit die Rationen der eingeschlossenen Stadt Dortmund zu verbessern. Die Bochumer Junggesellen feierten zu der Zeit eines ihrer Feste. Bei Bekanntgabe des Viehdiebstahls eilten sie den Dortmunder Viehdieben nach. Da diese mit dem gestohlenen Vieh nicht so schnell von der Stelle kamen, wurden sie bald eingeholt, das Vieh ihnen wieder fortgenommen und die Dortmunder in die Flucht geschlagen. Im Triumph ging es nach Bochum zurück, wo sie von der Bevölkerung jubelnd begrüßt wurden.

Als Graf Engelbert von dieser Bravourleistung der Bochumer Junggesellen hörte, war er über ihr heldenhaftes Verhalten und ihre Treue gerührt. Von seinem Erzieher Levold von Nordhof (sic!) unterstützt, gab er den Bochumer Junggesellen als Ausdruck des Dankes für ewige Zeiten das Recht, jährlich am Vorabend des aus alten Zeiten überlieferten Maiabendfestes aus seinen Waldungen in Harpen die stärkste Eiche zu schlagen. Sie durften den Eichenbaum öffentlich versteigern und den Erlös zu (sic!) Durchführung ihres Maiabendfestes verwenden."[143]

Diese Fassung eines anonymen Autors hat zwar keinen historischen Wert[144], wohl aber nimmt sie eine merkwürdige narrative Haltung ein, wenn sie Schlüsselbegriffe wie „Triumph", „Bravourleistung", „heldenhaft", „Treue" und „ewige Zeiten" wie ungezielt einstreut. Engelbert III. erscheint hier als jähzornig und rachsüchtig. Die ‚wahren' Helden und treuen ‚Freunde' sind nicht Ritter, sondern die Bochumer Junggesellen als Vertreter einer anderen sozialen Schicht.

Woher diese Rarität stammt – der Gesamttext ist im Typoskript durch Anführungszeichen als Zitat markiert –, ist ungeklärt; vielleicht kommt sie sogar aus Bochum.[145] Der anonyme Autor scheint bemüht, populär zu erzählen. Ob im Falle einer Verbreitung – die Anekdote ist im Fröndenberger Stadtarchiv eingegliedert in zusammengeheftete Blätter, die eventuell nach dem Zweiten Weltkrieg zur Ergänzung des „Heimatbuches" von 1925 gedacht waren – diese Version das durch Klute geprägte Engelbert-Bild verändert hätte, ist ungewiss.

Ein Brief vom 3. April 1964, gerichtet an das Regionalfernsehen des Westdeutschen Rundfunks, enthält zwar eine knappe Darstellung, die Engelbert als Sieger in der Dortmunder Fehde und als lobenswerten Wohltäter der Bochumer Junggesellen würdigt[146], dient aber nicht direkt dem Zweck, die Verehrung für den märkischen Grafen zu steigern: „Wir möchten Sie heute auf ein Ereignis aufmerksam machen, was sich seit Jahren in den letzten Apriltagen in der Stadt Fröndenberg abspielt"[147]; „Am Vorabend dieses Maiabendfestes kommen die Bochumer Maischützen alljährlich nach Fröndenberg, um durch Niederlegung eines Kranzes am Sarkophag des Grafen Engelbert [,] den Stifter ihres Festes

---

143 StadtA Fröndenberg, Sammlung zur Stadtgeschichte, Sig. 475, Band 8, Blatt 37 f.
144 BORNHOLDT/LIERMANN: wie Anm. 19, S. 344 f., hält diese Überlieferung für eine Legende. – Die Mitwirkung LEVOLDS VON NORTHOF ist unmöglich, er ist schon vor 1388 gestorben.
145 In einem Schreiben des Fröndenberger Amtmannes an den WDR Köln werden 1964 zwei kleine Hefte zur Maiabendgesellschaft erwähnt; StadtA Fröndenberg, Hefter 321-01, Maischützen I, 3.4.1964, hier S. 2. – BORNHOLDT/LIERMANN: wie Anm. 19, S. 15 f., führt zwei Bochumer Festschriften von 1951 und 1964 an; um sie könnte es sich hier handeln.
146 StadtA Fröndenberg, 321-01: wie Anm. 145, S. 1 f.
147 Ebd., S. 1.

[,] zu ehren. Während anfangs nur eine kleine Abordnung kam, ist der Besuch in Fröndenberg alljährlich zu einer Invasion geworden. 400 bis 500 Maischützen nehmen an dieser Feier in Fröndenberg teil. Sie rücken mit Personenwagen und Autobussen [...] in die Ruhrstadt ein"[148]; „Nach diesem offiziellen Begrüßungsakt marschieren die Bochumer und Fröndenberger Schützen, die mittlerweile kameradschaftliche Bande geschlossen haben, in die Stiftskirche [...].Da wohl selten ein Verein auf solch historische Ereignisse aufbaut und auch der äussere Rahmen ganz darauf abgestellt ist, möchten wir Sie auf dieses Ereignis hinweisen. [...] Wir sind der Meinung, dass es sich lohnen würde, das einmal im Fernsehen festzuhalten"[149]. Dieses hier gekürzte Schreiben an den WDR, das als Tag des Spektakulums den 19. April anvisiert, fällt nicht nur durch sein im Zusammenhang mit Schützenvereinen durchaus übliches militärisches Vokabular auf, sondern auch durch die Betonung der historisch gewachsenen Traditionspflege und der langen Städteverbundenheit. Derselbe Text wird 1965 wieder verwendet[150], in beiden Jahren aber kommt eine Fernsehübertragung nicht zustande.[151]

Der Einfluss der konservativen Haltung äußert sich 1965 auch in der Diktion der Bericht erstattenden Presse: „Die Ruhrstadt stand am Sonntag wieder im Zeichen des Gedenktages des Grafen Engelbert von der Mark"; „traditionelle Ehrung", „das alte Vorbild"; „auch in Zukunft (würden) die Junggesellen am Grabe ihres Gründers jährlich einen Kranz niederlegen"; „‚Wir werden unsere Verpflichtung dem Gründer gegenüber immer aufrechterhalten' "; der Pfarrer sprach „in der altehrwürdigen Stiftskirche einige Geleitworte, in denen er die Treue als Wesensmarkmal der Deutschen hervorhob"[152]. Der ebenfalls schon traditionelle Irrtum, das Steinmal für Eberhard II. und Irmgard gleichzusetzen mit dem Grab Engelberts III., wird nicht korrigiert.[153]

In den Jahren bis 1965 wird das Treffen an der Ruhr begleitet von noch anderen Rekonstruktionen und Erinnerungen. In Fröndenberg wird die historische Steintreppe renoviert.[154] In Bochum stiftet die Maiabend-

---

148 Ebd., S. 1 f.
149 Ebd., S. 2.
150 StadtA Fröndenberg, 321-01, 21.4.1965, S. 1 f.
151 Ebd., 7.4.1964 u. 26.4.1965.
152 Ebd., Westfalenpost, 26.4.1965.
153 Eine Auswertung von Zeitungsartikeln lässt über Jahrzehnte die ständige Wiederkehr der falschen Formulierung erkennen.
154 StadtA Fröndenberg, 321-01, Westfalenpost, 26.4.1965.

gesellschaft ein neues Engelbert-Denkmal, das nach langer Planung am 29.4.1964 eingeweiht wird[155] – das frühere wurde, wie schon erwähnt, 1944 eingeschmolzen. Eine Presseprophezeiung von 1966 erfüllt sich jedoch nicht: „Graf Engelbert III. von der Mark, dessen Angedenken in der Bochumer Maiabendgesellschaft wachgehalten wird, hat die besten Aussichten, in der Ruhrstadt zu Denkmalsehren zu gelangen."[156] Als Engelberts Denkmal gilt hier noch immer die Memorienstätte für seinen Urgroßvater.

Insgesamt verfestigt sich der Eindruck, dass zum Ende des 20. Jahrhunderts hin die Pflege von Brauchtum und Tradition fast zur Routine erstarrt ist und in einem publikumswirksameren Rahmen wieder belebt werden soll. Dazu gehören auch intensivierte Kontakte zu Medien und gezielte Einladungen zum Festakt. Engelbert dagegen wird, bedacht mit sprachlichen und zeremoniellen Stereotypen, zur Dekorationsfigur, deren Animierung nur notdürftig gelingt. Die Bezeugung der Dankbarkeit ihm gegenüber wird Pflicht. So entwickelt sich vom mittelalterlichen Totengedenken über eine Kriegsheldenverehrung ab dem frühen 20. Jahrhundert – die aber wegen ihrer ideologischen Verstrickungen in Verruf gerät – bis zum späten 20. Jahrhundert eine Verflachung des Kultes, der verdrängt wird von veränderten Bedürfnissen und Prioritäten einer sich wandelnden Gesellschaft.

8.

Anfang April 1989 informiert eine Regionalzeitung über den nahenden Besuch der Bochumer Gäste in Fröndenberg. Unter der Überschrift „Maiabend-Junggesellen zum Grabe des Grafen Engelbert" wird zunächst mit Verweis auf die mittelalterliche Stiftung das geplante Eintreffen – „auch in diesem Jahr wieder"[157] – angekündigt. Gut zwei Wochen später titelt das Blatt: „Aus Bochum zum Grab des Grafen" und nennt den Folgetag als Zeitpunkt, zu dem mehr als 500 Teilnehmer, „einem alten Brauch getreu, zum Grabe des Grafen Adolf (sic!) von der

---

155 BORNHOLDT/LIERMANN: wie Anm. 19, S. 312.
156 StadtA Fröndenberg, 321-01, Hellweger Anzeiger, 15.4.1966.
157 Westfälische Rundschau, 6.4.1989.

Mark in die Stiftskirche marschieren" werden, um „zum 601. Mal das traditionelle Maiabendfest"[158] einzuläuten. Ein Foto zeigt mittelalterlich kostümierte Männergestalten mit märkischem Schachbalken und Hellebarden am Kenotaph.

Im 21. Jahrhundert widmet eine andere Regionalzeitung fast den gesamten Mittelblock einer Seite der Kombination aus Textspalten, Archivfotos und Programmübersicht für den 22. April 2007, an dem Maischützen „ihrem Gründervater die Ehre"[159] erweisen. Das kleinere der beiden Fotos bildet einen Festzug mit Trommeln ab, das größere eine uniformierte Reihe von Männern mit Mützen und Schärpen, wieder am Kenotaph, im Hintergrund die schlichte Gedenktafel für die im Ersten Weltkrieg Gefallenen.

Der Tagesverlauf wird sich auch 2013 nur unwesentlich ändern. Die Vorbesprechung für den 21. April ist bereits im Februar abgehalten worden[160]; erwartet werden etwa 400 Teilnehmer, knapp ein Drittel der Angemeldeten aus Fröndenberg, gut zwei Drittel aus Bochum. Die größte Gruppe – mehr als ein Drittel – schickt die Maiabendgesellschaft, die Fröndenberger Bürgerschützen als zweiter Traditionsverein entsenden einschließlich ihres Fanfarenzuges nur 40 Personen. Der Zeitplan von Ankunft bis Ausklang ist identisch mit dem von 2007. Die aufwändige Organisation regelt Details wie Polizeieskorte, Platzreservierung, Begrüßungstransparent, Wertmarken für Erbsensuppe, Bierpreis und Thekendienst, dazu die Finanzierung bis hin zu den Kosten für Reinigung, Energie und Abfallentsorgung. Auch die Einladung zum Gegenbesuch in Bochum – mit u.a. Brauchtumsabend, Lichtinszenierung auf dem Boulevard und großem Zapfenstreich, Parade und Ständchen – ist schon ausgesprochen. Der Name des märkischen Regenten taucht auf der Bochumer Liste überhaupt nicht auf, auf der Fröndenberger nur bei Punkt 7, dem letzten des Festaktes: Kranzniederlegung am Grabe des Grafen Engelbert III. von der Mark (dazu Orgelmusik).[161]

Veranstaltungen für Kinder in beiden Städten zeigen, dass auch Traditionsvereine Nachwuchswerbung betreiben müssen. Der erste Vorbericht der Lokalpresse 2013 weist deshalb auf den 17. April hin: Kinder der Maischützenschule in Bochum-Harpen führen für Fröndenberger

---

158 Ebd., 22.4.1989.
159 Hellweger Anzeiger, 12.4.2007.
160 Einzelheiten sind einem sechsseitigen Protokoll zu entnehmen.
161 Ebd.

Grundschüler das Musical „Die Maikerle und die Bo-Maus-Bande" „mit vielen geschichtsträchtigen Figuren" auf, denn „Traditionen müssen nicht langweilig sein", und die Darsteller werden belohnt mit einer „Stadtführung [...] mit Besuch des Grabes des Grafen Engelbert"[152]. Die nächste Meldung – „Lang gehegte Tradition führt Schützen zusammen" – erwartet zum 625. Jubiläum rund 500 Aktive in der „Ruhrstadt", die als „Kameraden" ihre „gut gepflegte" traditionelle Verbundenheit praktizieren und am 21. April „wieder traditionell an der Kranzniederlegung in der Stiftskirche"[163] teilnehmen. Randspalten-Notizen erscheinen in schneller Folge: Das Offizierscorps der Bürgerschützen trifft sich zur Vorbereitung im „Markgrafen"[164]; dieser Verein wird Kaiserpaar, Hofstaat, Offizierscorps und Schützen zum Empfang der Bochumer aufbieten[165]; zum „Arbeitseinsatz" in der Schützenhalle sind die Ruhrtalschützen aufgerufen[166]; der Fröndenberger Schützenbund „begleitet auch dieses Jahr die Freunde" aus Bochum „zur Kranzniederlegung in die Stiftskirche"[167], und auch die Hohenheider Adler-Schützen kommen.[168]

Die Bochumer neben der Fröndenberger Mauritius-Stadtfahne ist schon am Freitag vor dem Festakt aufgezogen, das Begrüßungsbanner quer ausgespannt vor der „Stiftskeller"-Terrasse am ehemaligen Äbtissinnenhaus aus dem 17. Jahrhundert und schräg gegenüber dem Kriegerdenkmal. Am Sonnabend aber verdrängt im lokalen Printmedium ein Event, das erst in zwei Monaten die Fröndenberger Szene in einer Art von Gegenbewegung prägen soll, das Bochumer Jubiläum. Ein „Markgrafenfest wie im Mittelalter" und ein Festakt am 22. Juni werden mit „320 Jahre Ausschank in der früheren Vorspannstation" die „zweitälteste Gaststätte in Westfalen"[169] feiern, die allerdings nicht von Engelbert III. von der Mark begründet wurde. In der Planung dieses Spektakels auf dem Marktplatz „im Herzen der Ruhrstadt" steckt „Herzblut", Mauritius wird auf Fahne und Fähnchen erscheinen, eine „Jubiläumsurkunde mit einer

162 Westfälische Rundschau, 12.4.2013. Ähnlich Stadtspiegel Fröndenberg/Wickede, 14.4.2013, Nr. 30.
163 Westfälische Rundschau, 13.4.2013, Nr. 86.
164 Ebd., 16.4.2013.
165 Ebd., 17.4.2013, Nr. 89. Ähnlich Stadtspiegel Fröndenberg/Wickede, 17.4.2013, Nr. 31.
166 Westfalenpost, 18.4.2013, Nr. 90.
167 Westfälische Rundschau, 20.4.2013, Nr. 92.
168 Ebd.
169 Ebd.

neuerlichen Zapfgenehmigung für Hunderte Jahre"[170] überreicht werden und multikulturelles Flair[171] herrschen. Da zeitgleich der Handwerker-Stammtisch sechzig Jahre besteht, ist das Fröndenberger Angebot anders fundiert als das Bochumer Ritual. Die Aushändigung der auf altem Papier gedruckten Schanklizenz kommt allerdings eines speziellen Effektes wegen wie die Kranzniederlegung für Engelbert nicht ohne eine historische Fragwürdigkeit aus.[172] Fanfarenzug und Offizierscorps des heimischen Bürgerschützenvereins sollen mit Ständchen vor dem alten Fachwerkhaus am Markt und Vogeltaufe auch im Juni auftreten. Das Engelbert-Zeremoniell erhält also bald eine vielleicht bürgernähere Konkurrenz. Der Versuch, das Prestige eines etablierten, in Fröndenberg aber wenig ‚verwurzelten' Brauchtums zu überspielen, könnte Zuspruch finden. Die Tradition der Engelbert-Verehrung in der Stiftskirche hat mehr Glanz, ist aber, da die Bedeutung des Kultes schwindet, nicht unanfällig.

Der letzte Zeitungsartikel, der sich mit Engelbert befasst – „Bochumer pflegen Tradition im 625. Jahr" – erscheint am Montag, ähnlich groß und mit einem Foto ausgestattet wie die Ankündigung des Markgrafenfestes, setzt aber kaum von der Berichterstattung früherer Jahre abweichende Akzente, außer dass er einleitend das „gewaltige[n] Aufgebot"[173] der Fröndenberger Schützenvereine hervorhebt und skeptisch vermerkt, die Stelle der Kranzniederlegung sei historisch anfechtbar, den Ursprung des Brauches in der Dortmunder Fehde aber nicht bezweifelt.

Während in den diesjährigen Grußworten am Äbtissinnenhaus die üblichen Vokabeln benutzt wurden – Brauchtum, dessen Bewahrung und Pflege, Tradition verbunden mit Moderne – , deuten die gewichtigeren Ansprachen innerhalb der zu etwa einem Drittel gefüllten Kirche andere Schwerpunkte an. Der Pfarrer thematisiert den Frieden – Europa als Friedensnobelpreisträger – und Städtepartnerschaften bzw. -freundschaften und bittet die Schützen unterschiedlicher Couleur, nicht nur gemeinsam zu feiern, sondern auch Verantwortung zu übernehmen. Der Vorsitzende der Maiabendgesellschaft meldet, nachdem er die fragwürdige Gründungslegende erzählt hat, dass in einer Woche die Bochumer Jungge-

---

170 Ebd.
171 Erwartet werden griechische Verwandte des Wirtepaares und eine griechische Volkstanzgruppe aus der Nachbarstadt Menden.
172 Als Auftakt bei Glockengeläut zur Mittagsstunde ist der Einzug einer stiftischen Äbtissin des 17. Jahrhunderts mit Nonnen in Zisterzienserkutten eine zweifelhafte Kombination.
173 Westfälische Rundschau, 22.4.2013, Nr. 93.

sellen nach 625 Jahren endlich Frieden mit Dortmund schließen wollen. Dann werden zwei Kränze mit blau-weißer Schleife niedergelegt[174], und die Schützen – einer als behelmter Engelbert kostümiert – entbieten am Kenotaph dem märkischen Grafen den Ehrengruß, begleitet vom obligaten Fahnenritual.

Im Herbst wird eine Delegation aus Neuenrade nach Fröndenberg kommen und ähnlich zeremoniell einen Kranz mit rot-weißer Schleife auf das Totenmal legen. Bürgermeister, Verwaltung, Heimat- und Schützenverein aus dem märkischen Sauerland würdigen damit denjenigen, dem sie seit 1355 ihr Stadtrecht verdanken. Als sie anlässlich des Stadtjubiläums 2005 erstmals den feierlichen Akt in der Stiftskirche zelebrierten, wählten sie mit dem 22. Dezember Engelberts Todestag. Seitdem sind sie, die als Freunde Engelberts offiziell Frieden mit dem verfeindeten Menden geschlossen haben, meist am 7. November, dem Namenstag des Grafen[175], an der Ruhr eingetroffen[176] und haben so zwischen Allerheiligen und Volkstrauertag an das Totengedenken, das diesen Monat prägt, angeknüpft. Öffentlich wird der Neuenrader Besuch wenig beachtet, obwohl Fröndenberger Vertreter von Verwaltung und Schützen repräsentativ anwesend sind. Auch die Zuschauerzahl für die Bochumer Gäste im April 2013 war gering. Die Entwicklung des Engelbert-Kultes bis zum jetzigen Stadium beruht damit wesentlich auf Traditionen und Selbstverständnis von Vereinen. Das Bochumer Bestreben, Versöhnung zu manifestieren, scheint allerdings nicht durchweg auf Billigung gestoßen zu sein. Noch Ende Mai 2013 drückt ein Aushang neben einer Pizzeria an einer relativ belebten Fröndenberger Straße Protest unter Angabe einer Internetverbindung[177] aus: Das rotgelbe Wappenemblem mit dem märkischen Schachbalken begleiten dabei als Text die Frage

---

174 Das Gebinde der Bochumer Junggesellen (blaue Rosen und weiße Gerbera) liegt zu Füßen Eberhards, das der Bochumer Oberbürgermeisterin (weiße Lilien) bedeckt Irmgards Gewandsaum.

175 Der 7.11. erinnert zudem an den nie ganz geklärten gewaltsamen Tod des Kurkölner Erzbischofs Engelbert von Berg im Jahr 1225, von dessen Folgen der Urururgroßvater Engelberts III. von der Mark profitierte. Für diesen nie als Märtyrer kanonisierten, aber im Kölner Raum verehrten Metropoliten wurde 1237 in Fröndenberg eine Memorie eingerichtet (U Fröndenberg 8).

176 Fröndenbergs Stadtarchivar Jochen von Nathusius, der im jährlichen Wechsel mit dem Neuenrader Stadtarchivar einen Kurzvortrag in der Stiftskirche bei den sauerländischen Besuchen hält, informierte mich über die Modalitäten der November-Veranstaltung. Ihm danke ich auch herzlich für viele Auskünfte und Materialien.

177 www.facebook.com/KeinFriedensvertragMitDortmund

„Friedensvertrag mit Dortmund?" und die Behauptung „Der Graf dreht sich im Grabe um!".

‚Wer einem anderen ein Monument errichten lässt, will sich selbst ein Denkmal setzen.' (Chinesisches Sprichwort)

RAIMUND TRINKAUS

Zur Frage nach dem Widmungsträger des ‚Syberger Epitaphs' aus der Stiepeler Dorfkirche

Ergänzungen zum Erbfall der ersten Syberger Lehnsnehmer der Kemnader Güter[1]

I n h a l t : 1. Die ersten ‚Dynasten' von Syberg zu Kemnade, S. 95. – 2. Die Position des Epitaphs in der Dorfkirche von 1698 bis 1952, S. 96. – 3. Die Neuaufstellung in Haus Kemnade, S. 98. – 4. Beabsichtigte Wirkung des Epitaphs in der Dorfkirche, S. 98. – 5. Fehlende Widmung trotz freier Flächen, S. 100. – 6. Die spärliche Quellenlage in der Stiepeler Geschichte zu in Frage kommenden Widmungsträgern, S. 102. – 7. Eine informativere Quelle in der Historie des Gerichts Hagen, S. 103. – 8. Wennemar Diederich Georg von Syberg, Tod bei Torks Platz, S. 106. – 9. Jan Jürgen von Syberg, Tod vor Stettin, S. 108. – 10. Steffen Casimir Diederich von Syberg, Tod vor Ofen, S. 108. – 11. Fazit, S. 109.

1.

Nach über 230jähriger Herrschaft seines Geschlechts in Stiepel übergab Wennemar V. von der Recke 1647 das Stiepeler Lehen mit Haus Kemnade, daneben weitere Eigengüter an seinen Schwiegersohn Johann Georg von Syberg zu Wischelingen, der sich 1663 an dem von ihm errichteten Nordost-Turm als *„Dynastes in Stipel"* verewigte. Mit diesem Geschlecht, das hier 200 Jahre lang herrschen sollte, scheint eine gesteigerte Form der Selbstdarstellung und Machtdemonstration in Stiepel

---

[1] Der Artikel basiert auf einer Veröffentlichung des Autors im Internet [www.raimund-trinkaus.de – Beitrag „Zum ‚Syberger Epitaph' (2009)], stellt aber weitgehend eine Neufassung und keine Kopie dar.

eingezogen zu sein. Auf Johann Georg folgte 1679 sein Sohn Friderich[2] Matthias von Syberg, der bedeutendste Aufsitzer des Hauses Kemnade. Mit Mauerankern, Inschriften und Allianzwappen über den Portalen des Haupttraktes konnte er sich 1704 der Vollendung des Wiederaufbaus seines Herrensitzes rühmen, der 1589 weitgehend abgebrannt war.

Zudem ist seiner Initiative der überwiegende Teil der nicht mobilen Innenausstattung zu verdanken, darunter eine Reihe von Holzarbeiten aus der Werkstatt des Schwelmer Meisters Schmidt, allen voran das zentrale barocke Treppenhaus, aber auch die Deckenovale der Diele.[3] Für die Dorfkirche finanzierte Friderich Matthias Kanzel und neue Bänke, die Orgelempore sowie eine hölzerne Taufe, ebenso das allein durch seine Größe herausragende so gen. Syberger Epitaph aus demselben Betrieb.[4]

2.

Um 1600 hatten sich der Patronatsherr Wennemar V. von der Recke, der Stiepeler Pastor und die Gemeinde der Lehre Martin Luthers zugewandt. In der Folgezeit wurden – bis auf eine Ausnahme – die Wände und Gewölbe der im Mittelalter reichlich ausgemalten Dorfkirche weiß übertüncht. Anlässlich einer umfangreichen Renovierung des Gotteshauses ab 1952 wurden aus fünf Phasen stammende Fresken und Secco-Malereien frei gelegt, darunter ‚Der Drachenkampf des hl. Georg' und ‚Christus im Hause Simons, des Pharisäers' auf der nördlichen Chorwand.[5]

An dieser hatte, dem Patronatssitz gegenüber, laut Kirchenbüchern seit 1698 das oben erwähnte Epitaph aus Eichen- und Lindenholz gehan-

---

2   Schreibweise nach der Beschriftung seiner Gruftplatte.
3   Zu den Wappen darin siehe den Internet-Beitrag: „Frag-würdige Wappen in Haus Kemnade und der Stiepeler Dorfkirche" [www. raimund-trinkaus.de]
4   Eine umfassende Geschichte des Hauses Kemnade und seiner Aufsitzer inklusive der Darstellung und Abb. aller erhaltenen Kunstobjekte bietet folgende Publikation von THOMAS DANN: „...ein vortrefflich schöner Rittersitz...", Haus Kemnade und seine Ausstattung vom 16. bis zum 19. Jh., Bochum 2000, 2. Aufl. 2001. – Das ‚Syberger Epitaph' wurde dort ausgeklammert, weil es sich ursprünglich nicht in diesem Hause befand.
5   WINFRIED SCHONEFELD: Dorfkirche Bochum-Stiepel, 3. Aufl., Bochum 1999, S. 17 f., Abb. S. 13.

Abb. 1: Das ‚Syberger Epitaph' vor 1952 an der nördlichen Chorwand der Stiepeler Dorfkirche.
Quelle: Presse- und Informationsamt der Stadt Bochum.

gen, das Friderich Matthias von Syberg in Auftrag gegeben hatte (Abb. 1). Mit den Ausmaßen von 3,60m x 4m wiegt es etwa 2t.[6] Es wurde 1952 entfernt und geriet in Vergessenheit. In der Kirche war nun auch keine Wand mehr frei; zudem hätte das barocke Kunstwerk in ihrem restaurier-

---

6   Stiepeler Verein für Heimatforschung e.V. (Hg.): Das Syberger Epitaph, Bochum 1996, S. 19 f., nach einem Zitat aus dem Befundbericht des Restaurators Klaus Lerchl, Lippstadt.

ten mittelalterlichen Ambiente wie ein Fremdkörper gewirkt. Ein anderer entsprechend großer Raum stand der Gemeinde nicht zur Verfügung.

3.

Erst 1986 gingen zwei Mitglieder des Stiepeler Vereins für Heimatforschung erfolgreich dem Verbleib des Epitaphs nach. Es fand sich, in Einzelteile zerlegt, in einem Raum des Nordost-Turms des Hauses Kemnade. Nach einer gründlichen Restaurierung konnte es 1994 in einem der hohen Kemnader Museumsräume aufgestellt werden.[7] Der Restaurierungsbericht[8] ist nachzulesen, bemerkenswert darin der Satz: *„Die mikroskopische Untersuchung zeigte außerdem Mikromengen von der alten Malsubstanz."*[9] Zumindest die Wappen dürften farbig gefasst gewesen sein.

4.

„Das Stiepeler Epitaph wurde 1698 von der Familie von Syberg gestiftet und ist daher dem frühen Barock zuzuordnen. Es zeigt 16 Wappen [....]. Mittig ist das Wappen der Familie Syberg angeordnet [...]," ein fünfspeichiges Wagenrad. *„Die Umrahmung des Hauptwappens bilden die Wappen der anderen Familien [...] mit den dazugehörigen Namen."*[10] (Abb. 2) Wennemar von der Recke hatte an zwei Wappenkaminen in Haus Kemnade seine Ahnen verewigt. Alteingesessener Adel legte von jeher großen Wert darauf, seine Abstammung und Landtagsfähigkeit mit der Ahnenprobe zu dokumentieren. Während es im Mittelalter noch um die Turnierfähigkeit ging, war man mittlerweile bestrebt, sich vom

---

7 Nach GERHARD HAGENKÖTTER: Kap. 2, in: Das Syberger Epitaph, wie Anm. 6, S. 20 f.
8 KLAUS LERCHL, MICHAEL LERCHL: Kap. 4, Restaurierungsbericht des Stiepeler (!) Epitaphs, in: Das Syberger Epitaph, wie Anm. 6, S. 40 - 45.
9 LERCHL, LERCHL: wie Anm. 8, S. 40.
10 LERCHL, LÉRCHL: wie Anm. 8, S. 40.

Abb. 2: Das restaurierte Epitaph im Museumsbereich des
Hauses Kemnade. Foto: R. Trinkaus

‚Briefadel' abzuheben. Dafür erforderlich waren über vier Generationen mit je acht adeligen Vorfahren väterlicherseits sowie mütterlicherseits.

Friderich Matthias von Syberg wollte wohl, dem Zeitgeist entsprechend, seine Stellung als Gerichts- und Patronatsherr vor den Untertanen und gleichgestellten Nachbarn herausstellen. Dazu bot sich das Gotteshaus als damals einziger Versammlungsraum des Dorfes geradezu an. Vermutlich war dies auch der Hauptanlass für die Investition. Der Restaurator sah darin den einzigen Grund: *„Darstellung: Stifterepitaph […].“*[11]

11 KLAUS LERCHL: Befundbericht, wie Anm. 6, S. 19.

Ebenso ging Gerhard Hagenkötter in der Auflistung der den Wappen zugeordneten Geschlechter und in der Grafik der Ahnentafel nur vom Auftraggeber Friderich Matthias aus.[12] Keiner der Autoren erkannte einen anderen Sinn als die Selbstverherrlichung des Patronatsherren und seines Geschlechts. Doch für die Errichtung des ‚Syberger Epitaphs', das übrigens erst in der gleichnamigen Publikation diesen Namen erhielt, dürfte es einen weiteren Anlass gegeben haben, um nicht zu sagen: Vorwand.

5.

Dieser müsste dem längst vergangenen Widmungstext zu entnehmen gewesen sein, mit dem das Kunstwerk sicherlich vor rund 400 Jahren beschriftet worden war, dem eigentlichen Epitaph – ein Begriff, der später auf das gesamte Bildwerk übertragen wurde. Schon von daher ist es unwahrscheinlich, dass a priori auf Beschriftung verzichtet wurde.

„Retabelunterbau mittig eine Kartusche mit sehr ausgeprägt und reichhaltig geschnitztem Akanthusrankenwerk. Inschrift in der Kartusche fehlt. Ob eine vorhanden war, ist weder bekannt, noch deuten Farbspuren darauf hin."[13] Die Reste einer seinerzeit wohl schon verwitterten Schrift dürften der Bearbeitung im 20. Jh. zum Opfer gefallen sein, die auf glatter Fläche nicht einmal mikroskopisch kleine Farbpartikel übrig ließ: *„In einer Eichenholzmaserierung jüngerer Zeit ist das Epitaph gefaßt."*[14]

Oberhalb dieser Freifläche fällt eine weitere, mehr als doppelt so große auf, ein von zwei Putten gehaltenes, fast faltenfreies Tuch. In Anbetracht der Vorliebe des Barock für Verzierungen und Schnörkel könnte eigentlich kein Künstler dieser Stilepoche dem Ausfüllen des leeren Raumes widerstanden haben, es sei denn, das Tuch war zur Beschriftung vorgesehen. Außer dem Namen und einer Würdigung des Widmungsträgers böten sich ein frommer Sinnspruch oder ein Bibelzitat an.[15]

---

12 G. Hagenkötter: Kap. 3, Die Wappen des Syberger Epitaphs, in: Das Syberger Epitaph, wie Anm. 6, S. 23-39, hier: S. 28 f..
13 Klaus Lerchl: Befundbericht, wie Anm. 6, S. 20.
14 Lerchl, Lerchl: wie Anm. 8, S. 40.
15 So zu finden auf den Rückseiten zeitgleicher Grabsteine der historischen Kirchhöfe in Stiepel, Ümmingen oder Hohensyburg.

Sollte sich Friderich Matthias hier bereits zu Lebzeiten sein eigenes Denkmal gesetzt haben? Bei aller Selbstherrlichkeit von (Klein-)Potentaten dieser Zeit wäre das nicht logisch, zumal nach seinem Ableben wenige Schritte neben dem Gedächtnismal seine Gruftplatte vor dem Altar als Grabmal liegen sollte. (Abb. 3)

Abb. 3: Die Gruftplatte des Friderich Matthias von Syberg († 23. 12. 1711) deckte nach seinem Tod den Zugang zum Gruftgewölbe vor dem Altar ab, wenige Schritte neben dem von ihm gestifteten Epitaph. Inzwischen steht das steinerne Grabmal draußen aufrecht an der Turmwand. Foto: R. Trinkaus

6.

Epitaphien wurden aber auch als Denkmale für in der Ferne ums Leben gekommene Familienmitglieder in Kirchen errichtet, vor allem, wenn diese kein individuelles Grab erhalten konnten, z. B. nach Schiffsuntergängen oder Schlachten. Die Ahnenfolge des ‚Syberger Epitaphs' trifft außer für Friderich Matthias auch für alle seine Geschwister zu. Archivalien, die genauere Hinweise geben könnten, stehen nicht mehr zur Verfügung. Nachdem der Stiepeler Zweig der Syberger 1847 im Mannesstamme ausgestorben war, hatten die Erbtochter Philippine von Syberg und ihr Gatte, Friedrich von Berswordt-Wallrabe, das mobile Kemnader Inventar, darunter das Archiv zu ihrem Hauptwohnsitz, Haus Weitmar, verbracht. Dort fiel alles 1943 dem Bombenkrieg zum Opfer.[16]

Ob diese Dokumente jedoch die Frage nach dem Widmungsträger des Epitaphs hätten beantworten können, ist ungewiss, denn 1872 schon beklagte Pfarrer Ostheide, die Archivalien der Gemeinde seien *„nur gering an Zahl, da 1765 das Archiv seiner ältesten und werthvollsten Papiere durch Diebstahl verlustig geworden ist. Das Archiv des Hauses Kemnade, in welches gegen Mitte des vorigen Jahrhunderts viele Kirchenacten transferirt sind, ist leider völlig untergegangen."* Angesichts mangelhafter Quellen – z.T. nur mündliche Informationen von Zeitgenossen – sah Ostheide seine Geschichte selbst als Stückwerk an.[17]

Bei ihm fand sich dennoch eine erste Spur. Seine Liste der Syberger Aufsitzer des Hauses Kemnade beginnt mit: *„Johann Georg starb 9. Decbr. 1679, nachdem ihm 17 Kinder geboren waren. Ihm folgte sein zweiter Sohn 2. Friderich Matthias, da der älteste Wennemar Diedrich Georg 1673 als Brandenburgischer Oberstwachtmeister gestorben war, dessen Wappenschild noch in der Kirche ist."*[18] Die näheren Umstände des Todes scheinen dem Autor nicht bekannt gewesen zu sein. Er hatte zudem keine Kenntnis davon, dass Friderich Matthias nur an dritter Stelle in der Erbfolge gestanden hatte, wie im Folgenden aufgezeigt wird.

---

16 PETER ZIMMERMANN: Das Haus Weitmar, in: ders., Das Eppendorfer Heimatbuch, Bd. IV, S. 3 f., sowie DANN: wie Anm. 4, S. 25 / 26.
17 HEINRICH OSTHEIDE: Geschichte der Kirchengemeinde Stiepel, Hattingen 1872, Vorwort, S. 4. Zum Verlust des Kemnader Archivs fehlt jede weitere Information. Sollte evtl. der Transfer nach Weitmar Ostheide nicht bekannt gewesen sein?
18 OSTHEIDE, wie Anm. 17, S. 23. (Wappenschild = Totenschild)

Stellt man das Todesjahr des Wennemar Diedrich Georg, 1673, dem Datum der Anbringung des Epitaphs gegenüber, fällt auf, dass sich der Soldatentod des ältesten Bruders 1698 zum 25. Mal jährte! Wer mag da noch bezweifeln, dass Friderich Matthias höchstwahrscheinlich das Epitaph – zumindest vordergründig – mittels Inschrift seinem verstorbenen Bruder gewidmet haben müsste, der an seiner Stelle das Kemnader Erbe hätte antreten sollen?

Recht spärliche Informationen nur bietet von Steinens ‚Westphaelische Geschichte' zu den Syberger Gerichts- und Patronatsherren in der *„Historie vom Gericht Stipel und Amt Blankenstein"*. Neben Johann Georg und seiner oben erwähnten Inschrift am Nordost-Turm fand in diesem Kapitel kein Nachfahre Erwähnung, obwohl bei Drucklegung dessen Sohn Friderich Matthias sowie der Enkel nacheinander ihre Kemnader Erbschaft angetreten hatten und schon nicht mehr lebten, also bereits ‚Geschichte waren'.[19] Mit der Reihenfolge der einzeln edierten Bände allein, bzw. der Recherchen, sollte sich dies eigentlich nicht erklären lassen. Eher könnte man annehmen, der Pastor und Freiherr von Steinen habe es vermeiden wollen, den Namen des leichtlebigen Enkels zu erwähnen wegen des peinlichen Konkursverfahrens nach dem kinderlosen Ableben des Letzteren.[20]

7.

Da v. Steinen es versäumte, einen Querverweis zu setzen, blieb für Stiepeler Lokalhistoriker, darunter Ostheide, bislang verborgen, dass im vermutlich wenige Jahre zuvor entstandenen ersten Teil, IV. Stück, *Historie des Gerichts Hagen,* etwas präzisere Informationen zu den Sybergern

---

19 JOHANN DIEDERICH VON STEINEN: Westphaelische Geschichte, Lemgo 1755 - 1760, Nachdr. Münster 1964, hier: 3. Theil, XIX. Stueck, I. Kap., Vom Gericht und Kirchspiel Stipel, S. 1081 - 1145, hier: S. 1139 f.

20 Selbst das im Folgenden zitierte Kapitel in v. STEINENS erstem Teil gibt zu diesem Fall nicht mehr preis als das Todesjahr 1738 und die Erbfolge. S. auch DANN: wie Anm. 4, S. 24. Ein längerer Beitrag ist nachzulesen bei: AUGUST WEISS: Der Baron Johann Friedrich von Syberg und der Konkurs des Hauses Kemnade vor 200 Jahren, in: Vereinigung für Heimatkunde e.V., Hg.: Bochum – Ein Heimatbuch, 6. Bd., Bochum 1954, S. 116-121.

zu finden sind, die er im dritten Teil nicht wiederholen wollte.[21] Den Namen hat die Sippe von ihrem mittelalterlichen Wohnsitz im Gelände der Hohensyburg. 1369 erwarb sie das unweit an der unteren Lenne gelegene Haus Busch, das die Syberger Hauptlinie fortan bewohnte. Daher sind bei v. Steinen sämtliche Syberger, auch die Nebenlinien, im Gericht(sbezirk) Hagen unter Haus Busch zu finden.

Beim Zweig „*v. Syberg zu Wischelingen / Stipel etc.*"[22] ist der Kemnader Johann Georg aufgeführt als „*Jan Georg, Drost zu Blanckenstein und Warden* (Werden)*, Herr zu Wischelingen. [...] Gem.ahlin 1639 Sybilla Arnolda, Wenmar v. der Reck, Gerichtsherr zu Stipel, Kemnade etc. und Sybilla Margreta v. Büren zu Mengede, Tr.*[23] *Erbin zu Stipel und Kemnade † 1660 im Kindbette. [...].*"[24]

Es folgt enumerativ mit untereinander gesetzten Kleinbuchstaben, sicherlich nach Geburtsdaten geordnet, die Aufzählung aller 17 Kinder des Paares, z.T. mit kurzen Bemerkungen:

„*a. Wenmar Diederich, Obristwachtmeister, wurde im Kriege vor Torcksplatz zu Heringen erschossen.*
b. Jan Jürgen Obrister, blieb vor Stettin. Johann Georg jr.
c. Friederich Matthias der Kemnader Erbe.
d. Diederich Wilhelm Abraham, Churbrandenburgischer Hauptmann. Dieser bekam das Haus Wischelingen,[...].
e. Johann Adolph [...].
*f. Sybilla Elisabet Arnolda. Fr.*au des *1) Jan Robbert v. Elberfeld*

---

21 V. STEINEN: wie Anm. 19, hier: 1. Theil, IV. Stueck, 2. Buch, II. Kap., Vom Kirchspiel Boel(ey), S. 1281-1235, hier: 3. (Haus) Busch, S. 1285-1311, bes. S. 1300-1303. (Vielleicht waren die Bände auch nicht in der Reihenfolge ihrer Nummerierung ausgearbeitet und erschienen.) Ostheide nannte im Vorwort (wie Anm. 17) V. STEINEN pauschal als eine seiner Quellen, konnte jedoch den ‚1. Theil' nicht gekannt haben, sonst hätte er die dortigen Informationen übernommen.
22 V. STEINEN: wie Anm. 21, 1. Theil, S. 1298-1303.
23 = des Wennemar [...] und der Sybilla Margreta [...] Tochter.
24 V. STEINEN: wie Anm. 21, 1. Theil, S. 1300 f. Johann Georgs Sterbejahr wurde hier offensichtlich bei der Drucklegung mit dem seiner 2. Gattin verwechselt: „*† 1660 auf St. Steffensabend.*" (26. 12.) Ein Hinweis in den Errata S. 1407 f. unterblieb allerdings. Laut Ostheide starb er am 9. 12. 1679, wie oben im Zitat zu Anm. 18 erwähnt und von Dann (wie Anm. 4, S. 23) übernommen. (Übereinstimmung auch mit August Weiß: Die Burg Blankenstein, in: H. WEFELSCHEID, A. WEISS, Alt - Blankenstein, Blankenstein 1926, S. 5–62, hier: S. 60.) – Der 26. Dez. 1660 ist auszuschließen angesichts des hier behandelten Erbfalls; sonst hätte einer der vor Friderich Matthias geborenen und 1660 noch lebenden Brüder (a, b) den Militärdienst quittieren und des Vaters Erbe antreten können, wie anschließend aufgezeigt wird.

*zu Herbede.*²⁵ *2) Henrich Jan v. Elberfeld zu Daelhausen.*
g. Steffen Casimir Diederich Obristleutnant, wurde 1686 in der Belagerung vor Ofen erschossen.
h. Catrina Margret [...].
i. Elisabet † jung.
k. Sophia Petronella [...].
l. Anna Sophia, Abdissin zu Hoerde.
m. Anna Sybilla [...].
n. Janna Elisabet im Stift Herdicke.
o. Casparina Charlotta [...].
p. Janna Catrina † jung.
*q. und r. noch zwey Kinder."*²⁶

Namenlose, ungetaufte Kinder (q, r) lassen Totgeburten vermuten, deren letzte auch die Mutter nicht überlebte, wie erwähnt. Dies sollte nicht die einzige Tragik in Johann Georgs Schicksal bleiben.

Vier Söhne hatten Führungsränge im brandenburgischen Heere, von denen drei (a, b, g) bei Gefechtseinsätzen ihr Leben verloren. Wenn Wennemar Diederich (Georg) wegen des sich zum 25. Mal jährenden Todestages vorrangig als Widmungsträger in Erwägung zu ziehen ist, sollte man es jedoch als nahe liegend einschätzen, dass auch der beiden anderen gefallenen Brüder auf dem Epitaph gedacht worden war.

Hervorgehoben sei auch, dass sich im Gegensatz zu Ostheides Notiz bei v. Steinen feststellen lässt: Nicht nur ein toter Bruder, sondern zwei (a, b), deren Sterbejahre sich in weitergehender Literatur ausmachen ließen, waren vor Friderich Matthias geboren. Ursprünglich erst an dritter Stelle in der Erbfolge stehend, hatte er allen Grund, ihnen, die wohl kaum ein Grab in der Heimat gefunden hatten, ein ehrendes Andenken in Stiepel zu schaffen.²⁷ Nach Ansicht seiner lebenden Geschwister schien die Erbfolge im Hause Syberg indessen nicht so klar geregelt.

„Nach dem Tod Johann Georgs im Jahre 1679 entbrannte unter dessen Kindern ein Streit um das väterliche Erbe. Ein langwieriger Erbfolgeprozess [...] hatte als Ergebnis, daß der Erstgeborene (unter

---

25 Diese verwandte Familie zählte zu den geprellten Gläubigern beim erwähnten Kemnader Konkurs.
26 V. STEINEN: wie Anm. 20, 1. Theil, S. 1301 f.
27 Nach 1945 wurden Grabsteine von Familiengruften vielfach zusätzlich mit Namen u. Daten nicht dort beigesetzter Familienangehöriger beschriftet, häufig mit einem Vermerk wie „gefallen (vermisst) in Russland".

den Lebenden) *Anspruch auf den gesamten Besitz haben sollte. Somit wurden Haus Kemnade und die Herrlichkeit Stiepel [...] nicht unter den Erben aufgeteilt. Die übrigen Erben mußten auf andere Weise abgefunden werden."*[28] Da die Wischlinger Güter nicht in den Streit involviert waren, dürfte Johann Georg sie noch zu Lebzeiten Diederich Wilhelm Abraham (d) überschrieben, zumindest die Erbfolge dieses Herrensitzes notariell geregelt haben. Dessen Karriere beim Militär müsste vor Übernahme der Verwaltung dieser Latifundien beendet worden sein, was durchaus so in der Absicht des Vaters gelegen haben sollte – angesichts der Schicksale seiner Söhne a und b.

8.

Ein französisches Heer unter Marschall Turenne war 1672, aus den Staten Generaal (NL) kommend, über den Hellweg bis nach Unna vorgestoßen, 1673 bis Soest. Luwig XIV. wollte den Großen Kurfürsten, der seinem Schwager Willem van Oranje, Calvinist wie er selbst, zu Hilfe geeilt war, zwingen, den Westen seines eigenen Landes zu verteidigen. *„Am 14. Juni verließen die französischen Truppen auch Hamm und Unna, die sie, wie Soest, Altena und Iserlohn, seit Monaten besetzt hatten. Am 18. Sept. 1673 zog Marschall Turenne über Steele fort [...]."*[29] Friedrich Wilhelm hatte mit Frankreich am 6. Juni 1673 einen Separatfrieden geschlossen, der bis 1679 halten sollte.

Zum Tode des erstgeborenen Sohnes des Johann Georg v. Syberg teilte v. Steinen, wie oben bereits zitiert, mit: *„Wenmar Diederich, Obristwachtmeister, wurde im Krieg vor Torcksplatz zu Heringen erschossen."*[30] Ostheide nannte ihn „Wennemar Diedrich Georg."[31]

Inzwischen haben Ort und Gefecht ihren Bekanntheitsgrad eingebüßt, und die aktuelle Schreibweise Herringens mit rr, Vorort der Großstadt Hamm an der Lippe, führte erst auf die richtige Spur, nachdem

---

28 DANN: wie Anm. 4, S. 23.
29 FRANZ DARPE: Geschichte der Stadt Bochum, Bochum 1894, Nachdruck Bochum 1991, S. 284.
30 V. STEINEN: wie Anm. 21, 1. Theil, S. 1301.
31 OSTHEIDE: wie Anm. 17, S. 23.

drei Orte namens Heringen ausgeschlossen werden konnten.[32] Ohne Querverweise taucht Wennemar D. G. v. Syberg bei v. Steinen neben der Erwähnung in der Hagener Geschichte an einer weiteren Stelle auf, in der „*Historie der Kirchspiele im Amt Hamm [...]*":

„*Nordheringen. Auch Heringen allein geheißen, ist ein Rittersitz an der Lippe, und zwar an der Landstrasse, die von Hamm nach Luenen führet, gelegen. [...] Dieses aber ist gewis, daß es Diederich Smeling an die v. Torck vermacht habe, die es fast 300 Jahr, wie noch, besitzen.*

Im Jahr 1673 hatten es die Franzosen eingenommen, die Churbrandenburgischen Voelker wollten es zwar aus dem Hamm wieder wegnehmen, weil aber ihr Anschlag verrathen wurde, bueßten sie nebst zweyen Hauptofficieren, v. Osten und v. Syberg, 500 Mann davor ein."[33]

„*Angehörige eines Geschlechts von Herringen werden [...] mehrfach genannt. Ihr Sitz war die Hohenburg [...]an der Lippe. Von hier war es nicht weit zu dem flußaufwärts gelegenen Burgsitz Nordherringen, der sich ebenfalls im Norden an die Lippe anlehnte, während er im Osten durch den Herringer Bach gedeckt wurde. [...]*

Seit dem 15. Jh. befand sich die Burg im Besitz des märkischen Rittergeschlechts Torck, nach dem sie noch heute im Volksmunde ‚Torcks Platz' genannt wird. Während ihrer Zeit wurde sie Anfang 1673 von den Franzosen besetzt, die von hier aus am 26. Januar des Jahres einen Angriff brandenburgischer Truppen unter schweren Verlusten zurückwarfen. Ein Jahrhundert darauf geriet das Torcksche Vermögen in Konkurs, der Burgsitz in Nordherringen wurde 1788 gerichtlich verkauft, [...]1847 auf Abbruch verkauft."[34] Mit dem 26.01.1673 steht der Todestag des erstgeborenen Wennemar Diedrich Georg von Syberg somit präzise fest.

---

32 Herrn Rolf-Dieter Helgers aus Kamen gilt mein besonderer Dank für seine hilfreiche Unterstützung bei der Identifizierung von ‚Torcks Platz'.
33 v. STEINEN: wie Anm. 19, 3. Theil, XVIII. Stueck, S. 947 f.
34 WILHELM RAVE (Hg.): Die Bau- und Kunstdenkmäler von Westfalen, 47. Bd., Kreis Unna; bearb. von HANS THÜMMLER, Münster 1959, S. 203.

9.

Die Festungsstadt Stettin und Vorpommern waren seit 1648 offiziell schwedisches Staatsgebiet. In der folgenden Zeit ihrer Großmachtära drangen die Schweden in Brandenburg ein mit der Absicht, ihr Territorium zu erweitern. Im Schwedisch-Brandenburgischen Krieg wurde Stettin mehrfach belagert. 1659 konnte die Festung noch standhalten. Doch 1675 gewann Friedrich Wilhelm die vorentscheidende Schlacht bei Fehrbellin. 1677 konnte er Stettin erobern, das er aber 1679 nach den Friedensverträgen samt Vorpommern wieder den Schweden überlassen musste.

„*b. Jan Jürgen, Obrister, blieb vor Stettin.*"[35] Bei einer der Belagerungen der Festung muss der zweitgeborene Johann Georg jr. gefallen sein, am ehesten 1677. Wenn v. Steinen 80 Jahre später lediglich ‚Stettin' notierte wie ein in Preußen sehr geläufiges, herausragendes Ereignis, konnte er eigentlich nur assoziativ die Eroberung der Festungsstadt gemeint haben – wie man z. B. von Sedan oder Waterloo spricht. Nach Fehrbellin stand dieser militärische Erfolg ungeschmälert für den Ruhm des Großen Kurfürsten, obwohl Stettin erst wieder 1713 eingenommen und 1720 dauerhafter Besitz von Brandenburg / Preußen werden sollte.[36] Das Jahr 1713 aber kann hier für den Erbfall von 1679 nicht in Betracht gezogen werden.

10.

Als siebentes Kind des Johann Georg v. Syberg sen. gab v. Steinen den Sohn „*g. Steffen Casimir Diederich*" an mit der Bemerkung „*Obristleutnant, wurde 1686 in der Belagerung vor Ofen erschossen.*"[37] Er war im Befreiungskampf Österreich-Ungarns von der Osmanenherrschaft getötet worden, drei Jahre nach der zweiten Belagerung Wiens. Diesmal wurden die Türken in Ofen (Obuda) selbst eingeschlossen, dem westli-

---

35 V. STEINEN: wie Anm. 21, 1. Theil, S. 1301.
36 Das Gebiet um Greifswald, Stralsund und mit Rügen existierte noch bis zum Wiener Kongress als Schwedisch Vorpommern, bis es ebenfalls preußisch wurde.
37 V. STEINEN: wie Anm. 21, 1. Theil, S. 1301.

chen Teil von Budapest mit seiner königlichen Burg rechts der Donau. Hatte Friedrich Wilhelm 1683 wegen seines Zweifrontenkrieges den Habsburger Kaiser Leopold I. noch nicht unterstützen können, so schickte Brandenburg 1686 ein Hilfskorps.

„*Auf Befehl vom 23. Januar 1685 stellte Oberst Wilhelm v. Brandt – 1686 Generaladjutant in Ungarn [...] – aus Einzelabgaben der sechs Regimenter zu Fuß [...] ein Regiment mit acht Kompanien für den Markgrafen Philipp Wilhelm von Brandenburg - Schwedt auf. Der Regiments - Chef war ältester Sohn des Großen Kurfürsten aus zweiter Ehe [...]. Ein Jahr später nahm ein Bataillon ab 18. Juni an der Belagerung Ofens teil, das am 2. September durch die Brandenburger fiel.*"[38] In diesem Zeitraum muss Steffen Casimir Diederich von Syberg den Soldatentod gefunden haben.[39]

11.

Fazit: Vornehmlich bleibt die nächstliegende Deutung der Widmung des so gen. Syberger Epitaphs die für den ältesten Bruder, Wennemar Diederich Georg, anlässlich des 25. Jahrestages seines Todes. Gleichzeitig könnte das Memorial auch dem zweitältesten vorverstorbenen Bruder des Auftraggebers gegolten haben, ja sogar der dritte, nach dem Ableben des Vaters gefallene Bruder hätte miteinbezogen sein können. Genügend Fläche für Inschriften ist vorhanden.

---

38 GÜNTER DORN, JOACHIM ENGELMANN: Die Infanterie-Regimenter Friedrich des Großen – 1756 - 1763, Friedberg 1983, S. 36, Infanterie-Reg. Nr. 12.

39 Dem interessierten Leser sei zur Vertiefung in die regionalen Ereignisse vor dem Hintergrund mitteleuropäischer Politik folgende Literatur empfohlen: MANFRED WOLF: Das 17. Jahrhundert, S. 537 - 604, in: WILHELM KOHL (Hg.): Westfälische Geschichte, Düsseldorf 1983, hier: Die Politik des Kurfürsten Friedrich Wilhelm von Brandenburg in der Grafschaft Mark, S. 571-578; DERS.: Westfalen im Zeichen der Kriege Ludwigs XIV., ebd., S. 593 – 597; Christopher Clark: Preußen – Aufstieg und Niedergang 1600 – 1947, Frankfurt/M u.a. 2006, hier : Kap.1-3, S. 17-93; INGRID MITTENZWEI, ERIKA HERZFELD: Brandenburg – Preußen 1648-1789, Köln 1987, hier: S. 10 f.; GERD HEINRICH: Geschichte Preußens – Staat und Dynastie, Frankfurt/M u.a 1981, hier: TB - Ausgabe 1984, S. 102 f.; HANS BLECKWENN: Unter dem Preußenadler, München 1978, hier: S. 26 - 29.

Abgesehen von drei Engeln, zeigt das Epitaph – im Gegensatz zu den barockzeitlichen Steinen des historischen Stiepeler Kirchhofs – keine weiteren Todessymbole wie Sanduhr, Totenschädel, Gebeine oder Schlangen. Unterstreicht dieses Fehlen von Trauersymbolen nicht die Deutung des Gedenkmals als Vorwand für die Herrschaftsdemonstration der Syberger Dynastie? – Von anderen Epitaphien in der Dorfkirche ist nichts bekannt; wohl aber erwähnte Ostheide Wennemar Diederich Georgs Totenschild.[40] Diese Form des Totengedenkens hatte eigentlich als Ersatz platzraubende Epitaphien abgelöst, vor allem in kleineren Hauskapellen des Adels. Über den Verbleib des angesprochenen Schildes nach 1872 war nichts zu erfahren, ebenso wenig über weitere Totenschilde.

---

[40] OSTHEIDE: wie Anm. 17 (dort wörtl. Zitat), S. 23.

Stefan Pätzold

„Dieser attraktive und wohlbekannte Name"[1] Carl Arnold Kortum (1745-1824) als Bochumer ‚Erinnerungsort'

Inhalt: 1. ‚Der Name der Straße' – Bochum erinnert (sich) an Kortum, S. 111. – 2. Arzt, Literat, Zelebrität – Aspekte und Etappen eines Lebens, S. 113. – 3. „Nachricht vom ehemaligen und jetzigen Zustande der Stadt Bochum" – eine Schrift als Erinnerungssubstrat, S. 123. – 4. Erinnerungsgeschichte: Phasen des Kortum-Gedächtnisses, S. 126. – 5. „Dieser attraktive und in Bochum wohlbekannte Name" – Emotionen und Erinnerungskonstruktion, S. 133.

1.

Dem Arzt, Literaten und Universalgelehrten Carl Arnold Kortum begegnet man in Bochums öffentlichem Raum beinahe auf Schritt und Tritt. Beispielsweise dann, wenn man die U-Bahn in der Innenstadt am Ausgang der Haltestelle „Kortumstraße/Rathaus Nord" zwischen den Geschäftsäusern „City Point" und „Drehscheibe" verlässt und die „Basement-Ebene" durchschreitet: Dort befindet sich eine von Heinrich Schroeteler 1984 gestaltete bronzene Kortum-Büste, die ihn zeigt, wie er in ein aufgeschlagenes Buch schaut. Geht man anschließend einige Schritte die Kortumstraße, eine belebte Fußgängerzone, südwärts kommt man zum ‚Kortumhaus', dem vormaligen Kaufhaus Kortum. Nicht allzu weit davon entfernt, jenseits des Hauptbahnhofs an der Wittener Straße, befindet sich der Kortum-Park, ehemals der Alte Friedhof der Stadt, wo man auch die Grabstelle des berühmten Mannes besuchen kann.[2] Man-

---

1   Das Zitat stammt von Eberhard Brand: „… klar, der Kaufhausbegründer!" – Carl Arnold Kortum und die Bochumer, in: Die Kortum-Gesellschaft Bochum e.V. (Hg.), Einem Revierbürger zum 250. Geburtstag. Carl Arnold Kortum (1745 - 1824). Arzt – Forscher – Literat, Essen 1995, S. 167.
2   Brand: Kortum, wie Anm. 1, S. 170f. und Andrea Schmidt: Auf Kortums Spuren

ches andere, das seinen Namen trägt, wäre noch zu erwähnen, darunter der Kortum-Brunnen (von Karl-Ulrich Nuß, 1986/87), die Carl-Arnold-Kortum Schule an der Fahrendeller Straße oder die Kortum-Gesellschaft e.V. (zuvor ‚Vereinigung für Heimatkunde in Bochum'), die sich heute wie damals ehrenamtlich der Regionalgeschichte und des Denkmalschutzes annimmt.[3]

Vergebens sucht man indes das Haus an der Ecke Obere Markt- und Rosenstraße (nach heutigen Begriffen etwa an der Stelle der Alten Apotheke an der Massenbergstraße), in dem Kortum 54 Jahre lang von 1770 bis 1824 wohnte, weil es 1902 abgerissen und die Rosenstraße nach dem Zweiten Weltkrieg zum größten Teil überbaut wurde.[4] Und Kortums Geburtshaus in Bochum finden zu wollen, ist ohnehin aussichtslos, wurde er doch in Mülheim an der Ruhr geboren. Als man freilich 1995 in Bochum seinen 250. Geburtstag beging, feierte man ihn gleichwohl als „größten Sohn der Stadt".[5] Offensichtlich spielte man damit nicht auf seinen Geburtsort, sondern auf seine Wirkungsstätte an – so wie ja auch seine Zeitgenossen Goethe (1749-1832) und Schiller (1759-1805) in Frankfurt am Main beziehungsweise in Marbach am Neckar das Licht der Welt erblickten, aber heute in erster Linie mit Weimar verbunden sind. Der Bochumer Pädagoge Klaus Schaller variierte den Gedanken und formulierte 1998 durchaus vollmundig: „Sicher aber war und ist er [sc. Kortum] der berühmteste Bürger der Stadt"[6] – obgleich wohl auch schon damals der heutige Wahl-Londoner Herbert Grönemeyer beste Chancen auf den Siegerplatz in einem Ranking der bekanntesten Bochumer gehabt haben dürfte.

Was war es nun, das Kortum für das kollektive beziehungsweise städtische Gedächtnis Bochums so nachdrücklich empfahl? Welche Facetten von Leben und Werk machten seine Größe und Berühmtheit aus, so dass man noch heute eines Mannes gedenkt, der maßgeblich durch Wissenschaft und Bildung des 18. Jahrhunderts geprägt wurde? Oder anders – einem jüngeren wissenschaftlichen Trend folgend – gesagt: Was macht Carl Arnold Kortum zu einem Bochumer ‚Erinnerungsort' im

quer durch Bochum, in: ebenda, S. 194-197.
3 http://de.wikipedia.org/wiki/Kortum-Gesellschaft Bochum (aufgerufen am 10. Dezember 2012).
4 BRAND: Kortum, wie Anm. 1, S. 168f.
5 KLAUS SCHALLER: Bochum feiert seinen „größten Sohn". Das Kortum-Jubiläum 1995/96, in: Literatur in Westfalen 4 (1998), S. 327.
6 Ebenda.

Sinne des ursprünglich von Pierre Nora in den 1980er-Jahren konturierten und später von Hagen Schulze sowie Étienne François modifizierten Konzepts der „lieux de mémoire"?[7]

2.

Carl Arnold Kortums Leben lässt sich, wenn man zu starker Vereinfachung bereit ist, grob in zwei Phasen unterteilen: erstens die Kinder-, Jugend- und Studentenjahre (von 1745 bis 1770), eine in Mülheim, Dortmund, Duisburg und Berlin verbrachte, intellektuell wie physisch durchaus ‚bewegte' Zeit, und zweitens die Bochumer Epoche von 1770 bis zu seinem Tod 1824, in der er die westfälische Ackerbürgerstadt zwar nur ungern und selten verließ, sich aber durch wissenschaftliche Neugier, kulturelle Weltoffenheit und erstaunlich große publizistische wie literarische Produktivität auszeichnete.[8]

Als zentrale Quellen zu Kortums Vita liegen mehrere autobiografische Schriften vor:[9] Zu nennen sind hier, in der zeitlichen Abfolge ihrer Entstehung, zunächst die 1782 begonnen „Familiennachrichten nebst der Geschichte meines Lebens meinen Kindern zurückgelassen", in denen Kortum seine Bochumer Jahre von 1782 bis 1794 schildert;[10] sodann eine kurze Autobiografie von 1799, die im selben Jahr in den von Johann Caspar Philipp Elwerts herausgegebenen „Nachrichten von

---

7 PIERRE NORA (Hg.): Les lieux de mémoire, 8 Bde., Paris 1984ff. Hervorzuheben ist hierin der Aufsatz von DEMS.: Entre mémoire et histoire. La problématique des lieux, in: ebenda Bd. 1, S. XV-XLII. Noras Thesen haben HAGEN SCHULZE und ÉTIENNE FRANÇOIS (Hg.): Deutsche Erinnerungsorte, Bd. 1, München 2001, S. 17f. erweitert und abgewandelt. S. dazu unten Abschnitt 5, S. ##.

8 Einen knappen Überblick über die Daten von Kortums Leben bietet DIETER SCHELER: „Ackerbürger" und Beamte: Das Ruhrgebiet des Carl Arnold Kortum, in: KLAUS SCHALLER (Hg.): „… dir zum weitern Nachdenken". Carl Arnold Kortum zum 250. Geburtstag, Essen 1996, S. 9, seine Verwandtschaftsbeziehungen skizziert ders.: S. 10.

9 JOHANNES VOLKER WAGNER: „Wenn ich aber einen Blick zurück in die verschwundenen Scenen meines Lebens tue …" Carl Arnold Kortum – eine Lebensskizze, in: KORTUM-GESELLSCHAFT: Revierbürger, wie Anm. 1, S. 26f.

10 Familiennachrichten nebst der Geschichte meines Lebens meinen Kindern zurückgelassen, in: KARL DEICKE (Hg.): Des Jobsiadendichters Carl Arnold Kortum Lebensgeschichte von ihm selbst erzählt, Dortmund 1910.

dem Leben und den Schriften jetzt lebender teutscher Aerzte, Wundärzte, Tierärzte, Apotheker und Naturforscher" abgedruckt wurde;[11] ferner 1823 entstandene, skizzenhafte „Rhapsodien die Kortumme betreffend"[12] und schließlich eine kurz vor seinem Ableben niedergeschriebene, in 36 Kapitel gegliederte und umfangreiche „Allgemeine Nachricht vom Alten Kortum'schen Geschlechte und besonders von mir und meinen Abkömmlingen und unsern Schiksalen [sic!]"[13].

Kortums erste Lebensjahrzehnte bis 1770 brauchen hier nur knapp geschildert zu werden,[14] weil er sie außerhalb Bochums verbrachte und Ihre Betrachtung kaum etwas zur Beantwortung der eingangs gestellten Fragen beiträgt. Freilich ist ein – wenn auch kurzer – Blick auf Kortums junge Jahre unverzichtbar, will man eine wenigstens rudimentäre Vorstellung von seinem Bildungsweg, seinen Interessen und Einstellungen gewinnen.[15] Also: Carl Arnold wurde am 5. Juli 1745 in Mülheim an der Ruhr geboren; seine Eltern waren der Apotheker Christian Friedrich Kortum und dessen Gattin Helena Maria, geborene Severin.[16] Der früh

---

11 Bd. 1, Hildesheim 1799, S. 300-308; neu abgedruckt in: WILHELM GREVEL: Dr. Karl [sic!] Arnold Kortum. Beiträge zur Geschichte seines Lebens und Wirkens, Bd. 1, Essen 1910, S. 13-20 (Sonderdruck aus: Beträge zur Geschichte von Stadt und Stift Essen 32 (1910), S. 193-211).

12 Rhapsodien, in: GREVEL: Beiträge, wie Anm. 11, S. 5-13.

13 Unveröffentlichtes Manuskript, Signatur: Stadtarchiv-Bochumer Zentrum für Stadtgeschichte, MUSA 4/110.

14 Der Überblick folgt WAGNER: Lebensskizze, wie Anm. 9, S. 27-32. S. ferner NICOLE SCHMENK: Carl Arnold Kortum (1745-1824), in: DIETER GEUENICH (Hg.): Zur Geschichte der Universität Duisburg 1655-1818 (Duisburger Forschungen 53), Duisburg 2007, S. 311-318 und den Art. „Karl Arnold Kortum", in: Literaturportal Westfalen [http://www.literaturportal-westfalen.de/main.php?id=00000164&author_id=00000161] (aufgerufen am 11. Februar 2013). – Außer Betracht bleiben kann hier der auf der „Lebensskizze" beruhende Text von JOHANNES VOLKER WAGNER: Weltbürger in der Provinz. Carl Arnold Kortum – Arzt, Forscher Literat und Aufklärer, in: DERS. (Hg.): Das Stadtarchiv. Schatzkammer – Forschungsstätte – Erlebnisort. Beispiel: Stadtarchiv Bochum, Essen 2004, S. 137-144.

15 Vgl. hierzu DIETER SCHELER: Studiosus „Jobs" Kortum. Universität und Karriere im „Revier" vor der Industrialisierung, in: SCHALLER: Zum Nachdenken, wie Anm. 9, S. 44-50.

16 Kortum stammte aus einer weit verzweigten Apothekerfamilie: Neben seinem Vater Christian Friedrich gehörten auch dessen jüngerer Bruder Daniel Carl sowie sein Großvater mütterlicherseits namens Heinrich Severin und sein Onkel Georg Arnold Severin diesem Berufsstand an, wie WILFRIED REININGHAUS: Kortum, Dortmund und das Bürgertum seiner Zeit, in: KORTUM-GESELLSCHAFT: Revierbürger, wie Anm. 1, S. 77 schreibt. „Verwandtschaftsbeziehungen wie diese sind typisch für die älteren,

verstorbene Vater war, der Erinnerung des Sohnes zufolge, „ein guter Chymist und besonders starker Botaniker", der auch viele „innerliche und äußerliche Krankheiten" zu heilen vermochte.[17] Seine Mutter förderte Carls Liebe zu Büchern, etwa indem sie dem erst Zehnjährigen die Bibliothek eines verstorbenen Arztes schenkte. Der Heranwachsende erwies sich als lernbegierig und erwarb seine Kenntnisse zunächst in der lutherischen, dann in der katholischen Lateinschule von Mülheim sowie bei einem eigens engagierten Französischlehrer. Eifer, Fleiß, Neugier, breites Interesse und einen „doch eitle[n] Trieb", sich „durch Erwerbung von Kenntnissen vor anderen auszuzeichnen" charakterisierten bereits den jungen Kortum.[18] Mit 15 Jahren siedelte er zu seinem Onkel Daniel Carl Kortum nach Dortmund über, um in der alten Reichsstadt das lutherische Archigymnasium zu besuchen. Dort beschäftigte er sich von 1760 bis 1763 neben den klassischen humanistischen Bildungsinhalten auch mit deutscher Literatur, mit Zeichnen, Malen und Flötenspiel.

Nach einigem Schwanken zwischen der Theologie und der Medizin entschied sich Kortum 1763 schließlich für die „Arzneikunst". Statt an den damals ‚modernen' Hochschulen in Göttingen oder Halle an der Saale zu studieren, wie ihm seine Mutter auch vorgeschlagen hatte, bevorzugte er die nächstliegende Universität in Duisburg, das in jener Zeit zur preußischen Provinz Kleve-Mark gehörte. Dort immatrikulierte er sich am 25. April 1763. Kortum studierte den üblichen Fächerkanon der medizinischen Fakultät und hörte die Vorlesungen auch bei solchen Professoren, die sich dem damals noch jungen klinischen Unterricht verpflichtet fühlten. Daneben pflegte er zahlreiche weitere Interessen wie Philosophie, Physik, Botanik sowie Musik, Tanzen und Malerei, ferner belegte er als Gasthörer auch Lehrveranstaltungen in Theologie, Jura und Geschichte. Kortum absolvierte seine medizinischen Studien so fleißig wie rasch und wurde nach dem Bestehen einiger Prüfungen bereits im Februar 1766 zur Promotion zugelassen. Seine Dissertation, die 35 Seiten umfasste, war den Ursachen und Therapiemöglichkeiten der Epilepsie

---

seit dem Mittelalter nachweisbaren Sozialstrukturen. Sie lassen berufsbedingte Heiratskreise, hier die von Apothekerfamilien, erkennen und zeigen, daß Verwandtschaften als überregionale Netze fungierten, die nicht selten älter als die politischen Grenzziehungen waren und unter diesen intakt blieben" (so SCHELER: „Ackerbürger", wie Anm. 8, S. 10).

17 So in der „Allgemeine[n] Nachricht vom Alten Kortum'schen Geschlechte", zitiert nach WAGNER: Lebensskizze, wie Anm. 9, S. 27.
18 Ebenda.

gewidmet. Am 18. Mai 1766 händigte man Kortum die Doktorurkunde aus. Um allerdings in Preußen als Arzt praktizieren zu können, musste der junge Mediziner noch in Berlin eine Zusatzausbildung absolvieren und belegte deshalb von Oktober 1766 bis Dezember 1767 an der Charité Kurse in Anatomie, Chirurgie, Geburtshilfe und „Wundmedizin".[19]

Anschließend kehrte Kortum nach Mülheim zurück und begann, dort zu praktizieren. Er fühlte sich wohl in seiner Heimatstadt und schrieb später: „Ich würde überhaupt meinen Geburtsort niemals verlassen haben, weil ich daselbst mein hinreichendes Auskommen fand, wenn nicht die göttliche Vorsehung es anders gewollt hätte".[20] Besagte Vorsehung ließ freilich Helena Margaretha Ehinger in sein Leben treten, seine 23-jährige Cousine (genauer die Tochter der Schwester seiner Mutter). Helena Margaretha stammte aus Bochum. Ihr und deren Verwandten zuliebe zog Kortum im Herbst 1770 in die kleine Stadt nahe der Ruhr. Es begann die zweite Phase seines Lebens: Sie dauerte 54 Jahre.

Bochum war um 1770 – nach Kortums eigener und, legt man zeitgenössische Maßstäbe zugrunde, wohl berechtigter Einschätzung – mit etwa 1.500 bis 1.600 Einwohnern und 350 Häusern eine mittelgroße Stadt der preußischen Grafschaft Mark.[21] Außerhalb des historischen Stadtkerns

19 S. hierzu neben WAGNER: Lebensskizze, wie Anm. 9, S. 29-32 auch SABINE GRAUMANN: „Das akademische Leben viel Reizendes hat …". Kortum als Student der Medizin an der Universität Duisburg und als Praktikant an der Berliner Charité, in: KORTUM-GESELLSCHAFT: Revierbürger, wie Anm. 1, S. 82-91 sowie IRMGARD MÜLLER: Zwischen Imagination und medizinischer Realität: Der Dichterarzt Carl Arnold Kortum als Alchemist und Aufklärer, in: SCHALLER: Zum Nachdenken, wie Anm. 8, S. 143-145.
20 Zit. nach WAGNER: Lebensskizze, wie Anm. 9, S. 32.
21 So KARL [!] ARNOLD KORTUM: Nachricht vom ehemaligen und jetzigen Zustande der Stadt Bochum, Jubiläumsnachdruck zum 200jährigen Erscheinen der Erstausgabe, hg. von JOHANNES VOLKER WAGNER, Bochum 1990, S. 19. S. dazu SCHELER: „Ackerbürger", wie Anm. 8, S. 16: „Ein Vergleich der Einwohnerzahlen märkischer Städte macht das deutlich: In der Grafschaft Mark sind 1798 – ohne die Militärpersonen – nach Soest (5.316 Einwohner) die größten Städte Iserlohn (4.449 Einwohner) und Hamm (3.337 Einwohner); Bochum hat 1.565 Einwohner und wird noch von Hattingen mit 1.969 Einwohner überflügelt. Blankenstein zählt damals 484 Einwohner. Und zum Vergleich die Nachbarstädte: 1793 hatte die Reichsstadt Dortmund 4.670 Einwohner, 1802 die Stadt Essen im fürstabteilichen Territorium 3.519". Es ist also wohl nicht zeitgemäß, sondern aus moderner Perspektive geurteilt, wenn WAGNER: Lebensskizze, wie Anm. 9, S. 32, schreibt: „Man kann sich den Ort nicht klein und provinziell genug vorstellen". Als „Kleinstadt" bezeichnet ihn freilich auch GUSTAV SEEBOLD: „… und der Trieb zum bürgerlichen Gewerbe und Ackerwesen bei den Eingeseßenen den Vorzug hat". Aspekte der Wirtschafts- und Sozialgeschichte Bochums zur Zeit Carl Arnold Kortums, in: KORTUM-GESELLSCHAFT: Revierbürger, wie Anm. 1, S. 46 und 48.

befanden sich nur wenige Häuser an den Ausfallstraßen und dem seit der Jahrhundertmitte verfallenden Wall. Um die Stadt herum erstreckte sich Garten- und Ackerland.[22] Der Ackerbau war für das Leben der Menschen nach wie vor bedeutsam: Die wohlhabenden Bürger besaßen Land, um es zu verpachten; die ärmeren nutzten es, um sich selbst davon zu ernähren. Deshalb wird der Ort häufig als ‚Ackerbürgerstadt' bezeichnet, obgleich seine Bewohner weder ausschließlich noch hauptsächlich von agrarischen Erträgen lebten.[23] Im Jahr 1722 beschrieb der preußische Steuerrat Friedrich Wilhelm Motzfeld die Erwerbslage („Nahrung") in Bochum folgendermaßen: „Wegen der Entlegenheit des Ortes ist sie schlecht. Im Sommer müssen die meisten dem Ackerbau nachgehen. Den Handwerkern fällt es schwer, den Bau- und Fuhrlohn aufzubringen. Die Armen gehen fast täglich zu den Kohlenbergen und holen Kohlen, die sie dann von Türe zu Türe verkaufen. Die Frauen machen etwa einen Stüber aus Linnentuch. Meist hat auch jeder eine Kuh und ein Stück Garten".[24] Gleichwohl war Bochum der Mittelpunkt und bis zur Mitte des 18. Jahrhunderts auch der Verwaltungssitz des gleichnamigen Amts[25] mit einem Rathaus am Marktplatz, einigen öffentlichen Gebäuden, drei Kirchen und ebenso vielen Schulen und manchen Fachwerkhäusern im bergischen Baustil, in denen die reicheren Bürger wohnten. Die bürgerliche Elite Bochums war überschaubar und bestand aus städtischen und staatlichen Beamten, Richtern, Geistlichen, Apothekern und Kaufleuten.[26] Der einzige universitär ausgebildete Arzt im Ort sowie der weiteren Umgebung war Kortum selbst.[27]

---

22 SEEBOLD: Wirtschafts- und Sozialgeschichte, wie Anm. 22, S. 46.
23 So SCHELER: „Ackerbürger", wie Anm. 8, S. 16.
24 ALOYS MEISTER (Hg.): Die Grafschaft Mark. Festschrift zum Gedächtnis der 300jährigen Vereinigung mit Brandenburg-Preußen, Bd. 2: Ausgewählte Quellen und Tabellen zur Wirtschaftsgeschichte der Grafschaft Mark, Dortmund 1909, S. 111. Während Meister nur eine zusammenfassende Textwiedergabe bietet, findet man eine wortgetreue Transkription des schwer verständlichen Texts von Dieter Scheler in: KLAUS TENFELDE und THOMAS URBAN (Hg.), Das Ruhrgebiet – ein historisches Lesebuch, Essen 2010, S. 84.
25 S. hierzu SCHELER: „Ackerbürger", wie Anm. 8, S. 18f.
26 SEEBOLD: Wirtschafts- und Sozialgeschichte, wie Anm. 22, S. 46f. und WAGNER: Lebensskizze, wie Anm. 9, S. 32.
27 So MÜLLER: Dichterarzt, wie Anm. 19, S. 145 und DIES.: Kortum als Arzt, Alchemist und Volksaufklärer, in: KORTUM-GESELLSCHAFT: Revierbürger, wie Anm. 1, S. 92-103, hier S. 92.

Kortum, über dessen ärztliches Wissen und Handeln seine Duisburger Vorlesungsnachschriften und ein Patiententagebuch Auskunft geben,[28] betrieb bald eine gut gehende und ausgedehnte Praxis mit einem Stamm von etwa 1200 bis 1300, zumeist bürgerlichen und adligen Patienten, die auch aus dem Bochumer Umland und der weiteren Umgebung zu ihm kamen.[29] Behandlungserfolge sorgten für seinen guten Ruf, sodass ihm 1792 vom Westfälischen Oberbergamt in Wetter sogar der Posten eines Bergarztes für den Raum nördlich der Ruhr übertragen wurde.[30] Carl Arnold Kortum war, so urteilt die moderne Medizingeschichte, ein wissenschaftlich gebildeter, erfolgreich praktizierender Landarzt; ein „Erneuerer der medizinischen Kunst", der durch Originalität seiner „Ideen, Erfindungen oder Entdeckungen wesentliche Anstöße zur weiteren Entwicklung der medizinischen Wissenschaft" gegeben hätte, war er gewiss nicht.[31] Kortum selbst schrieb über seine professionellen Qualitäten in seiner „Allgemeine[n] Nachricht vom Alten Kortum'schen Geschlechte": „Es ist bekannt, daß ich so viel es meine Kräfte, meine oft wanckende Gesundheit und äussere Lage vermochten, die Pflichten meines Berufs zu erfüllen mich bestrebte, daß nie sträflicher Eigennutz die Triebfeder meiner ärztlichen Bemühungen war, daß ich meine Curen immer mit aller nöthigen Vorsicht vornahm und mit völliger Überzeugung die zweckmässigsten Mittel, welche mir bekannt waren, wählte; daß ich meine Kranken, sowohl arme als auch reiche, herzlich liebte [...]".[32]

Allein schon wegen seines Berufs dürfte der Arzt im überschaubaren Bochum stadtweit bekannt gewesen sein. Tatsächlich zählte Kortum zu den Honoratioren des Ortes – und zwar nicht wegen eines denkbaren, faktisch aber nicht erfolgten kommunalpolitischen Engagements (etwa als Bürgermeister oder Ratsherr), sondern vielmehr aufgrund seiner sozialen wie kulturellen Zugehörigkeit zu den vermögenden und vor-

---

28 MÜLLER, Kortum als Arzt, wie Anm. 27, S. 92f. unter Verwendung der Untersuchung von WOLFGANG BALSTER: Medizinische Wissenschaft und ärztliche Praxis im Leben des Bochumer Arztes Carl Arnold Kortum (1745-1824). Medizinhistorische Analyse seines Patiententagebuches. Med. Diss. Univ. Bochum 1990.
29 WAGNER: Lebensskizze, wie Anm. 9, S. 33.
30 S. dazu ausführlicher MÜLLER: Dichterarzt, wie Anm. 19, S. 148f. und MICHAEL FESSNER: Der märkische Steinkohlenbergbau zur Zeit Dr. Carl Arnold Kortums – Staatliche Bergverwaltung und Knappschaftsgründung, in: KORTUM-GESELLSCHAFT: Revierbürger, wie Anm. 1, S. 58-69.
31 MÜLLER: Kortum als Arzt, wie Anm. 19, S. 103.
32 Zit. nach WAGNER: Lebensskizze, wie Anm. 9, S. 33f.

nehmen Bürgern des Ortes.[33] Zutreffend schreibt Wilfried Reininghaus: „Als Arzt und Mitglied einer Apotheker-Familie gehörte Carl Arnold Kortum zur Oberschicht in den Städten Mülheim und Bochum, als Schriftsteller auch zur ‚bürgerlichen Intelligenz' und damit zum entstehenden Bildungsbürgertum".[34] Jenseits der Salons führte der wohl eher konservative und politisch nicht ambitionierte Mann indes ein, sieht man von einigen eher persönlichen „Mißstimmigkeiten" ab, unaufgeregtes und zurückgezogenes Leben.[35] An tagespolitischen Diskussionen beteiligte er sich nur gelegentlich publizistisch[36] und lebte ansonsten in den Mußestunden vornehmlich seinen Studien und der Schriftstellerei.

Kortum, dessen erster Zeitschriftenbeitrag „Von der der wunderbaren Würkung eines Schrekens" bereits 1769 in den „Wöchentliche[n] Duisburgische[n] Anzeigen" erschien,[37] hinterließ ein bemerkenswert umfangreiches Œuvre gedruckter wie ungedruckter Schriften, ferner Herbarien, Illustrationen und Zeichnungen. Insgesamt brachte er es auf 24 Buchveröffentlichungen und mehr als 100 Zeitschriftenartikel über „allerlei Stoffe".[38] In ihnen behandelte der neugierige und umfänglich gebildete Mann Themen aus vielen Bereichen, darunter Medizin,[39] Natur-

---

33 Insofern wäre abzulehnen, dass ihn WAGNER: Lebensskizze, wie Anm. 9, S. 34 zu Recht als „herausragenden Vertreter der kleinen städtischen und regionalen bürgerlichen Führungsschicht" bezeichnet: Kommunale Leitungsfunktionen hat Kortum in Bochum niemals ausgeübt.
34 REININGHAUS: Bürgertum, wie Anm. 17, S. 76.
35 So WAGNER: Lebensskizze, wie Anm. 9, S. 35 und S. 39 sowie REININGHAUS: Bürgertum, wie Anm. 17, S. 80.
36 Etwa wenn es um die Besetzung einer lutherischen Predigerstelle in Bochum, die Gründung einer Freischule in Haus Overdyk (beides 1791), Ganovenbanden (1793) oder die Errichtung einer Erziehungsanstalt für junge Frauen ging (1799), s. WAGNER: Lebensskizze, wie Anm. 9, S. 40.
37 GUNTER E. GRIMM: Die alte Universität Duisburg und ihre Dichter, in: GEUENICH: Universität Duisburg, wie Anm. 14, S. 173-212.
38 S. die „Kortum-Bibliographie", zusammengestellt von SUSANNE BAUSCH und SUSANNE LIPPOLD, in: KORTUM-GESELLSCHAFT: Revierbürger, wie Anm. 1, S. 206-213 sowie KLAUS SCHALLER (Hg.): ‚Die Sache endlich auf's Reine bringen: Carl Arnold Kortum in den Zeitschriften seiner Zeit. Eine Dokumentation, Essen 1996. – Einen Eindruck von Kortums Zeichnungen und Illustrationen vermitteln die Abbildungen in dem Aufsatz von INGRID WÖLK: Kortum und die Welt – die Faszination des Fremden, in: KLAUS WISOTZKY und INGRID WÖLK (Hg.): Fremd(e) im Revier!? Zuwanderung und Fremdsein im Ruhrgebiet, Essen 2010, S. 44-59.
39 Etwa: „Anweisung, wie man sich vor alle [sic!] ansteckende [sic!] Krankheiten verwahren könne, für solche, die nicht selbst Ärzte sind", Wesel/Leipzig 1779 oder „Skizze einer Zeit- und Litterargeschichte der Arzneikunst von ihren [sic!] Ursprunge

kunde, Botanik, Zoologie, Ernährung, aber auch Theologie, Philosophie, Geschichte (mit ‚Altertumskunde')[40] und Alchemie.[41] Besonders die zumeist populärwissenschaftlich bis volksnah gehaltenen Zeitschriftenbeiträge zeugen von Kortums Wunsch, als Gelehrter praktische Lebenshilfe zu geben, gelegentlich aber auch moralisierend zu wirken.[42] Seine Neigung zur – poetischen wie satirischen – Schriftstellerei,[43] die er selbst als „Tändelei" und „gelegentliche, oft unzeitige Beschäftigung" betrachtete, diente aber auch dem Zeitvertreib, der Demonstration von Gelehrsamkeit und nicht zuletzt wohl der Befriedigung seiner Eitelkeit.[44] Offenbar hoffte er, durch seine Schriften Anerkennung, vielleicht sogar Berühmtheit zu gewinnen.[45] Gelungen ist ihm dies in erster Linie mit der „Jobsiade", einem satirischen Epos in Knittelversen.

an bis zum Anfange des 19. Jahrhunderts. Für Aerzte und Nichtärzte", Unna 1809, 2. Aufl. Leipzig 1819.

40   „Beschreibung einer neuentdeckten alten germanischen Grabstätte nebst Erklärung der darin gefundenen Alterthümer. Zugleich etwas zur Charakteristik alter römischer und germanischer Leichenbräuche und Gräber", Dortmund 1804. S. dazu HERBERT LORENZ: „Beschreibung einer neuentdeckten alten germanischen Grabstätte ...". Carl Arnold Kortum als Archäologe, in: KORTUM-GESELLSCHAFT: Revierbürger, wie Anm. 1, S. 114-121.

41   S. auch RUTH FRITSCH: Carl Arnold Kortum (1745-1824) im Spannungsfeld zwischen Naturphilosophie und empirischer Forschung, Herne 2001 (zugl. Diss. Göttingen 2000).

42   WAGNER: Lebensskizze, wie Anm. 9, S. 37-39. – Zur Darstellung unterschiedlicher Themen in den Wochenschriften und Gelehrtenmagazinen jener Zeit s. WOLFGANG WÜST: Die ‚Gelehrten Sachen' in den aufgeklärten Intelligenzblättern. Regionale Alternative oder Rezeption der ‚großen' Enzyklopädie?, in: THEO STAMMEN und WOLFGANG WEBER: Wissenssicherung, Wissensordnung und Wissensverwahrung, Berlin 2004, S. 387-412.

43   Seit 1772 veröffentlichte Kortum, vornehmlich in der Weseler Wochenschrift „Der Gemeinnützige", literarische Texte, darunter „zahlreiche Gedichte, satirische Erzählungen, Fabeln, Märchen, Anekdoten und anderes, die den literarischen Geschmack und die philosophischen Ideen der Zeit epigonal aufnehmen und in geläufiger Mittelmäßigkeit wiedergeben", wie WAGNER: Lebensskizze, wie Anm. 9, S. 42, meint.

44   KLAUS SCHALLER: Dr. med. Carl Arnold Kortum als Dichter und Schriftsteller, in: SCHALLER: Zum Nachdenken, wie Anm. 8, S. 120-131.

45   SCHALLER: Kortum als Dichter, wie Anm. 44, S. 124. Schwer zu entscheiden ist, ob Kortums in der ersten Person verfasstes „Loblied auf mich" ernst oder ironisch gemeint war; dort heißt es: „Ich rede nicht von Mäcenaten/ Und ihrem Lob, ich lobe mich,/ Zum Herold meiner großen Thaten/ Ist keiner so geschickt als ich.//" (zit. nach ebenda, S. 129). Vielleicht kannte Kortum ja den durchaus bedenkenswerten Satz „Many a true word is spoken in jest", der auf ähnliche Formulierungen in Shakespeares „King Lear" oder Chaucers „Cook's Tale" verweist [http://www.phrases.org.uk/meanings/many-a-true-word.html] (aufgerufen am 28. Januar 2013).

Das Werk entstand in mehreren Phasen. Im Jahr 1784 veröffentlichte Kortum anonym bei dem Verleger Philipp Heinrich Perrenon in Münster und Hamm ein in den vorangegangenen Wintermonaten niedergeschriebenes Versgedicht mit dem barock anmutenden Titel: „Leben, Meynungen und Thaten des Hieronimus Jobs dem Kandidaten, und wie Er sich weiland viel Ruhm erwarb, auch endlich als Nachtwächter zu Sulzburg starb".[46] Eine um zwei weitere Teile erweiterte Fassung erschien 1799 – lediglich mit der Abkürzung für den Doktortitel und seinen Initialen „D.C.A.K." auf der Silhouette des Autors gekennzeichnet[47] – im Verlag der Brüder Mallinckrodt in Dortmund, diesmal überschrieben als „Die Jobsiade. Ein groteskkomisches Heldengedicht in drei Theilen". Schließlich wurde noch 1823 eine neue, um einige Zusätze vermehrte Auflage publiziert.[48] „Wenn Kortum 1799 die Bezeichnung von einer ‚Jobsiade' verwendet, so stellt er sich bereits kraft des Suffixes ‚iade' in die Tradition des hohen Epos, das von Homers ‚Iliade' über Vergils ‚Aeneide' bis hin zu Klopstocks ‚Messiade' führte [...]."[49]

In deutlichem Gegensatz zu der traditionsreichen und anspruchsvollen Literaturgattung steht freilich der triviale Inhalt des Werks: „Hieronimus Jobs, Sohn eines Senators aus dem schwäbischen Sulzburg (später in Schildburg umgeändert), bricht auf, um hochfliegende Berufs-Träume und Hoffnungen der gutbürgerlichen Eltern zu erfüllen. Er durcheilt in dreister Tollpatschigkeit die Welt, begegnet hoch und niedrig Gestellten und landet schließlich als komisch-burlesker Tölpel und Antiheld nach mancherlei Abenteuern wieder in seinem Heimatort – als Nachtwächter".[50] Mit zahlreichen sprachlichen und nicht-sprachlichen Mitteln (etwa den von ihm selbst entworfenen Holzschnittabbildungen) parodiert Kortum das hehre literarische Genus. Die kunstvoll unbeholfene

---

46 Kortums Autograph trug – in Teilen abweichend von der Druckversion – noch den Titel: „Eine Historia lustig und fein / gestellt in Knittelverselein / von Hieronimus Jobs / dem Kandidaten / und seine Meinungen, Leben und Thaten / und wie er sich weiland viel Ruhm erwarb / auch endlich als Nachtswächter / zu Sulzburg starb. / Herausgegeben von Caspar Sachs dem Auctor / im 1783 ten Jahr". Die Signatur des Manuskripts lautet: Stadtarchiv-Bochumer Zentrum für Stadtgeschichte MUSA 4/1.
47 FRANZ DARPE: Geschichte der Stadt Bochum, Bochum 1894 [ND 1991], S. 490.
48 So WAGNER: Lebensskizze, wie Anm. 9, S. 42.
49 JÖRG-ULRICH FECHNER: Der Bochumer Klassiker? Carl Arnold Kortum und die „Jobsiade" aus germanistischer Sicht, in: SCHALLER: Zum Nachdenken, wie Anm. 8, S. 86f.
50 WAGNER: Lebensskizze, wie Anm. 9, S. 42. Ausführlicher stellt FECHNER: Bochumer Klassiker, wie Anm. 49, S. 92-94 den Inhalt der ‚Jobsiade' dar.

Sprache, die „gewaltsamen Reime",[51] der volksnah-derbe Humor, das „wilde Auf und Ab" (Fechner) der durch Schicksalsschläge gebeutelten Titelgestalt oder die zur Karikatur gewordene ‚Deutschtümelei' der Protagonisten (Wagner) lassen das „grotesk-komische Heldengedicht" zur Satire werden.[52]

Wohl wider eigenes Erwarten[53] hatte Kortums Opus magnum, das seinem Bekunden zufolge als Gelegenheitsarbeit zum Zeitvertreib entstand,[54] Erfolg – zumindest bei weiten Käufer- und Leserkreisen. Die Kritiker waren in ihren Meinungen gespalten. In der „Litteratur-Zeitung" vom April 1800 schrieb ein Rezensent begeistert: „Ein wahres Meisterstück der komischen Laune! [...] und die Satire des Verf[assers] ist sehr treffend". Hingegen hieß es in der „Neue[n] allgemeine[n] deutsche[n] Bibliothek": „[...] eine Mißgeburt, die von allen Seiten angesehen diesen Namen behauptet".[55] Wie auch immer: Das Buch verkaufte sich gut und machte seinen Verfasser, der es 1799 auch unter seinem Namen erscheinen ließ, in Westfalen und darüber hinaus in Deutschland bekannt.[56] Hier ist nicht der Ort für eine differenzierte Würdigung von

---

51 MANFRED KELLER: Der Dichterarzt Carl Arnold Kortum und seine „Jobsiade", in: SCHALLER: Zum Nachdenken, wie Anm. 8, S. 74: „Die gewaltsamen Reime mit ihrer sprachwidrigen Wortbetonung waren gewollt. Kortum schmiedete sie höchst kunstfertig in scheinbarer Ungeschicklichkeit. Er handhabte den Knittelvers allen rhythmischen Gesetzen zum Trotz [...]".
52 Einschätzungen des Werks bieten FECHNER: Bochumer Klassiker, wie Anm. 49, S. 86-92 und S. 94-101 sowie WAGNER: Lebensskizze, wie Anm. 9, S. 42.
53 „Kortum selbst war sich wohl bewußt, daß die ‚Jobsiade' nicht den Rang eines literarischen Meisterwerks für sich beanspruchen durfte", urteilt zu Recht INGRID WÖLK: Kortum, die Jobsiade und die Tücken des literarischen Marktes, in: KORTUM-GESELLSCHAFT: Revierbürger, wie Anm. 1, S. 132.
54 WAGNER: Lebensskizze, wie Anm. 9, S. 42. FECHNER: Bochumer Klassiker, wie Anm. 49, S. 86 misstraut Kortums Aussage: „Daß er sich [...] die Zeit nahm, ein episches Knittelversgedicht erheblichen Umfangs zu schreiben, läßt auf tiefere Absicht als bloße Freizeitgestaltung [...] schließen". Es spekuliert allerdings nicht weiter über Kortums Motive; anders hingegen SCHALLER: Kortum als Dichter, wie Anm. 44, S. 124f.: „Zumindest einmal kann man sagen, daß Kortum nach seinem eigenen Geständnis zu den Leuten gehörte [...], die liebend gern ihren Namen gedruckt sehen. [...] Und dann war für Kortum, der seiner Frau zuliebe nach Bochum gezogen war, die publizistische Tätigkeit die einzige Möglichkeit, der provinziellen Enge der Stadt zu entrinnen".
55 Beide Zitate nach FECHNER: Bochumer Klassiker, wie Anm. 49, S. 106 und 109.
56 FECHNER: Bochumer Klassiker, wie Anm. 49, S. 43. - Heute hingegen ist eine druckfrische Ausgabe der Jobsiade im Buchhandel nur noch unter Mühen erwerbbar, und auch die moderne Germanistik ignoriert sie weitgehend, s. dazu ebenda, S. 85f.

Kortums Werk und besonders der „Jobsiade".[57] Aber wenigstens soll noch erwähnt werden, dass ihr Verfasser hohe Ehrungen erfuhr: Am 25. April 1816 wurde ihm durch Friedrich Wilhelm III. von Preußen der Titel eines königlichen Hofrats verliehen,[58] und am 17. Mai desselben Jahres konnte er sein fünfzigjähriges Doktorjubiläum ausgiebig feiern.[59] Rund acht Jahre später, am 15. August 1824, starb Carl Arnold Kortum – in Bochum. Dort ist er auch bestattet.

Zu Bochum hatte der Arzt, obgleich er länger als ein halbes Jahrhundert in der Stadt lebte, ein offenbar zwiespältiges Verhältnis. Nach eigenem Bekunden bereute er „mehr tausendmal", das „so angenehm gewesene Mülheim, wo es" ihm „in aller Rücksicht so wohl erging, verlassen zu haben" – und fügte später bitter hinzu: „Ich bereue es noch".[60] In seiner „Sammlung meiner in verschiedenen jungen und ältern Jahren verfertigten, teils ungedrukten [sic!], teils einzeln gedrukten [sic!] Gedichte" klagt er: „Und in Bochum herrscht in manchen Stunden / Nun der Langeweile viel – viel – viel". Dann war ihm die Schriftstellerei „ein wohltätiges Palliativ".[61] Dennoch scheute er nicht die Mühe, seinem wenig geliebten Wohnort eine eigene Schrift zu widmen.

3.

Im 1790 publizierten zweiten Band der Zeitschrift „Neues Westphälisches Magazin" erschien, verteilt auf die Hefte 5 bis 7, Kortums „Nachricht vom ehemaligen und jetzigen Zustande der Stadt Bochum".[62] In 43 Kapiteln behandelt er den Ort ausgiebig: Zur Sprache kommen Lage und Umgebung, Straßen und Gebäude, Plätze, Kirchen und Schulen, Sitten und Gebräuche, Handel und Gewerbe, Verwaltung und Recht, Gewohnheiten und „vorgefallene Merkwürdigkeiten".[63] „In dieser Schrift

---

57 Eine solche Würdigung versucht WAGNER: Lebensskizze, wie Anm. 9, S. 44.
58 Signatur: Stadtarchiv-Bochumer Zentrum für Stadtgeschichte, NAP 25 NL Kortum – Depositum Bohnenkamp 4051.
59 WAGNER: Lebensskizze, wie Anm. 9, S. 43
60 So in der „Allgemeine[n] Nachricht vom Alten Kortum'schen Geschlechte", zitiert nach WAGNER: Lebensskizze, wie Anm. 9, S. 33.
61 Zitiert nach SCHALLER: Kortum als Dichter, wie Anm. 44, S. 124f.
62 Aktuelle Edition: KORTUM: Nachricht (Jubiläumsnachdruck), wie Anm. 21.
63 Die Kapitel behandeln die folgenden Gesichtspunkte: „1. Von Bochum überhaupt.

gibt Kortum eine ‚histoire totale'. Alles, was er über die Geschichte und das Schicksal der Stadt [...] finden kann, trägt er zusammen und verwirkt es zu einer großen Analyse. Er macht dies nicht nur mit dem Blick des Historikers, sondern auch mit dem des zeitgenössischen Chronisten: Geschichte und Gegenwart fließen ineinander".[64] Dem Text fügte er einen selbstgezeichneten Plan bei, in den er von wichtigen Gebäuden in Bochum Abbildungen einträgt, die – wie der Blick auf die heute noch erhaltenen Kirchen vermuten lässt – den Bauten offenbar einigermaßen ähnlich waren.[65]

Vorbilder für Kortums Werk waren die „historisch-geographischen Beschreibungen" der Städte oder Grafschaften, wie sie im 18. Jahrhundert häufig begegneten.[66] Allerdings übertrifft Kortum die meisten dieser Werke durch sein Bemühen um Vollständigkeit, die Ausführlichkeit seiner Beschreibungen und die Heranziehung von „alten Handschriften, Urkunden und Jahrbüchern".[67] Manche der - aus heutiger Sicht – wesentlichen Quellen zur älteren Bochumer Stadtgeschichte wurden erstmals auf der Grundlage der jeweiligen Originale in der „Nachricht" abgedruckt.[68] Bei

2. Namen. 3. Ursprung des Namens. 4. Kurze Nachricht vom Amte Bochum. 5. Im Amte gelegene Rittersitze und adelige Güter. 6. Lage der Stadt. 7. Umfang des Stadtgebiets. 8. Alter der Stadt. 9. Hierher gehörige Urkunden. 10. Alte und neuere Herren dieser Stadt und Gegend. 11. Größe der Stadt. 12. Tore. 13. Straßen. 14. Öffentliche weltliche Gebäude. 15. Geistliche Gebäude. 16. Zur Stadt gehörige Plätze. 17. Stadtmühlen. 18. Wege und Landstraßen bei der Stadt. 19. Wälder und Holzung. 20. Brunnen. 21. Naturgeschichte der Stadtgegend. 22. Beschaffenheit, Lebensart und Nahrung der Einwohner. 23. Zahl der Einwohner. 24. Nähere Nachrichten von den in der Stadt wohnenden Beamten, geistlichen und weltlichen Bedienten, Professionisten und von anderm Gewerbe sich nährenden Personen. 25. Judenschaft. 26. Trauungs-, Geburts- und Sterbelisten der Stadt. 27. Accise und Consumtion. 28. Gewohnheiten, besondere Gebräuche und Zeitvertreibe. 29. Bürgerschaft. 30. Stadtobrigkeit. 31. Polizeianstalten. 32. Rathäusliche Instruktion. 33. Gerichts- und Polizeiordnung der Stadt. 34. Märkte. 35. Stadtwappen oder Siegel. 36. Ehemalige Amtsobrigkeit. 37. Freistuhl. 38. Bochumsches Land- und Stoppelrecht. 39. Landgericht. 40. Postwesen. 41. Freimaurerloge. 42. Religion. Vorgefallene Merkwürdigkeiten in der Stadt".

64 WAGNER: Lebensskizze, wie Anm. 9, S. 39.
65 Das von Kortums Hand stammende Original ist leider im Zweiten Weltkrieg verloren gegangen. Dem Jubiläumsabdruck ist ein Faksimile des „Grundriß[es] der Stadt Bochum, im Jahr 1790 verfertigt" beigegeben.
66 Etwa der Stadt Minden (1784) oder der Grafschaften Tecklenburg und Lingen (1788).
67 So JOHANNES VOLKER WAGNER: Einleitung, in: KORTUM: Nachricht (Jubiläumsnachdruck), wie Anm. 9, S. 12f.
68 Wie die beiden ältesten Bochumer Urkunden von 1298 und 1321 (Jubiläumsnachdruck S. 33f. und S. 34-37) sowie das „Bochumer Land- oder Stoppelrecht", das wohl aus der Mitte des 16. Jahrhunderts stammt (ebenda, S. 97-104).

allem Fleiß und (vorwissenschaftlichem) Anspruch wollte Kortum aber „nicht allein etwas Vollständiges, sondern auch etwas Angenehmes […] liefern",[69] also etwas, das sich gut lesen ließ und unterhielt. Mit Abschnitten wie dem folgenden über „Beschaffenheit, Lebensart und Nahrung der Einwohner" dürfte er sein Ziel unter den Lesern seiner Zeit erreicht haben; dort heißt es: „Die einfache Lebensordnung, welche durchgehend hier geführt wird, ist nebst der gesunden Luft von dem meist hohen Alter der Einwohner die Hauptursache. Der größte Haufe nährt sich fast blos von Brod, Milch, Butter und Gemüse; selten wird von dem gemeinen Mann Fleisch gegessen, noch seltener schmeckt er Fische. Gewürze fallen fast ganz weg. Der Kaffe wird zwar häufig gebraucht, ist aber sehr dünne und macht bey einem Stück Brod oft die Mittagsmahlzeit, fast immer aber die Abendmahlzeit der Familie aus, welche sich vertraulich um den Kaffekessel, Milchtopf und Brodkorb setzet. Der Hausvater raucht wol zu Zeiten seine Pfeife köllnischen Toback, und wenn er bey Vermögendern in Arbeit ist, nimmt er auch mit einem Glas Fusel und einer Kanne Bier vorlieb; er isset zu dieser Zeit auch besser, bekommt Speck oder Fleisch und Pfannkuchen, und ist dann vergnügt wie ein Fürst".[70]

So schuf Kortum ein anschauliches und detailliertes Bild vom alten, vorindustriellen Bochum um 1790, das erheblich ausführlicher war als der rund siebzig Jahre zuvor entstandene Bericht des Steuerrats Motzfeld. Von seiner Schrift ließ Kortum Sonderdrucke anfertigen, die er nicht nur Freunden, sondern auch „dem rathhäuslichen Archive der Stadt Bochum zum beständigen Andenken" schenkte. Der Magistrat nahm es übrigens mit Dank entgegen, allerdings war die Schrift kurz vor Kortums Tod bereits nicht mehr auffindbar.[71] Zumindest die Hoffnung auf freundliche Erinnerung widerspricht dem, was Kortum in der Vorrede über seine Motive bei der Abfassung der „Nachricht" schreibt, nämlich: „Ich habe nicht den mindesten Eigennutz bey dieser Schrift, sondern nur den Zweck gehabt, dem Orte wo ich den beträchtlichsten Theil meines Lebens zugebracht habe, ein Denkmal zu stiften".[72]

---

69 KORTUM: Nachricht (Jubiläumsnachdruck), wie Anm. 21, S. 17.
70 KORTUM: Nachricht (Jubiläumsnachdruck), wie Anm. 21, S. 65.
71 Zitiert nach JOHANNES VOLKER WAGNER: Vorwort, in: KORTUM: Nachricht (Jubiläumsnachdruck), wie Anm. 21, S. 6; s. auch WAGNER: Lebensskizze, wie Anm. 9, S. 39.
72 KORTUM: Nachricht (Jubiläumsnachdruck), wie Anm. 21, S. 17.

„Ein Denkmal stiften" oder anders formuliert: historische Erinnerung begründen und dafür eine literarische Grundlage konstruieren, also ein Erinnerungssubstrat verfertigen – das war, zumindest eigenem Bekunden zufolge, Kortums Absicht. Tatsächlich steht die „Nachricht vom ehemaligen und jetzigen Zustande der Stadt Bochum" am Beginn der Beschäftigung mit der Geschichte des Ortes, wenn es später auch der Gymnasialprofessor Franz Darpe (1842-1911) war, dem man den Ehrentitel eines Nestors der Bochumer Geschichtsschreibung beilegte.[73]

4.

Carl Arnold Kortum starb in der Nacht vom 15. auf den 16. August 1824. Mit seiner Beisetzung auf dem damaligen, erst 1819 eingeweihten kommunalen Friedhof Bochums an der Chaussee nach Witten begannen seine Würdigungen und die öffentliche Erinnerung an ihn. Hierbei lassen sich vier Phasen erkennen, die sich im Hinblick auf die jeweiligen Erinnerungsinhalte, -medien und –motive unterscheiden.

Die erste dieser Phasen schließt unmittelbar an seinen Tod an und wird durch die Vorstellungen des Verstorbenen selbst und das Gedenken seiner Zeitgenossen geprägt. Allerdings liegen Nachrichten von seiner Bestattung und den mit ihr zusammenhängenden Trauerfeiern sowie den mutmaßlich dort gehaltenen Reden nicht vor. Ebenso fehlen Bochumer Traueranzeigen und Nachrufe auf Kortum, da mit dem „Märkischen Sprecher" eine Zeitung für Stadt und Kreis erst seit 1829 publiziert wurde. Nur selten sind andernorts zeitnahe Würdigungen des Verstorbenen zu finden.[74] Man ist schlechterdings auf Mutmaßungen angewiesen. Seine Patienten dürften Kortum, sollte er sich tatsächlich so hingebungs- und liebevoll um sie gekümmert haben, wie er in seiner jüngsten Autobiografie behauptete,[75] je nach dem Erfolg seiner Behandlung mit mehr oder weniger Anerkennung und Zuneigung in Erinnerung behalten haben.

---

73 Dazu knapp: STEFAN PÄTZOLD: Franz Darpe – der Nestor der Bochumer Stadtgeschichtsschreibung, in: Westfälische Zeitschrift 162 (2012), S. 135.
74 Etwa: Dr. Carl Arnold Kortum, in: Neuer Nekrolog der Deutschen 2 (1824), 832-844; FRIEDRICH RASSMANN: Literarisches Handwörterbuch der verstorbenen Deutschen Dichter und zur schönen Literatur gehörenden Schriftsteller, Leipzig 1826, S. 400.
75 S. oben Anm. 32.

Die Bochumer Honoratioren mögen seine Bildung bewundert haben, sofern er sie mit deren Zurschaustellung nicht ebenso entnervte wie durch manche zähe Streitigkeit.[76] Auch gegen die Bürgermeister und andere Stadtbedienstete wetterte er gelegentlich mit spitzer Zunge oder Feder.[77] War Kortum gar ein Querulant, dessen „Nachricht vom ehemaligen und jetzigen Zustande der Stadt Bochum" vielleicht aufgrund persönlicher Abneigung von den Stadtoberen ignoriert wurde, so dass sie schließlich abhanden kam? Muss diese Frage auch unbeantwortet bleiben, so ist jedenfalls nicht auszuschließen, dass die Zeitgenossen zwiespältige Erinnerungen an ihren bekannten Mitbürger hatten.

Sieht man nun von seinem Wohnhaus ab, so war es anfangs allein das im Stil des Biedermeier gestaltete und von Kortum selbst entworfene Grabmal, das weithin sichtbar an den Verstorbenen erinnerte: „Der Grabstein, der von einer schlangenumwundenen flammenden Urne gekrönt wird, ist insgesamt etwa 2,70 m hoch und zeigt an seinen vier Seiten – jeweils über unterschiedlichen Symbolen – in lateinischer und deutscher Sprache vier Inschriften".[78] Der Text auf der Vorderseite nennt den Namen, die Lebensdaten, den akademischen Grad sowie den ehrenvollen Hofrat-Titel des Toten.[79] Auf der Rückseite wird bekundet: „Des Wiedersehens freuen sich seine / Gattin, seine Tochter, seine sieben / Enkel und zehn Urenkel".[80] Auf den beiden anderen Seiten finden sich Zitate aus dem alttestamentlichen Buch [Jesus] Sirach [bzw. Ecclesiasticus] (22,11) und der Offenbarung des Johannes (14,13), die Tod, Trauer und Wiederauferstehung zu Themen haben. Kortum prägte damit die Erinnerung an sich selbst und bestimmte die ihm unverzichtbar erscheinenden

76 WAGNER: Lebensskizze, wie Anm. 9, S. 35.
77 So schreibt DARPE: Bochum, wie Anm. 47, S. 487: „Als Satiriker von wallendem Blute, geriet er mit seinen Mitbürgern zeitweilig in Fehde. Als im Sommer 1794 ein zweiter Schub französischer Kriegsgefangenen [sic!] in Bochum einquartiert werden sollte, machte ‚der auffahrende und gefährliche Mann', wie der Magistratsbericht den Doktor benennt, dem Bürgermeister Jacobi öffentlich die gröbsten Vorwürfe, als wenn er kein Feind wäre und ihn mit Einquartierung zu beschweren suche, und nannte die Herren vom Rathause Robespierres und Barères, was den Stadtrat zu einer geharnischten Klage veranlaßte".
78 BRAND: Kortum, wie Anm. 1, S. 167.
79 „Hoc sub monumento quiescit / C.A. Kortum / D[octo]r medic[inae] pro meritis / nominatus consiliarius aulicus / natus 5. Juli 1745 / Mortuus 15. Aug. 1824 / Hier ruht irdische Hülle [sic!] / des Dr. medic. und Hofrath / C.A. Kortum / geb. 5. Juli 1745 / gest. 15. Aug. 1824" (zitiert nach BRAND: Kortum, wie Anm. 1, S. 167).
80 „Deploratus ab uxore filia septem / nepotibus decemve / pronepotibus" (zitiert nach BRAND: Kortum, wie Anm. 1, S. 167).

Memorialinhalte: Wichtig waren ihm sein Doktortitel, die ehrenvolle Berufung zum Hofrat sowie seine große Familie und Nachkommenschaft.

Die zweite Phase: Nach dem Tod der letzten Zeitgenossen, die Kortum noch gekannt hatten und wohl spätestens in der zweiten Hälfte des 19. Jahrhunderts starben, waren es zunächst die zahlreichen Neuauflagen der Jobsiade, die dafür sorgten, dass die Erinnerung an ihren Verfasser in Westfalen und darüber hinaus in Deutschland nicht verblasste.[81] Auch in Bochum gedachte man seiner: Im Jahr 1876 ließ die ‚Frühschoppen-Gesellschaft der Bochumer Ärzte' an Kortums Wohnhaus eine Tafel anbringen; ihr Text lautete: „In diesem Hause / lebte dichtete und starb / der Königl[iche] Hofrath / und Doct[or] medicinae / Carl Arnold Kortum / Verfasser der Jobsiade / geb. 5. Juli 1745 / gest. 15. Aug. 1824".[82] Der Text erinnert in Aufbau und Inhalte entfernt an die Inschrift auf der Vorderseite des Grabmals, ist aber um wesentliche Aspekte ergänzt: Kortums Dichtertum und besonders seine Verfasserschaft der Jobsiade. In der Wahrnehmung der späteren Bochumer scheinen die literarischen Aspekte von Kortums Vita zumindest gleichberechtigt neben Doktorgrad und Hofrattitel zu treten. Von seiner „Nachricht" ist hingegen keine Rede. Immerhin benannte man im Jahr 1885 sogar, wie Franz Darpe schreibt, „eine der schönsten Straßen" der Stadt nach dem berühmten Bochumer.[83]

Darpe war es auch, der wesentlich dazu beigetragen haben dürfte, dass zumindest unter den geschichtsinteressierten Stadtbewohnern Kortums Name wieder zu einem Begriff wurde. An zahlreichen Stellen begegnet er in Darpes „Geschichte der Stadt Bochum", die zunächst in Einzellieferungen und schließlich 1894 als Gesamtdarstellung erschien.[84] Dort wird er als Verfasser der „Nachricht" und damit als historischer ‚Zeitzeuge', als einer der angesehensten Bürger des Ortes und besonders

---

81 BAUSCH/LIPPOLD: Kortum-Bibliographie, wie Anm. 38, S. 208.
82 Zitiert nach BRAND: Kortum, wie Anm. 1, S. 169. – Als Jahr der Anbringung nennt DARPE: Bochum, wie Anm. 47, S. 549, indes 1877.
83 DARPE: Bochum, wie Anm. 47, S. 487.
84 S. hierzu das „Bio-bibliographische Schriftenverzeichnis von Franz Darpe" im Anhang des Aufsatzes von NORBERT NAGEL: Franz Darpe (1842-1911) – Forschungen und Forschungsperspektive zu Leben und Werk des Gymnasialdirektors, Landeshistorikers und Verbandsfunktionärs. Eine Bestandsaufnahme, in: Geschichtsblätter des Kreises Coesfeld 36 (2011), S. 95f. Nr. 17-19, 23 und 27-28*. Zu Darpes Arbeitsweise s. STEFAN PÄTZOLD: Franz Darpe (1842-1911) und die historische Forschung seiner Zeit, in: Märkisches Jahrbuch für Geschichte 111 (2011), S. 209-232.

ausführlich als Verfasser der Jobsiade erwähnt.[85] Eine Gesamtwürdigung Kortums durch Darpe unterbleibt allerdings ebenso wie eine Bewertung seiner „Nachricht" als historische Quelle.[86]

Doch es war nicht das Interesse der Bildungsbürger an Geschichte und an bedeutenden Persönlichkeiten ihrer eigenen Schicht allein, das eine Besinnung auf Kortum initiierte. Hinzu kam der – vielleicht viel stärker wirkende – wirtschaftliche, soziale und bauliche Wandel Bochums, der in der zweiten Hälfte des 19 Jahrhunderts durch die rasant zunehmende Industrialisierung vorangetrieben wurde und der zumindest die traditionsbewussten Bewohnerinnen und Bewohner der Stadt beschäftigte, vielleicht sogar ängstigte. Denn „Großstadtwerdung und Industrialisierung bedingten Erfahrungen der Fremde und des Fremdseins" – oder anders formuliert: einen beträchtlichen Vertrautheitsschwund.[87] Deshalb entstand um 1890 in Deutschland und auch in Westfalen die sogenannte Heimatbewegung; und an die Seite der (mehr oder weniger wissenschaftlichen) Beschäftigung mit der Stadtgeschichte trat die Heimatkunde.[88] Auch manche Bochumer begannen, das Vertraute in der alten, vorindustriellen Ackerbürgerstadt zu suchen, die Kortum so detailliert und anschaulich beschrieben hatte. Die Beschäftigung mit der lokalen Geschichte erhielt eine emotionale Konnotation: Man suchte nicht allein historische Erkenntnis, sondern auch Kontinuität und Identität in einer sich radikal verändernden Umgebung.

Diese Entwicklung wurde besonders deutlich in der 1. Hälfte des 20. Jahrhunderts, der dritten hier zu erörternden Erinnerungsphase. Sie ist zunächst geprägt durch das Wirken des Bochumer Lehrers, Stadtarchivars und Museumsgründers Bernhard Kleff (gest. 1948).[89] Er fragte 1925: „Soll

---

85 S. DARPE: Bochum. wie Anm. 47, S. 4, 7f, 15, 20, 24f., 38, 40, 49, 53, 86, 102, 114f., 150, 165, 200, 345, 387, 394, 407, 422, 425, 432, 434-436, 438, 443, 453f., 460, 470, 473, 480f., 487-492, 540, 544, 548f., 551, 555.

86 Einige kritische Anmerkungen, die neben anderen Werken auch Kortums „Nachricht" betreffen, formuliert DARPE: Bochum, wie Anm. 47, Vorwort, S. II. Dort bemängelt er, dass Kortum nicht alle Bochum betreffenden Archive und Archivalien berücksichtigt habe und sein Werk inzwischen durch jüngere Forschungen überholt worden sei.

87 S. hierzu SUSANNE ABECK: Fremd in der Stadt – die fremde Stadt, in: WISOTZKY/WÖLK: Fremd(e), wie Anm. 38, S. 60f.

88 S. hierzu KARL DITT: Vom Heimatverein zur Heimatbewegung. Westfalen 1875-1915, in: Westfälische Forschungen 39 (1989), S. 232-255 und DENS.: Die westfälische Heimatbewegung in der ersten Hälfte des 20. Jahrhunderts zwischen Nationalismus und Regionalismus, in: Heimatpflege in Westfalen 14 (2001), Heft 2, S. 2-11 sowie die Aufsätze in: EDELTRAUD KLUETING (Hg.): Antimodernismus und Reform. Beiträge zur Geschichte der deutschen Heimatbewegung, Darmstadt 1991.

89 Zu ihm und seinen Leistungen für Bochum s. INGRID WÖLK: Der Sache(n) wegen

die Heimat weiter Fremde sein, sogar denen, die hier geboren? [sic!]".[90] Auf diese nur rhetorisch gemeinte Frage hatte Kleff allerdings schon Jahre zuvor – handelnd – eine klare Antwort gegeben: Bereits 1910 begann er aus eigenem Antrieb mit dem Aufbau eines Museums der Stadt Bochum. Im Jahr 1913 übernahm dann die Kommune die Verantwortung für die Sammlung und brachte sie 1919 im vormaligen Rittersitz Haus Rechen unter.[91] Für Kleff war es selbstverständlich, auch an Carl Arnold Kortum zu erinnern. Er „bemühte sich redlich, Teile des in alle Winde zerstreuten Nachlasses [...] des berühmten Bochumers aufzuspüren und für die Stadt zu erwerben".[92] In Haus Rechen wurde Kortums Andenken sogar ein eigenes Zimmer gewidmet: „Darin fanden sich die Urschrift der ‚Jobsiade', weitere Kortum-Schriften und einige von Kortums Herbarien".[93] Die von Bernhard Kleff zusammengestellte Kortum-Sammlung enthält ferner, neben vielem anderen, seine Dissertation, die Promotionsurkunde und das handschriftliche, ärztliche Tagebuch von 1796.[94] Auf der Grundlage des Kortums „Nachricht" beigegebenen Plans schuf Kleff 1923/24 sogar ein Modell der ehemaligen Ackerbürgerstadt Bochum, wie sie um 1800 ausgesehen haben mag.[95]

Kleff und die Stadt Bochum dürften Kortum deshalb noch fester als zuvor schon Darpe im kollektiven Gedächtnis der (Bildungs-) Bürger des Ortes verankert haben, zumindest wenn man anzunehmen bereit ist, dass es mehr Menschen gab, die das Museum besuchten, als solche, die Darpes „Stadtgeschichte" lasen.[96] Nicht allein wegen seines literarischen

---

..... Bochumer Sammlungen und Museen 1910-2007, in: BOCHUMER ZENTRUM FÜR STADTGESCHICHTE (Ingrid Wölk) und KORTUM-GESELLSCHAFT BOCHUM E.V. (Hg.): Sieben und neunzig Sachen. Sammeln – Bewahren – Zeigen. Bochum 1910-2007 (Schriften des Bochumer Zentrums für Stadtgeschichte 1), Essen 2007, S. 8-20.

90 ABECK: Fremd in der Stadt, wie Anm. 87, S. 60.
91 WÖLK: Sache(n), wie Anm. 89, S. 8.
92 Ebenda, S. 11.
93 Ebenda, S. 18.
94 Die Kortum-Sammlung des früheren Heimatmuseums wird heute unter der Bezeichnung ‚MUSA 4' im Stadtarchiv-Bochumer Zentrum für Stadtgeschichte verwahrt. Sie ist durch Karin Sandmeier in 270 Datenbankeinträgen erschlossen worden; s. dazu KARIN SANDMEIER: Museale Sammlungen zur Stadtgeschichte (Anhang Nr. 6), in: WAGNER: Stadtarchiv, wie Anm. 14, S. 418f. Die Signaturen von Promotionsurkunde, Dissertation und Tagebuch lauten: Stadtarchiv-Bochumer Zentrum für Stadtgeschichte MUSA 4/ 172, 174 und 176.
95 S. hierzu STEFAN PÄTZOLD: Art. Stadtmodell „Bochum um 1800", in: Sieben und neunzig Sachen, wie Anm. 89, S. 148f.
96 Allerdings hat auch BERNHARD KLEFF mehrere Artikel zu Kortum publiziert, darunter:

Ruhms, sondern auch wegen der detailreichen „Nachricht" schien er den ‚Heimatkundlern' wie den Verantwortlichen der Stadt als Gewährsmann des alten und inzwischen idealisierten Ortes bestens geeignet. Nur wenig später musste sich Kortum freilich gefallen lassen, vom Ungeist der nationalsozialistischen Diktatur missbraucht zu werden. Denn als das zwischen 1914 und 1920 von den Brüdern Alsberg erbaute Kaufhaus (heute Kortum-Haus) 1934 ‚arisiert' werden sollte, zwang man die jüdischen Besitzer, es an eine neu gegründete ‚Kortum-AG' zu verkaufen, „der dieser attraktive und in Bochum wohlbekannte Name offensichtlich wegen der Lage des Warenhauses an der bedeutenden Geschäftsachse Kortumstraße beigelegt wurde".[97] Kortum war offenbar inzwischen zu einem Bestandteil der kommunalen Identität und einem gleichsam bei Bedarf verfügbaren öffentlichen Kulturgut geworden.

Nach dem Zweiten Weltkrieg – und damit in der vierten Phase – beschränkte sich die städtische Erinnerung an Kortum zunächst mutatis mutandis auf die Fortsetzung des bereits eingeschlagenen Wegs: Nachdem Haus Rechen am 4. November 1944 bei einem schweren Bombenangriff vernichtet worden war, fand das städtische Heimatmuseum im Juli 1961 in Haus Kemnade außerhalb Bochums an der Ruhr eine neue Unterkunft,[98] wo man auch wieder ein ‚Kortum-Zimmer' einrichtete.[99] Karl Brinkmann, Lehrer und ehrenamtlicher Ortshistoriker, erwähnte ihn knapp in seiner 1950 erstmals erschienenen Geschichte Bochums.[100] Dort schrieb er: „Für Bochum aber ist Kortum auch als Bürger von größter Bedeutung. [...] Für die Heimatgeschichte unentbehrlich sind seine [...] „Nachrichten vom ehemaligen und jetzigen Stand der Stadt Bochum"[101] – und formulierte damit pointiert die damals wie heute geltende Ansicht der Bochumerinnen und Bochumer.

Was der Dichter der Jobsiade an seinem Lebensabend über sich selbst erzählt, in: VEREINIGUNG FÜR HEIMATKUNDE BOCHUM (Hg.): Bochum. Ein Heimatbuch, Bochum 1925, S. 42-52 oder Karl [sic!] Arnold Kortum, in: ALOYS BÖMER und OTTO LEUNENSCHLOSS (Hg.): Westfälische Lebensbilder, Bd. 2, Münster 1931, S. 71-90; s. hierzu BAUSCH/LIPPOLD: Kortum-Bibliographie, wie Anm. 38, S. 220.
97 BRAND: Kortum, wie Anm. 1, S. 167 unter Verweis auf BERNHARD KERBER: Bochums Bauten 1860-1840, Bochum 1982, S. 37f.
98 WÖLK: Sache(n), wie Anm. 89, S. 21 und 24.
99 BRAND: Kortum, wie Anm. 1, S. 171.
100 KARL BRINKMANN, Bochum. Aus der Geschichte einer Großstadt des Ruhrgebiets, Bochum 1950, S. 121-123.
101 Ebenda, S. 123.

In den Achtzigerjahren eroberte Kortum den öffentlichen Raum der Stadt. Wie eingangs erwähnt, schuf Heinrich Schroeteler eine Bronzebüste, die Kortum zeigt, wie er, „in der Tracht des beginnenden 19. Jahrhunderts halb aufmerksam, halb gedankenverloren in ein aufgeschlagenes Buch schaut". Diese Büste ist Teil der künstlerischen Wandgestaltung der U-Bahn-Haltestelle „Kortumstraße/Rathaus Nord", die im Oktober 1984 der Öffentlichkeit übergeben wurde.[102] Sodann wurde in den Jahren 1986/87 auf dem Husemann-Platz in der Innenstadt nach dem Entwurf des Künstlers Karl-Ulrich Nuß der sogenannte ‚Kortum-Brunnen' errichtet, dessen Bronzeskulpturen eine Szene aus der ‚Jobsiade' zeigen, wie der auf dem Brunnenrand zitierte Vers erkennen lässt: „Über diese Antwort des Kandidaten Jobstes / geschah allgemeines Schütteln des Kopfes".[103] Bereits 1984 hatte man eine Hauptschule in Wiemelhausen nach dem berühmten Bochumer benannt,[104] die allerdings zum Schuljahr 1997/98 mit der Hauptschule an der Markstraße vereinigt wurde und dabei ihren Namen einbüßte.[105] Seit 2009 gibt es in Bochum wieder eine Carl Arnold Kortum-Schule, bei der es sich um die städtische Gemeinschaftsgrundschule an der Fahrendeller Straße handelt.[106]

Zu Beginn der Neunzigerjahre schien die Zeit auch reif, die 1921 im Bochumer Ratssaal gegründete „Vereinigung für Heimatkunde Bochum e.V." umzubenennen: Im März 1990 gab sie sich den neuen Namen „Kortum-Gesellschaft Bochum e.V." Heute (wie damals) pflegt und betreibt der Verein die regionale Heimatkunde, die Bochumer Stadtgeschichte, den örtlichen Denkmalschutz – und nicht zuletzt die Erinnerung an Carl Arnold Kortum.[107] Schließlich das 2007 aus dem

---

102 MARINA VON ASSEL: Kunst auf Schritt und Tritt in Bochum. Ein Führer zu moderner Kunst auf öffentlichen Straßen und Plätzen, Bochum 1992, S. 106 und BRAND: Kortum, wie Anm. 1, S. 171 (dort das Zitat).
103 VON ASSEL: Kunst, wie Anm. 102, S. 98.
104 BRAND: Kortum, wie Anm. 1, S. 172f.
105 Ich danke Herrn Peter Schneller vom Bochumer Schulverwaltungsamt für seine freundliche Auskunft.
106 http://www.kortum.bobi.net/ [abgerufen am 15. Februar 2013].
107 http://www.bochum.de/C125708500379A31/vwContentByKey/W27DCCNC-507BOLDDE [abgerufen am 15. Februar 2013]. In der Satzung der Kortum-Gesellschaft Bochum e.V. vom 8. März 1990 heißt es: „§ 2) Zweck und Gemeinnützigkeit: (1) Die Vereinigung bezweckt in der Hauptsache die Pflege und Förderung der Heimatkunde, der stadt- und landesgeschichtlichen Arbeit und Forschung, überregionaler, völkerverbindender Bezüge sowie des Natur-, Landschafts- und Denkmalschutzes im Raum Bochum und Umgebung. (2) Leben und Werk Carl Arnold Kortums sind für die Arbeit der Vereinigung von besonderem Interesse".

Stadtarchiv hervorgegangene Bochumer Zentrum für Stadtgeschichte: Es verwahrt in seinen Beständen nicht nur die bereits erwähnte, von Kleff zusammengetragene Kortum-Sammlung, sondern seit 1996 auch weitere Teile des Kortum-Nachlasses und seiner Bibliothek, die der Stadt Bochum von ihrem Eigentümer Klaus Bohnenkamp leihweise überlassen wurden und der wissenschaftlichen Nutzung zur Verfügung stehen.[108]

5.

Auch wenn es zunächst sonderbar klingt: Kortum kann als ein ‚Erinnerungsort' betrachtet werden – nämlich dann, wenn man darunter – in Anknüpfung an Pierre Nora und mit Hagen Schulze sowie Étienne François – „langlebige, Generationen überdauernde Kristallisationspunkte kollektiver Erinnerung und Identität" versteht.[109] Bei einer solchen „Manifestation der kollektiven Erinnerung" (Étienne François) muss es sich freilich nicht zwingend um einen tatsächlichen Ort im geographischen Raum handeln, es können auch Persönlichkeiten, mythische Gestalten, Rituale, Bräuche, Symbole, Texte, Kunstwerke, Denkmäler und vieles andere mehr sein. Denn wichtiger als die phänomenologische Ausprägung ist, dass ‚Erinnerungsorte' auf das Gedächtnis sozialer Gruppen (etwa der mehr oder weniger heterogenen Einwohnerschaft von Städten) und damit überindividuell, also ‚kollektiv' wirken. Hinzu kommt, dass „kollektive Erinnerung emotional und wandelbar [ist], sie passt das Überlieferte an die jeweilige Gegenwart an und verändert die Deutungsmuster der Vergangenheit weitgehend unreflektiert".[110] ‚Gedenken' und ‚Gedächtnis' sind somit aktuelle Phänomene, die sich beständig verändern, sodass Erinnerung sowie ihre Inhalte, Medien und Träger selbst historischer

---

108 Stadtarchiv-Bochumer Zentrum für Stadtgeschichte NAP 25. Das sog. „Depositum Bohnenkamp" ist durch eine Datenbank erschlossen und besteht aus 2323 Verzeichnungseinheiten; s. dazu URSULA JENNEMANN-HENKE u.a.: Nachlässe, private Sammlungen und Deposita (Anhang Nr. 3), in: WAGNER: Stadtarchiv, wie Anm. 14, S. 395.
109 SCHULZE/FRANÇOIS: Deutsche Erinnerungsorte, wie Anm. 7, S. 17f.
110 Projektgruppe ‚Regionale Erinnerungsorte' der Universität Oldenburg: Was ist ein Erinnerungsort? [http://www.erinnerungsorte.uni-oldenburg.de/44801.html] [abgerufen am 19. Februar 2013).

Veränderung unterliegen und somit ‚Erinnerungsgeschichte' geschrieben werden kann.[111]

Zunächst zu den mit Kortums Namen verbundenen Erinnerungsinhalten. Dass er, wie Eberhard Brand 1995 zutreffend feststellte, in Bochum positiv konnotiert war und ist, stimmt, selbst wenn sein Bekanntheitsgrad wegen seiner allfälligen Anwesenheit im öffentlichen Raum größer sein dürfte als die tatsächlich bei den Menschen vorhandenen Kenntnisse über sein Leben und Werk. Welche Gedächtnisinhalte mögen nun sein günstiges ‚Image' begründet haben? Nach dem voranstehenden Überblick sind wohl die folgenden vier Gesichtspunkte zu nennen. Erstens: sein Beruf. Kortum selbst hat in seinen Schriften wie auf seinem Grabmal Wert darauf gelegt, dass man ihn als Arzt in Erinnerung behielt. Mediziner galten (und gelten) als Sympathieträger, denen man gewöhnlich Achtung und Dankbarkeit entgegenbrachte, sofern ihre Therapien den Erkrankten halfen. Und Kortum war für einen langen Zeitraum ein allem Anschein nach erfolgreich praktizierender Arzt, der überdies von sich behauptete, dass er alle seine Patienten „herzlich liebte". Zweitens: Kortum war als Verfasser der Jobsiade ein über die Stadtgrenzen hinaus bekannter Dichter, dessen Glanz auch auf Bochum abstrahlte. Das dürfte den Bochumerinnen und Bochumer gefallen und sie mit Stolz erfüll(t hab)en. Drittens: der promovierte und angesehene Kortum stellt(e) eine willkommene Identifikationsfigur für das Bochumer Bildungsbürgertum dar, das (sich) seit der zweiten Hälfte des 19. Jahrhunderts gerne an ihn erinnert(e). Viertens: Kortum tat etwas, was vor ihm noch niemand unternommen hatte. Er wollte der Stadt mit seiner „Nachricht vom ehemaligen und jetzigen Zustande der Stadt Bochum" ein Denkmal setzen. Diese Schrift und sein mehr als ein halbes Jahrhundert dauernder Aufenthalt in der Ackerbürgerstadt haben ihm den Ruf größter Ortsverbundenheit, ja Heimatliebe eingebracht. Hinzu kommt, dass seine „Nachricht" dazu genutzt werden konnte, das alte Bochum zu verklären, das heimatverbundene Bewohnerinnen und Bewohner angesichts der alles verändernden Industrialisierung so sehr vermissten. Es schien sich gleichsam in Kortum und seinem Text zu manifestieren.

---

111 S. hierzu OTTO GERHARD OEXLE: Erinnerungsorte – eine historische Fragestellung und was sie uns sehen lässt, in: THOMAS SCHILP und BARBARA WELZEL (Hg.): Mittelalter und Industrialisierung. St. Urbanus in Huckarde (Dortmunder Mittelalter-Forschungen 12), Bielefeld 2009, S. 21f.

Allerdings wird bei dieser Sicht der Dinge immer wieder übersehen, dass sich Kortum selbst bisweilen durchaus auch ablehnend über seinen Wohnort geäußert hat: Mülheim verlassen zu haben und im – aus seiner Sicht – langweiligen Bochum geblieben zu sein, reute ihn bis in hohe Alter.[112] Ebenso ist sein offensichtlich schwieriger Charakter aus dem Blick geraten: Zeitgenossen und insbesondere die damaligen städtischen Entscheidungsträger dürften von dem geltungsbedürftigen und streitfreudigen Mann bisweilen wenig angetan gewesen sein.[113] Solche Unschärfen in der Darstellung beruhen wahrscheinlich sowohl auf Unkenntnis oder tendenziösen Absichten der Betrachter, als gewiss auch darauf, dass die üblichen Erinnerungsmedien für eine differenzierte Darstellung desjenigen, an den erinnert werden soll, nur selten taugen. Das gilt vornehmlich für die bloße Benennung von Orten im öffentlichen Raum oder städtischen Einrichtungen ebenso wie für rein bildliche Darstellungen, etwa die Kortum-Büste oder den Kortum-Brunnen. Inschriften(tafeln) erlauben etwas mehr Aufschluss, beschränken sich jedoch naturgemäß meist auf die Erwähnung von Schlagwörtern (beispielsweise „doctor medicinae", Hofrat und ‚Jobsiade'), die lediglich bestimmte positiv besetzte Assoziationen wecken. Schriftliche Medien, wie Kortums ‚Nachricht' und die ‚Jobsiade' oder Darpes Zeilen über ihn, sind zwar komplexere Informationsträger, aber nicht mehr leicht verfügbar und damit nur selten im Bewusstsein der Menschen präsent. Überdies dürften sie kaum mehr den Geschmack der modernen Leserschaft treffen. Mag auch die ‚Nachricht' als Chiffre für das alte Bochum taugen, ist sie dennoch wenig mehr als ein Name – und damit ‚Schall und Rauch'.[114]

Wie dem auch sei: Man erinnert seit langem an Kortum. Während des 20. Jahrhunderts wurde er in der Bochumer Bevölkerung wieder bekannter und ‚eroberte' in den Achtzigerjahren den öffentlichen Raum. Die Träger des Gedenkens waren und sind mehrere sozio-kulturelle Gruppen, die sich freilich keineswegs scharf voneinander trennen lassen: Bildungsbürger, ‚Heimatkundler' und Ortshistoriker sowie Verantwortliche der Stadt Bochum. Dass es heute eine breite, weite Teile der Stadtbevölkerung umfassende Welle der Kortum-Erinnerung gäbe, lässt sich

---

112 S. dazu oben S. ##.
113 S. dazu oben S. ##.
114 Möglicherweise könnten gut gemachte Ausstellungen (wie die vom Bochumer Stadtarchiv im Jahr 1995 erarbeitet Schau „Bücher, Schätze, Wunderwelten. Ein Universalgelehrter feiert Geburtstag. Carl Arnold Kortum: 1745-1824") mehr Aufmerksamkeit erringen und auch facettenreiche Sachverhalte vermitteln.

allerdings nicht behaupten. Eher ist es wohl so, dass die Bochumerinnen und Bochumer mehr oder weniger regelmäßig an Kortum erinnert werden, als dass sie von sich aus seiner gedächten. Dennoch ist zumindest sein Name inzwischen kulturelles Bochumer Allgemeingut geworden: [115] Er ist ein – allerdings nicht allzu prominenter – Bestandteil des Selbstbildes einer um ihre Identität als Kulturstadt oder ‚UniverCity' ringenden Ruhrgebietsmetropole in der postindustriellen Phase ihrer Entwicklung und, zumindest unter den älteren und/oder an der Geschichte ihres Ortes interessierten Bochumerinnen und Bochumern, auch des kollektiven Gedenkens an das präindustrielle Ackerbürgerstädtchen.

---

[115] Ohne dass sich allerdings immer einigermaßen präzise eingrenzen ließe, welche Vorstellungen damit gerade verbunden sind. Hierzu ist aufschlussreich BRAND: Kortum, wie Anm. 1, S. 166.

Gerhard Bergauer

Historische Karten von Bochum - Original und Neuzeichnung von Kortum bis heute

Inhalt: 1. Die Cramer-Karte, S. 137. – 2. Die Kortum-Karte, S. 140. – 3. Vergleich und kartografische Auswertung von Cramer- und Kortum-Karte, S. 142. – 3.1 Kartengeometrie- und zuschnitt, S. 142. – 3.2 Gebäude; S. 143. – 3.3 Gewässer, S. 144. – 4. Neuzeichnungen der Cramer-Karte und der Kortum-Karte, S. 145. 5. Neuzeichnung der Kortum-Karte durch Rudolf Sellung im Jahre 1972, S. 147. 5.1 Technik der Neuzeichnung der historischen Karten, S. 148. – 5.2 Die Farbe der Kortum-Karte, S. 149. – 5.3 Nachdruck der Kortum-Karte im Jahre 2013, S. 150. – 6. Weitere Kartenbearbeitungen von Rudolf Sellung, S. 151. – 7. Fazit, S. 152.

Als im Jahre 2013 im Amt für Geoinformation, Liegenschaften und Kataster der Stadt Bochum die Entscheidung fiel, eine Neuauflage der beliebten historischen Kortum-Karte herauszubringen, reifte der Gedanke, das kartografische Werk Carl Arnold Kortums im Rahmen einer Ausstellung im Stadtarchiv zu würdigen. Schnell zeigte sich, dass diese Würdigung auf zwei weitere Personen erweitert werden musste, zum einen auf Rudolf Sellung, der mit seiner Neuzeichung der Kortum-Karte den Nachdruck dieser Karte im Jahre 1972 ermöglicht hat und zum Zweiten auf einen leider unbekannten Kartografen, der den als „Cramer-Karte" bekannt gewordenen ersten Stadtplan Bochums zum Ende des 17. Jahrhunderts gezeichnet hat.*

1.

In Kreisen der einschlägigen Bochumer Heimatforscher ist die Cramer-Karte[1] durchaus bekannt, sowohl Günter Höfken[2] als auch

---

* Siehe auch die Kartenbeilage als Anhang.
1 Inventarnummer Stadtarchiv – Bochumer Zentrum für Stadtgeschichte: SLG 01 447
2 Günther Höfken: Kortum, der Heimatforscher, in: Die Heimat, hrsg. vom Westfälischen Heimatbund, 6. Jg., Heft 8, August 1924, S. 200

Bernhard Kleff[3] weisen darauf hin, dass C. A. Kortum wohl diese Karte als Vorlage verwendet hat.[4]

Die kartografische Leistung, die hinter dieser Karte steckt, wird aber in diesen Beschreibungen nicht erkannt. Kleff spricht von einem „älteren, laienhaft gezeichneten brauntintigen Stadtplan" und beschreibt Kortums Karte als „genauer, ausführlicher und farbig angelegt".

Abb. 1: Ausschnitt aus der Cramer-Karte in Originalgröße. Das größere Gebäude links oben ist das historische Rathaus am Markt. Nur wenige der dargestellten Gebäude sind dreidimensional ausgeführt, bei den meisten ist nur ein skizzenhaft ausgeführter Seitenriss von der Straße seitlich weggeklappt.

Die Ausführung der Cramer-Karte ist in der Tat laienhaft und nicht sehr dekorativ ausgeführt. Die Idee dahinter stellt aber eine echte schöpferische Leistung dar. Die Barock-Zeit war zwar eine Blütezeit der Kartografie, wie die Atlanten von Ortelius, Blaeu und Anderen zeigen. Was man aber schwerlich in diesen Atlanten finden wird, sind Stadtpläne. Der größte Teil der Karten dieser Zeit sind Regionalkarten mit Grenzen, Städten und den zugehörigen Wegeverbindungen – genau das, was man auf Reisen zur Orientierung braucht. Die Städte der damaligen Zeit wa-

---

3   BERNHARD KLEFF: Bochum zu Dr. Kortums Zeit, in: Die Heimat, hrsg. vom Westfälischen Heimatbund, 6. Jg., Heft 8, August 1924, S. 205
4   Zu Kortum s. STEFAN PÄTZOLD: „Dieser attraktive und wohlbekannte Name". Carl Arnold Kortum (1745-1824) als Bochumer ‚Erinnerungsort' in diesem Band, S. 111-136

ren aber meist so klein, dass eine Karte der Stadt für die Orientierung ziemlich überflüssig war.

Es ist daher davon auszugehen, dass der Autor der Cramer-Karte noch nie einen Stadtplan gesehen hat, bevor er daran ging, eine Karte von Bochum zu zeichnen. Er musste sich daher selbst eine Darstellungsmethode einfallen lassen und hat hierfür einen sehr originellen Ansatz gefunden. Dem Straßenverlauf folgend klappen die Gebäude-Seitenrisse nach rechts und links weg. Hierdurch entsteht ein dreidimensionaler Eindruck, quasi also ein Google Streetview® des 17. Jahrhunderts.

Der Zweck für die Erstellung dieser Karte ist nicht bekannt und auch aus den Karteninhalten nicht ablesbar. Mehrere Faktoren deuten aber darauf hin, dass diese Karte in Bochum eine gewisse Bedeutung hatte:
- Die Karte wurde sorgfältig aufgehoben und das über einen Zeitraum von 300 Jahren hinweg.
- Die Karte wurde an mehreren Stellen aktualisiert, z.B. wurde eine Veränderung vom Bachlauf des Mühlengrabens sowie eine ganze Reihe von Gebäuden nachträglich ergänzt; erkennbar sind die Fortführungen an der Verwendung einer etwas dunkleren Tusche. Dies lässt darauf schließen, dass die Karte über einen längeren Zeitraum in Verwendung war.
- Die Karte muss in irgendeiner Form öffentlich zugänglich gewesen sein, so dass Dr. Kortum diese als Kartenvorlage verfügbar war.

Der letzte Punkt, der die Bedeutung der Karte zeigt, ist der Umstand, dass diese Karte um 1850, als sie schon mindestens 150 Jahre alt war, von Theodor Cramer der Stadt Bochum geschenkt wurde. Vermutlich handelt es sich bei dem Stifter um ein Mitglied der Familie Cramer, die einen Tabakbetrieb führte und sich auch kommunal-politisch, z.B. im Gemeinderat betätigte. Für die Schenkung wurde die Karte auf Karton aufgezogen und mit einem Rahmen versehen, der folgenden Text enthält: „Plan der Stadt Bochum aus dem Ende des 17. Jahrhunderts. Geschenk des Herrn Theodor Cramer".

Diese nachträglich angebrachte Kartenunterschrift ist der einzige direkte Hinweis auf den Entstehungszeitpunkt der Karte, ob diese Datierung auf einer Schätzung oder auf damals noch vorhandenem historischen Wissen beruht, ist nicht bekannt. Weitere Details zur Cramer-Karte folgen im Abschnitt „3. Vergleich und kartografische Auswertung von Cramer- und Kortum-Karte".

2.

Wie Karl Deike[5] schreibt, hat Kortum selbst berichtet: „Meine schriftstellerische Arbeit im Jahre 1790 bestand darin, dass ich eine Geschichte der Stadt Bochum sehr mühsam ausarbeitete und solche in dem von Weddingen herausgegebenen Neuen Westfälischen Magazin im 5., 6. und 7. Heft abdrucken ließ. Einige Exemplare wurden noch davon besonders abgedruckt, welche ich an gute Freunde austeilte und wovon auch eins dem rathäuslichen Archive der Stadt Bochum, zum beständigen Andenken, von mir verehrt wurde. Ich fügte demselben meinen eigenhändig gemachten Grundriss der Stadt Bochum bei. Dieses Monument wurde vom Magistrate mit vielem Danke angenommen." Dass er hierzu die geometrische Grundlage der 100 Jahre älteren Cramer-Karte und vor allem das gestalterische Konzept mit den seitlich wegklappenden Gebäuden hat, verschweigt er...

Kortum hat aber auch einiges an Informationen ergänzt. Zunächst hat er die abgebildete Kartenfläche deutlich nach außen erweitert. Während in der Cramer-Karte die meisten Gebäude nur sehr schematisch wiedergegeben werden, hat sich Kortum bei der Gebäudedarstellung sehr viel mehr Mühe gegeben. Außerdem hat er die Karte farbig angelegt, mehr dazu in „5.2 Die Farbe der Kortum-Karte".

Im Gegensatz zur Cramer-Karte hat Kortum sich nicht strikt an das Prinzip der von der Straße wegklappenden Gebäude gehalten. Insbesondere im Südteil der Innenstadt ist eine ganze Reihe von Gebäuden in die Straße hineingeklappt, man sieht sie also quasi von der Hofseite. Von seinem Wohngebäude aus, das in der Rosenstraße stand (heute Bleichstraße), hat aber Kortum jene Gebäude genau aus dieser Richtung gesehen – vielleicht hat ihn diese für ihn gewohnte Sichtweise bewogen, hier vom Darstellungsprinzip abzuweichen.

Auch wenn der Magistrat der Stadt Bochum die Karte „dankbar entgegen genommen" haben soll, so wurde sie doch nicht sorgfältig aufbewahrt und ging irgendwann im Verlauf des 19. Jahrhunderts verloren. Wie Günther Höfken[6] schreibt, wurde die Kortum-Karte etwa 1920 dann vom Direktor des Bochumer Stadtmuseums wiedergefunden – in

---

5 KARL DEIKE: Des Jobsiadendichters Carl Arnold Kortum Lebensgeschichte, Dortmund 1910, S. 68
6 G. HÖFKEN: wie Anm. 2, S. 200

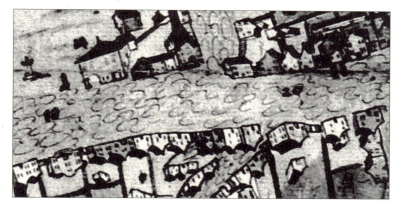

Abb. 2: Ausschnitt aus dem Schwarzweiß-Negativ vom Originals der Kortum-Karte. Die Bearbeitung des farbigen Nachdrucks durch Rudolf Sellung erfolgte auf Basis dieser – wie deutlich zu sehen ist – relativ unscharfen Reproduktion.

der Auslage eines kleinen Buchbinderladens – und für die Stadt Bochum erworben. Zusammen mit dem Aufsatz Höfkens wurde die Kortum-Karte 1924 als Schwarzweiß-Reproduktion in der Publikationsreihe „Die Heimat" des Westfälischen Heimatbunds zum ersten Mal neugedruckt. Bei diesem Druck wurden aus Formatgründen etwa drei Zentimeter am unteren Kartenrand weggelassen. Bei der Fotostelle des Presseamtes der Stadt Bochum liegen aber Schwarzweiß-Negative vor, die die komplette Originalkarte zeigen.

Leider blieb das Original der Kortum-Karte wiederum nicht lange im Besitz der Stadt Bochum. Den Zweiten Weltkrieg hat die Karte überstanden, nachweislich wurde die Karte 1946/47 in der Ausstellung „Bochum, wie es war und wird" im Bergbaumuseum Bochum ausgestellt. Bei dieser Ausstellung ist die Karte feucht geworden und daher aus dem Rahmen genommen worden. Die Karte soll danach vom städtischen Boten Herbert für die Wiederherstellung des Kleff-Modells der Stadt Bochum verwendet worden sein. Der Bote hatte die Anweisung, diese darauf in die Heinrich-von-Kleist-Schule zu bringen. Dort ist diese aber nie angekommen. Über den ungeklärten Verbleib der Karte gibt es im Stadtarchiv einen Schriftverkehr aus dem Jahre 1954/1955[7]. Der genannte

---

[7] Inventarnummer Stadtarchiv – Bochumer Zentrum für Stadtgeschichte: BO 41/38

Bote Herbert, der die Karte wohl als Letzter gesehen hat, war 1955 aber bereits tot – eine weitere Abklärung war somit unmöglich geworden.

3.

Zur inhaltlichen Auswertung der beiden Karten wurde zunächst versucht, die Karte über das übliche Verfahren der geometrischen Entzerrung mit den aktuellen Kartenwerken zur Deckung zu bringen. Eine solche Georeferenzierung scheiterte aber, da die beiden Kartenzeichnungen ohne jegliche vermessungstechnische Grundlage skizziert waren.

Um trotzdem einen Abgleich mit aktuellen Karten zu ermöglichen, habe ich daher einen anderen Weg beschreiten müssen. Auf Basis der ältesten lagetreuen Karte, der Gemeindekarte von 1823, die auf dem Urkataster basiert, konnte ich das dargestellte Straßen- und Gewässernetz weitgehend rekonstruieren, soweit es in den beiden Karten abgebildet war. In dieses Netz habe ich die Baublöcke aus der Kortum-Karte einmontiert und entsprechend gedreht, gestaucht oder verzerrt, bis diese in etwa passten. Die hierbei entstandenen, sehr unterschiedlichen Gebäudegrößen resultieren auf der hohen geometrischen Ungenauigkeit der beiden Karten.

Die so entstandene Kartenauswertung ist dieser Ausgabe des Märkischen Jahrbuches für Geschichte beigelegt. Auf der Rückseite der Karte ist leicht verkleinert eine Reproduktion der Cramer-Karte abgedruckt.

3.1.

In dem Bereich, den Cramer- und Kortum-Karte gemeinsam abdecken, ist die Lagegeometrie fast identisch, ein deutlicher Hinweis darauf, dass Kortum hier vieles kopiert hat. Eine eigenständige Ermittlung von Strecken und Winkeln durch Kortum ist sehr unwahrscheinlich.

Die Lagegenauigkeit ist im Bereich der Cramer-Karte nicht besonders gut, aber auch nicht ganz schlecht. Kortum hat aber den abgebildeten Kartenbereich nach außen ausgeweitet und daher die vorhandenen

Lagefehler nach außen potenziert. Besonders deutlich wird dies bei der zwischen Brückstraße und Bergstraße aufgespannten Fläche. Während diese in Wirklichkeit beinahe einen 90°-Winkel zueinander bilden, laufen sie bei Cramer und Kortum fast parallel – kein Wunder, dass hier die dazwischen liegende Geometrie überhaupt nicht mehr passt.

Das Ausmaß der Verzerrung zeigen die in der Karte skizzierten Kartenbegrenzungen. Während bei der Cramer-Karte noch halbwegs eine rechteckige Fläche herauskommt, ist das bei der Kortum-Karte ein sehr unförmig verzerrtes Gebilde.

Besonders ungenau ist der Bereich südlich des Hellwegs, der nur in der Kortum-Karte abgebildet ist. Hier war es mir nicht möglich, die dargestellten Straßen und Gebäudegruppen sicher einer in anderen historischen Karten nachgewiesenen Situation zuzuordnen.

Lagemäßig sehr unsicher ist auch das katholische Pfarramt, das Kortum wohl unbedingt noch in der Karte darstellen wollte. Dieses lag aber deutlich außerhalb des eigentlichen Kartenausschnitts; auch die Wegeverbindung dorthin ist so nicht in anderen historischen Karten nachzuvollziehen.

3.2.

Sowohl dem unbekannten Autor der Cramer-Karte als auch Kortum scheinen die Gebäude besonders wichtig gewesen zu sein, bei Kortum scheint sogar jedes einzelne Gebäude ein Mini-Abbild der Wirklichkeit zu sein. Bei Cramer gilt dies nur für die Kirchen und das Rathaus.

Auch eine zahlenmäßige Analyse bestätigt die Annahme, dass beide Kartenzeichner sich bemüht haben, sämtliche Gebäude im Kartenausschnitt darzustellen. In seiner Geschichte der Stadt Bochum schreibt Kortum, dass Bochum 402 Gebäude[8] habe. Beim Auszählen der dargestellten Gebäude in der Karte kam ich auf etwa 330, wobei zu berücksichtigen ist, dass das Gemeindegebiet Bochums wesentlich größer war als der dargestellte Ausschnitt; die fehlenden Gebäude können somit außerhalb der Kartenfläche liegen.

---

8 B. Kleff: wie Anm. 3, S. 205

Insbesondere im Gebäudebestand liegen auch die Hauptunterschiede zwischen Cramer- und Kortum-Karte. Die Kortum-Karte zeigt 27 Wohngebäude und 17 Nebengebäude, die hinzugekommen sind, also vermutlich neu gebaut wurden. Es gibt in der Cramer-Karte aber auch 18 Gebäude, die bei Kortum nicht mehr vorhanden sind und wahrscheinlich zwischenzeitlich abgerissen wurden. Außerdem sind sechs Gebäude aufgrund der dunkleren Farbe als nachträgliche Fortführungen erkennbar; all diese sind auch in der Kortum-Karte dargestellt.

Die großen Veränderungen im Gebäudestand sind ein deutlicher Hinweis, dass die Cramer-Karte wirklich deutlich älter ist als die Kortum-Karte. Auch der inhaltliche Vergleich mit der nochmals 50 Jahre jüngeren Volkhart-Karte[9] von Bochum von 1842 zeigt deutlich, dass sich Bochum in jenem Zeitraum nur sehr langsam entwickelt hat. Es ist also durchaus plausibel, dass für das bescheidene Wachstum von 44 neuen Gebäuden 100 Jahre notwendig waren.

3.3.

Bei der Gewässerdarstellung zeigen sich mehrere Stellen, bei denen sowohl die Cramer- als auch die Kortum-Karte von den historisch belegten Gewässerverläufen abweichen. Die erste Stelle ist eine Bachschlinge im heutigen Gerberviertel. Bei Cramer ist diese Schlinge als Fortführung eingezeichnet, die sich zwischen zwei ebenfalls neu eingezeichneten Gebäuden durchwindet. Möglich wäre, dass hier eine Veränderung des Bachlaufes wegen neu angelegter Mühlen oder Gerbereigebäude[10] abgebildet werden sollte. Allerdings gibt es keine weiteren Belege, dass es die Schlinge tatsächlich gegeben hat. Weder die Meinicke-Karte von 1755, die Niemeyer-Karte von 1791-95, die insbesondere bei der Gewässerdarstellung sehr zuverlässig ist, noch die Karten des Urkatasters von 1823 zeigen diese an. Allerdings zeigen die beiden zuletzt genannten Karten eine Schlinge ähnlicher Form 150 m weiter bachabwärts, möglicherweise

---

9   Plan der Stadt Bochum vom Jahre 1842 von Friedrich Volkhart, Nachdruck Rudolf Sellung, 1971
10 Auf das Vorhandensein solcher Gebäude weisen der Straßennamen Gerberstraße sowie die vormalige Benennung „Mühlenweg" hin. G. HÖFKEN: wie Anm. 2, S. 202

hat der Autor der Cramer-Karte hier etwas lagemäßig verwechselt. Die sehr charakteristisch zwischen den Bachkurven liegenden Gebäude fehlen an dieser Stelle aber.

Der zweite mutmaßliche Zeichenfehler betrifft den Gewässerverlauf im Bereich des Becktores. Laut Cramer und Kortum floss der Bach parallel zur Beckstraße, laut allem anderen Kartenmaterial aber parallel zum „Weg nach Herne", der heutigen Bergstraße. Letzterer Verlauf entspricht dem historischen Stadtgraben, der quasi die „militärische Befestigung" des kleinen Ackerbauerstädtchens Bochum darstellte. Durch diesen Zeichenfehler rücken auch einige dargestellte Gebäude auf die falsche Gewässerseite. Dies hätte Kortum eigentlich auffallen müssen, wenn er tatsächlich den Straßenverlauf abgeschritten wäre. Vielleicht hat er aber tatsächlich nur die Karte am heimischen Schreibtisch kopiert und die feiner ausgeführten Gebäudeseitenrisse mehr oder weniger aus dem Gedächtnis ergänzt.

Am östlichen Ende der Stadtbleiche zeigt der Bach bei Cramer einen deutlichen Doppel-Knick nach Süden. Dieser Knick ist aus anderen Karten historisch belegt. Kortum deutet die Darstellung in der Cramer-Karte aber wohl falsch, hier geht der Bach geradeaus weiter, parallel zu einem Weg, für den es keinen Beleg im Urkataster gibt.

4.

Da die Kortum-Karte offensichtlich kurze Zeit nach der Erstellung wieder aus dem Blick geriet, stand sie den Historikern des 19. Jahrhunderts nicht zur Verfügung. Franz Darpe hat daher seiner „Geschichte der Stadt Bochum"[11] von 1894 eine Abzeichnung der Cramer-Karte beigefügt, die der „Herr Ingenieur Oldenburger" angefertigt hat. Diese Abzeichung wurde „in der Hof-Kunstanstalt von F. Gaillard in Berlin durch Phototypie" als Beilage zur Darpe-Publikation reproduziert.

Bei dieser Karte fallen zwei Dinge auf: Zum einen ist die Paulus-Kirche nur auf den Kirchturm reduziert. In der Cramer-Karte ist das Kirchenschiff hinter dem Turm aufgrund der extremen Perspektive nur

---

11 FRANZ DARPE: Geschichte der Stadt Bochum, Bochum 1894 nebst Tafel mit Bochumer Siegel und Stadtplan. Vorwort der Gesamtausgabe von 1894

schlecht zu erkennen, in der Abzeichnung fehlt es ganz. Zum anderen steht die Zeichnung nach unserem Verständnis auf dem Kopf. Statt Nordosten (wie im Original der Cramer-Karte und in der Kortum-Karte) ist hier Südwest oben. Dies führt dazu, dass die Hauptkirche Bochums, die Propsteikirche mit dem Turm nach unten zeigt. Wahrscheinlich ist dieser Orientierungsfehler erst in Berlin bei der Reproduktion in der Anstalt von F. Gaillard passiert. Einem Berliner fehlt mit Sicherheit die Ortskenntnis und das Verständnis für die Bedeutung der Kirche. Auch hat der Reprograf wohl die Orientierung des einzigen Schriftzugs als Anhalt genommen. „Straße nach Herne" steht in der Tat kopfstehend im Original der Cramer-Karte.

Auch die Abzeichnung der Cramer-Karte in Darpes Buch ist wiederum zur Quelle weiterer Nachzeichnungen geworden. Als Beispiel seien hier zwei Schülerarbeiten aus dem Bestand des Schulmuseums der Stadt Bochum genannt. Vermutlich hat eine Lehrkraft die Cramer-Karte aus dem Darpe-Buch kopiert. Diese wurden dann wohl von den Schülern im Rahmen des Heimatkunde-Unterrichts beschriftet und ausgemalt. Merkwürdig an dieser Karte ist die Darstellung rund um die Propsteikirche. Während alle anderen Kartenteile fast strichgenau kopiert worden sind, wurde die Propsteikirche direkt an die Untere Marktstraße verschoben. Die sich dort befindlichen Gebäude (drei Schulen gemäß der Nummerierung in der Kortumkarte) einfach weggelassen.

Da in diesen Karten der Straßenname „Buddenbergstraße" auftaucht, ist eine Erstellung vor 1929 wahrscheinlich. In diesem Jahre wurde nämlich dieser Straßenabschnitt zuerst in Wittener Straße und 1955 dann in Massenbergstraße umbenannt.

Ein zweites Beispiel ist eine Overhead-Projektor-Folie[12], die aus dem Fundus der Astrid-Lindgren-Schule stammt und vermutlich zwischen 1960 und 1970 für den heimatkundlichen Unterricht herausgegeben worden. Laut Titel und Jahreszahl soll es sich um die Kortumkarte von 1790 handeln, zeigt aber eindeutig einen Ausschnitt mit dem Gebäudebestand aus der Cramer-Karte von ca. 1700.

Von der Kortum-Karte gibt es ebenfalls eine historische Abzeichnung. Diese hing in der Kortum-Stube des ehemaligen Heimatmuseums Mülheim an der Ruhr.[13] Es gibt keine Hinweise, von wem und wann

---

12 S.E.N.E.R. Arbeitstransparenteder Vereinigten Verlagsgesellschaften Nochum-München, Nr. 3; Stockmann-Verlag.
13 Inventar-Nr. StadtA Mülheim an der Ruhr: StA MH 1518 / 62 Grundriss der Stadt Bochum

diese Kopie angefertigt wurde; die Karte war aber nachweislich vor dem Zweiten Weltkrieg schon im Mülheimer Heimatmuseum. Das verwendete Papier deutet aber darauf hin, dass die Karte nach der Wiederentdeckung der Kortum-Karte in den zwanziger Jahren des 20. Jahrhunderts angefertigt worden ist. Dem Abzeichner hat jedenfalls das Original der Kortum-Karte vorgelegen. Die zeichnerische Ausführung der Karte erreicht nicht die Qualität wie das Original von Kortum selbst, auch scheint die Abzeichnung unfertig – nur ein Teil der Gebäude ist ausgemalt.

5.

Rudolf Sellung (*01.01.1916 in Herne, †27.09.2000 in Bochum) ist 1941 als Vermessungsinspektor-Anwärter bei der Stadt Bochum angestellt worden und hat seine berufliche Karriere 1979 als Städtischer Obervermessungsrat und als Leiter der Katasterabteilung im Vermessungs- und Katasteramt, dem heutigen Amt für Geoinformation, Liegenschaften und Kataster, abgeschlossen.

Aber nicht nur die Katasterverwaltung lag ihm wohl am Herzen, sondern auch die Kartografie, insbesondere die historischen Karten.

Abb. 3: Rudolf Sellung,
(01.01.1916 – 27.09.2000)
Portrait 1988

Zwischen 1970 und seiner Pensionierung 1979 legte er durch Neuzeichnungen historischer Karten von Bochum und der Grafschaft Mark eine Kartenkollektion auf, die sich bis heute gut im Kreise der Liebhaber alter Karten verkauft.

5.1.

Da die Technik der damaligen Zeit – Scanner und digitale Bildverarbeitung gab es noch nicht – und der Zustand vieler Kartenvorlagen eine direkte Reproduktion ausschloss, musste sich Rudolf Sellung eine Zeichentechnik einfallen lassen, mit der der Kartendruck alter Karten imitiert werden konnte. In einem ersten Schritt hat er den Grundriss (also die schwarze oder sepiabraune Zeichnungsgrundlage) abgezeichnet und zwar durch Hochzeichnen auf dem transparenten Zeichnungsträger Astralon, eine von der Firma Dynamit Nobel hergestellte Transparentfolie. Gezeichnet wurde mit folienanlösender Tusche, wobei die Zeichnung im Bedarfsfall durch „Schaben", sprich Wegkratzen von Zeichnungsteilen mit einem metallischen Werkzeug, korrigiert werden konnte. Bei modernen Karten wurde in der Regel mit Ziehfedern, die vielleicht noch der Eine oder Andere als Bestandteil des Zirkelkastens kennt, gezeichnet.

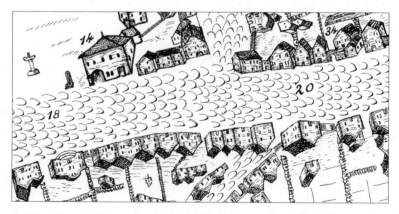

Abb. 4: Ausschnitt aus der von Rudolf Sellung erstellten Neuzeichnung der Kortum-Karte

Um einen unruhigen, historisch anmutenden Strich zu erzeugen, bediente sich Rudolf Sellung aber normaler Zeichenfedern.

Auch die historischen Kartenmacher haben mit der Erstellung des Grundrisses begonnen, entweder mittels Kupferstiches (bei Karten, die vervielfältigt werden sollten) oder auch durch Handzeichnen mit Tusche und Feder auf Papier, wie Dr. Kortum das gemacht hat. Die Kolorierung erfolgte in einem zweiten Arbeitsschritt durch Ausmalen mit Aquarellfarben. Solche Aquarellisten, die nicht nur Landkarten, sondern auch sonstige Stiche ausmalten, bildeten eine eigene Berufsgruppe, die dies meist in Heimarbeit erledigten. Erst Ende des 19. Jahrhunderts setzte sich langsam der mehrfarbige Kartendruck durch.

Wie die historischen Aquarellisten hat Rudolf Sellung auf Basis der Neuzeichnung erstellte Schwarzweiß-Drucke zuerst per Hand aquarelliert. Auf Basis dieser farbigen Entwürfe wurden die Farbflächen dann noch einmal farbgetrennt auf separaten Zeichnungsträgern angelegt und ein Farbdruck hergestellt.

Der Druck der historischen Karten erfolgte im Grafischen Betrieb der Stadt Bochum, der damals eine Abteilung des Vermessungs- und Katasteramtes war. Gedruckt wurde auf einer Einfarbenandruckpresse mit Echtfarben, d.h. es mussten bis zu acht Einzelfarben gedruckt werden, bis die Karte fertig war. Die meisten Karten von Rudolf Sellung wurden auf gelbfarbiges Büttenpapier gedruckt, um ein hochwertiges, dekoratives und historisch anmutendes Kartenbild zu erzeugen.

5.2.

Da die Kortum-Karte bereits 1947 verloren ging, ist es unwahrscheinlich, dass Rudolf Sellung diese jemals im farbigen Original gesehen hat. Für die Neuzeichnung hatte er nur die in Abschnitt 2 beschriebenen, schwarzweißen Reproduktionen der Originalkarte zur Verfügung.

Rudolf Sellung hat sich für eine dezente Farbgebung entschieden – die Schwarzweiß-Reproduktionen wirken jedoch sehr dunkel, vermutlich war die originale Farbgebung wesentlich kräftiger.

Bei den meisten Kartenobjekten legt die Natur schon die Farbe fest. Das Wiesen grün, Äcker gelb-braun und Gewässer blau dargestellt werden, ist relativ klar. Bei den Gebäuden gibt es eine solche Regel aber nicht. Rudolf Sellung hat sich für eine rötlich-orangene Farbgebung entschieden.

Kortum selbst schreibt aber, dass die meisten damaligen Gebäude Bochums zwar mit roten Ziegeln gedeckt, aber schwarzweiße Fachwerkhäuser waren. Daneben gab es auch zahlreiche Häuser im bergischen Stil, also mit grauem Schiefer verkleidet[14]. Da Kortum mit großer Detailfreude Kleinabbildungen der einzelnen Gebäude angefertigt hat, ist es sehr wahrscheinlich, dass sich dies auch in der Farbgebung widergespiegelt. Die Gebäudedarstellung dürfte daher eher weiß/grau gewesen sein.

Für diese These gibt es zwei Belege. Zum einen erscheinen die Gebäude in den schwarzweiß-Reproduktionen etwas heller zu sein als das verwendete Papier. Auch bei der Kolorierung seiner anderen Zeichnungen verwendete Kortum gerne Deckweiß (wahrscheinlich das damals übliche Bleiweiß) für die hellen Zeichenstellen.

Auch in der Mülheimer Abzeichnung der Kortum-Karte sind die Gebäude in grau und Deckweiß eingefärbt, allerdings wurden längst nicht alle Gebäude ausgemalt, wodurch die Zeichnung nur halb fertig wirkt.

5.3.

Nach über 40 Jahren waren die 1972 angefertigten Drucke der Kortum-Karte weitgehend vergriffen. Daher wurde ein Nachdruck notwendig. Da sowohl Sellungs Originalzeichnung als auch die für den Erstdruck verwendeten Druckfolien noch vorliegen, konnten durch Scannen dieser Folien Daten für einen Neudruck gewonnen werden.

Das einzige Problem stellte hierbei die Passgenauigkeit dar. Das Material der Folien names Astralon ist organisch und verzieht sich daher unregelmäßig in Folge von Temperatur- und Luftfeuchtigkeitsänderungen. Der maximale Verzug betrug immerhin mehrere Millimeter. Um die farbigen Füllungen wieder einzupassen, mussten diese ausschnittsweise im Bildbearbeitungsprogramm an die richtige Position im Bezug zum Grundriss verschoben werden.

---

14 B. KLEFF: wie Anm. 3, S. 205

Obwohl uns bewusst war, dass die von Rudolf Sellung gewählte, rötlich-orangene Gebäudefärbung, wie im Abschnitt 5.2 dargelegt, wahrscheinlich nicht dem historischen Original entspricht, wurde mit Rücksicht auf das in sich stimmige Gesamtbild von Sellungs Neubearbeitung der Kortum-Karte darauf verzichtet, die Farbdarstellung zu verändern.

Ergänzt wurden aber drei Standortnummern, die in den relativ dunklen Schwarzweiß-Reproduktionen der Originalkarte nicht erkennbar waren und daher im Nachdruck von 1972 fehlten. Die Lage dieser Nummern konnten der – Sellung wohl nicht bekannten – Mülheimer Abzeichnung der Kortum-Karte entnommen werden.

Anstatt des 1972 praktizierten Echtfarbendrucks wurde aus Kostengründen auf Euro-Skala umgestellt, das heißt die Farbwiedergabe erfolgte mit den Druckfarben Gelb, Cyan-Blau und Magenta-Rot. Nur der Druck des Grundrisses wurde mit der Echtfarbe Sepia-Braun ausgeführt.

6.

Neben der Kortumkarte hat Rudolf Sellung zwischen 1970 und seiner Pensionierung 1979 eine ganze Serie historischer Karten für einen Neudruck aufbereitet. Die dem Amt für Geoinformation, Liegenschaften und Kataster bekannten Kartenbearbeitungen sind nachfolgend tabellarisch aufgelistet. Wenn nicht anders angegeben, handelt es sich bei den genannten Karten um farbige Nachdrucke auf Büttenpapier. Nähere Informationen zu den jeweiligen Informationen sind auf den Internetseiten der Stadt Bochum unter folgendem Link zu finden: http://www.bochum.de/karten62.

Nr.	Jahrgang des Kartenoriginals	Kartentitel (Bemerkungen)
01	1640	**Karte der Grafschaft Mark** (nach Willem und Joan Blaeu)
02	1720	**Karte der Grafschaft Mark** (nach Nicolas Sanson 1600-1667, Nachdruck von Ottens um 1720)
03	1775	**Plan der Stadt Bochum** (nach Johann Gottfried Meinicke - einfarbige Ausgabe auf Normalpapier)
04	1775	**Karte der Grafschaft Mark** (nach Friedrich Christoph Müller, Nachdruck von Hannemann)

05	1791	**Karte der Grafschaft Mark** (nach Friedrich Christoph Müller, Originalzeichnung nach der Feldaufnahme von F. C. Müller – nur in Schwarzweiß, wahrscheinlich unveröffentlicht)
06	1791	**Karte der Grafschaft Mark** (nach Friedrich Christoph Müller, Nachdruck von P. F. Weddingen – nur in Schwarzweiß, Büttendrucke vergriffen, nur als Ausdruck erhältlich)
07	1821	**Bochum** (Gemarkung Bochum nach dem Urkataster – Schwarzweiß-Ausgabe auf Normalpapier)
08	1823/24	**Gemeindekarten von Bochum** (Zusammenfassung der ca. 40 Original-Kartenblätter der Gemeindekarten auf neun Kartenblättern für das heutige Stadtgebiet Bochums)
09	1842	**Grundriss der Stadt Bochum** (nach August Volkhart – vereinfachte Farb-Ausgabe auf Normalpapier)
10	1842	**Grundriss der Stadt Bochum** (nach August Volkhart)
11	1851	**Plan der Stadt Bochum** (nach einem Stadtplan aus dem Jahre 1851 mit einigen späteren Nachträgen – einfarbige Ausgabe auf Normalpapier)
12	1877	**Übersichtskarte des Stadt- und Landkreises Bochum** (nach Keller – einfarbige Ausgabe auf Normalpapier)
13	1877	**Bochum** (nach „alten Unterlagen" – einfarbige Ausgabe auf Normalpapier)
14	1884 bis 1885	**Plan der Stadt Bochum** (nach Friedrich August Overhoff – die Karte ist erst 1985 erschienen, wahrscheinlich war Rudolf Sellung aber auch nach seiner Pensionierung beteiligt)
15	1886	**Übersichtskarte der Gemarkung Bochum** (nach der Gemeindekarte 1886)
16	1905, 1935, 1945, 1972	**Bochumer Innenstadt** (1945 mit Grad der Kriegszerstörung, 1972 Montage aus der Deutschen Grundkarte - einfarbige Ausgabe auf Normalpapier)

7.

Wie die zahlreichen Kartenbeispiele gezeigt haben, steht das Kopieren von Karten in einer langen Tradition. Selbst die sehr bekannte Kortum-Karte war eigentlich eine – wenn auch gute und inhaltlich erweiterte – Kopie einer älteren Karte.

Diese Tradition hat Rudolf Sellung erfolgreich fortgesetzt, mit dem jüngsten Nachdruck der Kortum-Karte wurde sie jetzt ins nächste Jahrhundert getragen.

Axel Heimsoth

Alfred Krupp und die Eisenbahn. Produktion und Marketing im 19. Jahrhundert[1]

Inhalt: 1. Die frühe Unternehmensphase, S. 155. – 2. Erste Eisenbahnprodukte: Federn und Achsen, S. 157. – 3. Der Durchbruch: Nahtlose Radreifen, S. 159. – 4. Die Qualität als Firmenphilosophie, S. 161. – 5. Der Patentschutz, S. 162. – 6. Das Marketingkonzept Alfred Krupps, S. 169. – 7. Das Ausstellungswesen, S. 171. – 8. Der neue Firmeneigentümer Friedrich Alfred Krupp, S. 177. – 9. Die Produktion am Vorabend des Ersten Weltkriegs, S. 179. – 10. Der Lokomotivbau, S. 182. – 11. Die Musealisierung der Eisenbahnprodukte, S. 183.

Der nahtlose Radreifen ist Alfred Krupps berühmteste Erfindung. Seine Leistung gilt als Durchbruch der mittelständischen Firma hin zu einem Großkonzern. Alfred Krupp schätzte selber seine Erfindung so hoch ein, dass er sie 1875 zu seinem Firmensymbol erhob. Drei übereinander liegende Radreifen bilden das Drei-Ringe-Symbol, welches für die Firma Krupp steht, zumindest bis 1999, denn zu diesem Zeitpunkt fand die Fusion des Essener Unternehmens mit der Firma Thyssen zur ThyssenKrupp AG statt. Seitdem sind die Drei-Ringe durch den Bogen der Firma Thyssen umfasst. Die Fusion mag einen Endpunkt der Krupp'schen Produktlinie darstellen, da eine ganz neue Firmenstruktur geschaffen wurde. Einen anderen Endpunkt stellt die Aufgabe der Lokomotiv-Produktion, beziehungsweise die Herstellung von einzelnen Komponenten für moderne Produktreihen, wie dem ICE dar. Die Schienenfahrzeugfertigung bei Krupp in Essen endete am 3. März 1997. Bis in die Gegenwart ist der Name „Krupp" mit der Produktion von Kanonen und Eisenbahnprodukten verbunden. Diese Güter haben das Bild der Firma geprägt. Während die Produktion der Rüstungsgüter in eigenen Studien aufgearbeitet wurde,[2] wurde auf die Frage, wie Alfred Krupp die

1   Überarbeite Fassung eines Vortrags vor dem Verein für Orts- und Heimatkunde in der Grafschaft Mark in Witten, 13.11.2012.
2   Zdeněk Jindra: Der Rüstungskonzern Fried. Krupp AG, 1914-1918. Die Kriegsmateriallieferungen für das deutsche Heer und die deutsche Marine , Prag 1986; ders.:

Sparte Eisenbahnmaterial im Laufe des 19. Jahrhundert hat ausbauen und zu einem der beiden Säulen seines Konzerns machen können, nur im Rahmen der allgemeinen Unternehmensgeschichte beantwortet.[3] Wie hat der Unternehmer Krupp seine Eisenbahnprodukte so erfolgreich vermarkten und verkaufen können? Dass es zu einer solchen positiv besetzten Form der Erinnerung in Bezug auf das Eisenbahnwesen hat kommen können, dass sich „Krupp-Stahl" für Schienen, Räder und Lokomotiven geradezu als ein Garant für Qualität hat entwickeln können, liegt nicht allein an den Gütern selber. Hochwertige Waren produzieren zu können, war sicherlich ein wichtiger Faktor für die Essener Erfolgsgeschichte, doch auch andere, konkurrierende Stahlunternehmen haben vergleichbare Schienen, Achsen und Räder gefertigt. Ein besonderer Faktor bei Krupp war das Marketing, das ganz entscheidend den Ruf der Firma und ihrer Produkte bestimmt und gefestigt hat. Deshalb sollen die Krupp'schen Besonderheiten für die Unternehmensbereiche, der Produktion und das Marketing, herausgearbeitet werden. Die Qualität des Eisenbahnmaterials, und hier soll pars pro toto der nahtlose Radreifen als das zentrale Krupp'sche Produkt stehen, wird durch den Produktionsprozess bedingt. Die Vermarktung der Waren wird durch das Image der Firma mitbestimmt. Der Schwerpunkt meines Vortrags liegt auf dem Zeitraum der Firmeninhaberschaft Alfred Krupps, der 1826 mit 14 Jahren in das Unternehmen seines gerade verstorbenen Vaters Friedrich eintrat und seine Mutter unterstützte. Mit seinem Ableben 1887 traten bei der Fertigung

Zur Entwicklung und Stellung der Kanonenausfuhr der Firma Friedrich Krupp, Essen 1854-1912, in: Wirtschaft, Gesellschaft, Unternehmen. Festschrift für Hans Pohl zum 60. Geburtstag, hg. von WILFRIED FELDENKIRCHEN, FRAUKE SCHÖNERT-RÖHLK und GÜNTHER SCHULZ, Stuttgart 1995, S. 956-976; DERS.: Der Bahnbrecher des Stahl- und Eisenbahnzeitalters: Die Firma Fried. Krupp/Essen von der Gründung der Gussstahlfabrik bis zur Entwicklung zum „Nationalwerk" und weltbekannten Kanonenlieferanten (1811 bis Anfang der 90er Jahre des 19. Jahrhunderts), Stuttgart 2013; MICHAEL EPKENHANS: Zwischen Patriotismus und Geschäftsinteresse. F. A. Krupp und die Anfänge des deutschen Schlachtflottenbaus, 1897-1902, in: Geschichte und Gesellschaft 15, 1989, S. 196-226.

3 Vgl. HAROLD JAMES: Krupp. Deutsche Legende und globales Unternehmen, München 2011; FRANK STENGLEIN: Krupp. Höhen und Tiefen eines Industrieunternehmens, 2. Aufl., Essen 2011; Krupp im 20. Jahrhundert. Die Geschichte des Unternehmens vom Ersten Weltkrieg bis zur Gründung der Stiftung, hg. v. LOTHAR GALL, Berlin 2002; LOTHAR GALL: Krupp. Der Aufstieg eines Industrieimperiums, Berlin 2000; THOMAS ROTHER: Die Krupps. Durch fünf Generationen Stahl, Frankfurt a.M. u. New York 2001; ERNST SCHRÖDER: Krupp. Geschichte einer Unternehmerfamilie, 4. Aufl., Göttingen u. Zürich 1991.

von Eisenbahnmaterial allerdings dann keine gravierenden Änderungen auf. Die Firmenphilosophie bei der Herstellung und Vermarktung sollte sich bis zum Ausbruch des Ersten Weltkriegs nicht wesentlich ändern.

1.

Wie kam es zu dieser Erfolgsgeschichte? Wie konnte ein kleines Essener Unternehmen, welches bis 1830/40 keinen Bezug zum Eisenbahnwesen hatte, eine solch dominierende Rolle im Eisenbahngeschäft einnehmen? Zum einen hängt dies mit der Qualität der Produkte zusammen. Die Redewendung „Hart wie Kruppstahl" steht für einen solchen Qualitätsanspruch, auch wenn die Behauptung der Härte eigentlich falsch ist, da der Essener Stahl im Vergleich zum englischen weicher ist.

Friedrich Krupp gründete 1811 die Firma in Essen. Zuerst mit Teilhabern, dann in Eigenregie gelang es ihm, hochwertigen Tiegelstahl (Gussstahl) nachzuerfinden. Die Entdeckung, man könne ‚normalen' Stahl erneut einschmelzen und so Tiegelstahl (Gussstahl) gewinnen, hatten die Engländer in der Mitte des 18. Jahrhunderts gemacht. Sie exportierten die hochwertigen aber teuren Halb- und Fertigprodukte (wie zum Beispiel Messer) auf den europäischen Kontinent, allerdings nur so lange, bis die von Napoleon ausgesprochene Kontinentalsperre griff. Das Verbot Frankreichs, Waren aus England zu importieren, war 1806 Anlass für eine Reihe von deutschen Herstellern, neue Produktionsverfahren anzuwenden, neue Industrien zu gründen. Ohne die englische Konkurrenz zwischen 1806 und 1813 konnten sie auf dem Kontinent Marktlücken ausfüllen. Für Tiegelstahlprodukte fand 1811 Friedrich Krupp in Essen die Lücke.[4] Seine Fabrik stellte Spezialwerkzeuge, Münzstempel und Halbfertigprodukte (Stahlstangen) her, doch waren die Anlaufschwierigkeiten enorm. Bei seinem Tod 1826 hinterließ er seiner Frau eine Firma

---

4 Vgl. Krupp 1812-1912. Zum hundertjährigen Bestehen der Firma Krupp und der Gußstahlfabrik zu Essen, hg. auf den hundersten Geburtstag Alfred Krupps, Jena 1912; WILHELM BERDROW: Friedrich Krupp. Der Gründer der Gußstahlfabrik in Briefen und Urkunden, Essen 1914; RENATE KÖHNE-LINDENLAUB: Krupp, in: Neue Deutsche Biographie 13, 1982, S. 128-145; BARBARA WOLBRING: Die Krupps, in: Deutsche Familien. Historische Portraits von Bismarck bis Weizäcker, hg. v. VOLKER REINHARDT, München 2005, S. 73-94.

mit nur noch sieben Arbeitern und 10.000 Talern Schulden.[5] Allerdings hatte Friedrich das komplizierte Stahlherstellungsverfahren in den Griff bekommen, eine Leistung, auf die seine Frau aufbauen konnte. Mit dem Tod Friedrichs trat mit 14 Jahren sein Sohn Alfred in das Unternehmen ein und half seiner Mutter bei der Leitung der Firma. Das kleine Unternehmen im Westen der Stadt Essen produzierte in den folgenden Jahren für einzelne Branchen spezielle Stahlprodukte. Die Masse an Tiegelstahl wurde weiterhin in England produziert, dem Land, welches nach dem Fall der Kontinentalsperre (1813) wieder im großen Stil seine Waren exportieren konnte. Krupp gelang es, sich trotz der englischen Konkurrenz in einigen Geschäftsfeldern zu behaupten. Münzanstalten und Goldschmiede (die Pariser Schmuckhersteller) bezogen aus Essen ihre Spezialwerkzeuge und -maschinen. Die Firma sammelte in den 1830/40er Jahren Erfahrung bei der Fertigung größerer Werkstücke aus

Abb. 1: Alfred Krupp, um 1849,
Daguerreotypie von Wilhelm Severin,
Ruhr Museum, Essen.

5   Vgl. GALL, wie Anm. 2, S. 40 und 44 f.

Stahl, die sie zu Walzen verarbeitete. Auf dem Verkauf von Walzen und Walzwerken entfiel der größte Teil des Absatzes.[6]

2.

Der Eintritt in die Produktion von Eisenbahnmaterial erfolgte Ende der 1840er Jahre, nicht über die Räderproduktion, sondern Krupp machte sich einen Namen als Zulieferer von Produkten für Eisenbahngesellschaften und Lokomotiv- und Wagenhersteller. Zuerst wurden 1848 in Essen Kolbenstangen aus Tiegelstahl gefertigt, die man an Lokomotivwerkstätten verkaufte.[7] Die Produktion von Eisenbahnachsen und –federn aus Gussstahl begann Ende der 1840er Jahre. Für die Köln-Mindener Eisenbahn hatte Alfred Krupp zur Probe Federn fertigen lassen, die in Köln sein Teilhaber Sölling persönlich an die Vertreter der Bahngesellschaft übergab. Diese 26 kg schwere Blattfeder stellt der Einstieg in die Unternehmenssparte Eisenbahnfedern dar, auch wenn der Beginn noch holprig war. Die Kölner Bahngesellschaft testete die aus drei Lagen bestehende Feder, die in der Mitte mit einem Band zusammengehalten wurde, bis zum Bruch. Das Probestück konnte noch nicht, da es noch zu gering dimensioniert war, die von der Bahngesellschaft geforderten Anforderungen erfüllen. Ein zweites Probestück wurde über Sölling an die Wagenfabrik Reiffert & Co. nach Bockenheim bei Frankfurt vermittelt.[8] Die Firma zeigte sich mit der Qualität zufrieden und bezog 1848 in einer ersten Bestellung 25 Stück. Die Federnproduktion lief so gut an, dass 1850 eine eigene Werkstatt auf dem Gelände in Essen errichtet wurde. Der Grund für den Neubau der Federwerkstatt war 1849 ein Auftrag der Köln-Mindener Eisenbahngesellschaft (KME) über 1.400 Trag- und 400 Stoßfedern.[9] Die KME bescheinigte im September 1851

---

6 In den Jahren 1841, 1844 und 1848 machte dieser Produktionszweig sogar mehr als 80 Prozent aus; vgl. BURKHARD BEYER: Vom Tiegelstahl zum Kruppstahl. Technik- und Unternehmensgeschichte der Gussstahlfabrik von Friedrich Krupp in der ersten Hälfte des 19. Jahrhunderts, Essen 2007, S. 318.
7 Vgl. Krupp im Dienste der Dampflokomotive. Eingeführt und ergänzt von PROF. DR.-ING. KARL RAINER REPETZKI, Moers 1981 (Erstdruck: Essen 1940), S. 12.
8 Vgl. BEYER, wie Anm. 6, S. 364.
9 Vgl. ebd., S. 391 f.

der Essener Firma die hervorragende Qualität ihrer Federn. Der Gussstahl habe sich „wegen seiner Härte, Zähigkeit und Federkraft bis jetzt als vorzügliches, die Sicherheit des Dienstes in hohem Maße förderliches Mittel gezeigt" habe.[10] Die Information zu der vorzüglichen Härte und Güte des Krupp'schen Stahls findet sich in einem beglaubigten Zeugnis der Fa. Krupp. Sie hatte die Reaktionen der Kunden gesammelt und die passenden Stellen für ihre Werbung herausgefiltert. Die Kundenzeugnisse stellen wichtige Zeugnisse für das Stahlunternehmen dar, seine Produkte national wie international zu vermarkten. Eine zweite Form des Marketings war der öffentliche Vergleichstest, bei dem die Konkurrenten von einer unabhängigen Kommission ihre Produkte auf Leib und Nieren prüfen ließen. Krupp stellte sich mehrfach solchen Vergleichen, da gerade bei Federn eine Reihe von gleichwertigen Produzenten auf dem Markt um Kunden warb und über den Preis einen Vorteil suchte.

Die Krupp'schen Produkte waren häufig teurer als vergleichbare anderer Federnhersteller. Krupp trat deshalb zu einer „Federprobe" mit der Gussstahlfabrik C. F. Werner aus Neustadt-Eberswalde an, um für die Güte der eigenen Produkte zu werben. Auf Initiative Werners traf man sich 1850 mit seinem Konkurrenten in Dortmund auf dem Gelände der Köln-Mindener Eisenbahngesellschaft. Die Ergebnisse der Untersuchungen zeigten, dass beide Produkte sich nicht viel taten. Nur die Krupp'schen Federn waren denen Werners bei der abschließenden Gewaltprobe leicht überlegen.[11] Fünf Jahre später (1855) kam es zu einem erneuten Vergleich, nun aber siegten die Federn von Werner. Ein weiterer Vergleich fand am Ende des Jahres in Wien statt. Die Kommission stellte nun aber ein besseres Preis-Leistungsverhältnis bei den Krupp'schen Federn fest. Die Wernerschen waren zwar besser, waren dafür aber auch deutlich massiver und damit teurer. Krupp konnte sich auf dem Markt für Eisenbahnfedern behaupten, da seine Tiegelstahlprodukte sich denen seiner Konkurrenten, die auf Puddelstahl setzten, aufgrund der größeren Elastizität und Bruchsicherheit als überlegen erwiesen. Die Firmenzeitung wertete dies 1936 als Bestätigung für den von Alfred Krupp eingeschlagenen Weg: „Krupp bewies zuerst in langen Kämpfen durch Versuchsangebote, Garantie usw., daß Tiegelstahl immer der überlegene Werkstoff und durch seine Dauer

---

10 Ebd. S. 412. Druck des beglaubigten Zeugnisses in Historisches Archiv Krupp, Essen, WA 4/88.2; siehe auch WA 11 b 54. Sie hatte innerhalb von drei Jahren 4350 Trag- und Stoßfedern von Krupp bezogen.
11 Vgl. Beyer, wie Anm. 6, S. 413.

zuletzt auch der billigste war."[12] Neben Tragfedern fertigte man Puffer- und Schraubenfedern in einem Umfang von über 30.000 Stück allein bis zum Jahre 1847. Kurz vor Ausbruch des Ersten Weltkriegs wird der jährliche Ausstoß an Tragfedern mit 74.000 Stück angegeben. Für den Zeitraum von 1874 bis 1914 hat man den Verkauf von 1,16 Millionen Tragfedern und 2,88 Millionen Spiralfedern berechnet.[13]

Bei Krupp kam als zweite Produktsparte im Sektor Eisenbahnwesen die Fertigung von Eisenbahnachsen hinzu. Dafür war aber Stahl in ausreichendem Maße vonnöten. Die Firma experimentierte seit Anfang der 1850er mit dem Puddelstahlverfahren.[14] Bisher war als Vorprodukt der teure Osemundstahl (Zementstahl) in den Tiegeln eingeschmolzen worden. Bis 1859 setzte sich bei Krupp als Vorprodukt der eigens produzierte Puddelstahl durch. Dieser Stahl wurde durch den erneuten Schmelzprozess in Tiegeln zu Tiegelstahl veredelt. Aus diesem Stahl wurden 1852 erste Lokomotivkurbelachsen produziert.[15] Die Krupp'schen Tiegelstahlachsen waren in der Produktion teuer und mussten auf einem hart umkämpften Markt Käufer finden. An Eisenbahnachsen stellte Krupp bis zum Jahr 1864 insgesamt 12.000 Stück her. Neben der Produktion von Stahlachsen für Personen- und Güterwaggons, für Lokomotiven und Tender kam noch die Herstellung von Kurbelachsen für Dampflokomotiven hinzu.[16]

3.

Alfred Krupp ist mit einer technischen Erfindung weltberühmt geworden.[17] Sein Herstellungsverfahren für nahtlose Radreifen von

12   125 Jahre Krupp, Kruppsche Mitteilung, 20.11.1936, S. 75.
13   Vgl. Krupp im Dienste der Dampflokomotive, wie Anm. 7, S. 12.
14   Vgl. Jindra 2013, wie Anm. 3, S. 154. In Preußen wurden 1852 1636 t Tiegelstahl produziert, davon entfielen 659 t auf die Fa. Fried. Krupp. 1860 war das Verhältnis 6504 zu 4000 t; vgl. ebd. S. 155.
15   Vgl. Krupp im Dienste der Dampflokomotive, wie Anm. 7, S. 12.
16   Vgl. Krupp 1812-1912, wie Anm. 4, S. 118.
17   Zur Biografie von Alfred Krupp: WILHELM BERDROW: Alfred Krupp und sein Geschlecht. Die Familie Krupp und ihr Werk 1787-1940. Mit einem Anhang: Kruppsche Außenwerke und Konzernunternehmen v. FRITZ GERHARD KRAFT, Berlin 1943; WILHELM BERDROW: Alfred Krupp, 2 Bde., 2. Aufl., Berlin 1928; WILHELM BERDROW

1851 eröffnete seiner Firma einen weltweiten Markt, da international die Eisenbahngesellschaften dringend Eisenbahnräder benötigten, die auch unter starker Beanspruchung belastbar waren. Bisher waren sie auf solche Radreifen angewiesen, die an einer Stelle eine Schweißnaht hatten. Diese Schwachstelle führte häufig und bei hohen Geschwindigkeiten zu Zugunglücken. Deshalb griffen die Bahngesellschaften auf die in Essen gefertigten nahtlosen Radreifen trotz der hohen Preise zurück. In dem wachsenden Verkehrssektor wurden die Bahnräder zum einen zum Austausch verschlissener Räder (nach einem langen Zeitraum) und zum anderen für die neu angelegten Bahnlinien und den zunehmenden Bahnverkehr benötigt. Die Räder Krupps bestanden aus Tiegelstahl, einem Stahlverfahren, welches die Essener zur Perfektion entwickelten. Seit 1849 experimentierte Alfred Krupp mit einem Verfahren, wie aus einem Stahlstück ein Radreifen zu fertigen sei. In ein Tiegelstahlstück wird eine Öffnung gesägt, die dann ausgeweitet wurde. In einem zweiten Schritt wurde es dann weiter ausgewalzt. „Stabförmige Luppen wurden an beiden Enden durchbohrt, dann im warmen Zustande aufgespalten,

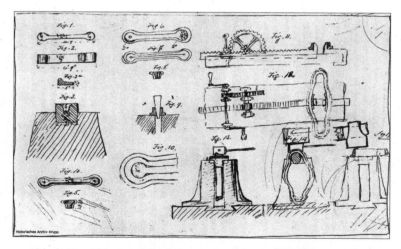

Abb. 2: Handskizze zur Herstellung von nahtlosen Radreifen von Alfred Krupp, 1852/53, Historisches Archiv Krupp.

(Hg.): Alfred Krupps Briefe 1826-1887, Berlin 1928; Köhne-Lindenlaub, wie Anm. 4; WOLBRING, wie Anm. 4; 200 Jahre Krupp. Ein Mythos wird besichtigt, hg. v. HEINRICH THEODOR GRÜTTER, Essen 2012.

rund gerichtet und auf den verlangten Durchmesser ausgeschmiedet. Das Abdrehen mußte vorläufig noch in fremden Werkstätten geschehen."[18] Die Bahngesellschaften konnten aus Kostengründen entweder auf diese nahtlosen Radreifen, die sowohl für Waggons wie auch für Lokomotiven entwickelt wurden, zurückgreifen, oder das „aufgezogene Rad" beziehen. Bei der letzteren Variante war der Radstern schon eingesetzt.[19] Krupp plädierte für diese Version, da nur so Fehlerquellen ausgeschlossen werden könnten. Die Radreifen waren höchsten Beanspruchungen ausgesetzt und mussten aus dem qualitativ besten Stahl, dem Tiegelstahl gefertigt werden. „Die Radreifen befinden sich zwischen Felge und Schiene gewissermaßen zwischen zwei Walzen, die sie breit zu walzen suchen. Anderseits schleifen die auf den Achsen festgekeilten Räder beim Befahren von gekrümmten Gleisen mehr oder weniger auf den Schienen."[20]

4.

In den 1850er Jahren häuften sich – mit Ausweitung der Streckennetze und der Zahl der eingesetzten Züge – die Unfälle. Auch Züge, deren Lokomotiven und Waggons Krupp'sche Räder hatten, waren betroffen und die Presse witterte eine mangelnde Produktqualität. Diesen Behauptungen widersprach Alfred Krupp vehement. Eine Strategie war, die Firma sollte – so Krupps Überlegungen – nur noch fertige Produkte (also aufgezogene Räder) verkaufen. So konnte die Gefahr vermieden werden, dass Eisenbahngesellschaften nur die Radreifen bezogen und sie fehlerhaft zu Radsätzen zusammensetzten. Der Ruf der Essener

---

18 KARL BARTH: Alfred Krupp und die Eisenbahn, in: Alfred Krupp. Der Treuhänder eines deutschen Familienunternehmens. Ein Beitrag zur westdeutschen Wirtschaftsgeschichte im 19. Jahrhundert (Jahrbuch 4 der Arbeitsgemeinschaft der Rheinischen Geschichtsvereine, hg. v. GERHARD KALLEN), Düsseldorf 1938, S. 99-104, hier S. 102.
19 Die Firma verkaufte ab den 1850er Jahre Räder und Radsätze für Lokomotiven und Eisenbahnwagen. Zuerst wurden sie auch aus Gusseisen, dann als Scheibenräder (Puddelstahl) mit Nabe und Kranz angeboten. „Später wurden kreuzweise übereinander gelegte Stäbe zu Luppen verschweißt, im Gesenk geschmiedet und unter waagerechten Walzen zu Scheiben geformt." Krupp im Dienste der Dampflokomotive, wie Anm. 7, S. 15.
20 BARTH, wie Anm. 18, S. 101.

Firma musste für den Firmeninhaber Alfred Krupp makellos bleiben. Seine Firmenphilosophie war, allein fehlerfreie Produkte, die höchsten Qualitätsansprüchen genügten, auszuliefern. Deshalb wollte er keine Abstriche bei den hohen Stückpreisen vornehmen. Trotz mehrfachen Insistierens seines Teilhabers Sölling, welcher die Geschäftskontakte zu den Bahngesellschaften pflegte, konnte sich Alfred Krupp nicht zu einem Rabatt durchringen. Selbst für den besten Kunden, die Köln-Mindener Eisenbahn, wollte er nicht von seiner Linie abgehen und dem Kölner Unternehmen einen Preisnachlass gewähren.

5.

Mit der Erfindung des Herstellungsverfahrens für nahtlose Radreifen 1851 stellte sich Krupp die Frage, wie er sich vor Konkurrenz schützen könnte. In den 1850er Jahren sah der Technologietransfer so aus, dass Facharbeiter von konkurrierenden Stahlfirmen abgeworben wurden oder sich direkt selbständig machten. Auch Krupp musste erfahren, nicht allein wegen seiner Persönlichkeit blieben die Beschäftigten bei ihm. Sein Leiter der Abteilung für Eisenbahnfedern machte sich 1854 selbständig. Der fähige Techniker Nesselrode hatte Krupp nach London und Birmingham begleitet, viel gesehen und in Essen die Abteilung für Eisenbahnfedern schließlich geleitet. Er kündigte und ging nach Sachsen, wo er einen Betrieb zur Herstellung von Eisenbahnfedern aufmachte.[21] Krupp war ein neuer Konkurrent erwachsen. Um dieses Problem bei der Fertigung seiner Radreifen zu vermeiden, bemühte sich Krupp um Patente, um die Konkurrenz außen vor zu halten. Er erhielt das erste für sein Herstellungsverfahren 1851 in England und 1854 ein weiteres in den USA.[22] Krupp war 1852 in Berlin erfolgreich und erhielt ein preußisches Patent für sein technisches Verfahren über acht Jahre. Ein wichtiger Sieg, der ihm aber kein Monopol auf diesem Sektor bescherte. Denn die Bochumer Konkurrenz hatte schon kurz nach seiner Erfindung ein eigenes Herstellungsverfahren für Radreifen entwickelt. Der Bochumer Verein stellte sie kostengünstiger im Stahlformguss her. Dieser Produktionsvorsprung

---

21 JAMES, wie Anm. 3, S. 62.
22 Vgl. Krupp im Dienste der Dampflokomotive, wie Anm. 7, S. 14.

Abb. 3: Radreifenpatent für die Vereinigten Staaten von Amerika, 6.6.1854; Historisches Archiv Krupp, Essen.

öffnete dem Stahlhersteller eine Marktnische, die er langfristig nutzen konnte. Auch bei der Herstellung von Kirchenglocken sollten die Bochumer dieses Verfahren anwenden.[23] Alfred Krupp bezweifelte öffentlich, dass die Konkurrenz aus der Nachbarstadt ein solches Verfahren beherrschen würde. Der Streit um die Glockenproduktion eskalierte 1854 auf der Pariser Weltausstellung. Es kam zu einer rüden Auseinandersetzung

---

23 Vgl. Barbara Wolbring: Krupp und die Öffentlichkeit im 19. Jahrhundert, München 2000, S. 150-155; zur Produktion von Eisenbahnmaterial beim Bochumer Verein vgl. Marco Rudzinski: Ein Unternehmer und „seine" Stadt. Der Bochumer Verein und Bochum vor dem Ersten Weltkrieg, Essen 2012.

zwischen den beiden Ruhrgebietsfirmen. Krupp forderte eine öffentliche Untersuchung und die Ausstellungsleitung in Paris stimmte dem zu. Bei der Zerschlagung und Untersuchung der Bochumer Glocken stellte man dann fest, dass diese durchaus in dem von Bochum beschriebenen Stahlformguss-Verfahren hergestellt worden waren, eine herbe Niederlage für den Essener Unternehmer.

Um sich gegen die wachsende Konkurrenz wappnen zu können, pochte Alfred Krupp auf sein Patent und bot acht Jahre seine Tiegelstahl-Radreifen auf den internationalen Märkten an. 1860 lief das Patent aus. War konnte er tun? Er stellte den Antrag auf Patentverlängerung um weitere sieben Jahre, was zwar rechtlich möglich war, aber kaum angewendet wurde. So lehnte auch das preußische Ministerium seinen Antrag ab, was aber Alfred nur wenig beeindruckte. Er wandte sich an Prinzregent Wilhelm, der im folgenden Jahr zum König Wilhelm I. von Preußen gekrönt werden sollte. Wilhelm war durch und durch Militär und hatte sich persönlich sich für den Ankauf von Krupp'schen Kanonen eingesetzt. Er bewunderte den Essener Stahlunternehmer. Um das Jahr 1852 soll er in Köln-Deutz in der Artilleriewerkstatt gesagt haben, als er vor einem Krupp'schen Geschütz stand: „Dieses Genie, den Herrn Krupp, muß ich kennen lernen."[24] Prinz Wilhelm hatte 1859 persönlich die Bestellung von 300 Geschützrohren (Rohrblöcken) für das preußische Militär auch gegen die Widerstände seines Ministeriums durchgesetzt.[25] Es waren nicht die ersten bei Krupp gefertigten Kanonenrohre und auch nicht die erste Bestellung von staatlicher Seite gewesen. Bis 1856 wurden nur 17 Kanonen ins Ausland (davon sechs nach Ägypten) und vier weitere an deutsche Staaten geliefert.[26] Der Auftrag von Prinz Wilhelm sprengte 1859 alle bisher gekannten Dimensionen. Krupp gelang es 1860 Dank des Kontaktes zum Prinzregenten, die begehrte Verlängerung seines Radreifenpatents zu erhalten. Die Firma konnte für dieses Produktionsverfahren auf den maximalen Patentschutz von fünfzehn Jahren zurückgreifen, ein Wettbewerbsvorteil, der auch über das Jahr 1867 hinauswirkte. Die der Firma nahe stehenden Techniker und Konstrukteure, die sich auch mit

24 Zitiert nach JAMES, wie Anm. 3, S. 60.
25 In der Presse wurden Gerüchten widersprochen, Krupp habe einen Auftrag der französischen Regierung über 300 Gussstahlkanonen angenommen. Wahr sei dagegen, dass für die preußische Heeresorganisation bestimmten Krupp'schen Gussstahlkanonen inzwischen 56 Stück fertig und nach Berlin abgegangen seien. Dort würden sie dann ausgebohrt werden; vgl. Der Berggeist Nr. 81, 11.10.1859.
26 Vgl. Jindra 2013, wie Anm. 2, S. 171.

der Geschichte dieser Krupp'schen Produktionssparte beschäftigten, werteten die Gewährung dieses Patents als eine Belohnung für Krupps jahrelanger und verlustreicher Entwicklungsarbeit.[27] Aus der Sicht seiner Konkurrenten war es dagegen ein Wettbewerbsvorteil, den sich Alfred Krupp über seine Kontakte zu höchsten Kreisen durch seine Waffenlieferungen ‚beschafft' hatte.

Krupp stellte sich in Berlin einen Vergleich mit den Achsen von Borsig.[28] Zu diesem war es durch den Fachausschuss des Vereins deutscher Eisenbahn-Verwaltungen gekommen, der – auf Antrag Krupps – eine Kommission zur Durchführung und Überwachung der Versuche bestimmte. Neben den Achsen der Fa. Werner wurden 1850 auch diejenigen der Fa. Fried. Krupp getestet. Alle Achsen wurden Fallwerken ausgesetzt. Gewichte ließ man auf die Mitte und auf die Enden der Achsen („Schenkel") fallen, um möglichen Brüchen nachzuspüren. Auch eine Torsionsprobe fand statt, also ein Verdrehen der Achse in Längsrichtung. Die Ergebnisse des Vergleichs waren unbefriedigend. Zwar hatten die Wernerschen Achsen insgesamt leichte Vorteile erzielen können, doch konnten beide Kontrahenten jeweils in einzelnen Belastungstests punkten. Dagegen zeichnet Krupp ein anderes Bild vom Wettbewerb. Überliefert ist seine Version, die er Jahrzehnte später als erfolgreicher Konzerneigentümer zum Besten gab: „Vor 35 hetzte Gruson bei Achsenproben alle Eisenbahndirigenten bei Borsig – 40 bis 50 an der Zahl – gegen mich auf. [...] Borsig, ebenfalls mein Gegner, stand auf G's [= Gruson] Seite und natürlich die ganze Masse gegen den Einzelnen, Fremden von unbekannter Gegend."[29]

Mit der Herstellung des nahtlosen Radreifens begann die Expansionsphase der Firma in den 1850er Jahren. Nicht nur einzelne Radreifen, sondern ganze Radsätze wurden nun in immer höheren Stückzahlen verkauft. Zur Produktion der Eisenbahnräder baute die Firma Werkstätten um, andere neu. Ein eigenes Radreifen-Walzwerk war 1854 voll

---

27 Vgl. Krupp im Dienste der Dampflokomotive, wie Anm. 7, S. 14.
28 Sölling schrieb im Vorfeld des Wettbewerbs an Alfred Krupp: „Das sage ich Dir, sorge für solche Axen, die siegen müssen, damit man gehörigen Respect vor den Kruppschen Stahlaxen bekommt, sonst sind wir blamirt – aber das darf auf keinen Fall sein, sonst blieben wir lieber weg, das wird aber Dein Genie nicht leiden, davon bin ich fest überzeugt [...]." Zitiert nach BERDROW 1927, wie Anm. 17, Erster Band, S. 251.
29 Ebd., S. 252 f.

betriebsbereit.[30] Ein zweites Walzwerk folgte 1856 mit einer Vor- und eine Fertigwalze.[31] Nun war auch eine durch eine Spindel bewegte Zentrierpresse vorhanden. Mit ihr konnten die gewalzten Radreifen gerundet und geweitet werden.[32] Innerhalb des Fabrikgebäudes wurden Abtrennungen eingerichtet. Durch eigens errichtete Wände wurde innerhalb der Halle ein Sichtschutz installiert. Der Zutritt wurde aus Gründen der Geheimhaltung streng kontrolliert. 1859 meldete die Presse, dass Krupp erneut seine Fabrikanlage ausbaute. Geplant seien ein neues Walzwerk und die Errichtung eines Riesenhammers von 600 Zentnern.[33]

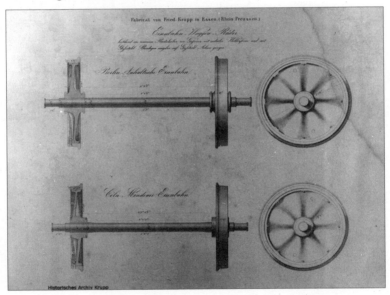

Abb. 4: Produktwerbung für Krupp'sche Radsätze, 1862; Historisches Archiv Krupp, Essen.

Insgesamt stellen die 1850er Jahre bei Krupp den Durchbruch von einem mittelständischen Unternehmen hin zu einem Konzern dar. Allein die Bayerische Staatsbahn orderte 1857 1500 Radreifen. Zu diesem Zeit-

30 Vgl. Beyer, wie Anm. 6, S. 402.
31 Vgl. Krupp im Dienste der Dampflokomotive, wie Anm. 7, S. 12.
32 Vgl. Beyer, wie Anm. 6, S. 402.
33 Vgl. Der Berggeist Nr. 81, 11.10.1859.

punkt stieg die jährliche Produktion von Radreifen auf 4000 Stück an.[34] Nicht unterschätzen darf man die Konkurrenz in diesem Sektor schon in den 1850er Jahren. Andere Stahlunternehmen im Ruhrgebiet, wie der Bochumer Verein und der Hörder Bergwerks- und Hüttenverein, etablierten sich auf dem Markt als Eisenbahnzulieferer und waren ernsthafte Mitbewerber Alfred Krupps wenn es um die Vergabe von Aufträgen durch die Eisenbahngesellschaften ging. In Bochum entwickelte 1855 der Firmenmitinhaber Jacob Mayer eine Methode zur Produktion von Radreifen. Anders als die Essener Firma gelang es ihm, durch ein neu entwickeltes Stahlformgussverfahren Radreifen zu produzieren. Sie mussten nur noch einmal ausgewalzt werden, während die Essener ihre Bandagen noch mehrfach Schmieden und Walzen mussten.[35] Der Bochumer Verein war neben Krupp der wichtigste Zulieferer für die Eisenbahngesellschaften. Seine Angebotspalette umfasste Radreifen, Gussstahlscheibenräder, Achsen und Federn, ebenso wie ganze Radsätze. Die Fabrik entwickelte „sich auf diese Weise zu einer Räderfabrik"[36], was auch mit ihrem Generaldirektor zusammenhing. Bevor Louis Baare zum Bochumer Verein kam, hatte er für die Eisenbahn gearbeitet. In Hörde war 1852 das Stahlunternehmen Hermannshütte in eine Aktiengesellschaft mit dem Namen „Hörder Bergwerks- und Hüttenverein" umgewandelt worden. Die leistungsfähige Firma fertigte 1856 mit seinen 1607 Beschäftigten Schienen, Räder und Achsen ebenso wie Stabeisen und Blecharbeiten. Für das Geschäftsjahr 1853/54 – also unmittelbar in der Phase der Umstellung der Essener Produktion hin zu nahtlosen Radreifen – produzierte das Hörder Unternehmen 10860 t Schienen, 1354 t Räder und Achsen, 331 t eiserne Radreifen und 556 t Stahl-Radreifen.[37]

34 Vgl. Krupp im Dienste der Dampflokomotive, wie Anm. 7, S. 14. Das Unternehmen trug die Daten über den Verkauf von Radreifen zusammen. So habe man während der Laufzeit des ersten Patents 17996 Radreifen verkauft, während der Laufzeit des zweiten sogar 135437 Stück, was zusammen die Zahl von 153433 Radreifen entspräche, die innerhalb von 15 Jahren veräußert worden seien. An Stahl seien so 40255,6 t Stahl verkauft worden; vgl. Historisches Archiv Krupp, Essen WA 7 f 856 – Geschichtliches und Statistik über die Bandagenfabrikation; Angaben nach Jindra 2013, wie Anm. 2, S. 150.
35 Vgl. RUDZINSKI, wie Anm. 23, S. 49.
36 Ebd.
37 Geschichtliche Entwicklung und gegenwärtiger Stand des Phoenix. Aktien-Gesellschaft für Bergbau und Hüttenbetrieb in Hörde. Denkschrift zum 60jährigen Bestehen des Unternehmens im Jahre 1912, Dortmund 1912, S. 59. Der Wert der Schienen betrug 2,6 Mio. Mark; die Räder und Achsen waren mit 0,69 Mio. Mark veranschlagt;

Die Firma Fried. Krupp expandierte seit den 1850er Jahren permanent, was durch die steigenden Verkaufszahlen in den Sparten Eisenbahnmaterial und Rüstungsgüter bedingt war. Die Gewinne wurden wieder in den Aus- und Umbau der Produktionsstätten investiert, so dass die Eigenkapitaldecke dünn blieb.[38] Diese heiße Expansionsphase fand erst nach dem Deutsch-französischen Krieg 1870/71 ein Ende. Während der nun einsetzenden Gründerkrise musste auch Krupp erleben, zu optimistisch auf eine boomende Konjunktur gesetzt zu haben. Doch das Gegenteil war der Fall. 1873 kam es zu einer weltweiten Rezension. Die Banken wurden nervös und forderten von der Privatindustrie Kredite zurück. Zahlreiche Unternehmen (auch aus der Montanindustrie) verfügten über nicht genügend liquide Mittel und mussten Konkurs anmelden. Alfred Krupp wollte zwar von einer Krise nichts wissen, doch die Fakten sprachen gegen ihn. Nur unter großen Mühen konnte schließlich Kapital beschafft und ein Rückzahlungsplan aufgestellt werden. Nachdem die Konjunktur wieder anzog, auch und besonders im Eisenbahnwesen, konnte wieder expandiert werden und die Verkaufszahlen stiegen weiter an.

Seit Anfang der 1860er Jahre fertigte Krupp Eisenbahnschienen aus Bessemerstahl.[39] Der produktionstechnische Sprung war 1861 in Essen durch die Eröffnung eines Bessemerwerks möglich geworden, das erste auf dem europäischen Kontinent. Mit dem neuen in England entwickelten Verfahren wurde das Zeitalter des Flussstahlverfahrens eingeläutet. Stahl war nun in hinreichend guter Qualität in riesigen Mengen, zu vertretbaren Preisen verfügbar. Für die Bahnschienen eignete sich diese

vgl. ferner Axel Heimsoth: Die Wiederentdeckung des Hellwegs. Regionale Identität im Spiegel verkehrspolitischer Diskussionen bis zum Bau der Dortmund-Soester Eisenbahn, Essen 2006, S. 258.

38 Zur finanziellen Situation bei der Essener Firma vgl. JÜRGEN LINDENLAUB: Die Finanzierung des Aufstiegs von Krupp. Die Personengesellschaft Krupp im Vergleich zu den Kapitalgesellschaften Bochumer Verein, Hoerder Verein und Phoenix 1850-1880, Essen 2006.

39 Vgl. RENATE KÖHNE-LINDENLAUB: Krupp und die Eisenbahn. Zur Werbung für einen Produktbereich der Maschinenbauindustrie in der zweiten Hälfte des 19. Jahrhunderts, in: 150 Jahre Köln-Mindener Eisenbahn. Katalog zur gleichnamigen Ausstellungs- und Veranstaltungsreihe, hg. v. KARL-PETER ELLERBROCK und MARINA SCHUSTER, Essen 1997, S. 211-217, hier S. 212. Schon 1860 verließen die ersten Schienen das Essener Werk und gingen an die Bayerische Staatsbahn und an die Köln-Mindener Eisenbahngesellschaft. 1863 war das eigene Schienenwalzwerk fertig gestellt; vgl. Krupp und die Bahn wuchsen gemeinsam. 150 Jahre Eisenbahn in Deutschland. Erste Krupp-Lieferung vor 138 Jahren, in: Kruppsche Mitteilungen Nr. 1, 1985, S. 9-11, hier S. 11.

Stahlsorte hervorragend, doch reichte die Stahlgüte für anspruchsvolle Produkte, die hohen Belastungen ausgesetzt waren, nicht aus. Weder Kanonen noch Lokomotivradreifen (jedoch Waggonradreifen) wurden aus Bessemerstahl gefertigt. Neben diesem Massenstahlsektor wurden im Essener Werk weiterhin Werkstücke aus Tiegelstahl produziert174. Zu diesen gehörten am Ende des Jahrhunderts Rüstungsgüter (Kanonen), riesige Kurbelwellen und -achsen für Schiffe, ganze Schiffssteven, insgesamt also Produkte, die aufgrund ihrer hohen Qualität aus dem best möglichen Stahl produziert wurden. Die Beanspruchung und Belastbarkeit der Werkstücke waren die entscheidenden Kriterien für die Wahl der Stahlsorte. Unfälle und Brüche, die bei den verkauften Gütern auftraten, mussten aus Sicht der Firma unter allen Umständen vermieden werden.

6.

Konkurrenz drängte mit Macht in den lukrativen weil stetig expandierenden Markt für Eisenbahnmaterial. Eisenbahngesellschaften orderten immer größere Stückzahlen an Rädern, Schienen und weiteren Stahlprodukten. Alfred Krupp blieb bei seiner Strategie, hochwertige Produkte zu hohen Preisen anzubieten, auch gegen Widerstände seiner Mitarbeiter. Wie konnte er den Bahngesellschaften, die natürlich die Kosten im Auge haben mussten, seine Produkte schmackhaft machen? Die Strategie des Firmeninhabers war, seine Waren als einzigartig und damit nicht mit denen seiner Konkurrenten vergleichbar, darzustellen. Deshalb reagierte Alfred Krupp sofort und scharf auf Meldungen, es seien Materialfehler bei Unfällen mit Krupp'schen Eisenbahnradachsen aufgetreten. Solche Äußerungen seien „unverantwortliche Bloßstellung meines Fabrikates" wie die Firma Krupp an Ernst Waldthausen am 26. Februar 1861 schrieb.[40] Deshalb unterstellte er eine falsche Bearbeitung des Stahls von Seiten der Kunden. Um Kosten zu sparen hatten viele Bahngesellschaften nur roh geschmiedete Achsen bestellt und diese in den eigenen Werkstätten weiter bearbeiten lassen. Als eine Fehlerquelle hatte sich beim Abdrehen das Entstehen von scharfen Kanten erwiesen, die sich zu Rissen entwickeln konnten. Krupp empfahl seinen Kunden,

---

40 Vgl. BEYER, wie Anm. 6, S. 418.

allein Fertigerzeugnisse zu bestellen, da solche Sicherheitsprobleme dann nicht auftreten würden. Von Seiten der Eisenbahngesellschaften verfolgte man die Unfallhäufigkeit im Eisenbahnwesen durch den 1846 gegründete „Verein deutscher Eisenbahn-Verwaltungen", der in den 1850er Jahren statistisch die Zahl und Art der Achsbrüche erfasste. Auch Alfred Krupp trat am 11. September 1849 dem Verein bei.[41] Zu dieser Vereinigung schlossen sich siebzehn Bahngesellschaften zusammen. Bis 1856 summierten sich die vom Verein registrierten Unfällen aufgrund von Brüchen der Eisenbahnachsen auf 374.[42] Siebzehn dieser Brüche hätten mit Krupp'schen Achsen stattgefunden, so stellte es der Verein mittels einer Statistik dar. Die Veröffentlichung erregte 1857 Alfred Krupps Zorn, da solche Nachrichten „eine schädliche Waffe in den Händen meiner Feinde" seien.[43] Denn trotz seiner Warnungen sei es zu einer Lieferung von gehärteten Achsen an die Niederschlesische-Märkische Eisenbahn gekommen. Allein aus diesem Kontingent seien die Brüche zu verzeichnen. Die große Zahl der anderen Krupp'schen Achsen war ungehärtet und hatte zu keinen Beanstandungen geführt. Mit der Aufnahme der Produktion von Radachsen aus Tiegelstahl kam die Diskussion um deren Qualität auf.[44] Die Firma reagierte auf die kritische Darstellung von Seiten des Vereins deutscher Eisenbahn-Verwaltungen mit einer eigenen Denkschrift. Auch in den folgenden Jahren reagierte Alfred Krupp äußerst empfindlich, wenn bei Unfällen mit Eisenbahnzügen die Schuld bei seinem Unternehmen gesucht wurde. 1859 kam es zu einem Achsbruch bei einem Kohlenwagen der Köln-Mindener Eisenbahn. Lag ein Materialfehler vor? Die Frage war auch für Experten schwer zu beantworten.

41 Vgl. Historisches Archiv Krupp, Essen; WA 56/153, Geschichtliche Abteilung, betr. geschichtliche Daten, 30.1.1925.
42 Vgl. BEYER, wie Anm. 6, S. 417.
43 Vgl. ebd.
44 Der Regierungs- und Baurat Hoffmann nahm in Bezug auf die Qualität von Krupp angebotenen „gussstählernen Krummachsen" am 13. November 1852 gegenüber dem Staats- und Minister für Handel, Gewerbe und öffentliche Arbeiten von der Heydt Stellung: „Vergleichende Versuche mit derartigen Achsen an Lokomotiven selber würden übrigens eine sehr geraume Zeit erfordern, um ein entscheidendes Urteil zu erzielen, dagegen würde sich der Vorzug der einen oder anderen Materials leichter durch Fall-, Druck- oder Torsionsproben ermitteln lassen, wozu jedoch nicht unbedeutende und kostspielige Vorrichtungen und Mittel erforderlich sein würden, deren unsere Bahnverwaltung gänzlich entbehrt und die in den großen Maschinen-Fabriken zu Berlin ungleich leichter zu beschaffen wären." Abschrift vorhanden in: Stiftung Deutsches Technikmuseum Berlin, Archiv, I.2.001/110; Hoffmann an von der Heydt, Stettin, 13.11.1852.

Um seine Produkte vor öffentlichen Angriffen zu schützen, da Meldungen und Gerüchte über angebliche Materialfehler leicht die Runde machen konnten, ging Alfred Krupp mit einer eigenen Informationspolitik die maßgebenden Stellen an, um eine Lobby für seine Produkte zu gewinnen. Er schrieb 1858 Alexander von Humboldt (1769-1859) an. Der Berliner unterhielt beste Kontakte zum preußischen Hof und bekam vom Essener Unternehmer seine Firmenphilosophie geschildert:

„Über die hiesige Thätigkeit will ich mir noch eine kurze Mittheilung erlauben. Dieselbe umfaßt vorzugsweise die Fabrikation von Achsen und Rädern für Eisenbahnen und Dampfschiffe. Neben diesen Werkzeugen für den Verkehr des Friedens werden auch die des Krieges ‚Geschütze' bedacht. Eine Unverwüstbarkeit ist die Aufgabe; bei Ersteren zum Vortheile der Sicherheit von Gut und Menschenleben, bei Letzteren zur Erhöhung der Zerstörungsfähigkeit. Erstere nimmt den bedeutenderen Rang ein und muß uns ernähren."[45]

Wichtig war der Firma in eigens zusammengestellten Schriften die Urteile von zufriedenen Kunden zu sammeln und auf diese Weise auf die Güte der eigenen Waren zu verweisen. Gerne wurden berühmte Personen angeführt, welche die hohe Qualität des Krupp'schen Eisenbahnmaterials zu schätzen wussten. Zum hundertjährigen Jubiläum der Erfindung des nahtlosen Radreifens erschien 1951 eine kleine Firmenfestschrift, die zwei gekrönte Häupter vorstellte, die sich auf die Krupp'schen Produkte verließen. So hätte schon Zar Nikolaus von Russland 1853 Achsen und Federn aus Essen für seine Kutsche bestellt. Auf Wunsch vom französischen Kaiser Napoleon III. soll die Orleansbahn den Hofzug aus Sicherheitsgründen auf Eisenbahnachsen der Marke Krupp umgerüstet haben.[46]

7.

Die Produktion des Eisenbahnmaterials war die eine Seite der Medaille. Die andere betraf eine offensive Produktvermarktung. Wie konnte man neue Kunden erreichen und sie von den Vorzügen der eigenen

---

45 Brief Alfred Krupp an Alexander von Humbodt, 4.1.1858, Historisches Archiv Krupp, FAH 2 C 21; zitiert nach James, wie Anm. 3, S. 63.
46 Vgl. 100 Jahre Arbeit für die Eisenbahn, Essen 1951, S. 8.

Erzeugnisse überzeugen? Zum einen gab es die traditionelle Form der Werbung: Die Firma fertigte – vergleichbar mit den Maßnahmen ihrer Konkurrenten – Preislisten und Übersichten über die vom Unternehmen zu beziehenden Waren an. Die Listen wurden jährlich ergänzt, aktualisiert und auch in französischer und englischer Sprache gedruckt. Besonders für die erste Hälfte des 19. Jahrhunderts war dies die effektivste Form der Werbung. Die Firma begann schon in den 1810er und 1820er Jahren mit dieser Marketingstrategie und warb für ihr Halbzeug, für ihre Werkzeuge und Münzstempel. Ab den 1830er Jahren kamen dann Walzen hinzu, die bis in die 1850er Jahre das wichtigste Standbein des Essener Unternehmens blieben. Drei Viertel des Firmenumsatzes fiel um 1850 auf diese Sparte.[47] Ein weiteres wichtiges Feld der Kundenwerbung betraf das Vertreterwesen. Handelsreisende besuchten einzelne deutsche Regionen und sogar das benachbarte Ausland. Sie konnten am besten mit den Vorführmodellen für die Qualität des Essener Stahls werben. Besonders Alfred Krupp selber unternahm in den 1830er und 1840er Jahren ausgedehnte Reisen von mehreren Monaten nach Frankreich und England. Zudem fand die Firma in Wien wie in St. Petersburg Agenten, welche die Waren verkauften. Ein Vertreter vor Ort war in einem fremden Land sicherlich eine wichtige Möglichkeit den Vertrieb zu fördern, doch konnte ein solcher nur wenige Kunden erreichen. Die Reisen in die Provinz waren zeitaufwendig, mühselig und kostenintensiv. Besser war es, wenn die Kunden nach Deutschland kämen und sich vor Ort (in Essen) ein Bild über das Unternehmen und die Produkte verschaffen würden. Vor und zum Beginn des Eisenbahnzeitalters waren solche Reisen eher die Ausnahme, da zu teuer. So nutzten Geschäftsleute erst gegen Ende des 19. Jahrhunderts konsequent die Möglichkeit, mit dem Zug nach Essen zu fahren und das Werk zu besichtigen. Ein Strom an Neugierigen fand sich bei Krupp ein. Berichte von zahlreichen Besichtigungen der Anlage haben sich überliefert.

In der Mitte des 19. Jahrhunderts war aber diese Form an Mobilität nur in Ansätzen entwickelt. Für die Industrienationen mit ihren exportorientenerten Unternehmensbranchen stellte die Ausrichtung und Beteiligung an Gewerbeausstellungen eine Möglichkeit dar, um die beiden Parteien zusammenzubringen. Auch Krupp nahm 1844 in Berlin auf einer solchen teil und errang eine Medaille. Dass die Firma sich in der Folge mit dieser Prämierung schmückte, hing mit dem Marketing zusammen. Die

---

47 Vgl. 125 Jahre Krupp, wie Anm. 12, S. 72.

Auszeichnung erfolgte über die Ausstellungsjury, die zu den einzelnen Produktsparten ihr Urteil abgab. Auf diese Weise ließ sich die Qualität der Produkte – wenn auch nicht hundertprozentig objektiv – messen. Für die Kunden stellten die verliehenen Auszeichnungen Hinweise auf die Qualität der ausgestellten Waren dar und erleichterten den Kaufentscheid auf Seiten der Kunden. Nicht bewertet wurde allerdings das Preis-Nutzen-Verhältnis, wie es heute von der Stiftung Warentest vorgenommen wird. Alfred Krupp entpuppte sich als Marketinggenie. Er erkannte den Wert der Teilnahme an solchen Ausstellungen und forcierte in den folgenden Jahren solche Firmenauftritte. Die gewonnen Auszeichnungen waren für sein Unternehmen Qualitätssiegel. Sie zierten die Firmenbriefköpfe.[48]

Nach der Berliner Ausstellung nahm Krupp an der Londoner Weltausstellung 1851 teil. Sie war unter mehrerer Aspekten etwas Besonderes. Krupp gelang mit seinem Auftritt der internationale Durchbruch als Stahlunternehmen. Nun wurde er in der Presse wie auch in Fachkreisen ernst genommen. Die Essener Firma erregte mit zwei Produkten weltweites Aufsehen. Zum einen präsentierte Krupp die erste Kanone aus Gussstahl (die zweite der Firma) weltweit und zum anderen den größten Gussstahlblock. Mit seinem Gewicht von 2,15 t stellte er alles bisher Bekannte in den Schatten.[49] Er war im April 1851 in Essen aus 31 Tiegeln erschmolzen worden und kam erst nach Eröffnung der Weltausstellung in London an. Für diesen erhielt die Firma die begehrte Auszeichnung einer bronzenen Council-Medaille. Der westfälischen Industrielle und Politiker Friedrich Harkort besuchte die Londoner Ausstellung und stellte im Bezug auf den Stahlblock fest: „Dieses Ding da wird einer der merkwürdigsten Denksteine in der Geschichte der industriellen

---

48 Zentral zum Thema „Krupp und Ausstellungen": WOLBRING, wie Anm. 23.
49 „Der von F. Krupp in Essen angefertigte Gussstahl gehört zu den besten Erfolgen in der ganzen Ausstellung. Es ist dieser thätige Fabrikant der erste, dem es gelungen ist, Gussstahl in solchen großen und durchaus gleichförmigen Stücken zu erzeugen, wie sie bis zu 4300 Pfund schwer ausgestellt sind, wodurch dem Stahl in viele Gewerbezweige, in denen man sich bis jetzt mit einem geringeren Material begnügte, Eingang verschafft wird, und somit eine höhere Vollendung einzelner Fabrikate erreicht werden kann. Die Anwendbarkeit dieses Gussstahles hat der Fabrikant durch mehrere Gegenstände, namentlich ein Paar gehärtete, aufs höchste polirte Walzen, Federn und Axen für Eisenbahnwagen, eine 6pfündige Kanone etc. gezeigt." Amtlicher Bericht über die Industrie-Ausstellung aller Völker zu London im Jahre 1851, von der Berichterstattungs-Kommission der Deutschen Zollvereins-Regierungen, Erster Theil, Berlin 1852, S. 232.

Entwicklung Deutschlands werden."[50] Neben diesen beiden spektakulären Ausstellungsstücken reüssierte Krupp mit weiteren Produkten. Die Firma stellte Stahlkürassen, Stahlwalzen, Münzstempel und Gold- und Lahnwalzen aus.[51] Auf dem Sektor des Eisenbahnwesens präsentierte man eine Wagenachse aus Gussstahl. „Vom Zollverein sind die Stahlachsen von Krupp aus Essen hervorzuheben."[52] Zu den in London ausgestellten Stahlfedern wird in dem ein Jahr später erscheinenden deutschen Ausstellungsbericht vermerkt:

„Die Kruppschen Federn sind bei uns bekannt, und ist es den Bemühungen dieses ausgezeichneten Fabrikanten, der insbesondere durch seine anderen eingeschickten Artikel den Zollverein und die Stahlfabrikation auf imposante Weise vertreten hat, zu verdanken, daß wir vom Auslande weniger abhängig sind wie früher, und daß die bei weitem besseren Gussstahlfedern immer mehr Eingang finden werden."[53]

Dagegen stellte die Essener Firma keine Eisenbahnräder in London vor. Dafür war ein Konkurrent aus dem Ruhrgebiet mit einem solchen vertreten. Das Hörder Stahlunternehmen Piepenstock und Comp. (die Hermannshütte), welches ein Jahr später zum Hörder Bergwerks- und Hüttenverein umfirmiert werden sollte, präsentierte ein Paar Eisenbahnräder mit Röhrenachsen und „Scheibenräder von anerkannter Konstruktion".[54] Der Marketing-Coup in London mit dem Tiegelstahlblock und der Gussstahlkanone prägte die Öffentlichkeitsarbeit der Firma Fried. Krupp über Jahrzehnte. Über den Tod Alfred Krupps (1887) hinaus, nahm das Essener Unternehmen an großen (Welt-) Ausstellungen teil. Der Essener Firma kamen solche Präsentationsmöglichkeiten gelegen, wo der Aufwand in einem akzeptablen Verhältnis zu dem erwartenden Gewinn stand. Es galt neue Kunden zu gewinnen. So stellte die Teilnahme an der Münchner Industrie-Ausstellung 1854 ein wichtiger Meilenstein bei Krupp dar, weil hier breiten Kreisen erstmals die nahtlosen Radreifen präsentiert werden konnten.[55] Nun folgte die Teilnahme an der Pariser Weltausstellung (1855) und wenige Jahre später trafen sich die Geschäftsleute und Fabrikanten aus aller Welt wieder in London ein. Hier fand

---

50   Zitiert nach HAROLD JAMES, Wie Anm. 3, S. 54.
51   Vgl. BERDROW 1927, wie Anm. 17, Erster Band, S. 260
52   Amtlicher Bericht, wie Anm. 49, S. 536.
53   Ebd., S. 534.
54   Vgl. Amtlicher Bericht, wie Anm. 49, S. 533.
55   Vgl. Krupp im Dienste der Dampflokomotive, wie Anm. 7, S. 14.

1862 erneut eine Weltausstellung statt und Krupp stellte neben Kanonen auch Eisenbahnmaterial aus. Krupp erregte bei all seinen Ausstellungsteilnahmen Aufsehen. Die Firma präsentierte jedes Mal eine noch größere Kanone, ein noch schweren Tiegelstahlblock. Die Prämierungen waren die logische Konsequenz für den Aufwand, den die Essener Firma bei jeder Teilnahme betrieb. Auf der Pariser Weltausstellung war 1867 eine Kanone von 50 Tonnen Gewicht die eigentliche Sensation. Sie war ausgelegt für Granaten von 1000 Pfund Gewicht.[56] Aber auch die von der Firma vorgestellte Lokomotivachse mit Stahlgussscheibenrädern von 188 cm Durchmesser fand Beachtung.[57]

Die spektakulären Teilnahmen an den Weltausstellungen war das eine, das andere betraf die adäquate Vermarktung der Präsentationen. Denn das die Firma in weit entfernt liegenden Städten auf Ausstellung vertreten war, wäre dem Zeitgenossen nur mittels der Presseberichte, die über keine Abbildungen verfügten, zu vermitteln gewesen. Krupp ließ Fotografien von seinen Ausstellungsstände anfertigen und setze sie zur Vermarktung ein. Sie finden sich in firmeneigenen Prospekten und Werbebroschüren. Alfred Krupp war 1861 der Erste, der eine eigene Photographische Anstalt für sein Unternehmen gründete, die erste in Deutschland. Dank seines Fotografen Hugo van Werden können wir uns ein Bild vom Londoner Ausstellungsstand von 1862 machen. In die Fotografie wurde anstelle eines Firmenschildes eines Konkurrenten das eigene hineinmontiert. Krupp war ein Genie auf dem Feld des Marketings. Er setzte konsequent die Fotografie ein, um sowohl den Geschäftskunden die Qualität seiner Produkte vor Augen zu führen als auch dem breiten Publikum, die nicht die Weltausstellungen hatten besuchen können, die eigenen Waren präsentieren zu können.[58]

Welche Mittel hatte Krupp, um auf die Qualität seiner Produkte verweisen? Zum einen präsentierte er Originalprodukte wie Schienen und Räder, die er ablichten ließ. Neben der „normalen" Produktfotografie, finden sich aber weitere Abbildungen, welche geprobte Waren zeigen. Die Firma ging einen Schritt weiter und verbog (probte) die eigenen Produkte.

56 Vgl. WOLBRING, wie Anm. 48, S. 107.
57 Vgl. Krupp im Dienste der Dampflokomotive, wie Anm. 7, S. 15. Die Firma stellte bereits seit 1863 Räder aus Stahlformguss her. Für das Jahr 1870 wird die jährliche Produktion von Lokomotiv- und Wagenradsätzen mit 6000 Stück angegeben.
58 Zur Fotografie bei Krupp vgl. Bilder von Krupp. Fotografie und Geschichte im Industriezeitalter, hg. v. KLAUS TENFELDE, München 1994; Krupp. Fotografien aus zwei Jahrhunderten, hg. v. der Alfried Bohlen und Halbach-Stiftung, Berlin 2011.

Abb. 5: Krupp'scher Ausstellungsstand in London, 1862;
Historisches Archiv Krupp, Essen.

So sollte deutlich werden, dass Krupp'sche Waren verbogen, nicht aber gebrochen werden konnten. Dieses Qualitätskriterium war gerade für den sensiblen Bereich der Verkehrstechnik entscheidend. Kam es doch zu Unfällen bei denen die Frage nach dem Schuldigen auftauchte. Lag vielleicht ein Materialfehler von Seiten des Stahlunternehmens vor?

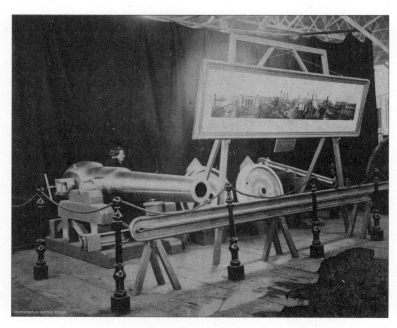

Abb. 6: Krupp'scher Ausstellungsstand in Dublin, 1865;
Historisches Archiv Krupp, Essen

Die Antwort gab Krupp auf jeder neuen Ausstellung: Seine Güter waren Dank des verwendeten Tiegelstahls und des nur in Essen angewandten Herstellungsverfahrens (auch ein Mythos der Firma) bruchsicher. Die geprobten Räder wurden nicht nur als Originale ausgestellt, sondern sie wurden auch fotografiert und die Aufnahmen finden sich in den Firmenbroschüren wieder. Eine geprobte Eisenbahnschiene präsentierte Krupp 1865 auf einer Dubliner Ausstellung. Im Vordergrund ist auf einem zeitgenössischen Foto die um 180 Grad gebogene Eisenbahnschiene zu erkennen. Deutlich werden sollte sowohl dem Ausstellungsbesucher als auch dem Bildbetrachter, Krupp'scher Stahl kann zwar verbogen nicht aber gebrochen werden. Im Hintergrund sind auf dem Stand noch zwei Scheibenräder und eine Kanone zu erkennen. Am Rohr musste eine Person, vermutlich ein Mitarbeiter der Firma, Aufstellung nehmen, um die gewaltigen Dimensionen zu verdeutlichen.

8.

Die Tagesleistung der Firma betrug am 2. September 1877 1000 Granaten, 160 Radreifen, 120 Lokomotiv- und Waggonachsen, 160 Eisenbahnräder, 430 Eisenbahnfedern und 1800 Schienen. Die Daten haben sich deshalb erhalten, da an diesem Tag Kaiser Wilhelm I. die Fabrik besuchte.[59] Zu seinen Ehren ließ Krupp die Produkte für den Monarchen aufstapeln. Sichtbarer kann kaum die erfolgreiche Produktion in Essen präsentiert werden. Auf das Jahr gerechnet betrug die durchschnittliche Produktion von Radreifen im Zeitraum von 1865 bis 1875 32.000 Stück.[60] Die hohen Verkaufszahlen hingen aber nicht nur mit der Qualität der Produkte zusammen. Krupp war Mitglied in Kartellen, die

---

59 Vgl. Historisches Archiv Krupp, Essen; WA 56 / 153, Geschichtliche Abteilung, betr. geschichtliche Daten, 30.1.1925.

60 Zu den Krupp'schen Erfindungen in dieser Unternehmensphase gehörte 1875 die Entwicklung eines Produktionsverfahrens zur Herstellung von Wickelrädern. Alfred Krupp ließ Flacheisen um schweißeiserne Naben wickeln „und schweißte das Ganze unter dem Dampfhammer zu einer Radscheibe zusammen. „Die Wickelräder wurden später durch die flußeisernen Scheibenräder verdrängt. Nabe, Scheibe und Kranz wurden aus einem Stück Flußeisen gepreßt und fertiggewalzt. Das billigste Verfahren zur Herstellung bruchsicherer Eisenbahnräder war damit gefunden." BARTH, wie Anm. 18, S. 103.

den Markt unter sich aufteilten, die ausländische Konkurrenz außen vor hielt und dafür selber auf den ausländischen Märkten mit Niedrigpreisen (während man auf dem einheimischen Märkten höhere Preise ansetzte) sich bei der Vergabe von Aufträgen durchsetzen konnte. Krupp ging bei der Bessemer-Schienenproduktion 1868 ein erstes Kartell mit den beiden benachbarten Konkurrenten, dem Bochumer Verein und dem Hörder Bergwerks- und Hüttenverein, ein. Über Jahre blieb man der Firmenstrategie einer Kartellbeteiligung treu und weite diese Praxis auch auf den Vertrieb von Produkten, wie Radreifen und Radsätzen, aus.[61] Die steigenden Verkaufszahlen waren nur durch die Vergrößerung und Ausweitung der Produktionsstätten möglich. Noch zu Lebzeiten Alfred Krupps (1812-1887) wurden Außenwerke und Erzgruben erworben. In Witten kaufte der greise Firmenpatriarch 1886 das Stahlwerk Fritz Asthöwer in Annen. Asthöwer hatte ein Stahlformgussverfahren entwickelt und seine Produkte genossen einen guten Ruf. Die nun produzierten Treib- und Kuppelräder verdrängten die schweißeisernen Lokomotivräder vom Markt.

Mit dem Tod Alfred Krupps 1887 folgte naturgemäß ein Umbruch in der Firmenleitung. Sein Sohn Friedrich Alfred übernahm das Ruder. Er stand im Schatten eines schon zur Lebzeiten übergroßen Vorbildes, seines Vaters und auch seine Biografen fanden bisher eher an seinen Leistungen etwas auszusetzen. Jüngst würdigte die Forschung[62] die verschiedenen Aspekte seines Lebens, so dass sein Wirken für die Expansion des Unternehmens differenzierter und damit positiver gewichtet wird. Unter Friedrich Alfred Krupp sank die Bereitschaft, sich mit hohem Aufwand an Weltausstellungen zu beteiligen. Nur auf persönliches Drängen Kaiser Wilhelms II. nahm Krupp an der Weltausstellung in Chicago 1893 teil. Der Monarch wollte die deutsche Industrie angemessen in den USA vertreten sehen. Nur zögernd ging die Firma diese Präsentation an, da man nicht annahm, größere Aufträge würden sich in der Folge auf dem US-Markt eröffnen. Eine letzte große und umfassende Präsentation leistete sich die Firma in Düsseldorf. Dort fand 1902 eine gigantische Gewerbeausstellung statt mit der die rheinisch-westfälische Industrie ihre internationale Leistungsfähigkeit demonstrieren wollte. Krupp baute einen eigenen großen Pavillon und präsentierte die gesamte Bandbreite

---

61 Vgl. JINDRA 2013, wie Anm. 2, S. 442-445.
62 Friedrich Alfred Krupp. Ein Unternehmer im Kaiserreich, hg. v. MICHAEL EPKENHANS und RALF STREMMEL, München 2010.

seiner Produkte. Neben den Kanonen und Panzerplatten nahm auch das Eisenbahnmaterial einen großen Stellenwert ein. Deutlich wird, dass die Firma sowohl seine Produkte, also Scheiben- und Speichenräder, als auch geprobte Produkte ausstellte. Erhalten haben sich im Deutschen Technikmuseum in Berlin zwei Präsentationsgestelle, welches die Firma im Anschluss an die Ausstellung dem Königlichen Bau- und Verkehrs-

Abb. 7: Präsentation von Krupp'schen Eisenbahnmaterial auf der Industrie- und Gewerbeausstellung Düsseldorf, 1902, Historisches Archiv Krupp, Essen.

museum schenkte. Neben einem Gestell mit Eisenbahnrädern hat sich in Berlin ein weiterer mit Eisenbahnachsen erhalten.

9.

Die weitere Entwicklung der Firma bis zum Ausbruch des Ersten Weltkriegs 1914 scheint mir vor allem unter dem Aspekt der quantitativen Entwicklung von Bedeutung zu sein. Sowohl Friedrich Alfred Krupp als auch sein Schwiegersohn Gustav Krupp von Bohlen und Halbach, der 1906 Bertha, die Tochter von Friedrich Alfred Krupps, ehelichte, haben den Ausbau des Konzerns forciert. Zum einen wurden Kohlezechen und Erzfeldern angekauft, zum anderen bestehende Anlagen massiv um- und ausgebaut. Meilensteine in der Firmengeschichte stellen der Erwerb des Grusonwerks in Magdeburg und die Neuanlage eines Hüttenwerks am Rhein dar. Hier in Duisburg-Rheinhausen entstand 1897 die Friedrich-Alfred-Hütte, ein Thomas-Stahlwerk von gewaltigen Ausmaßen. Die Fertigung von Schienen verlegte die Firma 1906 aus Essen an den Rhein, obwohl sie ihr Essener Schienenwalzwerk noch 1903/04 modernisiert hatte.[63] Duisburg war für die Produktion von Eisenbahnmaterial nun von wachsender Bedeutung. Weiterhin von Bedeutung war ihr Stahlwerk in Witten-Annen, da dort das Stahlformguss-Verfahren zum Einsatz kam.

Das Unternehmen war nicht nur als Zulieferer für Eisenbahngesellschaften auf dem Markt vertreten. Angeboten wurden komplette Eisenbahnwagen – nicht aber Lokomotiven. Seit 1865 befanden sich zuerst Schmalspur- und Förderwagen, dann auch Wagen für schwere Lasten und Selbstentladewagen für Normalspur im Lieferprogramm.[64] Besonders eng war die Zusammenarbeit mit der Bergbauunternehmen, die im Zuge des expandierenden Kohleabbaus (nicht nur im Ruhrgebiet) immer mehr Förderwagen und Abraumkipper benötigten. Insgesamt lieferte Krupp bis 1914 weltweit 2,75 Mill. nahtlose Radreifen aus.[65] Für das Geschäftsjahr 1912/13 ist eine jährliche Produktion von 36500 Wagen- und Tenderachsen und 4470 Lokomotivachsen (es ist die Höchstzahl vor dem Ersten Weltkrieg) belegt.[66] Nicht berücksichtigt wurden hier weitere Produkte, die zum Lieferprogramm auf dem Sektor für Eisenbahnwesen gehörten. Für die Lokomotivhersteller lieferte Krupp Bleche (später einbaufähige Barrenrahmen), Puffer, Lokomotivdampfzylinder und Achslager.[67]

---

63 Krupp 1812 – 1912, wie Anm. 4, S. 411. Insgesamt waren in dem Werk seit 1864 2,8 Mill. t Schienen hergestellt worden. Nach der Verlagerung nach Duisburg wurde das Essener Walzwerk zur Herstellung von Knüppel- und Rundstahl für nahtlose Radreifen genutzt.
64 Vgl. Krupp im Dienste der Dampflokomotive, wie Anm. 7, S. 18.
65 Vgl. Krupp. Erzeugnisse und Leistungen für den Verkehr, Essen 1960/70, S. 14 f. Nach einer anderen Quelle lag die Gesamtproduktion von nahtlosen Radreifen zwischen 1853 und 1914 bei 3,11 Millionen Stück; vgl. Krupp im Dienste der Dampflokomotive, wie Anm. 7, S. 14. Die jährliche Produktion soll 1912/13 bei 111.506 Stück gelegen haben.
66 Vgl. Krupp im Dienste der Dampflokomotive, wie Anm. 7, S. 12.
67 Vgl. ebd., S. 15.

Weltweit lieferte Krupp an Eisenbahngesellschaften Güterwaggons, Dampfkessel für Lokomotiven, Pressböcke, Drehscheiben, Schienen, Schwellen und Krampen.[68] Nicht zu unterschätzen ist der riesige Markt an Eisenbahnschienen, sowohl für Schmalspurbahnen (zu den wichtigsten Kunden gehörte der Bergbau) als auch für Normalspurbahnen, wie die Bagdadbahn. An die Fa. Philipp Holzmann, welche den Bau dieser prestigeträchtigen Fernverbindung durch den Vorderen Orient organisierte, verkaufte das Unternehmen gemeinsam mit anderen Mitgliedern des Deutschen Stahlwerkverbandes das Eisenbahnmaterial. Denn seit 1904 gehörte der Konzern diesem neu gegründeten Verband an, der den Stahl, wie zum Beispiel das Eisenbahnoberbaumaterial, vertrieb.[69] Zu den weiteren Mitgliedern gehörten unter anderem die Rheinischen Stahlwerke (Duisburg-Ruhrort), die Gutehoffnungshütte (Oberhausen) und die Gewerkschaft Deutscher Kaiser (Duisburg). Zusammen lieferten sie 1904 für den ersten Bauabschnitt der Bagdadbahn das Schienenmaterial.[70] Auch für die folgenden Bauabschnitte scheint der Verband das Eisenbahnmaterial geliefert zu haben. Anscheinend fanden 1912/13 Nachbestellungen bei der Fa. Fried. Krupp statt. Schienen in einem Gewicht von 750 t und im folgenden Geschäftsjahr weitere 1870 t gingen in das Osmanische Reich. Der Auftrag war für den Krupp-Konzern nur von geringer Bedeutung, produzierte man doch im Geschäftsjahr 1913/14 Eisenbahnmaterial in einem Gesamtumfang von 197.000 t.[71]

Die Unternehmensstrategie der Firma Fried. Krupp im Zeitraum von 1887 bis zum Kriegsausbruch 1914 scheint sich auf den Ausbau bestehender Strukturen beschränkt zu haben. Eisenbahnmaterial wurde nun kostengünstiger und in riesigen Mengen auch in den Außenwerken Witten, Magdeburg und Duisburg-Rheinhausen produziert. Dagegen hatten sich schon vorher, unter der Firmenleitung von Alfred Krupp, eine Produktphilosophie und Marketingstrategie herauskristallisiert, die seine Nachfolger weiterführten und verfeinerten. Alfred Krupp war es, der den Mythos „Krupp und die Eisenbahn" ins Leben gerufen hat. Deshalb lag der Schwerpunkt des Vortrags auf diese Zeit, die 1850er und 1860er Jahre. Dem Essener Unternehmen war Dank der Erfindung des nahtlosen Radreifens, dem Patentschutz auf diese Erfindung und eines

68 Vgl. Krupp und die Bahn, wie Anm. 39, S. 11.
69 Vgl. 25 Jahre Stahlwerks-Verband 1904-1929, Düsseldorf 1929, S. 2 u. 5.
70 Vgl. AXEL HEIMSOTH: Stahl für die Bagdadbahn. Die Rolle der Montanindustrie aus dem Ruhrgebiet, in: forum Geschichtskultur Ruhr 2/2012, S. 39-42.
71 Vgl. AXEL HEIMSOTH: Die Bagdadbahn, in: Industriekultur 3, 2011, S. 42-45.

Abb. 8: Bandagenwalzwerk II in Essen, vor 1906, im Mittelbereich befindet sich eine Horizontalwalze; Historisches Archiv Krupp, Essen.

konsequenten und aufwendigen Produktmarketings die Führungsrolle als deutscher Hersteller von Eisenbahnmaterial nicht mehr zu nehmen.

10.

Nach dem Ersten Weltkrieg musste Krupp notgedrungen seine bisherige Produktpalette umstellen. Waren bisher in Friedenszeiten bis zu 50 Prozent Waffen (Rüstungsgüter) produziert worden und war diese Sparte 1914-18 im Zuge der Kriegswirtschaft ganz erheblich ausgebaut worden, so änderten sich die Anforderung nach 1918 grundlegend. Anstelle von Kanonen verließen nun Konversionsprodukte die Fabrikhallen. Nun wurden solche wie Motorroller, Lastkraftwagen, Registrierkassen, landwirtschaftliche Maschinen und weitere, aus neuen Stahlsorten (Nirosta- und Widia-Produkte) entwickelte Güter angeboten.[72] Anstelle des

---

72 Vgl. 100 Jahre nichtrostender Stahl. Historisches und Aktuelles, hg. v. MANFRED RASCH, Essen 2012.

Maschinenparks, der für die Waffenproduktion notwendig war, wurde eine Lokomotivfabrik aufgebaut. Die „Lowa" lieferte schon 1919 die erste Lokomotive aus. Die schwierigen wirtschaftlichen Phasen in der Weimarer Republik überlebten nur zwölf der 21 Lokomotivfabriken, zu denen auch das Essener Werk gehörte. Dort wurde 1924/25 die erste Turbinenlokomotive für die Deutsche Reichsbahn und 1925 die erste

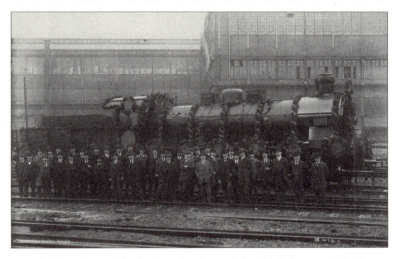

Abb. 9: Erste Krupp'sche Lokomotive (preußische G 10), hergestellt in Essen, 10.12.1919; Historisches Archiv Krupp, Essen.

Diesel-Lokomotive hergestellt.[73] Bis Anfang 1939 produzierte Krupp 2000 Lokomotiven.[74]

11.

Mit dem Einstieg in Entwicklung und Herstellung von Lokomotiven veränderte sich nicht nur die Produktpalette – weg von den Halbfertigprodukten hin zu kompletten Systemen – sondern auch die Wahrnehmung der Firma in der Öffentlichkeit. Krupp stand nun nicht mehr allein für

---

73 Vgl. 100 Jahre Arbeit, wie Anm. 46, S. 21.
74 Vgl. Krupp und die Bahn, wie Anm. 39, S. 11.

Schienen und Eisenbahnräder (Radreifen). Die Drei-Ringe der Firma fanden sich nun auch auf Lokomotiven, Lastkraftwagen, Motorroller, Kinoprojektoren, landwirtschaftlichen Maschinen, Mühlen (Grusonwerk) und Anlagen für den Maschinenbau wider. Natürlich wurde die Firma weiterhin als Waffenproduzent wahrgenommen, obwohl sie zwischen 1918 und 1933 offiziell keine Rüstungsgüter produzieren durfte, allerdings war sie insgeheim an der Entwicklung von Waffensystem beteiligt. Im Nationalsozialismus war sie wieder „die Waffenschmiede des Reiches", auch wenn der Anteil der Produkte innerhalb des Konzerns bei weitem nicht an die Zahlen des Ersten Weltkriegs herankamen. Nach dem Zweiten Krieg hielt Krupp die Tradition der Fertigung von Eisenbahnmaterial (einschließlich Lokomotiven), Lastkraftwagen und Schiffen aufrecht. Das Drei-Ringe-Symbol galt und gilt als Qualitätsmerkmal und findet sich an zahlreichen Produkten. Die Krupp'schen Maschinenanlagen, die Industriegüter, die Wagen und Omnibusse und die Haushaltsgeräte finden sich heute nicht mehr im alltäglichen Gebrauch, sondern sind in Depots und Ausstellungen gelagert. Ihre Eigentümer sind Privatpersonen

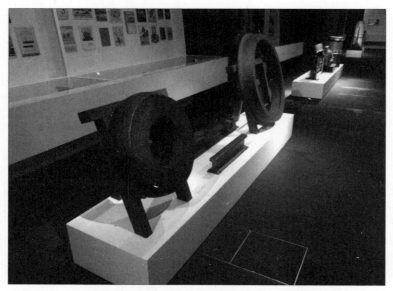

Abb. 10: Krupp'sche Radreifen in der Ausstellung „200 Jahre Krupp. Ein Mythos wird besichtigt" im Ruhr Museum in Essen, 2012; Ruhr Museum, Essen

wie etwa Oldtimer-Sammler oder auch Museen. Die Dinge sind museal geworden, da die Marke „Krupp" nicht mehr existiert, wird nichts mehr nachproduziert, das noch Vorhandene gilt es zu pflegen, zu restaurieren und der Öffentlichkeit zugänglich zu machen.

Die Firma existiert in einer neuen Rechtsform seit der Fusion 1999 mit Thyssen zur ThyssenKrupp AG. Ein gemeinsames Logo macht den Neubeginn deutlich. Während die Tradition der Marke Krupp durch die Fusion ein Ende fand, arbeiten die Museen die Bedeutung der Firma im Rahmen der Industriellen Revolution heraus. Vielleicht ist auch erst eine museale Darstellung zu dem Zeitpunkt möglich geworden, als die Firma in einer anderen aufging und damit zu einer historischen Größe wurde. Was bleibt ist der Name „Krupp", der für Eisenbahnmaterial, wie Radreifen (Radsätze) und Schienen, ebenso wie für Kanonen und viele weitere Güter steht.

Gerhard E. Sollbach

„Kraftvoll schlägt die Flamme vaterländischer Begeisterung empor" – Kriegsstimmung 1914 in der Stadt Hagen

Inhalt: 1. Klischeebild, S. 186. – 2. Bürgerliche Presse, S. 188. – 3. Patriotische Umzüge, S. 189. – 4. Patriotenabende, S. 191. – 5. Grenzenlose Aufregung, S. 192. – 6. „Helle Kriegsbegeisterung", S. 194. – 7. Friedensdemonstration, S. 195. – 8. Verächtliche Pressedarstellung, S. 198. – 9. Augusterlebnis, S. 201. – 10. Veröffentlichte Meinung, S. 202. – 11. Kriegsbegeisterung?, S. 203. – 12. Mitgerissen, S. 204. – 13. Stimmungen, S. 205.

1.

In der kollektiven Erinnerung wie auch in der Geschichtsschreibung über den Ersten Weltkrieg herrscht traditionell die Ansicht vor, dass der Kriegsausbruch 1914 von den Deutschen mit unbeschreiblicher Begeisterung begrüßt wurde. So stellt es z. B. auch Thomas Nipperdey, einer der führenden deutschen Neuzeit-Historiker, im zweiten Band seiner 1992 erschienenen „Deutschen Geschichte" dar. Eine „gewaltige Woge der Kriegsbegeisterung" habe damals die Deutschen ergriffen, der sich kaum jemand, „nicht die einfachen Leute, Bauern oder Arbeiter, und erst recht nicht die Bürger" habe entziehen können. Der Verfasser fügt dann noch ausdrücklich an, dass dies „keine historische Legende" sei.[1] Tatsächlich gibt es für eine im Juli/August 1914 in Deutschland herrschende Kriegseuphorie auch eindeutige Belege in Form von zeitgenössischen Fotos, dokumentarischen Filmaufnahmen, Augenzeugenberichten und insbesondere von Zeitungsartikeln, die alle das Bild von begeisterten

---

[1] Thomas Nipperdey: Deutsche Geschichte 1866-1918. Zweiter Band: Machtstaat vor Demokratie. München 1993, S. 778 f.

Volksmassen vermitteln, die den Beginn des Ersten Weltkriegs auf Straßen und Plätzen regelrecht bejubelten. Doch diese überkommene Vorstellung einer 1914 in Deutschland herrschenden allgemeinen Kriegsbegeisterung ist inzwischen von der jüngeren Forschung in Frage gestellt und relativiert worden.[2] Vor allem die lokale Geschichtsforschung, die das Geschehen im Ersten Weltkrieg in einzelnen Städten untersuchte, hat nachgewiesen, dass die Charakterisierung als „Kriegsbegeisterung" die damalige Stimmung der Bevölkerung nicht angemessen wiedergibt. So kommt z. B. Klaus Schwarz in seiner bereits 1971 erschienenen Geschichte von Nürnberg im Ersten Weltkrieg zu dem Ergebnis, dass die örtliche Bevölkerung viel differenzierter auf den drohenden wie auch auf den erfolgten Kriegsausbruch reagiert hat, als das Klischeebild einer allgemeinen Kriegseuphorie vorgibt.[3] Ganz ähnliche Befunde erbrachten entsprechende Studien auch für andere Städte, z. B. für Hamburg[4], Braunschweig und Hannover[5], Darmstadt[6], Freiburg[7], Bergisch-Gladbach[8] und Gießen[9]. Als Fazit ergibt sich daraus, dass es sich bei der überlieferten Vorstellung einer im Juli/August 1914 ausschließlich kriegsbegeisterten öffentlichen Meinung wohl mehr um eine kulturelle Inszenierung und lediglich konstruierte Erscheinung handelt.[10] 2003

2   S. z. B. JEFFREY VERHEY: Der „Geist von 1914" und die Erfindung der Volksgemeinschaft. Hamburg 2000, bes. S. 17 f., 45 f., 65 f. 74-76 und 190-192
3   Weltkrieg und Revolution in Nürnberg. Ein Beitrag zur Geschichte der Arbeiterbewegung. Stuttgart 1971, S. 106
4   VOLKER ULLRICH: Die Hamburger Arbeiterbewegung vom Vorabend des Ersten Weltkrieges bis zur Revolution 1918/1919. Teil 1. Hamburg 1976, S. 11; DERSELBE, Kriegsalltag. Hamburg im Ersten Weltkrieg. Köln 1982
5   FRIEDHELM BOLL: Massenbewegungen in Niedersachsen 1906-1920. Eine sozialgeschichtliche Untersuchung zu den verschiedenen Entwicklungstypen Braunschweig und Hannover. Bonn 1981, S. 151
6   MICHAEL STÖCKER: Augusterlebnis 1914 in Darmstadt. Legende und Wirklichkeit. Darmstadt 1994
7   CHRISTIAN GEINITZ: Kriegsfurcht und Kampfbereitschaft. Das Augusterlebnis in Freiburg. Eine Studie zum Kriegsbeginn 1914. Essen 1998
8   STEPHEN SCHRÖDER: Allgemeine Kriegsbegeisterung? Das „Augusterlebnis" 1914 in regionalhistorischer Perspektive; in: Rheinische Vierteljahrsblätter 71 (2007), S. 196-230
9   OLAF HARTUNG u. ANGELA KRÜGER: Gab es ein „Augusterlebnis" in Gießen?; in: Mitteilungen des Oberhessischen Geschichtsvereins Gießen 94 (2009), S. 157-176, bes. S. 175 f.
10 S. hierzu z. B. SVEN OLIVER MÜLLER: Die Nation als Waffe und Vorstellung. Nationalismus in Deutschland und Großbritannien im Ersten Weltkrieg. Göttingen 2002, S. 56

bezeichnete der führende deutsche Sozialhistoriker Hans-Ulrich Wehler in der von ihm verfassten „Deutsche Gesellschaftsgeschichte" dann auch die Meinung, dass im Sommer 1914 ein „kompromissloser, überhitzter Kriegsnationalismus" alle Gesellschaftsklassen in Deutschland ergriffen habe, kategorisch als eine der „unausrottbaren historischen Legenden".[11]

2.

Im Folgenden soll untersucht werden, ob und inwieweit diese Feststellung auch für die westfälische Stadt Hagen zutrifft. Als hauptsächliche Quelle steht hier allerdings lediglich die Berichterstattung in der Lokalpresse zur Verfügung. Doch war die Zeitung seinerzeit nicht nur das Massenmedium schlechthin, sondern repräsentierte, wenn auch nur eingeschränkt, die „öffentliche Meinung".[12]

Abb. 1: Die Mittelstraße im Hagener Stadtzentrum; Postkartenaufnahme um 1914. Stadtarchiv Hagen, Bildsammlung

11 Deutsche Gesellschaftsgeschichte. Bd. 4: Vom Beginn des Ersten Weltkriegs bis zur Gründung der beiden deutschen Staaten 1914-1949. München 2003, S. 21
12 JEFFREY VERHEY: Der „Geist von 1914", S. 10

Am Vorabend des Ersten Weltkriegs hatte die am Südrand des rheinisch-westfälischen Industriegebiets gelegene Stadt Hagen etwas über 95.000 Einwohner. Sie war ein bedeutender Industriestandort mit einem entsprechend hohen Anteil von Industriearbeitern unter den lohnabhängig Beschäftigten. Seinerzeit erschienen in der Stadt drei Tageszeitungen, und zwar die „Hagener Zeitung", das „Westfälische Tageblatt" und die „Westdeutsche Volkszeitung", die sämtlich aber konservativ-bürgerlich bzw. liberal ausgerichtet waren. Auch bei den beiden Tageszeitungen in den benachbarten und seinerzeit noch selbstständigen Städten Haspe und Hohenlimburg – es waren dies die „Hasper Zeitung" bzw. „Der Gemeinnützige" – handelte es sich um bürgerliche Blätter. Ein eigenes sozialdemokratisches Presseorgan gab es in dieser Zeit weder in Hagen noch in den beiden genannten Nachbarstädten. Allerdings besaß die in Elberfeld-Barmen erscheinende Arbeiterzeitung „Freie Presse – Organ des werktätigen Volkes von Rheinland und Westfalen" in Hagen eine Auslieferungsstelle.

3.

Die Berichterstattung in der Hagener Presse über die Vorgänge in Hagen während der letzten Juli- und der ersten Augusttage des Jahres

Abb. 2: Zu den spektakulären Vorgängen vor Kriegsbeginn 1914 gehörten auch die verschiedenen patriotischen Massenveranstaltungen.
Hasper Zeitung vom 30.7.1914.

Abb. 3: Hasper Zeitung vom 31.07.1914

1914 vermittelt auf den ersten Blick allerdings tatsächlich den Eindruck, dass auch hier eine allgemeine Kriegsbegeisterung in der Bevölkerung geherrscht hat. So berichtete die Westdeutsche Volkszeitung am zweiten Tag nach Bekanntwerden des Abbruchs der diplomatischen Beziehungen Österreich-Ungarns zu Serbien und der serbischen Teilmobilmachung am 25. Juli aus Hagen, dass hier „überall begeisterte Stimmung" für die Verbündeten an der Donau herrsche. Am selben Tag meldete die Hasper Zeitung, dass am Ort die Frage, ob es Krieg geben werde, „eifrig diskutiert wird". Einerseits wünsche man zwar, dass Deutschland und Europa von dem „großen Krieg" verschont blieben, andererseits gönne man den Serben aber „von Herzen" eine kräftige Niederlage. Weiterhin berichtete die Zeitung, dass derzeit in den Wirtschaften abends überall patriotische Lieder ertönten.

Eine der spektakulärsten und auch typischen Erscheinungen jener Tage in Deutschland waren die „Züge". Auch in Hagen und den beiden Nachbarstädten haben diese spontanen Zusammenläufe und Kundgebungen nationalistisch Gesinnter in beträchtlicher Häufigkeit stattgefunden. Ein solcher „vaterländischer Marsch" durch die Hagener Innenstadt erfolgte z. B. am Abend des 27. Juli. Zwei Tage später versammelten sich kurz nach 9 Uhr abends erneut mehrere hundert zumeist junge Leute, bei denen es sich zum Teil um Schüler der höheren Lehranstalten handelte, vor dem Rathaus. Von dort zog der Trupp durch die Körnerstraße zum innerstädtischen Neumarkt, wo vor dem dortigen Kriegerdenkmal mit der Germania-Statue die Menge das Kaiserhoch ausbrachte und patriotische Lieder sang. Danach bewegte sich der Zug weiter durch die Innenstadt zur Grünstraße, wo der Stadtverordnete Rippel eine „begeisterte Ansprache"

Abb. 4: Das Kriegerdenkmal mit der Germania-Statue auf dem Neumarkt im Stadtkern von Hagen; Postkartenaufnahme um 1914.
Stadtarchiv Hagen, Bildsammlung

an die Teilnehmer hielt. Anschließend löste sich der Zug auf. Doch noch am selben Abend hatte sich in Oberhagen ein zweiter, ebenfalls aus 600-700 Personen bestehender Zug formiert, der „Deutschland über alles" singend in die Innenstadt und zum dortigen Wehr-Bezirkskommando zog, wo er sich dann auflöste.[13] In Haspe schlossen sich am Abend desselben Tages nach einem von dem Städtischen Orchester im Stadtgarten veranstalteten „Patriotischen Promenadenkonzert" etwa 250-300 Personen spontan zu einem Zug zusammen, der unter Absingen vaterländischer Lieder seinen Weg durch die Stadt nahm.[14]

4.

Nach Ansicht des Westfälischen Tageblatts kam in diesen nicht abreißenden öffentlichen Kundgebungen die „einmütige vaterländische

13 Hagener Zeitung v. 30.7.1914; Westdeutsche Volkszeitung v. 30.7.1914
14 Hasper Zeitung v. 31.7.1914

Gesinnung" und die „alle (Hervorhebung original) Kreise" umfassende „hohe Gesinnung" der Bevölkerung für Volk und Vaterland zum Ausdruck.[15] Auch für die Hasper Zeitung bezeugten diese öffentlichen Massenversammlungen die „aufrichtige vaterländische Begeisterung" der Bürgerschaft.[16] Als sich die Kunde von der am 28. Juli erfolgten Kriegserklärung Österreich-Ungarns an Serbien in Hagen verbreitete, kam es am Abend des nächsten Tages in der Stadt zu den bereits erwähnten beiden Zügen. Am Abend des 31. Juli (Freitag) fand im Germania-Saal in Hagen-Wehringhausen eine Groß-Kundgebung aller auf „vaterländischen Boden stehenden" Hagener Vereine statt.[17] Der für den Abend des 1. August im „Deutschen Krug" in Haspe angesetzte „Deutsch-österreichische Patriotenabend", zu dem das Städtische Orchester die musikalische Begleitung liefern sollte,[18] musste aber wegen des am Vortag im Deutschen Reich verkündeten „Zustands drohender Kriegsgefahr" abgesagt werden.[19] Für den Sonntagvormittag, den 2. August, war ab 11.30 Uhr im Stadtgarten in Haspe ein neuerliches patriotisches Promenadenkonzert des dortigen Städtischen Orchesters angekündigt.[20] Ob es durchgeführt wurde, oder wegen der am Tag zuvor erfolgten deutschen Generalmobilmachung und der Kriegserklärung an Russland abgesagt wurde, konnte allerdings nicht ermittelt werden.

5.

Der Berichterstattung in der Lokalpresse zufolge hat die Nachricht von der Kriegserklärung Österreich-Ungarns an Serbien in Hagen wie auch in Haspe einen allgemeinen „Sturm der Begeisterung"[21] bzw. „hohe Begeisterung"[22] ausgelöst. Auf die einen Tag später, am 29. Juli, erfolgte

---

15 Westfälisches Tageblatt v. 29.7.1914
16 Hasper Zeitung v. 29.7.1914
17 Lt. Anzeige in der Hagener Zeitung v. 30.7.1914 – In der Presse findet sich jedenfalls kein Hinweis, dass er (wegen des am Veranstaltungstag verkündeten „Zustands drohender Kriegsgefahr") abgesagt worden ist.
18 Lt. Anzeige in der Hasper Zeitung v. 31.7.1914
19 Lt. Mitteilung in der Hasper Zeitung v. 1. 8.1914
20 Lt. Ankündigung in der Hasper Zeitung v. 1.8.1914
21 Hasper Zeitung v. 29.7.1914
22 Westfälisches Tageblatt v. 29.7.1914

russische Teil-Mobilmachung haben die Hagener nach einem Bericht der Hagener Zeitung mit „Würde und entschlossener Begeisterung" reagiert.[23] Die Westdeutsche Volkszeitung berichtete am nächsten Tag, dass aber nicht nur in Hagen, sondern auch in der Umgegend und selbst in den kleinsten und abgelegendsten Dörfern des nahen Sauerlands „Kriegsstimmung" herrsche.[24] Die einen Tag später, am 30. Juli, angeordnete russische Generalmobilmachung rief in der Stadt Hohenlimburg laut der örtlichen Zeitungsmeldung jedoch eine „große Unruhe" hervor. Die Anspannung der Menschen, die am Abend dieses Tages vor dem Redaktionsgebäude dicht gedrängt auf die neuesten Nachrichten bzw. die Extrablätter warteten, so heißt es in dem Artikel weiter, sei dabei „bis zum Siedepunkt" angestiegen.[25] Auch in Hagen wurde die „breite Masse" durch den Gang der Ereignisse „in Spannung gehalten". Die vorherrschende Stimmung beschreibt die Hagener Zeitung als eine „grenzenlose Aufregung", die niemand zu Hause halte. Auf vielen Gesichtern vermischte sich nach der Beobachtung der Zeitung die „spannende Neugier" jedoch mit „banger Ehrfurcht".[26] Von einer ganz ähnlichen Stimmung in der Bevölkerung wird auch aus Haspe berichtet, wo nach Feststellung der Lokalzeitung eine Aufregung herrschte, „wie sie die Lebenden noch nicht gekannt haben".[27] In weiteren in diesem Blatt am 31. Juli erschienen Berichten heißt es aber auch, dass „die Wogen der Kriegsbegeisterung" am Ort hochgingen und die „Kriegsbegeisterung von 1870" wieder aufloderte. Zwar hoffe man, dass das Schlimmste von Deutschland und Europa abgewendet werden könne. Doch gebe sich überall die Entschlossenheit kund, „wenn es dann doch einmal sein soll, dann auch alles freudig einzusetzen für des Vaterlands Ehre". In Hagen rief die Nachricht von der russischen General-Mobilmachung sogleich eine neuerliche abendliche Patrioten-Kundgebung hervor, an der wiederum mehrere hundert Personen teilnahmen.[28] Die von den Zeitungen auch durch das Aushängen von Extrablättern an den Fenstern der Redaktionsgebäude bekannt gemachte Meldung von der am 31. Juli in Österreich-Ungarn angeordneten allgemeinen Mobilmachung sowie von dem gleichzeitig in Deutschland verkündeten „Zustand drohender

---

23 Hagener Zeitung v. 30.7.1914
24 Westdeutsche Volkszeitung v. 30.7.1914
25 Der Gemeinnützige v. 31.7.1914
26 Hagener Zeitung v. 31.7.1914
27 Hasper Zeitung v. 31.7.1914
28 Hasper Zeitung v. 31.7.1914

Kriegsgefahr" und von den deutschen Ultimaten an Russland und Frankreich schlug in Haspe „wie eine Bombe" ein. Sie wurde von der etwa 1.500-2.000 Köpfe zählenden Menschenmenge, die sich vor dem Zeitungsgebäude angesammelt hatte, in einer „ernste(n), aber weihevolle(n)" Stimmung aufgenommen. Als kurz darauf jedoch das Städtische Orchester unter den Klängen der „Wacht am Rhein" anrückte, brach in der Menschenmenge eine überschäumende „vaterländische Begeisterung" aus. Ein patriotisches Lied nach dem anderen wurde gesungen und die Leute stimmten „stürmisch" in die Hochrufe auf Kaiser und Reich ein.[29]

6.

Am 1. August ergingen in Deutschland die Generalmobilmachungs-Anordnung und die Kriegserklärung an Russland. Die Hagener Zeitung kommentierte diese Vorgänge mit folgenden Worten: „Das Fürchterliche, das niemand im Ernste zu denken wagte, es soll Wirklichkeit werden, wir stehen vor dem großen europäischen Kriege."[30] Wie die Zeitung weiter berichtete, wurde die Nachricht von der drohenden Kriegsgefahr in der Bevölkerung „mit Würde und entschlossener Begeisterung" aufgenommen. „Kein Gedrücktsein" habe sich gezeigt. Vielmehr sei überall in den Herzen „kraftvoll [...] die Flamme vaterländischer Begeisterung" emporgeschlagen. Opferwille und Vaterlandliebe hätten Triumphe gefeiert. In ihrer Ausgabe am folgenden Tag geht die Zeitung erneut und noch näher auf die Stimmung in der Stadt am ersten Mobilmachungstag ein. Es heißt dort, dass dieser Tag in einer Stimmung verlaufen sei, die „bei unserer Bevölkerung zu erwarten war". Überall sei „helle Kriegsbegeisterung" aufgelodert und trotz des Ernstes der Lage habe sich nirgends „Niedergeschlagenheit oder Mutlosigkeit" gezeigt. Unter den Soldaten des in Hagen aufgestellten 1. Bataillons des Reserve-Infanterie-Regiments 75, die von einer riesigen Menschenmenge mit Jubel zum Hauptbahnhof begleitet und verabschiedet wurden, hat nach der Feststellung der Zeitung ebenfalls einhellige Kriegsbegeisterung geherrscht Auch nach der Erinnerung des in Hohenlimburg wohnhaften und als Lehrer an dem

29 Hasper Zeitung v. 1.8.1914
30 Hagener Zeitung v. 2.8.1914

Gymnasium in Hagen tätigen Zeitzeugen Paul Bornefeld (Jg. 1888) steigerte sich die patriotische und Kriegsbegeisterung in der Bevölkerung nach dem Bekanntwerden der deutschen Generalmobilmachung und der Kriegserklärung an Russland in einen regelrechten „Rausch".[31] Von einer „beispiellosen Begeisterung", mit der die wehrfähige Bevölkerung dem Ruf des Kaisers zu den Waffen Folge geleistet habe, berichtete die Westdeutsche Volkszeitung am 3. August in ihrer Hagener Lokalausgabe. Einige Tage später heißt es in derselben Zeitung, dass von allen Seiten die wehrfähigen Männer zu den „glorreichen Fahnen" strömten und eine „[Kriegs-]Begeisterung ohnegleichen" durch die Lande brause.[32]

7.

Doch entgegen dem durch die (bürgerliche) Presse vermittelten Bild einer einheitlichen nationalistischen Kriegsstimmung, gab es auch in Hagen und in den beiden Nachbarstädten Personen und Gruppen, die sich davon fernhielten. Dazu gehörte allgemein die sozialdemokratisch eingestellte Arbeiterschaft.[33] Am 25. Juli rief die SPD-Führung in Berlin mit einer auch in den sozialdemokratischen Blättern veröffentlichten Erklärung für den 28. Juli in ganz Deutschland zu Anti-Kriegsdemonstrationen auf.[34] In Hagen plante daraufhin die Sozialdemokratie eine Protestversammlung unter dem Motto „Gegen die Barbarei des Krieges" für den Abend des 28. Juli, einem Dienstag. Sie ist in der Freien Presse am Vortag groß auf der ersten Seite und nochmals am Veranstaltungstag angekündigt worden. Außerdem wurde durch Extrablätter und Handzettel

---

31 „Im Abendlicht – Eine Lebensrückschau" (1962), S. 220; photokopiertes Exemplar im Stadtarchiv Hagen
32 Westdeutsche Volkszeitung v. 7.8.1914
33 S. hierzu z. B. WOLFGANG KRUSE: Die Kriegsbegeisterung zu Beginn des Zweiten Weltkrieges; in: Kriegsbegeisterung und mentale Kriegsvorbereitung, hg. v. MARCEL VAN DER LINDEN U. GOTTFRIED MERGNER. Berlin 1991, S. 74f., S. 78; VOLKER ULLRICH: Die Hamburger Arbeiterschaft vom Vorabend des ersten Weltkrieges bis zur Revolution 1918/19, S. 140-147; JÜRGEN REULECKE: Der Erste Weltkrieg und die Arbeiterschaft im rheinisch-westfälischen Industriegebiet; in: derselbe (Hg.): Arbeiterbewegung an Rhein und Ruhr. Wuppertal 1974, S. 205-240; JEFFREY VERHEY: Der „Geist von 1914, DERSELBE, bes. S. 94, 160
34 „Wider die Kriegsfurie" – Der Aufruf erschien auch in der Freien Presse am 27.7.1914

Abb. 5: Freie Presse vom 27.7.1914

zur Teilnahme aufgerufen.[35] Die Hagener Veranstaltung sollte ursprünglich unter freiem Himmel auf dem Emilienplatz nahe dem Stadtzentrum abgehalten werden und hatte dafür von Oberbürgermeister Willy Cuno auch die ortspolizeiliche Genehmigung erhalten. Doch den nationalistischen bürgerlichen Kreisen war eine solche SPD-Aktion ausgesprochen zuwider und sie versuchten, diese in letzter Minute noch zu verhindern. Hierzu bot sich als Mittel die am 27. Juli stattfindende Stadtverordnetensitzung an. Auf dieser forderte dann auch der Stadtverordnete und Rechtsanwalt Dr. Carl Cremer den Oberbürgermeister auf, nach einer Handhabe zu suchen, um die geplante sozialdemokratische Anti-Kriegsdemonstration angesichts der „einmütigen nationalen Haltung des deutschen Volkes" doch noch zu verbieten. Der Oberbürgermeister lehnte dieses Ansinnen jedoch mit der Begründung ab, dass er keine rechtliche Möglichkeit sehe, die Veranstaltung zu untersagen. Doch damit wollten

---

35 Ebenfalls am 28.7. fand eine solche Friedenskundgebung der Arbeiterschaft in Elberfeld-Barmen, und zwar in dem Barmer-Zirkusgebäude in der Carnaper Straße, statt – lt. Ankündigung in der Freien Presse v. 27.7.1914

Abb. 6: Blick aus Richtung Mittelstraße in die Körnerstraße im Stadtzentrum von Hagen; rechts ist ein Teil der Vorderfront des 1903 erbauten neuen Rathauses zu sehen. Postkartenaufnahme um 1914.
Stadtarchiv Hagen, Bildsammlung

sich weder der Stadtverordnete Dr. Cremer noch die meisten Mitglieder des Gremiums abfinden. Auf Antrag von Dr. Cremer beschlossen daraufhin die Stadtverordneten mit überwältigender Mehrheit, die Hergabe eines städtischen Platzes für eine solche „undeutsche Kundgebung" zu verweigern.[36] Dieser Beschluss der Stadtverordneten wird von dem Westfälischen Tageblatt als ein „erhebendes Zeugnis" vaterländischer Gesinnung gewertet, die auch in Hagen zurzeit „alle Bürgerkreise" beherrsche.[37] Noch am selben Tag erhielt der verantwortliche Organisator der Friedenskundgebung und SPD-Stadtverordnete Konrad Ludwig den Bescheid über die Zurücknahme der für die Veranstaltung auf dem Emilienplatz erteilten polizeilichen Genehmigung schriftlich zugestellt. In dem Schreiben heißt es zur Begründung, dass die Einladung zu der Kundgebung in einer Form ergangen sei, die erkennen lasse, dass ihr „ein aufreizender, die patriotischen Empfindungen weiter Kreise der

---

36 Lt. Bericht über die Stadtverordnetensitzung im Westfälischen Tageblatt v. 29.7.1914 (hier finden sich auch die angeführten Zitate) und dem Protokoll der Sitzung – Stadtarchiv Hagen Ha 1 P 23: Ratsprotokolle 1914-1915
37 Westfälisches Tageblatt v. 29.7.1914

Bevölkerung verletzender Inhalt" gegeben werden solle. Auf Grund des „eine Bevölkerungsklasse gegen die andere aufhetzenden Inhalts der Einladung" bestehe aber die Gefahr einer Störung der öffentlichen Ordnung, was ein Verbot der Veranstaltung unter freiem Himmel begründe.[38]

8.

Da nunmehr weder der Emilienplatz noch ein anderer städtischer Platz für die geplante Massenversammlung zur Verfügung standen, wurde die Veranstaltung kurzfristig in den Saal der in einiger Entfernung vom Stadtzentrum gelegenen Gaststätte „Friedrichslust" in Hagen-Eppenhausen verlegt. Wie der zur Überwachung der Versammlung entsandte Polizeikommissar in seinem Bericht festhielt, waren ca. 1.000 männliche und ca. 30 weibliche Personen erschienen.[39] Nach der Darstellung in der Freien Presse gestaltete sich die Massenversammlung zu einer „großartigen Kundgebung für den Frieden". In „zahlreichen Scharen" seien die Genossen herbeigeströmt, so dass der große Saal schon bald total überfüllt gewesen sei.[40] Als Redner traten bei der Veranstaltung der Schriftsteller und Genosse S. Grumbach auf, der einen Vortrag mit dem Titel „Kriegshetzer an der Arbeit"[41] hielt, sowie der SPD-Reichstagsabgeordnete für den Wahlkreis Hagen-Schwelm-Witten, Max König aus Dortmund. Zum Schluss der Veranstaltung verabschiedete die Versammlung einstimmig eine Friedensresolution.[42] Nach dem Ende zogen die Teilnehmer einzeln und in Trupps die Rembergstraße hinab in die Innenstadt, wobei sie die „Arbeiter-Marseillaise"[43] sangen. Im Bereich der unteren Elberfelder Straße stießen sie jedoch auf den bereits erwähnten patriotischen Zug,

---

38 Schreiben v. 27.7.1914 der Polizeiverwaltung Hagen – Durchschlag: Stadtarchiv Hagen Ha 1 Nr. 6974
39 Stadtarchiv Hagen Ha 1 Nr. 6974
40 Freie Presse v. 29.7.1914
41 Der Text des Vortrags ist in der Ausgabe v. 29.7.1914 der Freien Presse abgedruckt.
42 Lt. Angabe in dem Bericht des überwachenden Polizeikommissars - Stadtarchiv Hagen Ha 1 Nr. 6974
43 Die deutsche Arbeiter-Marseillaise wurde 1864 von Jacob Audorf für den Allgemeinen Deutschen Arbeiterverein (ADAV) nach der Melodie der Marseillaise geschrieben. Das Lied beginnt mit: Wohlan, wer Recht und Wahrheit achtet,/zu unserer Fahne steh allzuhauf!

Krieg! Weltkrieg!

Ein solcher steht bevor! Das deutsche Volk muss erklären, dass es den Frieden will! Die deutsche Regierung kann in diesem Sinne wirken!

Wer für den Völkerfrieden eintritt, wird hiermit zu einer **Kundgebung** auf

Dienstag, den 28. Juli, nach Arbeitsschluss

in die **Friedrichslust** eingeladen. Vortrag über das Thema:

Die Kriegshetzer an der Arbeit!

Referenten: Genosse **S. Grumbach, Paris**

Reichstagsabgeordneter **König.**

Die Hagener Einwohnerschaft wird zu der Versammlung eingeladen!

> Die bereits genehmigte Versammlung auf dem Emilienplatz wurde gestern abend auf Antrag des Stadtverordneten Cremer in der Stadtverordneten-Sitzung **unmöglich gemacht**, indem die Hergabe des Platzes verweigert wurde. Herr Cremer drohte dabei den **Proletariern mit Prügeln.**

Hoch die Völkerverbrüderung! Fort mit dem Krieg!

Als Antwort muss die Arbeiterschaft in Massen nach der Friedrichslust kommen, **Männer** und **Frauen!**

Um 9 Uhr muss die Versammlung beendet sein.

Die sozialdemokratische Partei.

Verlag: Konrad Ludwig, Hagen. Adrian & Kranzmann, Buchdruckerei, Hagen

Abb. 7: In Hagen verteilter Handzettel, mit dem zur Teilnahme an der Friedenskundgebung aufgerufen und gleichzeitig der geänderte Veranstaltungsort mitgeteilt wurde. Stadtarchiv Hagen, Ha 1 Nr. 69.74

der noch ständig Zulauf erhielt. Nach der Darstellung im Westfälischen Tageblatt haben die „stürmischen" Rufe auf Kaiser und Vaterland sowie die „kraftvollen" vaterländischen Lieder der Patrioten den „kläglichen Gesang" der sozialdemokratischen Truppe sehr bald übertönt, die daraufhin „haltlos zersplitterte". Um noch deutlicher zu machen, dass die sozialdemokratischen Anti-Kriegs-Aktivisten weder ernst zu nehmen, noch repräsentativ für die Haltung der Hagener Bevölkerung waren, behauptete die Zeitung – sachlich gänzlich unzutreffend und wahrheitswidrig –, dass zu der „Massenveranstaltung" (Anführungszeichen original) nur „einige Dutzend Leute" erschienen seien.[44] Geradezu höhnisch-verächtlich äußerte sich aber die Hasper Zeitung über die Friedenskundgebung der SPD in Hagen. Die Sozialdmokratie habe, so heißt es in dem betreffenden Artikel, die Kundgebung veranstaltet, um ihre Anhänger glauben zu machen, dass die Weltgeschichte „durch papierne Resolutionen der Sozialdemokratie" beeinflusst werden könne. Nach dem Ende der Versammlung hätten sich die Teilnehmer auch noch das „zweifelhafte Vergnügen" geleistet, unter Absingen der Arbeiter-Marseillaise durch die Innenstadt zu ziehen, wo aber das schnell versammelte Bürgertum sich ihnen entgegengestellt und in so großer Zahl gegen diesen „Unfug" demonstriert habe, dass die „Herren Demonstranten" sehr bald „recht kleinlaut" abgezogen seien.[45] Auch die Westdeutsche Volkszeitung versuchte in ihrem Bericht, die sozialdemokratische Friedensaktion als ein ebenso lächerliches wie unbedeutendes Ereignis darzustellen. Von einer auf die Genossen in der „Friedrichslust" losgelassenen „sozialdemokratischen Phrasenflut" ist darin die Rede. Sie sei einem „ärmlichen Trüpplein" der „Kulturproleten" dann auch noch derart zu Kopf gestiegen, dass diese nach dem Ende der Veranstaltung die Arbeiter-Marseillaise „grölend" durch die Hagener Innenstadt ziehen wollten.[46] Noch deutlicher wurde diesbezüglich das Westfälische Tageblatt am Schluss seines bereits erwähnten Berichts. „Alle (Hervorhebung original) Kreise der Bevölkerung", so heißt es da, auch solche die in Wahlzeiten „törichter Weise" mit der Sozialdemokratie liefen, seien in der jetzigen entscheidenden Zeit „eines Herzens und Sinnes" nämlich für das „Vaterland und seine Größe." Vergeblich versuche die Sozialdemokratie durch „bombastische Redensarten" sich als alleinige Künderin der „wahren Volksstimmung" aufzuspielen; in

---

44 Westfälisches Tageblatt v. 29.7.1914
45 Hasper Zeitung v. 29.7.1914
46 Westdeutsche Volkszeitung v. 29.7.1914

Wirklichkeit sei es jedoch „ganz anders". Eine Friedenskundgebung der Arbeiterschaft war auch in Hohenlimburg, und zwar für den Sonntagnachmittag (2. April) im Saal der Gaststätte Schmitz in Nahmer, vorgesehen.[47] Ob sie jedoch stattgefunden hat, ließ sich nicht ermitteln.

9.

Auch von einer plötzlich aufgetretenen Stimmung ganz besonderer Art ist in diesen Tagen aus der Lokalpresse zu erfahren. So vermeldete die Hasper Zeitung in ihrer Ausgabe vom 3. August die erstaunliche Beobachtung, dass sich urplötzlich eine „jähe Wandlung" in allen Seelen vollzogen habe. Wo bisher „kleinliche Parteienunterschiede" enge Grenzen gesetzt hätten, gebe es jetzt eine „flammende Welle von Mensch zu Mensch". Mit freudigen Gefühlen sehe man nun Menschen jeder Gesellschaftsschicht „Freunde und Brüder" werden. In diesen Formulierungen kommt das schon von den Zeitgenossen beschworene „Augusterlebnis 1914" einer neugewonnenen, alle Klassen- und Parteienunterschiede aufhebenden nationalen Volksgemeinschaft zum Ausdruck, wozu Kaiser Wilhelm II. mit seiner am 4. August 1914 vor dem versammelten Reichstag gehaltenen „Burgfriedenrede" und dem darin enthaltenen berühmten Satz „Ich kenne keine Parteien mehr, ich kenne nur noch Deutsche" wesentlich mit beigetragen hat. Auch der bereits erwähnte Zeitzeuge Paul Bornefeld verspürte damals, wie er in seinen Erinnerungen schreibt, „etwas von der Verbundenheit aller Deutschen".[48] Die Geschichtsforschung hat den „Geist von 1914", das Erlebnis der nach der nationalen Einheit in Deutschland 1914 angeblich nunmehr auch erreichten gesellschaftlichen Einheit, inzwischen aber als bloßes nationalistisches Pathos und einen reinen Mythos entlarvt.[49]

---

47 Lt. Ankündigung in dem Gemeinnützigen v. 31.7.1914
48 „Im Abendlicht – Eine Lebensrückschau", S. 217
49 S. hierzu z. B. REINHARD RÜRUP: Der „Geist von 1914" - Deutsche Kriegsbegeisterung und Ideologisierung des Krieges im Ersten Weltkrieg; in: BERND HÜPPAUF (Hg.): Ansichten vom Krieg. Studien zum Ersten Weltkrieg in Literatur und Gesellschaft. Königstein/Ts. 1984, S. 55-91

10.

Unbestreitbar ist, dass es Ende Juli/Anfang August 1914 in Hagen eine Welle nationalistischen Hochgefühls und Kriegsbegeisterung gegeben hat. Die in der Lokalpresse wiedergegebenen Vorgänge am Ort lassen daran keinen Zweifel. Allerdings ist zu fragen, ob diese Berichte tatsächlich die <u>allgemeine</u> Stimmung in der Bevölkerung bezeugen, zumal anzunehmen ist, dass abweichendes Verhalten von den durchweg nationalistisch eingestellten örtlichen Zeitungen nicht aufgegriffen und spätestens seit dem 31. Juli der zu diesem Zeitpunkt eingeführten Pressezensur zum Opfer gefallen sind. Verschiedene und insbesondere auch die lokalbezogenen neueren Studien zum Ersten Weltkrieg haben nachgewiesen, dass die in den Presseartikeln berichtete und auch tatsächlich vorhandene Kriegsbegeisterung aber nicht mit der allgemeinen öffentlichen Meinung gleichgesetzt werden kann.[50] Tatsächlich war, auch das haben einschlägige Untersuchungen inzwischen klargestellt, die „Kriegsstimmung" weder in ganz Deutschland noch in den Orten eine allgemeine, sondern hier wie dort auf ganz bestimmte Bevölkerungsgruppen und soziale Schichten beschränkt. Vor allem in den „besseren Kreisen", dem Bürgertum und insbesondere unter den (gebildeten) Jugendlichen gingen die Wogen der patriotischen Kriegsbegeisterung hoch und wurde diese Haltung auch öffentlich wirksam zur Schau gestellt. Da naturgemäß die Presse vorwiegend „Sensationelles" aufgreift und die Journalisten der Hagener Tageszeitungen in ihrer Einstellung zudem bürgerlich gebunden waren, wird so gut wie ausschließlich und ausgiebig (nur) über die Züge und sonstige Begeisterungsausbrüche berichtet, und so in der Presse ein nicht der vollen Wirklichkeit entsprechendes Bild der „öffentlichen Meinung" vermittelt. Vor allem in den Arbeiterkreisen hat es nachweislich zumindest bis zum Kriegsbeginn ein von der „veröffentlichten" Meinung abweichendes Verhalten gegeben.[51] Dass diese Feststellung auch für Hagen zutrifft und auch hier keine allgemeine „Kriegsstimmung" herrschte, bezeugt der bereits oben geschilderte massenhafte Besuch der von den Sozialdemokraten veranstalteten Friedenskundgebung am Abend

---

50 JEFFREY VERHEY: Der „Geist von 1914", S. 17-19, S. 81; WOLFGANG KRUSE: Die Kriegsbegeisterung im Deutschen Reich zu Beginn des ersten Weltkrieges, S. 74, S. 77 f.
51 JEFFREY VERHEY: Der „Geist von 1914", z. B. S. 17 ff. S. 196 f. sowie z. B. für Hamburg: VOLKER ULLRICH: Kriegsalltag. Hamburg im ersten Weltkrieg. Köln 1982, S. 11 f.

des 28. Juli. Über 1.000 Personen waren, wie bereits erwähnt, hierzu erschienen, während die patriotischen Umzüge in der Stadt bestenfalls immer nur ein paar hundert Personen zusammenbrachten. Ebenso wenig wie in Deutschland damals die Deutschen, so sind auch in Hagen nicht die Hagener von patriotischer Kriegsstimmung angesteckt und jubelnd durch die Straße und auf die Plätze gezogen, sondern jeweils nur eine kleine – bürgerliche – Minderheit. Zu denen, die nicht in den „Taumel der [Kriegs-]Begeisterung eingestimmt haben, gehörte u. a. auch der schon zitierte Hohenlimburger-Hagener Zeitzeuge Paul Bornefeld.[52] Insofern bestätigt die Hagener Mikrostudie den schon Ende Juli 1914 von dem SPD-Organ konstatierten „Schwindel, dass das Volk in seiner Mehrheit von Kriegsbegeisterung befallen sei", den die bürgerliche Presse verbreite.[53]

11.

Zudem ist zu bezweifeln, dass die auch in der Hagener Presse durchweg vorgenommene direkte oder indirekte Deutung der patriotischen Gefühlsausbrüche als Beweis für „Kriegsbegeisterung" so generell zutrifft. Die Journalisten der ausschließlich bürgerlich-nationalistisch ausgerichteten Hagener Tageszeitungen waren hier in ihrer Wahrnehmung und Interpretation der beobachteten Geschehnisse ideologisch fixiert.[54] Bereits zeitgenössische Beobachter haben damals aber die Vermutung geäußert, dass in den ekstatischen Gefühlsausbrüchen von nationalistischer Kriegsbegeisterung lediglich Erleichterung und Abbau einer durch angespanntes Warten bis ins Unerträgliche gesteigerten Spannung zum Ausdruck komme. So schrieb der damalige Chefredakteur des Berliner Tageblatts, Theodor Wolff, in einem in der Ausgabe vom 1. August seiner Zeitung veröffentlichten Beitrag u. a., dass das, „was man Begeisterung der Menschen nennt, [...] in solchen Fällen nur die Entladung einer ungeheuren inneren Erregung (ist)". Auch für diese Deutung finden sich in der Hagener Tagespresse Anhaltspunkte. In dem am 1. August in

---

52 „Im Abendlicht – Eine Lebensrückschau", S. 220
53 „Der Kriegsprotest des Proletariats" - Vorwärts v. 29.7.1914
54 S. hierzu allgemein JEFFREY VERHEY: Der „Geist von 1914", S. 45, S. 61, S. 19

der Hasper Zeitung erschienenen Bericht z. B. heißt es in Bezug auf die Menschenmenge, die sich am Vortag erneut vor dem Redaktionsgebäude angesammelt hatte und auf Nachrichten wartete, dass die „Ungewissheit", die „Erwartung" und die „Spannung" der letzten Tage wie ein „ungeheurer Druck" auf den Köpfen der Menschen gelegen hätten. Als die Meldung von der Generalmobilmachung Österreich-Ungarns und von der Verkündung des „Zustands drohender Kriegsgefahr" in Deutschland durchkam, habe in der Menschenmenge zunächst eine „ernste, aber weihevolle Stimmung" geherrscht. Doch beim Erscheinen des Städtischen Orchesters unter den Klängen des deutschen Trutzlieds „Die Wacht am Rhein" habe sich in der Riesenmenge vaterländische Begeisterung „Luft gemacht". Diese letztere Formulierung bezeugt, dass auch nach der Beobachtung des betreffenden Journalisten die Anspannung der Menschen sich einen erlösenden Ausweg in dem Ausbruch stürmischer (nationalistischer) Begeisterung gesucht hat. Auch nach der Erinnerung des schon mehrfach genannten Zeitzeugen Paul Bornefeld wirkte z. B. die Nachricht von der deutschen Generalmobilmachung als eine „Befreiung von einem ungeheuren Druck" und versetzte die Menschen in einen „[Kriegsbegeisterungs-]Rausch".[55]

12.

Ebenso wenig dürfen die geschilderten spektakulären Massenversammlungen und -aktionen, wie es in der zeitgenössischen Hagener Presse durchweg geschehen ist, als eindeutige Äußerung von nationalistischer Kriegsbegeisterung der Teilnehmer gewertet werden. Nach der Feststellung des bereits erwähnten Zeitzeugen und Berliner Chefredakteurs, Theodor Wolff, kamen die Menschen in jenen kritischen Julitagen zusammen, um einerseits die neuesten Meldungen zu erfahren, andererseits aber und vor allem auch, um einfach nicht alleine zu sein.[56] Diese letztere Erklärung lässt sich auch an Hand von Äußerungen in der Hagener Presse belegen. So heißt es z. B. in einem mit „Stunden der Erwartung" überschriebenen Bericht in der Hagener Zeitung vom 31.

---

55 „Im Abendlicht – Eine Lebensrückschau, S. 119f.
56 THEODOR WOLFF: Der Krieg des Pontius Pilatus. Zürich 1934, S. 328

Juli, dass die Menschen in diesen kritischen Tagen in einer Spannung gehalten würden, wie seit 1870 nicht mehr, und „in solcher Stimmung" halte es niemand zu Hause. An diesem Tag wie auch schon am Tag zuvor sei in Hagen daher wieder „alles auf die Straße geeilt".
Nicht zuletzt ist das psychologische Moment in Form des Herdentriebs und der Macht der Massen zu berücksichtigen. Viele werden sich damals wohl auch nur von der Begeisterung der Masse haben mitreißen lassen, ohne unbedingt deren (Kriegs-)Begeisterung zu teilen.[57]

13.

Somit ist als Tatsache festzuhalten, dass es Ende Juli/Anfang August 1914 auch in der Hagener Bevölkerung eine gewisse und auf eine bestimmte Bevölkerungsgruppe beschränkte patriotische Kriegsbegeisterung gegeben hat. Die in der lokalen Presseberichterstattung beschriebenen Vorgänge belegen das eindeutig. Aber es gab in Hagen eben nicht nur Kriegsbegeisterung. Die Stimmung der Bevölkerung in diesen krisenhaften Tagen war in Wirklichkeit viel differenzierter. Das lässt sich auch aus einer entsprechenden Überprüfung der Berichte in den Hagener Tageszeitungen zumindest in Ansätzen ermitteln. Bestimmte Formulierungen, die, wenn auch nur in geringer Zahl und zumeist nur ganz nebenbei in den Berichten auftauchen, weisen auf eine in der Bevölkerung seinerzeit vorhandene breitere als nur nationalistisches Hochgefühl und enthusiastische Kriegsbegeisterung umfassende Palette von Stimmungen hin. Auch die Journalisten der Tageszeitungen konnten ihre Augen nicht völlig vor der Wirklichkeit verschließen. So werden in den Zeitungartikeln z. B. auch „bange Ehrfurcht"[58], „weihevolle Stimmung", „mutige Gewissheit", „Entschlossenheit" und „Zuversicht"[59] sowie „stolzer Mut"[60], aber auch „Spannung" und Aufregung"[61], „nervöse Unruhe"[62] und „ernste Stimmung" genannt, zumeist jedoch in unmittelba-

---

57 S. hierzu auch JEFFREY VERHEY: „Der Geist von 1914", S. 122
58 Hagener Zeitung v. 31.7.1914
59 Alle: Hasper Zeitung v. 31.7.1915
60 Hagener Zeitung v. 29.7.1914
61 Beide: Hagener Zeitung v. 31.7.1914
62 Der Gemeinnützige v. 31.7.1914

rer Nachbarschaft von erwähnter „Kriegsbegeisterung". Auch für Hagen erweist sich somit die angebliche patriotische „Kriegsstimmung" der Bevölkerung in Wirklichkeit als ein Gemisch und ein Wechselbad von Empfindungen, das sowohl Begeisterung als auch Angst, Zuversicht wie Furcht, Gewissheit und Neugier, Überschwang und Niedergeschlagenheit, Hoffnung und Schicksalsergebenheit, Stolz wie auch Trotz umfasste – soweit die Gefühle geäußert und z. B. in der Presseberichterstattung festgehalten und auf diese Weise überliefert worden sind. Was jedoch die „schweigende Mehrheit" in den Tagen der Julikrise und bei Kriegsausbruch 1914 in Hagen wie auch anderorts tatsächlich gedacht und gefühlt hat, wird dagegen, da sie sich ja nicht geäußert hat, wohl nie zu ermitteln sein. Die wenigen allgemeinen Belege, die es dafür überhaupt gibt, deuten jedoch nicht auf eine kriegsbegeisterte, sondern vielmehr auf eine ernste und sorgenvolle Stimmung hin.[63] Wenn die deutsche und die Hagener Bevölkerung in den letzten Juli- und ersten Augusttagen des Jahres 1914 überhaupt in etwas vereint waren, so war es jedenfalls nicht in Kriegsbegeisterung, sondern allenfalls in Entschlossenheit.[64]

---

63   JEFFREY VERHEY: Der „Geist von 1914", S. 91f., S. 115
64   S. hierzu allgemein JEFFREY VERHEY: Der „Geist von 1914", S. 192 sowie die bereits oben in angeführte Aussage in der Hasper Zeitung v. 31. Juli, dass ich in der Bevölkerung überall die Entschlossenheit kundtue, „wenn es dann doch einmal sein soll, dann auch alles freudig einzusetzen für des Vaterlands Ehre".

Thomas Parent

Bismarck in Bismarck – Anmerkungen zu einem kirchlichen Kriegerdenkmal im Ruhrgebiet

Inhalt: 1. Eingangsbemerkungen. S. 207. – 2. Die „Kriegerehrung" von Gelsenkirchen-Bismarck. S. 209. – 3. Von Braubauerschaft nach Bismarck. S. 215. – 4. Der Kirchenmaler Rudolf Schäfer (1878-1961). S. 220. – 5. Ausblick. S. 226.

1.

Laut Begriffsdefinition fordert ein ‚Denkmal' seinen Betrachter zum Denken auf. Es gilt, Inhalte zu vermitteln, Unwissende zu informieren, Gesinnungsgenossen in ihrer Meinung zu bestärken, Zweifelnde oder Andersdenkende zu überzeugen. Um besonders erfolgreich zu wirken, werden einzelne Denkmäler an exponierter Stelle errichtet, monumental dimensioniert, künstlerisch anspruchsvoll gestaltet ... Vor allem durch die Art der Darstellung kann ein Denkmal suggestiv wirken. So präsentiert ein Personendenkmal seinen ‚Helden' nicht selten als stolz, kraftvoll oder versonnen. Oder auch als tragisch Gescheiterten, als stoisch duldenden Märtyrer.

‚Historische Denkmäler' werden dezidiert zur Erinnerung an eine bestimmte Person, eine Personengruppe oder ein bestimmtes Ereignis errichtet. Sie sind Ausdruck politischen Willens und beinhalten eine politische Wirkungsabsicht. Zu dieser Kategorie zählen die Kriegs- bzw. Kriegerdenkmäler.[1] Vor allem nach einem verlorenen Krieg steht hier das

---

1 Dazu neuerdings: Manfred Hettling: Nationale Weichenstellungen und Individualisierung der Erinnerung, Politischer Totenkult im Vergleich, in: Ders., Jörg Echterkamp (Hg.): Gefallenengedenken im globalen Vergleich, Nationale Tradition, politische Legitimation und Induvidualisierung der Erinnerung, München 2013, S. 32 ff. – Siehe auch Meinhold Lurz: Kriegerdenkmäler in Deutschland, Band 4, Weimarer Republik, Heidelberg 1985, besonders S. 172 ff., 229 ff., 330 ff., 385 ff. – Martin Bach: Studien zur Geschichte des Kriegerdenkmals in Westfalen und Lippe, Frankfurt am Main 1985. – Reinhard Koselleck, Michael Jeismann (Hg.): Der politische Totenkult, Kriegerdenkmäler in der Moderne, München 1994.

Gedenken an die ‚Gefallenen', d.h. an getötete Soldaten im Blickpunkt. Aktuell gilt dies in Deutschland für die Denkmäler zur Erinnerung an die Todesopfer der beiden Weltkriege.

„Mit ca. 1000 heute noch existierenden und einer – nicht exakt zu bestimmenden aber sicherlich geringeren - Zahl von ehemals existierenden historischen Denkmälern ist das Ruhrgebiet eine der dichtesten Denkmallandschaften Deutschlands."[2] Diese These lässt sich auf Anhieb kaum verifizieren, da für den Themenbereich bislang allenfalls Lokalstudien publiziert sind. Eine Dortmunder Bestandsaufnahme von 1984[3] ermöglicht immerhin eine erste Differenzierung: In der – seit einigen Jahren – größten Stadt des Ruhrgebiets gab es im Erscheinungsjahr der Broschüre außer neunzehn „allgemeine[n] Geschichtsdenkmäler[n]" immerhin 58 „Krieger- und Kriegeropferehrenmale" sowie „Ehrenmale für die Opfer politischer Gewalt". Hier bilden die Kriegerdenkmäler die größte Einzelgruppe, handelt es sich doch allein um 14 Denkmäler zur Erinnerung an die deutschen Reichseinigungskriege, vor allem an den deutsch-französischen Krieg von 1870/71. Noch zahlreicher sind Denkmäler für die Dortmunder Gefallenen des Ersten Weltkriegs vertreten (26 Objekte). Angesichts des aktuellen Zentenariums – vor hundert Jahren löste die Ermordung des österreichischen Thronfolgerpaars den Ersten Weltkrieg aus – steht die Überlieferung solcher Kriegerdenkmäler im Ruhrgebiet im Blickpunkt des vorliegenden Essays.

Zentrales Objekt der Betrachtung ist hierbei allerdings nicht ein Dortmunder Beispiel, sondern eine „Kriegerehrung"[4] in der evangelischen Christuskirche von Bismarck, heute einem Stadtteil von Gelsenkirchen. Dieses Denkmal zählt weniger aufgrund seiner künstlerische Qualität als in Bezug auf seine kriegstheologische Aussage und politische Wirkungsabsicht zu den anspruchsvollsten Geschichtsdenkmälern des Ruhrgebiets. Im Folgenden wird das Weltkriegsdenkmal zunächst vorgestellt. Danach erfolgt seine Verortung, und zwar in mehrfacher Hinsicht. Als erstes wird

---

2   HEINRICH THEODOR GRÜTTER: Denkmalskultur im Ruhrgebiet, in: DERS., ULRICH BORSDORF (Hg.): Orte der Erinnerung, Denkmal, Gedenkstätte, Museum, Frankfurt/Main und New York 1999, S. 195.
3   JÜRGEN ZÄNKER u.a.: Öffentliche Denkmäler und Kunstobjekte in Dortmund, eine Bestandsaufnahme, Dortmund 1984.
4   Dieser Begriff findet sich in den zeitgenössischen Quellen, z. B. HANS-GEORG SCHMIDT-LILIENBERG: Die Evangelische Gemeinde Bismarck, Festschrift zur 50-jährigen Jubelfeier, Gelsenkirchen 1925, S. 77. Der Autor war damals Pfarrer an der Christuskirche und schrieb den Text im Auftrag des Presbyteriums.

die „Kriegerehrung" in die lokale Geschichte und Kirchengeschichte von Gelsenkirchen-Bismarck eingeordnet, sodann in das Gesamtwerk ihres Schöpfers, des Kirchenmalers Rudolf Schäfer. Danach erfolgt ihre regionale Verortung innerhalb der zeitgenössischen Denkmallandschaft des Ruhrgebiets sowie der kirchlichen Kriegerdenkmäler beider Konfessionen. Schließlich erfolgt noch eine knappe temporäre Verortung in die Tradition der kirchlichen Kriegerdenkmalskultur vor dem Ersten Weltkrieg sowie in die Rezeptionsgeschichte dieser Kultur nach 1945.

2.

Das Denkmal befindet sich an der rechten Längswand im Innenraum der Christuskirche.[5] Es ist dort in vier ausladenden Flachbogennischen installiert. Die thematisch vorgegebene Rezeption erfolgt von rechts nach links, parallel zum Weg des Betrachters vom Kircheneingang zum Altarraum. In der unteren Zone der einzelnen Wandnischen sind jeweils sieben quadratische Marmortafeln auf Holzpaneelen befestigt. Auf diesen Tafeln stehen die Namen der zu Tode gekommenen Soldaten der Kirchengemeinde. Dabei orientiert sich die Reihenfolge der aufgeführten Personen an ihren Sterbedaten. Demnach waren seit 1914 nicht weniger als 269 Gefallene zu beklagen. Die letzten drei Männer verstarben – vermutlich aufgrund von kriegsbedingten Gesundheitsschäden – erst nach Kriegsende.

Über dieser Zone nehmen vier Ölgemälde den weitaus größten Teil der Wandnischen ein. In Orientierung an der vorgegebenen Wandarchitektur schließen diese großformatige Bilder von 3,5 Metern Breite und 1,6 Metern Höhe jeweils mit einem Flachbogen ab. Die ersten drei Gemälde zeigen Szenen aus der Passion Christi, die Kreuztragung, Kreuzigung und Grablegung. Das vierte Bild zeigt nicht – wie man erwarten könnte – die Auferstehung, sondern den Gang nach Emmaus.

Das erste Bild spielt vor der Stadtmauer von Jerusalem. Jesus ist unter der Last des Holzkreuzes zusammengebrochen. Simon von Cyrene

---

5 Komplette Abbildung des Denkmals in: Renata von Poser: Rudolf Schäfer, Kirchenausstattungen, Religiöse Malerei zwischen Bibelfrömmigkeit und Pathos, Regensburg 1999, S. 282 f. Die vier Farbfotos zeigen die „Krieger-Ehrung" allerdings vor der Restaurierung der Gemälde, die 2006 initiiert wurde.

Abb. 1: Rudolf Schäfer: Auszug zum Kampf, 1924
(Gelsenkirchen-Bismarck, ev. Kirchengemeine,
M. Holtappels, LWL-Industriemuseum)

Abb. 2: Rudolf Schäfer: Der große Kampf, 1924
(Gelsenkirchen-Bismarck, ev. Kirchengemeine,
M. Holtappels, LWL-Industriemuseum)

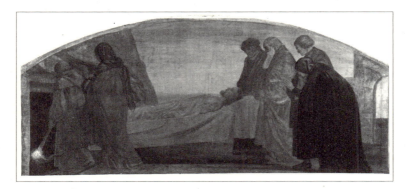

Abb. 3: Rudolf Schäfer: Das Heldengrab, 1924
(Gelsenkirchen-Bismarck, ev. Kirchengemeine,
M. Holtappels, LWL-Industriemuseum)

Abb. 4: Rudolf Schäfer: Die Hoffnung, 1924
(Gelsenkirchen-Bismarck, ev. Kirchengemeine,
M. Holtappels, LWL-Industriemuseum)

nimmt es von der Schulter des Heilands, um ihn zu entlasten. Am linken Bildrand beklagt eine Gruppe von vier Frauen den Leidensweg Christi, darunter – mit weißem Umhang und Schleier – die Gottesmutter Maria. Von rechts kommt eine Gruppe von Fußsoldaten aus einem spitzbogigen Stadttor, angeführt von einem Reiter mit rotem Mantel.

Das zweite Gemälde zeigt die Kreuzigung Christi sowie der beiden Schächer auf dem Berg Golgatha. In einer Personengruppe ist links wieder Maria zu erkennen, gestützt von dem ‚Lieblingsjünger' Johannes. Rechts sieht man erneut den Anführer des Soldatentrupps, der inzwischen vom Pferd gestiegen ist und sich auf sein Schwert stützt. Dahinter ragen kubische Bauten von Jerusalem auf. „Eine dramatische Farbigkeit unterstreicht das Außerordentliche des Geschehens: Hinter dem Kreuz Jesu verwandelt ein Blitz den blauschwarz drohenden Himmel in eine flammende Wolke; die türkis-blau schimmernde Landschaft des Hintergrundes dagegen erscheint wie zu Eis erstarrt."[6]

Die dritte Szene spielt vor einem dämmrig blauen Himmel. Die Bahre mit dem toten Heiland soll offenbar bald in die Grabkammer am linken Bildrand geschoben werden, begleitet von einer kleinen Trauergemeinde. Auf dem vierten Gemälde wird der Himmel über einer Naturlandschaft mit blühenden Blumen durch Abendrot illuminiert. In der Bildmitte steht Christus, dessen Erlöser-Funktion durch ein weißes Gewand angedeutet wird, und spricht gerade die beiden Emmaus-Jünger an, die ihn noch nicht bemerkt haben.

Auf den ersten Blick wirken diese vier Gemälde wie ein farbenprächtiger Passions-Zyklus, vergleichbar mit vielen anderen Kreuzwegen in katholischen Kirchen, die allerdings deutlich mehr Stationen aufweisen. Beim genaueren Hinsehen erkennt man in manchen Details frappierende Anspielungen: politische Botschaften, klerikale Eitelkeiten, sogar Ruhrgebiets-Zitate. Schauplatz der ersten drei Gemälde ist eindeutig das das römische Jerusalem, so wie es der Künstler in seiner Phantasie sah. Die dargestellte Architektur, die Kleidung der Personen sowie die Bewaffnung der Soldaten lassen hierauf schließen. Die Stahlhelme der Legionäre erinnern jedoch an die militärische Ausrüstung des Ersten Weltkriegs, und auch die Schaftstiefel des Reiters lassen sich nicht mit antikem Schuhwerk in Verbindung bringen.

Wenn man genauer hinschaut, erkennt man, dass dieser Truppführer auf beiden Gemälden die Gesichtszüge Otto von Bismarcks trägt.

---

6 POSER, wie Anm. 5, S. 141.

Außerdem identifizierte ein Gelsenkirchener Heimatschriftsteller drei Kleriker der Christuskirche: Pastor Otto Schumacher habe sich dort sich als Nikodemus und als Emmaus-Jünger porträtieren lassen, Pastor Hans-Georg Schmidt-Lilienberg als der andere Emmaus-Jünger, Pastor Julius Peter als Simon von Cyrene.[7] In der zeitgenössischen Kunstkritik bemängelte man allerdings, dass Simon „in der Gestalt eines Fabrikarbeiters" dargestellt worden sei.[8] Bei den wuchtigen Baukuben der Jerusalemer Stadtsilhouette hat sich der Künstler womöglich durch revierspezifische Industriearchitektur aus den ersten Jahrzehnten des zwanzigsten Jahrhunderts inspirieren lassen.[9]

In der Zusammenschau verdichten sich der Gemäldezyklus und die Gefallenen-Tafeln zu einer politischen Botschaft: „In den vier Gedächtnisbildern für die Christuskirche in Gelsenkirchen-Bismarck vollzog der Maler eine suggestive Gegenüberstellung göttlichen und menschlichen Leidens."[10] Die Passion Christi und der Soldatentod im Ersten Weltkrieg werden zueinander in Bezug gesetzt. Die propagandistische Wirkungsabsicht dieser Konfrontation verdeutlicht eine Schriftzeile, die zwischen den beiden Zonen der Denkmalwand verläuft. In allen vier Nischen wird jeweils ein programmatischer Bildtitel durch zwei Bibelsprüche flankiert, die seine Aussage kriegstheologisch interpretieren und legitimieren: Die Kreuztragung trägt das Motto „Auszug zum Kampf", die Kreuzigung ist „Der große Kampf". Die ergänzenden Bibelzitate klingen hier „wie moralisierende Anmerkungen zum Verhaltenskodex zwischen Kamera-

---

7 MAACK: Die evangelische Kirchengemeinde Bismarck, in: Heimatbund Gelsenkirchen (Hg.): Gelsenkirchen in alter und neuer Zeit, Ein Heimatbuch, Bd. 5, Gelsenkirchen-Buer 1953, S. 208.

8 HANS BODENSIEK: Rudolf Schäfer als Kirchenmaler, in: Monatsschrift für Gottesdienst und christliche Kunst, 34 (1929), S. 88.

9 In der zeitgenössischen Schäfer-Rezeption sah man in diesem Stadtpanorama den Tempel von Jerusalem und interpretierte ihn in einer Weise, die an klerikalen Antisemitismus denken lässt: „Der leitende Gedanke dabei [beim Kreuzigungsbild] war, das Gottesgericht über die Menschheit recht anschaulich zu machen. So will das Bild vor allem in das furchtbare Grauen jener Stunde hineinführen. Dem dient die lastende Gewitterstimmung, die über dem Ganzen lagert. Aber der zuckende Blitz des göttlichen Zorns trifft – ein lehrhafter Zug, wie ihn Schäfer liebt, - den Tempel als die Stätte der Gesetzlichkeit, des Unvermögens, der menschlichen Schuld." – KONRAD MACK: Rudolf Schäfer, Ein deutscher Maler der Gegenwart, Leipzig und Hamburg 1928, S. 64.

10 POSER, wie Anm. 5, S. 65.

den im Felde".[11] Sie lauten beim ersten Gemälde „Er trug sein Kreuz"[12] und „Einer trage des anderen Last"[13]. Beim Golgatha-Bild steht „Der Herr ist der rechte Kriegsmann"[14] und „Wo ich bin da soll mein Diener auch sein"[15]. Bei der Grablegung lautet der Bildtitel „Das Heldengrab", flankiert von den Bibelversen „Der gerechten Seelen sind in Gottes Hand"[16] und „Es ist noch eine Ruhe vorhanden"[17]. Beim vierten Bild mit dem Untertitel „Die Hoffnung" wird der verzweifelten Enttäuschung der Emmaus-Jünger „Wir hofften, er sollte Israel erlösen"[18] durch ein verheißungsvoll-visionäres Christuswort die Grundlage entzogen: „Ich lebe und ihr sollt auch leben"[19]. Mit Blick auf das Trauma der deutschen Weltkriegsniederlage drückt dies "die Hoffnung auf nationale Rehabilitierung aus."[20]

Als Garant für die Berechtigung dieser politischen Perspektive fungiert der Truppführer mit der Bismarck-Physiognomie. Es handelt sich nämlich um den römischen Hauptmann, der – erschüttert durch die Brutalität des Martyriums und die dramatischen Begleitumstände[21] – im Augenblick des Todes Christi eine prophetische Erkenntnis aussprach: „Wahrhaftig, dieser Mensch war Gottes Sohn!"[22] Aufgrund dieser Worte gilt der Offizier seitdem als der erste Heide, der sich zu Christus bekehrte. Er ist somit ein glaubwürdiger Visionär, dessen Prophezeiungen Gültigkeit beanspruchen dürfen! Übertragen auf die politische Situation im Nachkriegsdeutschland von 1924 bedeutet dies: Mit der mythischen Autorität des Reichsgründers prophezeit Otto von Bismarck, dass Deutschland zu neuer Kraft und Herrlichkeit „auferstehen" werde.

---

11 Broschüre des LWL-Denkmalamts, Münster zum Tag des offenen Denkmals am 9. September 2007, Orte der Einkehr und des Gebets, 2007.
12 Johannes-Evangelium 19,17.
13 Galaterbrief 6,2.
14 Moses 2, 15,3.
15 Johannes 12,26.
16 Buch der Weisheit 3,1.
17 Hebräerbrief 4,9.
18 Lukas 24,21.
19 Johannes 14,19.
20 Wie Anm. 11.
21 „... der Vorhang des Tempels riss von oben bis unten entzwei, die Erde bebte und die Felsen spalteten sich; die Gräber taten sich auf, und viele Leiber der Heiligen, die entschlafen waren, wurden aufgeweckt ..." Matthäus-Evangelium 27,51f.
22 Markus-Evangelium, 15,39.

3.

Es ist sicherlich kein Zufall, dass Bismarck diese Rolle eines nationalen Propheten in der evangelischen Kirche einer Ortschaft zugesprochen bekam, die seinen Namen trug. Zur lokalen Verortung der vorgestellten „Kriegerehrung" soll im Folgenden das sozio-ökonomische und kulturelle Profil von Gelsenkirchen-Bismarck im Zeitalter der Hochindustrialisierung skizziert werden.

Die Gemeinde Bismarck, die erst 1903 mit der Stadt Gelsenkirchen vereinigt wurde, liegt an der mittleren Emscher, in einer sumpfigen Bruchlandschaft, wo noch im 19. Jahrhundert Wildpferde weideten. Der ursprüngliche Ortsname Braubauerschaft ist erstmals für 1486 in eine Vorform urkundlich überliefert. Die wenigen Einwohner – noch 1818 wurden nur 410 Menschen gezählt – lebten jahrhundertelang vorwiegend von karger Landwirtschaft sowie vom Weber- und vom Töpferhandwerk. Als einziges stattliches Gebäude dominierte das Wasserschloss Grimberg den nordöstlichen Rand der Gemeinde. In der Reformationszeit schloss sich der Schlossbesitzer Heinrich von Knipping – wie auch ein Großteil der umwohnenden Bevölkerung – der neuen Lehre an und ließ die Schlosskapelle für den lutherischen Gottesdienst herrichten. 1574 wurde dort ein qualitätsvoller Renaissance-Altar mit einem „westfälischen Abendmahl" aufgestellt. Nach einem Besitzerwechsel kehrte der neue Schlossherr Johann von Nesselrode allerdings 1666 zum katholischen Glauben zurück, was langwierige konfessionelle Streitigkeiten – namentlich um die gemeinsame Benutzung der Schlosskapelle – nach sich zog. 1735 ließ der Burgherr für die protestantische Gemeinde dann eine eigene Kirche, die Bleckkirche, errichten und den Prunkaltar dorthin überführen. Nachdem die Familie von Nesselrode ihren Grimberger Besitz 1908 an die Zeche Unser Fritz veräußert hatte, verwahrloste die Schlossanlage nach dem Ersten Weltkrieg. Nach weiterer Beschädigung durch den Zweiten Weltkrieg wurden die Reste des Mauerwerks 1961 abgerissen. Die Kapelle translozierte man damals auf das Hertener Schlossgelände.[23]

In der zweiten Hälfte des 19. Jahrhunderts veränderte sich die Wirtschafts- und Bevölkerungsstruktur in Braubauerschaft grundlegend. Im Zuge der Nordwanderung des Steinkohleabbaus teuften drei

---

23 GUSTAV GRIESE: Die evangelische Gemeinde zu Grimberg, in: Heimatbund Gelsenkirchen, wie Anm. 7, S. 181 ff., 188 ff., 194 ff. – Maack, wie Anm. 7, S. 201 ff.

Steinkohlenbergwerke im Umfeld der Ortschaft ihre Tiefbauschächte ab, nämlich die Zeche Unser Fritz im Osten, Consolidation im Süden und Graf Bismarck im Westen. Ein großer Teil der benötigten Arbeitskräfte wurde aus den damaligen preußischen Ostprovinzen angeworben, protestantische Masuren aus dem südlichen Ostpreußen und katholische „Polen" aus Posen und Westpreußen. Die Einwohnerzahl von Braubauerschaft vervielfachte sich zwischen 1861 und 1900 von 597 auf 21.420 Personen und wuchs bis zum Beginn des Ersten Weltkriegs auf fast 28.000 Menschen an.[24]

Dementsprechend expandierten auch die beiden Kirchengemeinden, so dass die vorhandenen Gotteshäuser aus vorindustrieller Zeit bald nicht mehr ausreichten. Die Katholiken, die bislang zumeist die Messe in der Grimberger Schlosskapelle besucht hatten, errichteten 1890 eine geräumige Notkirche, 1902-4 dann eine stattliche neugotische Hallenkirche.[25] Die Protestanten, deren Zahl sich in Braubauerschaft allein zwischen 1874 und 1887 von 560 auf circa 6.000 Gläubige mehr als verzehnfachte, erweiterten zunächst die Bleckkirche in zwei Bauabschnitten (1879 und 1888/9), so dass sie schließlich über 500 Sitzplätze verfügte. Als auch dies nicht mehr genügte, entstand 1900/1 an anderer Stelle die großzügige neugotische Christuskirche nach Plänen des Bielefelder Architekten Alex Trappe.

Die regionale Industrie beteiligte sich an den Baukosten von mehr als 200.000 Reichsmark: „Zeche Bismarck schenkte 10.000 Mark, ebenso Konsolidation, das auch noch die Verankerung der Grundmauer auf eigene Kosten vornahm. Zeche Unser Fritz stiftete 1500 Mark, die Spiegelfabrik [im benachbarten Schalke] 500 Mark. Das Altarbild mit dem sinkenden Petrus verdanken wir Frau Friedrich Grillo in Essen, die Chorfenster Direktor Leipold auf Bismarck und Kaufmann August Frodermann."[26] Wenige Jahre später stellte die Verwaltung von Unser

---

24   STEFAN GOCH: Von der Braubauerschaft nach Bismarck, Anmerkungen zur Geschichte des Gelsenkirchener Stadtteils, in: DERS., LUTZ HEIDEMANN (Hg.): 100 Jahre Bismarck, Ein Stadtteil mit „besonderem Erneuerungsbedarf", Essen 2001, S. 23. – Mit einem Anteil von 55,3 bzw. 71 % an fremd- oder gemischsprachigen Bergleuten zählten Consolidation und Graf Bismarck zu den sog. „Polenzechen" des Ruhrgebiets (ebenda).

25   IGNAZ BENTHAUS: Die katholische Kirchengemeinde St. Franziskus Bismarck, in: Heimatbund Gelsenkirchen, wie Anm. 7, S. 213 ff. – Festschrift zum 100jährigen Bestehen der Pfarrgemeinde St. Franziskus-Bismarck, Gelsenkirchen o.J. (1991), S. 12 ff.

26   SCHMIDT-LILIENBERG, wie Anm. 4, S. 62. Die erwähnte „Verankerung" erfolgte ver-

Fritz zudem ein Gebäude für eine Kleinkinderschule zur Verfügung, in der die Kirchengemeinde u.a. ihre „masurischen Stunden" – Seelsorge für die polnischsprachigen Zuwanderer – abhielt.[27]

Die Führungskräfte der umliegenden Kohlenbergwerke und ihre Ehefrauen engagierten sich intensiv im evangelischen Gemeinde- und Vereinsleben von Braubauerschaft. Das betraf beispielsweise die Evangelische Frauenhilfe oder einen „Jungfrauen-Verein", der sich um die soziale Integration von zugewanderten Landarbeiterinnen bemühte. Ein solches Engagement war im Ruhrgebiet damals üblich und geschah nicht ohne Hintergedanken. Verunsichert durch den ersten großen Bergarbeiterstreik von 1889 wollten die Unternehmer Religion und Kirche instrumentalisieren, um Wohlverhalten bei ihren Arbeitern zu verankern.[28] Vor allem im Fall der evangelischen Konfession beinhaltete dies zugleich eine Förderung von Staatstreue, fungierte der preußische König hier doch gleichzeitig als Kirchenoberhaupt. Gemeinsamer Gegner war die aufstrebende Sozialdemokratie, die immer selbstbewusster ihre politischen, ökonomischen und sozialen Forderungen vorbrachte. Diesem „gottlosen" und „vaterlandslosen" Treiben galt es durch Caritas, praktische Bildungsarbeit und die Förderung von Frömmigkeit in der Arbeiterbevölkerung entgegenzuwirken.

Das elitäre Zweckbündnis zwischen Montanindustrie und preußischem Staat fand seinen Ausdruck auch in einer großen Zahl von preußisch-patriotischen Zechennamen. Vor allem im Umfeld der deutschen Reichsgründung von 1871 benannte man einzelne Steinkohlenbergwerke nach Mitglieder der Hohenzollern-Dynastie (z.B. Wilhelm, Auguste Victoria, Friedrich der Große, Unser Fritz)[29], nach preußischen Politikern (Minister Stein, Graf Bismarck) oder Militärs (Scharnhorst, Gneisenau). Im Fall Bismarcks lässt sich die Interessen-Identität von Unternehmerschaft, Kommune und evangelischer Kirchengemeinde anhand der lokalen Namensbenennung exemplarisch nachvollziehen: Die Zeche Graf

---

mutlich zum Schutz gegen Bergschäden. Der 1888 verstorbene Friedrich Grillo war u.a. in der Schalker Industrie stark engagiert. Seine Frau Wilhelmine Grillo stiftete nach seinem Tod den Großteil der Baukosten für das Essener Stadttheater, das heutige "Grillo-Theater".

27 SCHMIDT-LILIENBERG, wie Anm. 4, S. 71
28 Vergl. THOMAS PARENT: Zur Kirchen- und Kirchbaugeschichte im Revier, in: DERS., THOMAS STACHELHAUS: Kirchen im Ruhrrevier 1850-1935, Münster 1993, S. 19 f.
29 ‚Unser Fritz' war der preußische Kronprinzen Friedrich Wilhelm, der 1888 als Friedrich III. 99 Tage lang als Kaiser amtierte.

Bismarck entstand 1868 durch die Konsolidation von 17 Grubenfeldern. Nach der Gründungsversammlung der bergrechtlichen „Gewerkschaft" beschlossen die Anteilseigner – Aufsichtsratsvorsitzender war der Essener Industrielle Friedrich Grillo –, den preußischen Ministerpräsidenten Otto von Bismarck zu bitten, die neue Zeche nach ihm benennen zu dürfen. Nach dessen Einverständniserklärung vom 4.12.1868 erfolgte die entsprechende Umbenennung: Anstelle von ‚Neu-Essen' hieß das neue Bergwerk fortan ‚Graf Bismarck'. Wenige Jahre später erhielten auch der Güterbahnhof und der Personenbahnhof von Braubauerschaft sowie ein Postamt diesen Namen. Schließlich beschloss die Gemeindevertretung am 24.1.1898 – aufgrund eines antiquierten Wahlrechts hatten hier die Grundbesitzer und die Betriebsleiter der Industriewerke das Sagen –, auch die politische Gemeinde umzubenennen. Nachdem Kaiser Wilhelm II. und die Familie von Bismarck zugestimmt hatten, erhielten Gemeinde und Amt Braubauerschaft 1900 den Namen Bismarck.[30] Die evangelische Kirchengemeinde schloss sich dieser Umbenennung zwei Jahre später an.[31] Mit der Eingemeindung nach Gelsenkirchen verlor Bismarck dann 1903 seine Selbständigkeit, aber die lokale Bismarck-Verehrung ging weiter. Ebenfalls 1903 erhielt ein neuer Volkspark in der Nähe der Bleckkirche den Namen Bismarckhain.[32]

Zur Zeit der Zechengründung von Graf Bismarck im Jahr 1868 amtierte der prominente Namensgeber als erfolgreicher preußischer Ministerpräsident und Kanzler des Norddeutschen Bundes. Wenige Jahre zuvor hatte er im preußischen Verfassungskonflikt eine selbstbewusste liberale Opposition in die Schranken gewiesen und zwei „Reichseinigungskriege" gegen Dänemark (1864) und Österreich-Ungarn (1866) gewonnen. Nach einem weiteren Krieg gegen Frankreich erfolgte 1871 die deutsche Reichseinigung. Als Reichskanzler und preußischer Ministerpräsident wurde Bismarck durch Wilhelm II. 1890 auf spektakuläre Weise entlassen. Daraufhin intensivierten die tonangebenden Schichten des Deutschen Kaiserreichs ihre Bismarck-Verehrung, die Person und Werk des „Reichsgründers" schließlich geradezu mythisch verklärte. Als die politische Gemeinde Braubauerschaft im Frühjahr 1898 den Antrag auf

---

30 Die Entwicklung von Bergbau und Industrie in Bismarck, in: Heimatbund Gelsenkirchen, wie Anm. 7, S.89f. – GOCH, wie Anm. 24, S. 20, 30 ff.
31 SCHMIDT- LILIENBERG, wie Anm. 4, S. 67
32 K. W. NIEMÖLLER: Emscherbruch, Bismarckhain, Ruhr-Zoo, in: Heimatbund Gelsenkirchen, wie Anm. 7, S. 77 ff.

Namensänderung stellte, ließ der Gesundheitszustand des Greises keine persönliche Antwort mehr zu; Otto von Bismarck verstarb am 30.7.1898.

Die starke national-deutsche Orientierung der evangelischen Kirchengemeinde von Gelsenkirchen-Bismarck, zeigte sich vor allem im Ersten Weltkrieg. Der Kriegsausbruch wurde hier im Sommer 1914 – so zumindest in der Rückschau von Pastor Schmidt-Lilienberg – als patriotisches Gemeinschaftserlebnis verinnerlicht: „Alle die ausziehenden Feldgrauen kamen am Sonntag, dem 2. August mit ihren Angehörigen zu einer erschütternden Feier des heiligen Abendmahls und stärkten sich an der Beichtrede ʾWer unter dem Schirme des Höchsten sitzetʿ, mit der Pastor Schumacher unsere Krieger entließ. Die ganze Gemeinde drängte sich im Gotteshause am Mittwoch darauf zu der angeordneten Kriegsbetstunde, wo wir nach erhebender Predigt von Pastor Peter die unschuldigen Hände erhoben und um Heil und Sieg flehten."[33]

Bald mischte sich die Hochstimmung mit Trauer; aus Not wuchs Solidarität: „Wie froh schlugen die Herzen, wenn die Glocken einen neuen Sieg verkündeten; [..] und wie trauerten wir miteinander, wenn bald hier [und] bald dort eine Familie durch den Tod eines Helden in tiefste Trauer versetzt wurde. Eine Flut von Liebesgaben strömte ins Feld hinaus, die Hände der Frauen rührten sich zur Herstellung all der Schützer und Wärmer gegen Kälte und Unbill der Witterung, und als bei dem Fehlen der männlichen Arbeitskräfte unsere Mütter in den Fabriken und in den Werken eintraten, da wurden von Pastor Schumacher Heime für die Kinder gegründet, in denen ihre Schularbeit sie unter Aufsicht anfertigten und nachher bei Beschäftigung und Spiel aller Art bis zum Abend zusammenblieben."[34]

In der Ausnahmesituation des Weltkriegs mobilisierte das patriotische Gemeinschaftsgefühl vielfältige Aktivitäten in der Kirchengemeinde. So diente die Kleinkinderschule u.a. als Kriegsküche und als Sozialstation der „Fürsorge für die geflüchteten Ostpreußen". In der Bleckkirche fanden regelmäßig Gottesdienste für französische Kriegsgefangene statt. Nach dem „hungrigen Steckrübenwinter" 1916/17 wurden „tausende unserer Kinder von ihren Familien getrennt und zur Erholung von ihrer Unterernährung aufs gastfreundliche Land nach Ostpreußen (Pastor Peter), nach Pommern (Pastor Schumacher), nach Zeven (Hannover) (Pastor Schmidt)

---

33 Schmidt- Lilienberg, wie Anm. 4, S. 73 f.
34 Ebenda, S. 74

geschickt". Im Juli 1917 wurden dann die Glocken der Christuskirche „enteignet und zur Verarbeitung in Kriegsgerät abgefahren".[35]

Nachdem die Gemeinde im Herbst 1917 noch das 400-jährige Reformationsjubiläum aufwändig gefeiert hatte, erfolgte ein Jahr später die Ernüchterung: „Ganz überraschend kam für uns der Zusammenbruch und die Revolution" – so Schmidt-Lilienberg in seiner Rückschau. Die evangelische Kirche, die „durch den Sturz ihres obersten Bischofs gelähmt" war, musste sich auf eine komplett neue Situation einstellen, was in Gelsenkirchen und Bismarck bald auch gelang. Der Klerus vertrat energisch seine Interessen im politischen Raum. Weitere kirchliche Jubiläen wurden 1921 und 1922 demonstrativ gefeiert. Ein Zeichen des neuen Aufbruchs war auch das Bemühen, der Christuskirche, die durch die Kriegsjahre und die nachfolgende Zeit von Ruhrkampf und französischer Besatzung offenbar Schäden erlitten hatte, „ihren heiligen Schmuck und ihre würdige Ausstattung zurückzugeben, ja, ihn zu bereichern". Dies geschah u.a. durch die neue „Kriegerehrung mit vier Meisterbildern des berühmten Kunstmalers Professor D. theol. Rudolf Schäfer".[36]

4.

„Mit mehr als 50 malerischen Auftragsarbeiten für protestantische Sakralräume und seinem umfangreichen zeichnerischen Oeuvre zählt Rudolf Schäfer zu den produktivsten Künstlern der ersten Hälfte des 20. Jahrhunderts", resümiert eine 1999 publizierte Dissertation, um dann Kontroverses aufzuzeigen: „Schon zu Lebzeiten des Künstlers hat sein Werk höchst unterschiedliche Reaktionen ausgelöst: Während es den Apologeten Schäfers als Inbegriff christlich deutscher Kunst in der Nachfolge Dürers und als Ausdruck evangelischer Gemeindefrömmigkeit schlechthin erschien, erkannten die Kritiker in ihm nur eine zum Kirchenkitsch neigende Volkskunst und – so meinte man später – auch eine Variante der `Blut- und Bodenmalerei´ des `Dritten Reiches´."[37] Im

35 Ebenda
36 Ebenda, S. 75 ff.
37 POSER, wie Anm. 5, S. 14 f. Die folgenden Ausführungen dieses Kapitels basieren ebenfalls auf dieser Studie. Vergl. ebenda, S. 15 ff., 46 ff., 60 ff., 121 ff. , 240ff., 273ff., 361 ff.

Folgenden soll die Frage der künstlerischen Qualität unberücksichtigt bleiben. Aus Schäfers Gesamtwerk werden vielmehr seine Gefallenen-Gedenkbilder, die in seinem Oeuvre „ungewöhnlich breiten Raum"[38] einnehmen, aus der Sichtweise des Historikers in den Blick genommen.

Rudolf Schäfer stammte aus Altona. 1897 – 1906 studierte er an den Kunstakademien von München und Düsseldorf. Seit 1900 veröffentlichte er Zeichnungen und graphische Blätter religiösen Inhalts. 1912 bezog er ein eigenes Haus in Rotenburg an der Wümme, einer niedersächsischen Kleinstadt zwischen Bremen und Hamburg.[39] Dort begann er im gleichen Jahr mit seinem ersten Großauftrag, der künstlerischen Ausstattung der Rotenburger Diakonissenkirche. Im Sommer 1915 wurde Schäfer, der aufgrund seiner körperlichen Konstitution „nicht unter die erste Garnitur der Vaterlandverteidiger gehören konnte", als Rekrut einberufen und erlebte dann offenbar das gewöhnliche Grauen an der Front, „im Osten und dann zweimal im Westen bis zum Schluss des Krieges." Konkrete Erlebnisse sind kaum überliefert, einmal war er bereits „totgesagt", Karriere machte er beim Militär jedoch nicht. Zwischenzeitlich machte ihm „ein ernstliches Augenleiden" zu schaffen, so dass er „zur Erleichterung des Dienstes als Privatsekretär einem Divisionskommandeur zugeteilt" wurde. Seine Kriegseindrücke verarbeitete Schäfer zu kleinformatigen Bildern mit Titeln wie ‚Abschied', ‚Betstunde', ‚Apokalyptische Reiter', ‚Tod in der Ruine', ‚Reiter in der Ruine' oder ‚Trommelfeuer'.[40]

Nach Kriegsende wandte sich Rudolf Schäfer verstärkt der Farbmalerei zu. Zwischen 1920 und 1927 schuf er vorwiegend Kriegerehrenmale für evangelische Kirchen. Dabei handelte es sich durchgängig um Gemälde, die den Kriegstod theologisch zu legitimieren versuchten. In der Regel wurden die Bilder durch Namenstafeln von getöteten Soldaten ergänzt.

Damals schuf er Gemälde für Kirchen in Niedersachsen (Soltau, Kirchdorf bei Barsinghausen, Winsen an der Luhe), im Ruhrgebiet (Witten, Unna, Holzwickede, Gelsenkirchen), im Rheinland (Düren), in Mecklenburg (Schwerin) und in Süddeutschland (Ravensburg, Wangen im Allgäu, Stuttgart). Zwei weitere Memorialbilder für Kirchen in Peine und in Berlin entstanden in der NS-Zeit, in der Schäfer sich nicht den

---

38 Ebenda S. 19
39 In Rotenburg wird das Wohnhaus Schäfers inzwischen als Museum genutzt. Dort ist neben der Stadtgeschichte auch das Leben und Werk des Kirchenmalers Ausstellungsthema.
40 Mack, wie Anm. 9,, S. 48 ff.

Abb. 5: Kriegergedenkbild von Rudolf Schäfer
in der Gedächtniskirche Witten. Postkarte
(Slg. LWL-Industriemuseum)

regimetreuen Deutschen Christen anschloss. Zwischen 1946 und 1955 schuf er vier weitere Gedenkbilder, nun zur Erinnerung an die Opfer des Zweiten Weltkriegs.

Das erste Kriegergedächtnisbild entstand für die evangelische Kirchengemeinde von Witten an der Ruhr, deren Presbyterium am 3.3.1919 beschloss, Rudolf Schäfer bitten zu lassen, „der Gemeinde ein Gutachten über die Anbringung einer Ehrung für die Gefallenen auszuarbeiten"[41]. Womöglich war das Presbyterium durch eine 1916 erschienene Schrift über „Rudolf Schäfers vaterländische und biblische Bilder im Zusammenhang des Erlebens unserer Zeit"[42] auf den Maler aufmerksam geworden. 1920 schuf Schäfer dann ein Memorialbild für die neugotische Gedächtniskirche, die 1892 im Wittener Stadtzentrum zur Erinnerung an die Deutsche Reichsgründung errichtet worden war. Das Gemälde zeigt einen Ritter mit Schwert und Schild, Rüstung und Weltkriegs-Stahlhelm, „die Gestalt eines Gewappneten, der leidens- und kampfmutig die Kreuzesfahne hält und den Lindwurm unter die Füße tritt."[43] Aufgrund des Drachenkampfs kann dieser Ritter als heiliger Georg interpretiert werden, als Schutzpatron der Soldaten.

Auf der Kreuzfahne steht der trotzige Schriftzug „dennoch". Wie bei der Gelsenkirchener Krieger-Ehrung ergänzen zwei Bibelverse dieses Schlagwort: „Wie sind die Helden gefallen / und die Streitbaren umgekommen"[44] sowie „Aber deine Toten werden leben / meine Leichname werden auferstehen"[45]. Auf der Ansichtskarte, die dieses „Kriegergedenkbild" über Witten hinaus verbreitete, wird das Schlagwort „dennoch" zudem durch zwei Zitate in das Alte Testament verortet, wo es in Psalm 73 heißt: „Israel hat dennoch Gott zum Trost, wer nur reines Herzens ist"[46] / „Dennoch bleibe ich stets an [gemeint ist: bei] dir".[47] Wenn man den übrigen Psalmtext bei der Interpretation mit berücksichtigt, wird hier zum Gottvertrauen in einer deprimierenden Situation

---

41 Zit. n. POSER, wie Anm. 5, S. 125.
42 Vergl. POSER, wie Anm. 5, S. 223, Anm. 553. Der Autor dieser Schrift, ein Pastor namens Wilhelm Nell, sollte im Auftrag des Presbyteriums den Kontakt zu Schäfer vermitteln.
43 Mack, wie Anm. 9, S. 58.
44 2 Samuel 1,27.
45 Jesaias 26,19.
46 Psalm 73,1.
47 Psalm 73,24. – Ein Exemplar der Ansichtskarte befindet sich in der Sammlung des LWL-Industriemuseums Dortmund.

aufgerufen. "[...] um's Haar hätten meine Schritte den Halt verloren. Denn ich war eifersüchtig auf die Prahler, als ich den Wohlstand der Frevler betrachtete [...]".[48] Auf die Situation von 1920 übertragen, beinhalten diese Bibelverse eine Aufforderung an die evangelischen Christen von Witten und in Deutschland, trotz der bedrückenden Weltkriegsniederlage auf Gott zu vertrauen.

Dieses „Kriegerehrenmal" erhielt zunächst „am linken Eckpfeiler des Chors" seinen Platz. Darunter befand sich, „in eine Nische eingelassen, das Gedächtnisbuch mit den Namen der vielen Gefallenen des großen Industrieorts. Das Gemälde hat ein merkwürdiges Schicksal gehabt, insofern die 1892 erbaute Gedächtniskirche, die es beherbergte, wegen `Bergschäden´ (Erdsenkungen infolge des Kohlenbergbaus) geschlossen werden musste. Am 23. Juni 1924 stürzte das Gewölbe über der Vierung ein. Zum Glück war das auf Leinwand gemalte Bild rechtzeitig geborgen und in der älteren Johanniskirche untergebracht worden. Es ist Ende 1926 nach dem Wiederaufbau des schwer beschädigten Gotteshauses an seinen ursprünglichen Bestimmungsort zurückgekehrt."[49]

Die Botschaft der beiden Gedächtnis-Bilder, die Schäfer 1923 für die evangelische Stadtkirche von Unna schuf, ist nur mit lokalem Hintergrundwissen nachzuvollziehen. Der Maler ließ sich nämlich durch zwei populäre Choräle von Philipp Nicolai (1556-1608) inspirieren, der 1596-1601 als Pfarrer an dieser Kirche amtiert hatte: Das Bild „Wachet auf, ruft uns die Stimme" zeigt die „klugen Jungfrauen" auf dem Weg zum Bräutigam[50]. Im Vordergrund dominiert ein junger Ritter die Szene. Das Kreuz auf seinem Schild kennzeichnet ihn – „in gedanklicher Verbindung zu den Gefallenen des Krieges"[51] – als Streiter Christi. Auf dem Gemälde „Wie schön leucht' uns der Morgenstern" entsteigen die Toten ihren Gräbern und wenden sich – wie auch eine betende Jungfrau – eben diesem Stern zu, dem Symbol des himmlischen Bräutigams. Die Erlösungssehnsucht, die in dieser Szene mitschwingt, ist im Zusammenhang mit der Entstehungszeit der Bilder durchaus politisch konnotiert: Die auferstehenden Toten stehen für die Weltkriegs-Gefallenen.

---

48 Psalm 73,3.
49 MACK, wie Anm. 9,, S. 58 f. – Diese Odyssee lässt sich in der Aktenüberlieferung nicht belegen: POSER, wie Anm. 5, S. 223, Anm. 552.
50 Matthäus 25, 1 ff.
51 POSER, wie Anm. 5, S. 66.

Während seiner Tätigkeit in Unna wohnte Rudolf Schäfer bei einem Verwandten in der benachbarten Ortschaft Holzwickede. Der dortige Gemeindepfarrer verköstigte ihn in dieser Zeit. Der Maler bedankte sich 1924 mit Wandbildern für die evangelische Kirche. Sein Freskenzyklus zum Vaterunser blieb allerdings Fragment. Fertiggestellt wurde namentlich ein hochformatiges Gemälde, das im oberen Bereich den Gebetsvers „Dein Reich komme" mit Motiven aus der Apokalypse illustrierte. Im Vordergrund war dort der Kampf des Erzengels Michael mit dem Drachen, der den Teufel symbolisiert, zu sehen; Michael, der „deutsche Michel", galt damals als populäre Personifikation Deutschlands. Im unteren Bereich des Gemäldes stand eine Darstellung der Todesangst Christi im Garten von Gethsemane für den Vaterunser-Vers „Dein Wille geschehe wie im Himmel, also auch auf Erden". Der Gemeindepfarrer von Holzwickede kommentierte diese Szene im Geiste der Kriegstheologie: „Der Engel stärkt den ringenden Heiland, indem er ihm die Wirkung des Leidensgehorsams, die Schar der durch sein Blut erkauften Seelen zeigt". Unter dem Bild wurde – wie auch in Gelsenkirchen-Bismarck – auf die konkrete Situation am Ort verwiesen: „Von der Hand des Malers auf die Chorwand geschrieben erinnern mehr als hundert Namen an die harten Kriegsopfer, die auch der Gemeinde Holzwickede nicht erspart geblieben sind [...] Wie es sich im Rahmen des Kultusraums einer evangelischen Gemeinde geziemt, ordnet sich auch das Todesleid des Krieges ein in den Ratschluss Gottes."[52]

Auf den Gefallenen-Ehrungen, die Rudolf Schäfer 1920-39 für evangelische Kirchengemeinden außerhalb des Ruhrgebiets schuf, wiederholen sich verschiedentlich Motive, die am Beispiel der Memorialbilder von Bismarck, Witten, Unna und Holzwickede bereits vorgestellt wurden. Den Drachenkampf des Erzengels Michael gibt es beispielsweise in Wangen und Peine, eine Rittergestalt in Ravensburg. Auch einzelne Stationen der Gelsenkirchener Passion tauchen in anderen Kirchen wieder auf, zumeist in partiell ähnlicher Bildkomposition. So stellte Schäfer die Grablegung auf Memorialbildern in Ravensburg, Schwerin und Kirchdorf dar, den Emmaus-Gang in Winsen an der Luhe. Als Alternative zum letztgenannten Motiv malte Schäfer die Auferstehung Christi auf seinen Memorialbildern von Düren, Kirchdorf und Stuttgart.

---

52 WALTER SATTLER: Die Chorfresken zum Vaterunser in der Evangelischen Kirche zu Holzwickede, in: Monatsschrift für Gottesdienst und christliche Kunst 33 (1928), hier zitiert nach: POSER, wie Anm. 5, S. 139.

Der heidnische Hauptmann taucht sehr markant auf zwei Passionsbildern in Schwerin und in Ravensburg auf. In beiden Fällen begleitet er allerdings nicht – wie in Gelsenkirchen – den Kreuzweg und die Kreuzigung Christi, sondern dessen Begräbnis. In Verbindung mit dem Ravensburger Bild stilisierte Schäfer den römischen Offizier zur nationalen Identifikationsfigur, indem er sich die zeitgenössische These zu eigen macht, der historische Hauptmann sei eigentlich ein Deutscher gewesen, Mitglied einer in Jerusalem stationierten Legion, die vorwiegend aus Germanen bestand und wenig später nach Mainz verlegt worden sei: „Dass dieser vermutlich ein Deutscher war, würde ich durch seine äußere Erscheinung anschaulich machen," schrieb Schäfer 1920 an seinen Ravensburger Auftraggeber.[53] Aus diesem Kontext geht hervor, „dass der Maler zumindest dort den Hauptmann als Allegorie für das gläubige Deutschland verstanden wissen wollte."[54] Vier Jahre später knüpfte Schäfer an diese Interpretation wieder an, als er – nicht zufällig in Gelsenkirchen-Bismarck – dem bekehrten Zeitzeugen der Passion Christi die Gesichtszüge Otto von Bismarcks verlieh. Nur noch ein weiteres Mal bildete er einen prominenten national-konservativen Politiker in einem vergleichbaren Zusammenhang ab, den Tannenberg-Sieger von 1914, Paul von Hindenburg. Rudolf Schäfer malte den deutschen Reichspräsidenten (1925-34), der 1933 Adolf Hitler an die Macht verholfen hatte, als Vertreter des „Wehrstands" 1937/38 auf einem Altarflügel in der evangelischen Jacobikirche in Peine bei Braunschweig.[55]

5.

Die Memorialbilder von Gelsenkirchen-Bismarck, Witten, Unna und Holzwickede sind Teil eines Denkmalbestands im Ruhrrevier, der bislang weder zahlenmäßig gesichtet noch inhaltlich ausgewertet worden ist. Dabei sah sich vermutlich jede evangelische Kirchengemeinde im Ruhrgebiet nach 1918 in der Pflicht, das Gedenken ihrer gefallenen Mitglieder

---

53 Zitiert nach Poser, wie Anm. 5, S. 51.
54 Ebenda. Darstellungen des heidnischen Hauptmanns auf weitern Gemälden Schäfers, die nicht Teil einer Krieger-Ehrung sind, bleiben in der vorliegenden Studie unberücksichtigt.
55 Ebenda, S. 161 f., 297.

angemessen zu organisieren. Das Spektrum reichte hier vom schlichten Gedenkbuch bis hin zum aufwendigen Neubau einer Gedächtniskapelle, wie er beispielsweise am Turm der Dortmunder Hauptkirche St. Reinoldi errichtet wurde. Der ‚Normalfall' war vermutlich die Namenstafel, ergänzt durch Texterläuterungen und – mehr oder weniger kunstvoll – akzentuiert durch Schmuckelemente, Mosaiken, Reliefdarstellungen oder Skulpturen. Ergänzende Gemälde – wie Rudolf sie schuf – bildeten im Ruhrgebiet offenbar eher die Ausnahme. In der neugotischen Nicolaikirche von Gelsenkirchen-Ückendorf blieb immerhin ein Bilderzyklus erhalten, der links die Grablegung Christi zeigt und rechts das ungläubige Erschrecken des Apostels Thomas bei seiner Wiederbegegnung mit dem Auferstandenen. Im Mittelfeld erscheint Christus zwischen zwei Engeln.

Bei den Spruchzeilen stößt man häufig auf nationalistisches Pathos: „Die Gemeinde Eichlinghofen ehrt mit Stolz und Trauer das Andenken ihrer besten Söhne, die im großen Weltkriege 1914–1918 in begeisterter Verteidigung des Vaterlands die gelobte Treue mit dem Tode besiegelten", heißt es etwa auf dem Ehrenmal in der Margaretenkirche dieses Dortmunder Stadtteils. Von Christus, der hier als Weltenrichter dargestellt ist, erwartet man eine Wiedergutmachung für erlittenes Unrecht: „Wir warten aber eines neuen Himmels und einer neuen Erde, nach seiner Verheißung, in welcher Gerechtigkeit wohnet."[56] In der Turmvorhalle der Bochumer Christuskirche, der protestantischen Hauptkirche dieser Revierstadt, wird die Namensliste der Gefallenen demonstrativ mit den Namen der zahlreichen Kriegsgegner bzw. „Feindstaaten" Deutschlands konfrontiert, „die von den großen europäischen Nachbarn England, Frankreich und Italien bis zu Ländern reicht, die völkerrechtlich gar keine Kriegsteilnehmer waren – so z.B. das faktisch erst 1919 wieder erstandene Polen oder die heutige saudi-arabische Provinz Hedschas." Diese Gegenüberstellung soll wohl auf die militärische Übermacht hinweisen, gegen die das Deutsche Reich im Weltkrieg keine Siegeschance hatte. Man kann in der Konfrontation aber auch eine revanchistische Stoßrichtung sehen.[57]

56 Abbildung in: Stadt Dortmund, Denkmalbehörde (Hg.): Tag des Offenen Denkmals, Unbequeme Denkmale?, Dortmund 2013, S. 21.
57 ULRICH BÜCHOLD: Vom Kriegergedächtnis bis zum „Platz des Europäischen Versprechens", in: Forum Industriedenkmalpflege und Geschichtskultur 2 (2006), S. 80. Gegen eine revanchistische Stoßrichtung spreche allerdings – so Büchold – „die ʽnachrangigeʼ Platzierung dieser Ländernamen, die die meiste Zeit hinter den geöffneten Portaltüren verborgen gewesen sein dürften."

Bei den Weltkriegsdenkmälern in den katholischen Kirchen des Ruhrgebiets waren nationalistische Akzente wesentlich verhaltener.[58] Hier stand vielmehr der religiöse Trost im Mittelpunkt, namentlich durch eine Identifikation mit dem Leiden Christi. Demzufolge finden wir immer wieder Szenen aus der Passionsgeschichte. Bei manchen Kreuzwegen aus den 1920er Jahren – so in Dortmund-Brackel und Dortmund-Hörde (St. Klara) – tragen die römischen Soldaten Weltkriegshelme. In Bochum-Wattenscheid dominiert ein ausdrucksvolles Kruzifix die Kriegergedächtniskapelle in St. Gertrud.[59] In Gelsenkirchen (Propsteikirche St. Augustinus) ließ der zuständige Pfarrer „zur Erinnerung an die im Weltkrieg gefallenen Söhne der Pfarrei eine monumentale Kreuzigungsgruppe mit einer entsprechenden Ehrentafel aus Schiefer und als Gegenstück im linken Querschiff eine überdimensionale Schutzmantelmadonna in Mosaikarbeit anbringen."[60] Sehr häufig vertreten war die Pieta im katholischen Kriegergedächtnis, die Darstellung der Muttergottes mit dem Leichnam ihres Sohnes auf dem Schoß.[61] Rittergestalten kommen hingegen nur selten vor, so in Essen-Katernberg die heiligen Martin, der seinen Offiziersmantel zur Hälfte einem Bettler überlässt und Gereon als Drachentöter.[62] In der Dortmunder Nordstadtkirche St. Michael beeindruckt noch heute ein Kriegerdenkmal, das so gar nichts „Heldisches" ausstrahlt, sondern Trauer und Resignation: Links neben dem segnenden Christus ist dort ein sterbender Soldat zu sehen, rechts eine trauernde Mutter mit Kind.[63]

Kommen wir abschließend zur zeitlichen Verortung! Die Gefallenen-Ehrungen des Ersten Weltkriegs stehen in direkter Tradition zu den Denkmälern zur Erinnerung an die Reichseinigungskriege, die allerdings

---

58 Dies erklärt sich mit der größeren Distanz der deutschen Katholiken zur pointiert protestantischen Hohenzollern-Monarchie.
59 Das Wattenscheider Ehrenmal wurde von dem künstlerisch anspruchsvollen Architekten Josef Franke und seiner Tochter Margarete entworfen.
60 MANFRED PAHS (Hg.): 1000 Jahre Pfarrei, 100 Jahre Propstei St. Augustinus Gelsenkirchen, Lindenberg im Allgäu 2004, S. 44.
61 Erhaltene Beispiele u.a. in Bottrop (Herz Jesu-Kirche) und Dortmund (St. Anna).
62 Abbildung bei PARENT/STACHELHAUS, wie Anm. 28, S. 111. Dass Gereon hier anstelle des viel populäreren Ritter-Heiligen Georg dargestellt wird, erklärt sich vermutlich aus der damaligen Zugehörigkeit von Essen-Katernberg zum Erzbistum Köln. Der Legende nach erlitt Gereon im römischen Köln als Anführer der Thebäische Legion den Martyrertod.
63 Abbildung in: PAUL MONTAG u.a. (Hg.): Die katholische Kirche in Dortmund, Ihre Geschichte und ihre Pfarrgemeinden, Paderborn 2006, S. 110.

– diese Kriege hat Preußen ja allesamt gewonnen - nicht Trauer, sondern Siegesstolz ausdrücken. In manchen Kirchen gibt es noch heute mehrere Denkmäler zur Erinnerung an verschiedene Kriege. So findet man in Dortmund-Eichlinghofen nicht nur die erwähnte Krieger-Ehrung für die Gefallenen des Ersten Weltkriegs, sondern auch zwei Gedenktafeln für die (wenigen) Kriegsopfer von 1870/71, 1866 und 1815. Im letztgenannten Fall – den Befreiungskriegen gegen Napoleon I. - trauerte Eichlinghofen u.a. um Heinrich Wilhelm Wortmann, der als „freiwilliger märkischer Jäger" in der Schlacht von Ligny am 16.6.1815 den Tod gefunden hatte.

In der Lutherkirche von Dortmund-Asseln umspannt die Erinnerungskultur an Kriegsopfer ebenfalls einen längeren Zeitraum. Ein martialisch akzentuiertes Holzrelief, das der örtliche Krieger- und Landwehrverein 1902 stiftete, führt nicht nur die fünf Gefallenen von 1870/71 auf, sondern die Namen sämtlicher Kriegsteilnehmer aus Asseln; es handelt sich also nicht um ein Gefallenen-Ehrenmal, sondern um ein Krieger-Denkmal im umfassenden Sinn. Für die toten Soldaten des Ersten Weltkriegs wurde dann später ein weiteres Kriegerdenkmal in der Kirche aufgestellt. Noch später wurde dieses Denkmal um die Asselner Kriegsopfer aus dem Zweiten Weltkrieg ergänzt, nicht nur um die gefallenen Soldaten, sondern auch um die örtlichen Opfer des Bombenkriegs sowie um fünf Todesopfer eine Bergwerkskatastrophe im Jahr 1944.

Überhaupt hat man vielerorts die Denkmäler des Ersten Weltkriegs nach 1945 neu interpretiert. Die Kriegsopfer von 1939 – 1945 wurden nun einbezogen. Nationalistische Sprüche wurden durch ein umfassenderes Gedenken abgelöst, das sich auch „Gewaltopfern" über den engeren Kreis der Gefallenen hinaus widmete. Nicht wenige Kriegerdenkmäler für 1914-18 sowie für 1870/71 wurden im Ruhrgebiet aber auch durch den Bombenkrieg zerstört oder in der zweiten Hälfte des 20. Jahrhunderts als inzwischen unzeitgemäß demontiert. Das betraf auch zahlreiche Denkmäler in den Kirchen des Reviers.

Was die vier Krieger-Ehrungen Rudolf Schäfers anbetrifft: Während die Wittener Gedächtniskirche nach Bombenschaden nicht wieder aufgebaut wurde, war das Gedenkbild mit der Rittergestalt zumindest in den 1990er Jahren im Besitz der Johannis-Gemeinde noch vorhanden, wenngleich in schlechtem Erhaltungszustand.[64] In Unna wurden die beiden Gemälde durch die Einwirkung von Fliegerbomben beschädigt,

---

64 POSER, wie Anm. 5, S. 125, 361.

aber danach wieder mehrfach restauriert. Sie hängen nach wie vor in der Stadtkirche. In Holzwickede wurde der Freskenzyklus 1954 übermalt.[65]

Die vier Gemälde der Gelsenkirchener Krieger-Ehrung wurden angesichts des eskalierenden Bombenkriegs im März 1944 aus der Kirche entfernt und im Keller eines Bankgebäudes in Sicherheit gebracht. Diese Einlagerung geschah allerdings nicht sachgerecht – die Leinwände wurden aus den Keilrahmen genommen und zusammengerollt –, so dass die Bilder erhebliche Schäden erlitten. Die Christuskirche wurde im November 1944 zerbombt und nach Kriegsende in schlichter Form wieder aufgebaut. In den 1950er Jahren gelangte der Passionszyklus wieder an seinen originalen Ort.

Im Zuge der 1968er Bewegung keimte dann Kritik auf.[66] Nach langen Diskussionen, bei denen auch eine Verdeckung oder gar völlige Beseitigung der Gemälde aufgrund ihres theologisch bedenklichen Inhalts ernsthaft erwogen wurde, entschloss sich das Presbyterium 2006 zu ihrer Erhaltung und einer Restaurierung, die vom Förderverein der Kirche und vom Westfälischen Amt für Denkmalpflege bezuschusst wurde. Seitdem wird die Krieger-Ehrung von Gelsenkirchen-Bismarck bewusst in die Gemeindearbeit einbezogen, etwa bei Tagen des Offenen Denkmals. 2010 präsentierte das LWL-Industriemuseum die Kreuztragung in seiner „Helden"-Ausstellung in der Gebläsehalle der Hattinger Henrichshütte.[67] 2013 wurde die Kreuzigung für die historische Ausstellung „Leben nach Luther" des Deutschen Historischen Museums nach Berlin ausgeliehen. „Theologisch" sei diese Kreuzigungs-Darstellung „eine Katastrophe", kommentierte der zuständige Gelsenkirchener Pfarrer Dieter Eilert aus diesem Anlass, „aber historisch sei die Arbeit eben bedeutsam."[68] Dem ist nichts weiter hinzuzufügen!

---

65 Ebenda, S. 139
66 Als der Verfasser dieses Aufsatzes die Krieger-Ehrung um 1990 erstmals in Augenschein nehmen konnte, äußerte die damalige Pfarrerin, die der Friedensbewegung nahestand, ihre persönliche Distanz zu dieser problematischen Überlieferung. Der historischen Quellenwert war ihr aber durchaus bewusst.
67 LWL-Industriemuseum (Hg.): Helden, Von der Sehnsucht nach dem Besonderen, Ausstellungskatalog, Essen 2010, S. 114, 134.
68 WAZ vom 25.8.2013 (http: // waz.m.de/dw/staedte/gelsenkirchen/ein-bildnis-seiner-zeit-in-der-..." (letzter Zugriff 8.11.2013)

Dietmar Scholz

Verwaltungsbehörden als lokale „Mithelfer" bei der Ausführung der NS-Politik

Zur Situation in Castrop-Rauxel zwischen 1933 und 1945

I n h a l t : 1. Zum bisherigen Stand lokaler Untersuchungen der „Machtübernahme" der NSDAP und zur Ausweitung der Fragestellung. S. 231. – 2. Die Mithelferschaft lokaler Behörden, behördlicher Mittelinstanzen, Organisationen und Industrieunternehmen bei der Ausführung der NS-Politik. S. 233. – 3. Die Durchführung des Gesetzes zur Wiederherstellung des Berufsbeamtentums vom 7. April 1933. S. 234. – 4. Diskriminierende Maßnahmen gegenüber der jüdischen Bevölkerung bis zur „Arisierung" der Geschäfte und der Deportation der Juden. S. 235. – 5. Die Situation von „Fremdarbeitern" und Kriegsgefangenen. S. 241. – 6. Die Durchführung des „Euthanasieprogramms". S. 245. – 7. Die Frage nach der Schuld der Mithelfer. S. 249. – 8. Spannungen zwischen dem Castrop-Rauxeler Oberbürgermeister Dr. Richard Anton und Parteiinstanzen wegen der „Euthanasiemaßnahmen" und wegen des jüdischen Friedhofs. S. 250.

1.

Die wenigen lokalgeschichtlichen Untersuchungen der NS-Zeit in Castrop-Rauxel haben sich auf Darstellungen des Wechsels der Verwaltungsspitze und der „Gleichschaltung der Rathäuser" und auf eine Darstellung des eigentlichen NS-Parteiapparates beschränkt. Ich fasse dazu einiges nur kurz zusammen[1]:

---

[1] Der Text lag einem Vortrag zugrunde, der 2012 im Rahmen einer Veranstaltung der VHS der Stadt Castrop-Rauxel zur lokalen und regionalen Geschichte gehalten wurde. – Zu der Gesamtthematik: Dietmar Scholz: Von der „Freyheit" zur „Europastadt". Eine Geschichte der Stadt Castrop-Rauxel 834-1960, Stuttgart 1996, S. 211-286. – Dietmar Scholz: Das Krisenjahr 1932 in Castrop-Rauxel. Politische Radikalisierung und Destabilisierung, in: Märkisches Jahrbuch für Geschichte (MJbG) 102 (2002), S. 251-268. – Dietmar Scholz: Im „Rausch der Jahre 1933-1941". Zur Organisation und Tätigkeit der NSDAP im Parteikreis Castrop-Rauxel, in: Der Märker 53 (2004), S. 118-129. - Auch Armin Nolzen: Die westfälische NSDAP im Dritten Reich, in: Westfälische Forschungen (WF) 55 (2005), S. 423-470.

Ende Mai 1933 fand der Wechsel Verwaltungsspitze statt: Der wegen Krankheit abwesende Oberbürgermeister Dr. Georg Mende[2] (Zentrum) beantragte bei der Stadtverordnetenversammlung, ihn in den Ruhestand zu versetzen. Im Juni 1933 übernahm Dr. Richard Anton (NSDAP) das Amt des Oberbürgermeisters. Die „Gleichschaltung" der Stadtverordneten geschah schnell; nach dem Verbot der KPD und der SPD und der Selbstauflösung der übrigen Parteien wurde Ende 1933 auch die klein gewordene Stadtverordnetenversammlung aufgelöst; an ihre Stelle traten „von oben" berufene Gemeinderäte, sie waren nach ideologischen Gesichtspunkten ausgewählt, besaßen keine Entscheidungsbefugnisse und durften den Oberbürgermeister nur beraten.

Daneben stand die Parteiorganisation der NSDAP mit ihrer Führungshierarchie: Gauleiter für den Gau Westfalen-Süd war zuerst Josef Wagner, ihm folgten 1941/42 Paul Giesler und 1943/45 Albert Hoffmann. Kreisleiter der NSDAP in Castrop-Rauxel war schon ab 1932 Dr. Richard Anton, der die Kreisleitung 1936 wegen der Zusammenlegung der Parteikreise Herne und Castrop-Rauxel abgeben musste. Den neuen Parteikreis übernahm dann der Herner Karl Nieper, ein Straßenbahnschaffner. In der NSDAP-Hierarchie wirkten unter den Kreisleitern die Ortsgruppenleiter – in Castrop-Rauxel waren es schließlich sechs; den Ortsgruppenleitern unterstanden die Zellenwarte und die Blockwarte, die dann auf unterster Ebene zuständig waren für etwa 50 Haushaltungen, etwa 200 Personen, die sie nicht nur zu betreuen und ideologisch zu beeinflussen, sondern auch zu überwachen hatten.

Aber nicht diese Parteihierarchie setzte vor Ort die Maßnahmen des NS-Staates durch, sondern dazu wurden neben mittleren Behörden wie Polizeipräsidien, Finanzämtern und Arbeitsämtern und neben Organisationen und Industrieunternehmen vor allem die Kommunalverwaltungen mit herangezogen, so auch bei der Durchführung von Diskriminierungs- und Verfolgungsmaßnahmen, etwa bei der Judenverfolgung und -deportation, bei der Vorbereitung von Euthanasie-Aktionen, bei der Organisation des Einsatzes von Zwangsarbeitern und Kriegsgefangenen.

Die in einigen frühen Darstellungen der NS-Zeit zu findende Trennung zwischen alter Bürokratie, die noch aus Wilhelminischer und Weimarer Zeit stammte und sich an Recht und Gesetz gebunden sah und sachgerecht Exekutivaufgaben erfüllte, sowie auf der anderen Seite dem Machtapparat der nationalsozialistischen Parteifunktionäre lässt

---

2   Dr. Georg Mende (1883-1951) war damals 50 Jahre.

sich nicht aufrechterhalten, „die These vom Dualismus zwischen Staat und Partei", vom Nebeneinander von „Normenstaat" und „Maßnahmenstaat" (Ernst Fraenkel) muss „relativiert" werden.[3] Es gab kein klares Nebeneinander, sondern an vielen Stellen waren Parteiapparat und Exekutivapparat verquickt, nicht nur durch die oft unscharfe Trennung von Zuständigkeiten, sondern auch durch Ausübung mehrerer Ämter durch eine Person. Das galt fast selbstverständlich für die Ministerien, aber auch für Mittelinstanzen der Exekutive: Der Gauleiter von Westfalen-Nord, Dr. Alfred Meyer, war z. B. ab 1938 auch Oberpräsident der Provinz Westfalen in Münster, ihm unterstanden die Regierungspräsidenten von Münster, Arnsberg und Minden/Detmold; er wurde auch noch zum Stellvertreter des Reichsministers für die besetzten Ostgebiete (Alfred Rosenberg) ernannt und war als Vertreter dieses Ministeriums 1942 an der Wannseekonferenz, die die so genannte „Endlösung", die Tötung der Juden, beschlossen hat, beteiligt. Und Dr. Richard Anton war von 1933 bis 1936 gleichzeitig Kreisleiter im Parteikreis Castrop-Rauxel und Oberbürgermeister.

2.

Im Folgenden wird versucht, die „Mithelferschaft/Mittäterschaft" von lokalen Verwaltungsbehörden, aber auch von Mittelinstanzen, Institutionen und auch Industrieunternehmen darzustellen – möglichst an Beispielen aus Castrop-Rauxel. Wenn man sich bewusst macht, dass in dem damaligen Deutschen Reich Gleiches und Schlimmeres in Tausenden von Städten und Gemeinden geschehen ist, wird der Umfang der Handlungen der Mithelfer erst recht deutlich. Ich gebrauche bewusst diesen Begriff, denn in den allermeisten Fällen waren die Beteiligten Helfer am Beginn einer Handlungskette, die zu diskriminierender Verfolgung, zu inhumanen Maßnahmen und dann oft zum Tode der Betroffenen führte,

---

3 RÜDIGER FLEITER: Kommunen und NS-Verfolgungspolitik, in: Aus Politik und Zeitgeschichte 14/15 (2007). Zugang über: http://www.bpb.de/themen/VDVOOU.html. – Auch SABINE MECKING/ANDREAS WIRSCHING (Hg.): Stadtverwaltung im Nationalsozialismus. Systemstabilisierende Dimensionen kommunaler Herrschaft. Forschungen zur Regionalgeschichte Bd. 13, Westfälisches Institut für Regionalgeschichte, Paderborn 2005, passim.

was den meisten Helfern am Anfang der Handlungskette wohl nur selten oder gar nicht bewusst war. Sie hätten allerdings als Mithelfer und Mittäter bei einigermaßen kritischem Verstand durch eigene Überlegungen und durch Gespräche mit kritischen Köpfen zu dem Ergebnis kommen müssen, dass ihr Tun Rechte verletzte, dass durch ihr Tun Unrecht geschah und dass vorhandene neue Gesetze oder sich auf (geheime) Führererlasse berufende Anweisungen ihr Tun nur scheinbar legalisierten, denn diese Gesetze, Erlasse, Anweisungen forderten offensichtlich auf zu gesetzes- und menschenrechtswidrigem Handeln.

Ich habe eine Reihe von Beispielen[4] für diese Mithelferschaft zusammengestellt; sie entstammen aber einer wenig ergiebigen Quellenlage, sie geben einen – durch die Themenstellung bedingt sicherlich perspektivischen - Einblick in den immer wieder beunruhigenden „Alltag" einer Mittelstadt in der Zeit der NS-Herrschaft.

3.

Ab 1933 erfolgte die Entlassung von Mitarbeitern der Gemeindeverwaltung gemäß dem „Gesetz zur Wiederherstellung des Berufsbeamtentums" vom 7.4.1933, durch das Juden und politisch „unzuverlässige Elemente" aus der Beamtenschaft ausgeschlossen wurden. Ausgeschieden sind der Stadtrat Philipp Hermes, zwei Stadtoberinspektoren, eine städtische Angestellte (Stadtfürsorgerin) und neun städtische Arbeiter; in andere Verwaltungsbereiche versetzt wurden ein Verwaltungsdirektor (Krampe) und ein Stadtinspektor. Aus dem Schuldienst entlassen wurde im September 1933 der Hauptlehrer Karl Hansmeyer (Pestalozzi-Schule Schwerin); er hatte bis 1933 die SPD-Fraktion in der Stadtverordnetenversammlung geleitet. Das Anschreiben, durch das ihm das Preußische Ministerium für Wissenschaft, Kunst und Volksbildung seine Entlassung

---

4 Die Beispiele sind, wenn nicht anders vermerkt, aus SCHOLZ: Von der „Freyheit" zur „Europastadt" (wie Anm. 1) und SCHOLZ: „...wir leben in diesem schönen, reichen Lande vor allem in Frieden und Freiheit". Vom preußischen „Schutzjuden" zum Opfer von Hitlers Helfern. Leben und Geschichte der Juden in Castrop und Castrop-Rauxel 1699-1945, Münster 1998 (im Folgenden verkürzt „Leben und Geschichte der Juden" genannt). – Vgl. auch einige Aufsätze, die das Thema berühren, in: SCHOLZ: Leben und Schicksal der Juden in Castrop 1699-1942, Dortmund 2010, S. 80-140.

mitteilte, lautete: „Auf Grund von §4 des Gesetzes zur Wiederherstellung des Berufsbeamtentums vom 7. April 1933 werden Sie hiermit aus dem öffentlichen Schuldienst entlassen.[5] Wegen der Regelung Ihrer Bezüge wird der Herr Regierungspräsident in Arnsberg weitere Verfügung treffen". Ebenfalls entlassen wurden ein Volksschulrektor sowie zwei Volksschullehrer. Ein Rektor und ein Konrektor wurden zu Volksschullehrern abgestuft und versetzt. Der Oberstudiendirektor Dr. Franz Faßbinder, der das damalige Realgymnasium von 1925 bis 1934 leitete, wurde abgestuft und als Studienrat nach Brilon versetzt. Der Gauleiter von Westfalen-Süd, Josef Wagner, soll dem Zentrumsmitglied Dr. Faßbinder schon 1932 Konsequenzen angedroht haben, weil er Tätigkeiten des NS-Schülerbundes am Realgymnasium verbot, vor allem 1932 eine Feier anlässlich der Wiederkehr des Jahrestages des Marsches zur Feldherrnhalle, die im Schulgebäude stattfinden sollte. Sein Nachfolger wurde der Herner Studienrat Steffen, ein altes NSDAP-Mitglied und Mitglied der Deutschen Christen.[6]

4.

Das Meldeamt der Stadt führte spezielle Listen über jüdische Bürger, auf den Meldekarten wurden nach einer Verordnung vom August 1938 für Juden zu ihrer Kennzeichnung zusätzliche Vornamen eingetragen, „Sara" und „Israel". Auf den erhaltenen Meldekarten sind übrigens nach

---

5   „§4. Beamte, die nach ihrer bisherigen politischen Betätigung nicht die Gewähr dafür bieten, daß sie jederzeit rückhaltlos für den nationalen Staat eintreten, können aus dem Dienst entlassen werden..." Reichsgesetzblatt Jg. 1933, Teil I, S. 175-176. – In §5 stand noch eine inhaltsleere weitere Begründung; genannt wurde eine Versetzung in ein Amt minderen Ranges, „wenn es das dienstliche Bedürfnis erfordert".

6   Verwaltungsbericht 1933/1934, StadtA Castrop-Rauxel. – Festschrift des Neusprachlichen Gymnasiums Castrop-Rauxel 1923-1953, Castrop-Rauxel 1953. – Über die politischen Spannungen in dem Jungengymnasium mündliche Hinweise des Sohnes von Dr. Franz Faßbinder, Dr. Helmut Faßbinder, gegenüber dem Autor. Auch: ERNST LANGELITTICH: Die Entwicklung des NS-Schülerbundes (NSS) am Realgymnasium zu Castrop-Rauxel, in: Stadtanzeiger für Castrop-Rauxel und Umgebung, 21. Dezember 1934. Langelittich nennt als einen Lehrer, der den NSS uneingeschränkt unterstützt hat, den Zeichenlehrer Josef Buschhausen. Der NS-Schülerbund wurde 1932/33 in die HJ überführt. – Nach dem Zweiten Weltkrieg war Dr. Franz Faßbinder Universitätsprofessor in Mainz.

dem Kriegsende diese Einträge „geschwärzt" worden. Einen Monat vor dem Auswanderungsverbot vom 1.10.1941 war die Verordnung über die äußere Kennzeichnung von Juden durch den „Judenstern" – vom 6. Lebensjahr an – in Kraft getreten. So ließ sich z. B. die Einschränkung der Einkaufszeiten für Juden oder das Verbot des Besuches von Theater- und Musikveranstaltungen oder von Kinos besser überwachen.

Entgegen allen sonst akribischen Eintragungen heißt es auf den Meldekarten der in Ghettos, Arbeitslager, Vernichtungslager deportierten und fast ohne Ausnahme ums Leben gekommenen Juden auf Anweisung der Staatspolizei ganz lapidar: „nach Osten abgeschoben", „nach unbekannt evakuiert" oder Wohnungswechsel „nach unbekannt" – wo das Leben der Deportierten enden würde, sollte niemand wissen.

Die stetig zahlenmäßig weniger werdenden Juden sind genau registriert worden. In einer nichtöffentlichen Beratung mit den Ratsherren am 30.6.1941 teilt der anwesende Stadtbaumeister auf Anfrage des Ratsherrn Holfeld mit, es seien noch 25 Juden in der Stadt ansässig. Auf eine Anfrage bei der Castrop-Rauxeler Polizeidienststelle wird am 20.4.1942 von einem Polizeiobersekretär mitgeteilt, dass sich noch 14 jüdische Personen in der Stadt aufhielten. Die jeweils zur Deportation bestimmten jüdischen Personen, die bis auf drei Ausnahmen (zwei davon sind mit „Ariern" verheiratete Personen) ihre Wohnung verlassen mussten und in einem „Judenhaus" (Bladenhorster Straße 34/36) zusammengeführt waren, erhielten Schreiben folgenden Wortlauts: „Auf Anordnung der Geheimen Staatspolizeistelle Dortmund werden Sie hiervon in Kenntnis gesetzt,, dass Sie ... für eine Umsiedlung nach ... vorgesehen sind ... Den Zeitpunkt des Abtransports werden wir Ihnen noch mitteilen..." Vor dem Abtransport mussten die Betroffenen eine Vermögenserklärung abgeben. Die Wohnungs- bzw. Zimmerschlüssel mussten dem zuständigen Finanzamt überlassen werden, das „für Verwaltung und Verwertung jüdischen Eigentums" zuständig war (Finanzamt Dortmund-Süd, in Castrop-Rauxel wohl vertreten durch Polizei oder Wohnungsamt). Frei werdender Wohnraum sollte möglichst schnell „im Einvernehmen mit dem zuständigen Hoheitsträger der Partei" (Ortsgruppenleiter, Kreisleiter) an Bombengeschädigte, Kinderreiche, Kriegsbeschädigte weitergegeben werden.[7]

Gemäß einer Verordnung über die Anmeldung jüdischen Vermögens vom April 1938 mussten die Juden in Deutschland ihr Geld- und Anlagevermögen anmelden, soweit es über 5.000 RM lag. Polizei- und

---

7 SCHOLZ: Leben und Geschichte der Juden (wie Anm. 4), S. 132-133.

Zollbehörden sowie das zuständige Finanzamt (Dortmund-Süd) und der Oberfinanzpräsident Westfalen (Münster) waren für diese Meldungen und für deren Kontrolle zuständig; Auswanderungsplanungen wurden dazu genutzt, das Vermögen der Juden zu kontrollieren und später einzuziehen.

Als Beispiel für das Verfahren, dem Juden unterworfen wurden, greife ich die Eheleute Bauer[8] heraus, die in der Castroper Altstadt ein Textil- und Modehaus hatten. Die Eheleute erhielten im November/Dezember 1938, weil sie die Absicht geäußert hatten, auszuwandern, eine „Sicherungsanordnung" der Zollfahndungsstelle Dortmund und des Oberfinanzpräsidenten in Münster: „... Es besteht die Gefahr, daß (bei der Auswanderung) unter Umgehung oder Verletzung bestehender Vorschriften Vermögenswerte der Devisenbewirtschaftung entzogen werden... Die Verfügung über folgende Vermögenswerte ist nur mit meiner Genehmigung zulässig:

Ihren gesamten Grundbesitz Ihre Wertpapiere im Depot bei dem Bankhaus Burkhardt & Co. Essen. Das Betriebsvermögen der Fa. L. H. Bauer, Kaufhaus in Castrop-Rauxel ... Grundschuldforderung der Frau B. Bauer aus dem Grundstück Castrop-Rauxel, Wittenerstr. 10. Der Brief ist bei dem Finanzamt Dortmund hinterlegt..."

Der Verkauf des Geschäftes und des Betriebsvermögens bedurfte der Genehmigung des Oberfinanzpräsidenten.

Bruno und Johanna Bauer sind im August 1939, zehn Tage vor dem Beginn des Zweiten Weltkrieges, nach Großbritannien emigriert. Vorher hatten sie noch die „Reichsfluchtsteuer" in Höhe von 25% des steuerpflichtigen Vermögens zu zahlen. In einem Brief berichtete das Ehepaar 1946, dass sie bei der Emigration „ganze 20.- Mk." hätten mitnehmen können. Nominell waren alle emigrierten Juden nach ihrer Ausreise noch Eigentümer ihrer Immobilien, Grundstücke, Einrichtungsgegenstände und sonstigen Vermögens- und Wertgegenstände. Durch eine Verordnung vom November 1941 verlor dann jeder Jude, der das Reich verlassen hatte, die deutsche Staatsangehörigkeit, danach fiel das Vermögen automatisch an das Deutsche Reich, an die „Vermögensverwertungsstelle" bei Oberfinanzpräsidenten von Berlin-Brandenburg. Das Verlassen des Reiches wurde, auch wenn es durch Deportation erzwungen wurde, mit

---

8 DIETMAR SCHOLZ: „...ein ehrenvoller Platz in der Geschichte des Geschäftslebens unserer Stadt". Zum Schicksal der jüdischen Kaufmannsfamilie Bauer aus Castrop, in: MJbG 106 (2006), S. 184-190.

zynischer Unlogik einem Verstoß gegen die Treue zum Reich und zum deutschen Volk gleichgesetzt.

Schon im Oktober 1937 hatten die Industrie- und Handelskammern im Gau Westfalen-Süd ermittelt, wieviele „Arisierungen"9 stattgefunden hatten. Die IHK Dortmund stellte fest, dass in Castrop-Rauxel erst zwei Geschäfte „aus jüdischem Besitz in arische Hände" übergegangen waren, eines am Altstadtmarkt und eines in Ickern. Im November/Dezember 1938 ordnete Hermann Göring als Beauftragter des Vierjahresplanes in Übereinkunft mit dem Justizminister Franz Gürtner und dem Reichswirtschaftsminister Walter Funk an, dass alle jüdischen Firmen aus der deutschen Wirtschaft auszuschalten seien. Sie waren zu „arisieren", wenn die volkswirtschaftliche Notwendigkeit zum Weiterbestehen vorhanden war; war dies nicht der Fall, so waren sie aufzulösen. Eine im Auftrag des Gauwirtschaftsberaters Westfalen-Süd (Paul Pleiger) hergestellte Liste – mitgewirkt haben dabei die IHK Dortmund und die örtliche Polizei – nannte für November 1938 für Castrop-Rauxel noch 17 jüdische Gewerbebetriebe. An den Arisierungen beteiligt waren außer denen, die den jüdischen Besitz übernahmen, der Regierungspräsident (Überprüfung der vertraglichen Abmachungen), die IHK, die Kreiswaltung der Deutschen Arbeitsfront (DAF), die Kreisleitung, der Gau- und der Kreiswirtschaftsberater, der Oberbürgermeister, der zuständige Polizeikommissar und auch Castrop-Rauxeler Einzelhändler, wenn es um die Entscheidung ging, ob eine Branche beibehalten oder durch eine andere ersetzt werden sollte. Letzteres war z. B. der Fall, als das Schuhgeschäft Cohen am Altstadtmarkt in ein Café umgewandelt und von einem Castroper Konditormeister übernommen wurde. Auch die Immobilien der Juden wie Wohnhäuser und Grundbesitz wechselten schnell den Eigentümer.

In der Nacht zum 10. November 1938 war die Castroper Synagoge in Brand gesteckt worden[10] – Täter waren SA-Leute aus Herne, aber auch SA-Leute und NSDAP-Mitglieder aus Castrop-Rauxel. Die gleichgeschaltete Presse sprach damals von einer „Entladung des Volkszorns". Da für die ausgebrannte Synagoge Einsturzgefahr bestand, forderte

---

9 SCHOLZ: Leben und Geschichte der Juden (wie Anm. 4), S. 121-126. – Vgl. zu dem ganzen Themenkomplex die Einzelbeiträge in: „Arisierung" im Nationalsozialismus. Volksgemeinschaft, Raub und Gedächtnis. Jahrbuch 2000 zur Geschichte und Wirkung des Holocaust, hg. vom Fritz Bauer Institut, Frankfurt 2000.

10 SCHOLZ: Zur Pogromnacht in Castrop-Rauxel am 9./10. November 1938, in: MJbG 104 (2004), S. 303-309. – SCHOLZ: Leben und Geschichte der Juden (wie Anm. 4), S. 115-117.

die Baupolizei von der Synagogengemeinde den endgültigen Abbruch. Gezielt zerstört wurden auch Schaufenster und Geschäfte jüdischer Kaufleute in Castrop, besonders an der Nordseite des Altstadtmarktes, und in Habinghorst. Auch Einrichtungen von jüdischen Wohnungen wurden zerstört. Die jüdischen Geschäfte blieben, nachdem sie notdürftig durch Bretterverschläge gesichert waren, nach den Verwüstungen geschlossen.

Verhaftet worden sind in Castrop-Rauxel in der Pogromnacht mindestens neun jüdische Männer, die meisten von ihnen wurden in das Konzentrationslager Sachsenhausen eingeliefert. Bis auf den bei dieser Aktion schon am 12. November ums Leben gekommenen Moritz Marx wurden sie nach einiger Zeit wieder freigelassen. Die Freilassung erfolgte umso eher, je verbindlicher die Inhaftierten sich zur Auswanderung und zum Verkauf ihres Besitzes bereit erklärten. Eine juristische Untersuchung dieser Ereignisse hat nie – auch nicht in der Nachkriegszeit – stattgefunden.

Nach Rücksprache mit dem Oberbürgermeister Dr. Anton bot Stadtbaurat Schmitz für die Stadt Castrop-Rauxel an, das Synagogen-Grundstück für einen Preis von RM 3.000 zu erwerben. Die israelitische Gemeinde, vertreten durch den Kaufmann Julius Meyer, erklärte sich mit einem Verkauf für RM 3.500 einverstanden und holte die Zustimmung des jüdischen Landesverbandes ein. Baurat Schmitz teilte nach Rücksprache mit dem Oberbürgermeister dem Synagogenvorstand mit, dass die Stadt bereit sei, für RM 3.500 zu kaufen. Die Kosten für den Abbruch der einsturzgefährdeten Mauerreste wollte die Stadt übernehmen, aber später gegen den Kaufpreis für das Grundstück aufrechnen. Nachdem die Ratsherren in einer nichtöffentlichen Beratung im Januar 1939 zu diesem Vorhaben gehört worden waren und aus ihren Reihen nur Zustimmung und noch der Vorschlag gekommen war, möglichst weitere Grundstücke, die für die Stadt von Interesse seien, von Juden zu erwerben, wurde der Vertrag vorbereitet und ein Stadtoberinspektor ermächtigt, den Grunderwerbsvertrag abzuschließen. Sachlich begründet wurde der Grundstückserwerb damit, dass die gassenartige Straße „Im Ort" verbreitert werden müsse.

Eine Verordnung vom November 1938 bestimmte, dass die aus dem Pogrom resultierenden Aufräum-, Reinigungs- und Reparaturarbeiten von den Juden selbst zu leisten waren und dass Versicherungsverträge, aus denen Juden Entschädigungsansprüche hätten ableiten können, an den Staat abgetreten werden mussten. Den deutschen Juden insgesamt wurde auch - noch im November 1938 – eine „Sühneleistung" in Höhe von einer

Milliarde RM auferlegt. Juden, die über ein Vermögen von mehr als 5.000 RM verfügten, mussten Abgaben in Höhe von 20% ihres Vermögens leisten. Versicherungsansprüche, die den Juden bereits zugesprochen worden waren, mussten direkt an die Finanzämter überwiesen werden und wurden auf die „Sühneleistung" verrechnet. Von Organisationen der Versicherungsbranche wurden in einer Stellungnahme die Vorgänge am 9./10. November als „eruptiver Ausbruch der Empörung der Bevölkerung" bezeichnet, für den man keine Entschädigungszahlungen zu leisten habe – gleichgesetzt wurden die Vorgänge fast den Schäden durch ein Erdbeben. Die juristischen Spitzfindigkeiten der Versicherungsbranche gipfelten in der Behauptung, die Juden hätten vorsätzlich, zumindest grob fahrlässig den Versicherungsfall herbeigeführt. Damit entfielen alle Versicherungsansprüche. Die Denkschrift der Versicherungsbranche, auf die die Allianz-Versicherung großen Einfluss genommen hatte, erklärte sogar eine Entschädigung der Juden durch Versicherungsleistungen als einen „Verstoß gegen die guten Sitten", weil die Juden durch Entschädigungszahlungen von Verantwortung und Haftung freigesprochen würden. Damit halfen die Versicherungen dabei, Aktivitäten zu rechtfertigen, die anderswo als Verbrechen eingestuft wurden. In Versicherungsunternehmen kam übrigens die Diskussion auf, ob Juden überhaupt noch versicherbar seien.[11]

In gesteigertem Maße haben Juden diskriminierende Ausgrenzungen sowie persönliche Herabsetzungen erfahren. So gab es – die ersten Bomben auf Castrop-Rauxeler Stadtgebiet fielen im Juni 1940 – nach einem Bericht des Ortsgruppenleiters Tollkamp (Castrop-Rauxel-Süd) Beschwerden darüber, dass „die Juden die allerersten im Schutzkeller" seien. Dem Bericht fügte der Ortsgruppenleiter die Bemerkung an: „Belehrung dahin, daß man sie herausschmeißen soll". Diese Einstellung gegenüber schutzsuchenden Juden scheint überall verbreitet gewesen zu sein. Im Juni 1943 erließ der Polizeipräsident Bochum, zu dessen Luftbereich der Parteikreis Herne/Castrop-Rauxel gehörte, eine Verfügung, nach der „ausländischen Arbeitern, Juden, jüdischen Mischlingen 1. Grades, Zigeunern u. a. Fremdrassigen" der Zutritt zu den Luftschutzbunkern

---

11 GERALD D. FELDMAN: Die Allianz und die deutsche Versicherungswirtschaft 1933-1945, München 2001. Vorabdruck von Auszügen in der FAZ vom 15. 09. 2001 (S. 17) unter der Überschrift „Deutschlands Versicherer und die Reichskristallnacht".

zu verweigern sei. Zu dem Zeitpunkt jedoch hat es keine Juden mehr in Castrop-Rauxel gegeben.[12]

Längere Zeit vor der Deportation der letzten Castrop-Rauxeler Juden im Jahre 1942 hatte das Stadtpolizeiamt in Übereinstimmung mit dem Oberbürgermeister an das Bauverwaltungsamt mit der Aufforderung gewandt, den Ankauf des Geländes des jüdischen Friedhofs an der Holzstraße[13] in die Wege zu leiten. Auf eine entsprechende Anfrage bei der Bezirksstelle der „Reichsvereinigung der Juden in Deutschland" in Bielefeld vom März 1941 teilte diese mit, dass der Vorstand der jüdischen Kultusvereinigung Castrop-Rauxel (damals Hugo Israel Josephs) zu Verhandlungen legitimiert sei; Entscheidungen könne er aber nur mit Genehmigung der „Reichvereinigung der Juden in Deutschland" treffen. Konkrete Begründung für den Kaufwunsch war die Verlegung der Holzstraße im Zuge von Planungen am heutigen Engelsburgplatz. Vor einer Umnutzung des Friedhofgeländes sollten die seit 1915 dort bestatteten Personen auf einen anderen Friedhof (Merklinde oder Herne) umgebettet und die Grabsteine umgesetzt werden.

Der Kauf erfolgte im Februar 1943 durch Vertragsabschluss zwischen der Stadt und der „Reichsvereinigung der Juden in Deutschland" – Kaufpreis: 8.648 RM; zu dem Zeitpunkt gab es keine Juden mehr in Castrop-Rauxel. Weil das Vermögen der „Reichsvereinigung der Juden in Deutschland" inzwischen durch Erlass der obersten Lenkungsbehörde der SS (Reichssicherheitshauptamt) beschlagnahmt worden war, hatte die Stadt Castrop-Rauxel den Kaufpreis an den Oberfinanzpräsidenten von Berlin-Brandenburg zu zahlen.

5.

Die oben genannte Verfügung des Bochumer Polizeipräsidenten betr. das Aufsuchen von Luftschutzbunkern hatte auch Folgen für „ausländische Arbeiter" – Kriegsgefangene in Lagern durften ohnedies keine

---

12 Landesarchiv NRW Münster. NSDAP-Kreis- und Ortsgruppenleitungen Herne-Castrop-Rauxel 49 und 66.
13 Dietmar Scholz: Der jüdische Friedhof in Castrop (1743-1943/2000), in: Der Märker 49/Heft 4 (2000), S. 165-167.

Bunker aufsuchen. „Fremdarbeiter" und Kriegsgefangene, besonders russische, waren in Castrop-Rauxel nicht nur im Bergbau, sondern auch an anderen Arbeitsstätten eingesetzt, in chemischen Betrieben, in einer Reihe von landwirtschaftlichen Betrieben, im Straßenbau, bei der Straßenunterhaltung, bei dem Bau von Luftschutzbunkern, bei der Müllabfuhr, bei der Pflege von Grünanlagen. Auch beim Bau des 150 Meter hohen Schornsteins der Zeche „Erin" wirkten Fremdarbeiter mit (Baubeginn 1941).

Nach den Aufzeichnungen in der „Kriegschronik der Stadt Castrop-Rauxel. 1939-1945" befanden sich auf dem Stadtgebiet am 15. August 1944 in zwanzig Unterkünften und Lagern in Castrop-Rauxel etwa 4.800 Fremdarbeiter und Kriegsgefangene.[14] Die Mehrzahl von ihnen waren Russen und Polen, Ukrainer und Weißrussen; daneben gab es zahlreiche Franzosen, Belgier (vorwiegend Flamen), Italiener u. a. m. Zum Arbeitseinsatz in Castrop-Rauxel kamen jedoch noch weitere ausländische Arbeitskräfte und Kriegsgefangene, die in Lagern in Herne oder Waltrop untergebracht waren. Im September 1944 waren allein auf der Zeche „Erin" über 2.100 Ausländer beschäftigt, darunter 962 russische Kriegsgefangene und 712 „Ostarbeiter",[15]

Die Arbeitsämter (für Castrop-Rauxel das AA Herne) ermittelten den Arbeitskräftebedarf der örtlichen Zechen, die Landesarbeitsämter koordinierten in Zusammenarbeit mit der Bezirksgruppe Steinkoh-

---

14 StadtA Castrop-Rauxel, Kriegschronik der Stadt. Die Zahl 4.800 erfasst anscheinend nur die in Lagern in Castrop-Rauxel untergebrachten Fremdarbeiter und Kriegsgefangenen. Es scheint aber so, als seien mehr Ausländer in Castrop-Rauxel zur Arbeit herangezogen worden, so aus den Kriegsgefangenenlagern in Herne-Holthausen und Waltrop, an der Stadtgrenze zum Stadtteil Ickern. – Wenn kein anderer Verweis gegeben wird, bezieht sich die folgende Darstellung auf die genannte Kriegschronik. Vgl. zu der Thematik auch das Kapitel „Ausländische Arbeiter und Kriegsgefangene in Castrop-Rauxel während des Zweiten Weltkrieges", in: SCHOLZ, Von der Freyheit zur Europastadt (wie Anm. 1), S. 301-307. – Es fällt auf, dass in dem unter der Schriftleitung von Karl Hartung 1967 hg. Band „Castrop-Rauxel. Entwicklung einer Stadt im westfälischen Ruhrgebiet" die Abschnitte (S. 191-216), die sich mit der Geschichte der Zechen „Erin", „Graf Schwerin" und „Victor-Ickern" befassen, die Zeit zwischen 1939 und 1945 nur kurz streifen und den Einsatz von Kriegsgefangenen und Zwangsarbeitern/Ostarbeitern überhaupt nicht erwähnen.

15 Diese in der „Kriegschronik" der Stadt Castrop-Rauxel gemachten Angaben erscheinen recht hoch. Es sind angeführt: 962 Russen, 148 Franzosen, 153 Italiener, 127 freie Ausländer (gemeint sind wohl „Westarbeiter"), 40 Frauen und 712 „Ostarbeiter". Anscheinend stammte ein Teil der auf der Zeche „Erin" beschäftigten ausländischen Arbeiter aus dem Kriegsgefangenenlager in Herne-Holthausen.

lenbergbau Ruhr, die die Unternehmen vertrat, die Zuweisung.[16] Die Kriegsgefangenen unterstanden dem Wehrkreiskommando Münster. Für die Überwachung der Fremdarbeiter war die Staatspolizeistelle Dortmund zuständig, in Ausnahmefällen die Gestapo. Mit dem Anwachsen der Zahl der Fremdarbeiter wurde in größeren Betrieben auch der Werkschutz verstärkt und Kontakte zu Polizeistellen intensiviert. Die Bewachung der Lager für Ostarbeiter und Polen lag in den Händen von älteren Wehrmachtsangehörigen und beim Werkschutz.[17] Die für verschiedene Gruppen von Kriegsgefangenen und Fremdarbeitern unterschiedlichen Lebensmittelmengen wurde den Lagerküchen vom lokalen Ernährungs- und Wirtschaftsamt zugewiesen.

Bei dem Luftangriff vom 23./24. Mai 1944 auf den Norden von Castrop-Rauxel wurden in der Waschkaue der Zeche Ickern I/II ein Deutscher getötet und ein weiterer verwundet; getötet wurden auch 89 russische Kriegsgefangene, schwer verletzt waren 52 Gefangene. Die Schwerverletzten wurden in das Evangelische Krankenhaus in Castrop und in ein Lazarett in Wanne-Eickel gebracht; die getöteten Kriegsgefangenen wurden auf dem Kommunalfriedhof in Bladenhorst beigesetzt. Insgesamt sind bei Luftangriffen 158 Fremdarbeiter und Kriegsgefangene umgekommen. Nach dem ersten Verwaltungsbericht der Stadt Castrop-Rauxel nach Kriegsende für 1945/46 waren auf den Friedhöfen in Bladenhorst, Ickern und Merklinde 331 Fremdarbeiter und Kriegsgefangene beigesetzt; danach sind für 173 verstorbene Personen andere Todesursachen als alliierte Luftangriffe anzunehmen: Schwächung des Körpers durch hohe Arbeitsanforderungen und mangelhafte Ernährung, Krankheiten. Einige Zechen setzten bewusst eine Kürzung der Zuteilung von Lebensmitteln als Disziplinierungsmaßnahme ein. „Arbeitsbummelei", „mangelnde Arbeitsdisziplin" oder „Arbeitsverweigerung" – auch von deutschen oder westeuropäischen Bergleuten – wurden oft durch vorübergehende Einweisung in von der Gestapo eingerichtete Arbeitserziehungslager

---

16 Einblick in die Quellenlage bei HOLGER MENNE/MICHAEL FARRENKOPF: Zwangsarbeiter im Ruhrbergbau während des Zweiten Weltkrieges. Spezialinventar der Quellen in nordrhein-westfälischen Archiven, Deutsches Bergbaumuseum Bochum 2004. – Besonders HANS-CHRISTOPH SEIDEL: Der Ruhrbergbau im Zweiten Weltkrieg, Essen 2010, passim. – Zur Zeche Victor-Ickern: Bergbau ist nicht eines Mannes Sache. Das Bergwerk Victor-Ickern in Castrop-Rauxel. Bearb. von TILO CRAMM, Essen 2000, S. 221-228.

17 Ende 1944 arbeiteten in den Ruhrzechen etwa 90.000 sowjetische Kriegsgefangene und mehr als 30.000 Ostarbeiter.

oder sogar durch Einweisung in ein KZ bestraft. So verhaftete auf dem Zechengelände von Victor-Ickern die Gestapo zwölf Arbeiter; elf davon wurden kurzfristig in ein KZ oder ein Arbeitserziehungslager eingewiesen oder sofort in Schutzhaft genommen.[18]

Russische Kriegsgefangene, die wegen mangelhafter Ernährung die von ihnen geforderte Arbeitsleistung nicht erbringen konnten, wurden sehr schnell in Stammlager (so in das Stalag VI A in Hemer) zurückgeschickt und gegen neue, arbeitsfähige ausgetauscht. Dort wurden sie aber nicht etwa gezielt gesund gepflegt, sondern sie verstarben oft an Erkrankungen aufgrund mangelnder körperlicher Widerstandsfähigkeit. Bei einer Besprechung der Bezirksgruppe Ruhr des Bergbaus mit den Leitern des Stalag VI A in Hemer im März 1944 über den Gesundheitszustand der zugewiesenen Kriegsgefangenen wurde z. B. die Leitung der Zeche „Graf Schwerin" kritisiert, die im Monat Januar 85 Gefangene – 28% des zugewiesenen Bestandes – wegen Arbeitsuntauglichkeit zurück geschickt hatte. Der Lagerkommandant nannte in diesem Zusammenhang für das ganze Lager Zahlen: Bis zum 1. 1. 1944 waren von den dem Ruhrbergbau zugeführten Kriegsgefangenen 6.398 gestorben, 123 waren erschossen worden, 1.826 entflohen, 28.621 durch Erkrankungen für den Bergbau nicht mehr verwendbar.[19]

Am Arbeitsplatz kam es auch immer wieder zu gewalttätigen Übergriffen auf russische Kriegsgefangene und auf Zwangsarbeiter durch Wachpersonal oder durch deutsche Bergleute.[20] Bei Fluchtversuchen von Kriegsgefangenen konnte die Schusswaffe eingesetzt werden; auch auf bei der Flucht ertappte Ostarbeiter durfte ohne Anruf geschossen werden. Von Erschießungen in Castrop-Rauxel ist allerdings nichts bekannt.[21]

---

18 SEIDEL: Der Ruhrbergbau im Zweiten Weltkrieg (wie Anm. 16) S. 552.
19 HANS-CHRISTOPH SEIDEL und KLAUS TENFELDE (Hg.): Zwangsarbeit im Bergwerk. Der Arbeitseinsatz im Kohlenbergbau des Deutschen Reiches und der besetzten Gebiete im Ersten und Zweiten Weltkrieg, Bd. 2 (Dokumente), Essen 2005, S. 748-751.
20 Anlage zu einem Protokoll (18. 11. 1942) einer Dienstbesprechung der Landräte, Oberbürgermeister und staatlichen Polizeiverwalter mit dem Regierungspräsidenten in Dortmund am 17. November 1942. An der Besprechung nahm der Castrop-Rauxeler Oberbürgermeister Dr. Anton teil: StadtA Castrop-Rauxel. Allgemeine Verwaltung 967. In der Anlage wird ausdrücklich hervorgehoben, dass bei Sanktionen wegen Aufsässigkeit und Arbeitsunwilligkeit Staatsanwaltschaft und Gerichte nicht einzuschalten seien; zuständig sei immer die Stapo.
21 SCHOLZ: Fremdarbeiter und Kriegsgefangene in Castrop-Rauxel 1939-1945, in: Kultur und Heimat (KuH) 54 (2003), S. 134-149. – SCHOLZ: „Ausländer-Einsatz" in Castrop-Rauxel 1939-1945. Zur Situation von ausländischen Arbeitern und Kriegsgefangenen

6.

Nach Beginn des Zweiten Weltkrieges setzten Tötungsaktionen an behinderten Kindern auch in Westfalen in Anstalten und „Kinderfachabteilungen" von Krankenhäusern (Niedermarsberg und Dortmund-Aplerbeck) sowie die Vernichtung erwachsener Anstaltsbewohner ein.22 Ein knapp gehaltener Erlass Hitlers, datiert auf den Tag des Beginns des Feldzuges gegen Polen, auf den 1. September 1939, lautete: „Reichsleiter Bouhler und Dr. med. Brandt sind unter Verantwortung beauftragt, die Befugnisse namentlich zu bestimmender Ärzte so zu erweitern, dass nach menschlichem Ermessen unheilbar Kranken bei kritischer Beurteilung ihres Krankheitszustandes der Gnadentod gewährt werden kann". Der Erlass ist nie veröffentlicht worden.23 Zur Erfassung der potentiellen Opfer bildete sich, vielleicht ohne dass viele der Beteiligten sich der Folgen des Tuns völlig bewusst waren, ein Netz von Personen und Institutionen, von dem beobachtet, befragt, geprüft, untersucht, Anzeige erstattet und entschieden wurde. Die in diesem Netz Tätigen konnten wahrscheinlich manchmal nur vermuten, woran sie sich beteiligten oder woran sie beteiligt wurden; häufig wurden Gewissheiten wohl auch einfach verdrängt.

Eine übergeordnete Behörde in Westfalen stellte die provinziale Selbstverwaltung unter dem Landeshauptmann Karl-Friedrich Kolbow dar, der auch die Listen der selektierten unheilbar Kranken vorgelegt wurden, in denen noch Streichungen vorgenommen werden konnten. Kolbow hat zwar Anfang 1941 gegen die Aktionen protestiert, dann aber – nach einem Hinweis auf Hitlers geheimen Erlass – die Aktionen hingenommen.[24]

während des Zweiten Weltkrieges im Vergleich zu den Jahren 1914-1918, in: Vestische Zeitschrift (VZ) 100 (2004/2005), S. 341-361.

22 Dietmar Scholz: „Lebensunwertes Leben". NS-„Rassenhygiene" und NS-„Euthanasie" aus der Perspektive der Geschichte der Stadt Castrop-Rauxel, in: Der Märker 58 (2009), S. 96-125.

23 Eine Kopie des Erlasses Hitlers vom 1. 9. 1939 in: Verbrecherische „Rassenhygiene" und NS-„Euthanasie", in: Widerstand und Verfolgung in Dortmund 1933 – 1945, hg. von Günther Högl, Dortmund 1992, S. 362. – Prof. Dr. Karl Brandt, „Begleitarzt" Hitlers und Sonderbeauftragter für das „Euthanasie"-Programm und auch zuständig für die Errichtung von „Ausweichkrankenhäusern", wurde zum „Reichskommissar für das Sanitäts- und Gesundheitswesen" ernannt.

24 Bernd Hey: Die nationalsozialistische Zeit, in: Westfälische Geschichte, hg. von Wilhelm Kohl, Bd. 2. Das 19. und 20. Jahrhundert. Politik und Kultur, Düsseldorf 1983, S. 228-231.

Eine zentrale Rolle spielten bei „rassehygienischen" Maßnahmen, aber auch bei Vorarbeiten zu „Euthanasie"-Maßnahmen die Gesundheitsämter, die in Westfalen durch Erlass vom 19. März 1935 mit erweiterten Kompetenzen ausgestattet wurden. In Castrop-Rauxel wurde in diesem Zusammenhang das kommunale Gesundheitsamt aus einem Dezernats-Bereich herausgelöst; der bisherige Amtsarzt Dr. Leo Schick wurde für seinen Tätigkeitsbereich selbst als Dezernent bestellt. Als Aufgabenbereiche des Gesundheitsamtes wurden u. a. hervorgehoben: das gesamte Fürsorgewesen, also auch die Unterbringung von körperlich und geistig behinderten Personen in Heil- und Pflegeanstalten, die Durchführung des Gesetzes zur Verhütung erbkranken Nachwuchses (Zwangssterilisationen), die erbbiologische Überprüfung vor Eheschließungen und die Erfassung der Bevölkerung in einer Gesamtkartei, die die Grundlage von Maßnahmen bei der „Erb- und Rassenpflege" sein sollte.

Anfang April 1935 wurde auch in der lokalen Castrop-Rauxeler Presse die Aufgabe eines Amtsarztes bewusst hervorgehoben; er habe wichtige Entscheidungen zu treffen; es gehe darum festzustellen, ob jemand „erbgesund oder erbkrank" oder ob jemand „leistungsfähig oder leistungsuntüchtig" sei und ob jemand als „rassisch vollwertig oder unwert" angesehen werden müsse – mit den drei Begriffspaaren war das ganze rassenhygienische Programm des Nationalsozialismus erfasst. Deutlicher konnten die Selektionskriterien des NS-Staates – und das im Lokalteil einer lokalen Zeitung wie dem „Stadtanzeiger für Castrop-Rauxel" – nicht benannt werden. Die amtsärztliche Tätigkeit von Dr. Leo Schick in Castrop-Rauxel wurde 1942/43 nach zwölf Jahren nicht durch Wiederwahl verlängert; Nachfolger wurde 1943 Dr. Friedrich Wilhelm Loh.[25]

---

25 Verwaltungsbericht der Stadt Castrop-Rauxel für das Jahr 1935, S. 10, StadtA Castrop-Rauxel. – Vom 1.11.1943 an übernahm Dr. Friedrich Wilhelm Loh aus Altena, der die Amtsbezeichnung „Stadtmedizinalrat" erhielt, das städtische Gesundheitsamt. Seine Ernennung geschah, wie im Verwaltungsbericht der Stadt für 1943/44 hervorgehoben wird, „auf Vorschlag der NSDAP und mit Zustimmung des Oberpräsidenten der Provinz Westfalen als Beauftragten des Reichsstatthalters für Preußen". Der Oberpräsident von Westfalen, Dr. Alfred Meyer, war gleichzeitig der Gauleiter von Westfalen-Nord. Die Ernennung erfolgte für die Zeit vom 1.11.1943 bis zum 31.10.1955. Dr. Loh ist aus politischen Gründen nach Kriegsende aus seinem Amt entfernt worden und im Juli 1945 nach Neuenrade bei Altena verzogen.
Zur neuen Aufgabe des Amtsarztes, der als „völlig neuer Arzttyp" bezeichnet wurde: Stadtanzeiger für Castrop-Rauxel und Umgebung vom 2. April 1935. – Zu Dr. Leo Schick und Dr. Friedrich Wilhelm Loh vgl. die Entnazifizierungsakten im Landes

Den Gesundheitsämtern[26] zur Seite standen die Wohlfahrtsämter. Überhaupt waren Teile der jeweiligen Kommunalverwaltungen stärker an der aktiven Umsetzung solcher Maßnahmen beteiligt, als man bisher angenommen hatte. Zu Meldungen verpflichtet waren etwa bei Zwangssterilisierungen oder Anstaltseinweisungen Hebammen, Hausärzte, Lehrer an „Hilfsschulen", Krankenhausärzte, besonders Ärzte in Entbindungsstationen, und Anstaltsärzte sowie „Volkspflegerinnen"[27], auf Parteiebene die NS-Ämter für Volksgesundheit, bis zur Zusammenlegung der Kreisleitungen Castrop-Rauxel und Herne (im Jahre 1935) in Castrop-Rauxel, danach in Herne; dazu gab es bei der Kreishauptstelle Herne noch einen „Beauftragten für Rassenpolitik"[28]. Auffallend ist überhaupt der umfangreiche Aufgabenkatalog der kommunalen Gesundheitsämter. Wesentlich waren die bereits genannten erbbiologischen Erfassungsmaßnahmen, die ab 1936 auch auf Heil- und Pflegeanstalten und ab 1937 auf Haftanstalten ausgedehnt wurden.[29]

Ansätze zur erbbiologischen Erfassung der Bevölkerung erfolgten auch durch Untersuchungen der Schüler in „Hilfsschulen"; ab 1935 fanden solche Untersuchungen – als Dissertationsthemen vergeben von dem Hygienischen Institut der Universität Münster – in Ruhrgebietsstädten statt; 1937 wurden die „Erbhygienischen Untersuchungen an den Hilfsschulkindern in Castrop-Rauxel" von Horst Romberg veröffentlicht. Die Untersuchungen basierten auf einer Population von 215 Schülern; auch die Eltern der „Hilfsschüler" waren mit einbezogen worden. Die Zielsetzung geht deutlich aus der Einleitung hervor: Die Untersuchung

---

archiv NRW Düsseldorf, Signaturen NW 1127 Nr. 624 und NW 1113-BG.34 Nr. 120. Eine gründliche Untersuchung der Tätigkeiten beider Ärzte in Castrop-Rauxel erfolgte anscheinend nicht.

26 Zur Rolle der Gesundheitsämter vgl. auch die umfangreiche, 2005 vorgelegte Denkschrift „Das Gesundheitsamt im Nationalsozialismus. Der Wahn vom ‚gesunden Volkskörper' und seine tödlichen Folgen. Eine Dokumentation" von Johannes Donhauser, der bayerische Akten auswertet (Im Internet: ga_im_ns_endversion. pdf). – Dazu auch: JOHANNES VOSSEN: Gesundheitsämter im Nationalsozialismus: Rassenhygiene und offene Gesundheitsfürsorge in Westfalen 1900-1950, Essen 2001. Auch: RÜDIGER FLEITER: Stadtverwaltung im Dritten Reich. Verfolgungspolitik auf kommunaler Ebene am Beispiel Hannovers, Hannover 2006, passim.

27 D. h. für die Gemeinde tätige Fürsorgerinnen.

28 Adressbücher für die Stadt Castrop-Rauxel 1935, 1939 und 1943. – Auch: FLEITER: Kommunen und NS-Verfolgungspolitik, in: Aus Politik und Zeitgeschichte 14-15 (2007).

29 DONHAUSER: Das Gesundheitsamt im Nationalsozialismus (wie Anm. 26), S. 70.

soll zeigen, welche Gründe „in dem von Rassen... durchmischten Industriegebiet" den „Volkskörper" krank machen. Wenn diese Gründe erfasst sind, kann man „an die Ausmerzung dessen herangehen, was an vererbbaren Schäden vorgefunden wurde", also die Träger von Erbkrankheiten „unfruchtbar machen". „Wenn auch ein großer Teil der Erbkranken... in geschlossenen Anstalten auf Kosten der Gesamtheit untergebracht ist, dort ihnen die Fortpflanzungsmöglichkeit ganz genommen ist, so gibt es doch eine nicht minder große Zahl von Erbkranken, die, bisher von keiner staatlichen Stelle erfasst, ihre minderwertigen Eigenschaften weitervererbten. Ihre frühzeitige Erfassung gibt dem Staat die sicherste Gewähr, das Volk rechtzeitig vor diesem Schaden zu bewahren" – mit welchen Maßnahmen auch immer. Als „wesentliches Ergebnis" gibt der Verfasser für Castrop-Rauxel an, dass er eine „erbliche Belastung" bei 60% der „Hilfsschulkinder" festgestellt und damit eine „Erklärung für ihren Schwachsinn" erbracht habe.

Schon im März 1934 hatte durch Erlass des Innenministers das Evangelische Krankenhaus Castrop-Rauxel die Ermächtigung erhalten, zur Verhütung erbkranken Nachwuchses bei Männern Sterilisierungen durchzuführen; bis zum 31. Dezember 1937 sind in Castrop-Rauxel 62 Männer sterilisiert worden. Inwieweit es sich dabei um „Zwangssterilisierungen" handelte, wird in der zitierten Untersuchung nicht angegeben. Ebenso fehlt eine Erklärung dafür, dass die Statistik nur bis Ende 1937 reicht.[30] Das katholische St. Rochus-Hospital in Castrop hat eine solche Ermächtigung nicht besessen.

Die ab 1939 eingeführte Meldepflicht für missgebildete Neugeborene und Kinder führte dazu, dass Amtsärzte Meldungen mit einem Gutachten versehen an einen „Reichsausschuss" in Berlin weitergeben mussten, der in einer Reihe von Fällen nicht nur die Einweisung in eine so genannte „Kinderfachabteilung", sondern auch in verschlüsselter Form die Tötung des Kindes verfügte.

30 HORST ROMBERG: Erbhygienische Untersuchungen an den Hilfsschulkindern in Castrop-Rauxel. Diss. Univ. Münster 1937, S. 3 und S. 17. – Zu Zwangssterilisationen vgl. BERND WALTER: Psychiatrie und Gesellschaft in der Moderne. Geisteskrankenfürsorge in der Provinz Westfalen zwischen Kaiserreich und NS-Regime, Paderborn 1996, S. 853 und 858. – Die Akten der neun für die Provinz Westfalen zuständigen Erbgesundheitsgerichte sind noch vor 1945 an die zuständigen Gesundheitsämter zurückgegeben worden. Der betreffende Bestand des damaligen Gesundheitsamtes Castrop-Rauxel ist anscheinend vernichtet worden, spätestens 1975 bei dem Eintritt Castrop-Rauxels in den Kreis Recklinghausen. Im Landesarchiv NRW Münster bzw. im Kreisarchiv Recklinghausen sind keine solchen Akten vorhanden.

Inwieweit die Masse der Beteiligten auf mittleren und unteren Ebenen einen klaren Einblick und Überblick über das ab 1939 angelaufene „Euthanasie-Programm" hatte und über die Konsequenzen von Entscheidungen, die aus „rassehygienischen" Gründen getroffen wurden, lässt sich nur für konkrete Fälle, etwa für bestimmte „euthanasiewillige" Ärzte und bestimmtes Pflegepersonal, beantworten. Vermutungen und Ahnungen waren bei vielen gewiss häufig vorhanden.[31] Aus allen Fürsorgebereichen gewann das Gesundheitsamt Daten für eine zentrale „Erbkartei". Die „Erb- und Rassengesetzgebung" wurde nicht von Parteiorganisationen, sondern von kommunalen und staatlichen Gesundheitsämtern, also innerhalb des bestehenden Verwaltungsapparates, umgesetzt.[32]

7.

Abschließend stellt sich die Frage, inwieweit sich Mithelfer/Mittäter schuldig gemacht haben in einer Gesellschaft, die „gleichgeschaltet" war, die massiver einseitiger Indoktrination - in Schulen und Organisationen, durch Presse und Rundfunk - ausgesetzt war, die unter Beobachtung und politischem Druck stand, in der durch Polizeimaßnahmen und Sondergerichte schnell harte Strafen verhängt wurden.

Die wesentlichen Entscheidungen bei der Durchführung von NS-Maßnahmen sind außerhalb von Castrop-Rauxel getroffen worden: in Ministerien, in der Partei- und SS-Hierarchie; in Mittelinstanzen wie dem Oberfinanzdirektion in Münster, beim Gauleiter in Bochum, bei der provinzialen Selbstverwaltung, beim Finanzamt Dortmund-Süd, beim Arbeitsamt Herne, beim Polizeipräsidium und der Gestapostelle in Dortmund, beim Kreisleiter in Herne.

---

31 Mündliche Äußerung der verstorbenen ehemaligen Volkspflegerin G. B.
32 WALTER: Die NS-„Euthanasie"-Aktion in der Provinz Westfalen (1940-1945), in: Praxis der Kinderpsychologie und Kinderpsychiatrie 50 (2001), S. 211-227. – Das ganze Heft 3/2001 der genannten Zeitschrift widmet sich dem Thema „Vernichtung von Kindern mit Entwicklungsbeeinträchtigungen" 1939-1945. – Zum kommunalen Verwaltungsapparat vgl. FLEITER: Das Städtische Gesundheitsamt Hannover und die Umsetzung der nationalsozialistischen Erb- und Rassengesetzgebung, in: MECKING/ WIRSCHING (Hg.): Stadtverwaltung im Nationalsozialismus (wie Anm. 3), S. 325-339.

Man sollte sich immer dessen bewusst sein, dass – wie Raul Hilberg einmal gesagt hat – Täter wie Opfer „denkende Menschen gewesen sind"; ich möchte auf mein Thema bezogen hinzufügen: auch die Mittäter auf unteren Ebenen, die Mithelfer in Exekutivbehörden und Institutionen und Unternehmen waren „denkende Menschen", denen irgendwann klar werden musste, woran sie beteiligt waren oder woran sie sich beteiligen ließen und dass sie sich damit moralisch schuldig gemacht haben; wieweit sie juristisch schuldig geworden sind, ist in den allermeisten Fällen gar nicht untersucht worden oder ließ sich nur schwer oder gar nicht nachweisen.

8.

Es lassen sich noch zwei Beispiele dafür anfügen, dass „unten", also im Bereich der Kommune, nicht immer alles so reibungslos abgelaufen ist, wie es wohl in der Hierarchie der NSDAP erwartet wurde. Es ging dabei auch um Spannungen zwischen dem Oberbürgermeister Dr. Richard Anton, der sich als Chef der kommunalen Verwaltung und der den Regierungspräsidenten in Arnsberg als Dienstvorgesetzten sah, und dem Gauleiter Westfalen-Süd sowie dem Kreisleiter des Parteikreises Herne/Castrop-Rauxel.

1941 schickte der damalige Oberbürgermeister als Chef der Verwaltung der Stadt Castrop-Rauxel einen Bericht an den Gauleiter Westfalen-Süd Josef Wagner, nicht an den Regierungspräsidenten in Arnsberg; der Bericht blieb unbeantwortet und wurde von Josef Wagner[33] auch nicht weitergeleitet. Der Bericht ging daraufhin dem Oberpräsidenten von Westfalen, Dr. Alfred Meyer, zu, der zugleich Gauleiter von Westfalen-Nord war. Der nach dem Krieg aufgefundene Bericht war offensichtlich vor allem mit ausgelöst durch die Predigten des Münsteraner Bischofs von Gahlen. Ein Schwerpunkt in dem Bericht war der Hinweis darauf, dass die Bevölkerung in Westfalen wisse, dass Personen aus psychiatrischen Heimen und unheilbar Kranke in andere Regionen verlegt würden und nach der Verlegung auffallend schnell verstorben, anscheinend ums

---

33 Josef Wagner fiel wegen mancher Kontroversen und Intrigen bei Hitler in Ungnade und wurde im November 1941 abgesetzt. Er wurde 1944 inhaftiert und ist wahrscheinlich im April 1945 in Berlin von der Gestapo erschossen worden.

Leben gebracht worden sind. Der Castrop-Rauxeler Oberbürgermeister deutete an, dass die – später so genannten – „Euthanasie"-Aktionen in der Bevölkerung starke Unruhe und Missbilligung[34] hervorriefen und verlangte eine „gesetzliche Grundlage" für solche Aktionen und eine Beteiligung der Angehörigen und von „Fachleuten", d. h. Ärzten, an solchen Entscheidungen. Solche Worte erforderten 1941 Mut und waren für den Schreiber ein Risiko. Hier kritisierte der Oberbürgermeister Maßnahmen, die auf hoher Ebene des Parteiapparates und durch einen geheimen Erlass Hitlers in Gang gesetzt waren und zur Tötung von Menschen führten.

Zu einer Kontroverse zwischen dem Castrop-Rauxeler Oberbürgermeister und dem Kreisleiter Karl Nieper kam es noch in der zweiten Hälfte des Jahres 1944. Der jüdische Friedhof, der durch einen Kaufvertrag im Februar 1943 an die Stadt Castrop-Rauxel übergegangen war, sollte nach Planungen des Kreisleiters mit Hilfe von Kriegsgefangenen von dem damaligen Leiter des Fuhrparks mit Bulldozzern eingeebnet und vorläufig als Gartenland genutzt werden. Doch der Fuhrparkleiter kam den Anweisungen nicht nach mit der Begründung, er habe als städtischer Angestellter nur Weisungen des Oberbürgermeisters zu befolgen, und der Oberbürgermeister weigerte sich, solche Anweisungen zu erteilen. Er begründete seine Weigerung damit, dass alle verfügbaren Arbeitskräfte zur Beseitigung von Bombenschäden eingesetzt seien, und mit dem Hinweis auf den mit der „Reichsvereinigung der Juden in Deutschland" geschlossenen Vertrag, der auch dem Reichsinnenministerium vorgelegen hatte. Der Vertrag sah vor, dass bei Umnutzung des Friehofes eine Exhumierung der dort in den letzten zweieinhalb Jahrzehnten Bestatteten und eine Umbettung auf einen anderen Friedhof vorzunehmen sei; ebenso sollten die Grabsteine erhalten und anderswo aufgestellt werden. Zur Einhaltung solcher Absprache sei man verpflichtet.

Bittere Ironie spricht im Herbst 1944 – ein halbes Jahr vor der Eroberung Castrop-Rauxels durch amerikanische Truppen – aus den Worten Dr. Antons, man könne sich ja sofort nach Kriegsende, wenn Arbeitskräfte für solche Aufgaben wieder zur Verfügung ständen, daran begeben; vorläufig könne der Friedhof höchstens als Kinderspielplatz, als der er sowieso schon genutzt werde, dienen.

---

34 SCHOLZ: „Ein tapferer Oberbürgermeister..." Zu einem Bericht des Oberbürgermeisters Dr. Anton vom 10. November 1941, in: VZ 94/96 (1995/1997), S. 387 – 394; auch in: Kultur und Heimat (KuH) 49 (1998), S. 136-145.

Auf diesem Wege ist der jüdische Friedhof in Castrop erhalten geblieben.[35]

---

35 SCHOLZ: Der jüdische Friedhof in Castrop (1743-1943) (wie Anm. 13), S. 165-172. Auch in: SCHOLZ.: Bausteine und Bruchstücke. Zur Geschichte von Castrop und Umgebung, Dortmund 2008, S. 82-93.

Dietmar Scholz

Wir sind Preußen gewesen.[1]
Fakten und Gedanken zum „Nachleben"
eines untergegangenen Staates

I n h a l t : 1. Zur Zeitgebundenheit historischer Urteile, S. 253. – 2. Anstöße für eine Diskussion des vielschichtigen Themas Preußen, S. 255. – 3. Die Einwohner Castrops als brandenburgisch/preußische Untertanen und das Aufkommen eines preußischen Patriotismus' in den Befreiungskriegen 1813/1814, S. 257. – 4. Zur Aufstellung des Landsturms, zu Vinckes Bemühen um eine Verschärfung der Verordnung über eine Nationalkokarde und zur Wiedereingliederung der Bürgermeisterei Castrop in das Königreich Preußen, S. 261. – 5. Die Westverschiebung Preußens und deren machtpolitische und wirtschaftliche Folgen, S. 264. – 6. Festigung des „Westfalenbewusstseins", Identifizierung mit dem Ruhrgebiet und das Entstehen einer Distanz zu Preußen, S. 266. – 7. Die Versuche der Nationalsozialisten, sich in ihrer Propaganda auf Preußen zu berufen, und das Preußenbild der Westalliierten im Zweiten Weltkrieg, S 270. – 8. Kurzer Rückblick, S. 274.

1.

Historische Urteile wandeln sich, sie sind zeitgebunden. Anerkennung und Bewunderung schlagen um in Kritik, ja manchmal in Abwertung. Am Beispiel des Staates Preußen lässt sich diese Erfahrung belegen, von der Selbstkrönung des brandenburgischen Kurfürsten Friedrich in Königsberg am 18. Januar 1701 zum König Friedrich I., zum „König in Preußen", und von dem Aufstieg des jungen Königreichs Preußens zur fünften „Großmacht" im Europa des 18. und 19. Jahrhunderts bis hin zu dem Gesetz Nr. 46 des Alliierten Kontrollrates vom 27. Februar 1947, das

1   Die Überschrift ist gewählt in Abwandlung des Kritik herausfordernden Titels des von Stephan Sensen und Eckhard Trox redigierten Begleitbuches zur Ausstellungsreihe „Wir sind Preußen. Die preußischen Kerngebiete in Nordrhein-Westfalen 1609-2009", Essen 2009. – Der Text lag einem Vortrag zugrunde, der im Rahmen einer regionalhistorischen Vortragsreihe der VHS der Stadt Castrop-Rauxel gehalten worden ist und auf das im Zusammenhang mit Jahrestagen bestimmter Ereignisse immer wieder aufkommende Interesse von Wissenschaft und Medien an dem Thema „Preußen" hinweisen wollte.

den Staat Preußen für aufgelöst erklärte. Der preußisch-nationalistische Historiker Heinrich von Treitschke rechtfertigte im 19. Jahrhundert die Machtpolitik des „Militärstaates" Preußen uneingeschränkt. In diesem „Militärstaat" modernisierten in den ersten Jahrzehnten des 19. Jahrhunderts die Minister Stein und Hardenberg und andere Reformer die Verwaltung und schoben ein großes Reformprojekt an; und Wilhelm von Humboldt gründete die Berliner Universität – ein „Modell, das bald Weltruf erlangte".[2] Der Alliierte Kontrollrat der Siegermächte des Zweiten Weltkrieges bezeichnete 1947 Preußen kurzschlüssig und verächtlich als „Träger des Militarismus und der Reaktion in Deutschland" und ließ den Staat – sozusagen als Strafe für Reaktion und Militarismus – von der Landkarte verschwinden. 1947 nahmen die Siegermächte die „Deutungshoheit" für sich in Anspruch.

2001 sagte anlässlich des Gedenkens an die 300 Jahre zurückliegende Krönung Friedrichs I. der damalige Regierende Bürgermeister Berlins, Eberhard Diepgen, unter Bezug auf die Auflösung des Staates Preußen im Jahre 1947: „Es ist eigentlich erstaunlich, dass Preußen in der Folgezeit fast in Vergessenheit, sogar in Verruf geriet, dass ‚preußisch' landläufig mit ‚wilhelminisch' gleichgesetzt wurde".[3] 1946 distanzierte sich der katholische Zentrumspolitiker Rudolf Amelunxen, der auch nach dem Zweiten Weltkrieg noch führend in der Zentrumspartei war und von der britischen Militärregierung im Juli 1945 zum Oberpräsidenten von Westfalen und zum ersten Ministerpräsidenten von Nordrhein-Westfalen ernannt wurde, bei der Eröffnung des NRW-Landtages im Oktober von „jeder unnötigen Beschränkung der persönlichen Freiheit, dem Drill, Kommissgeist und Terror"; Amelunxen setzte Preußen mit „unbedingtem Autoritätsglauben, Militärkoller, starrer Disziplin" gleich und gab zu verstehen, dass „Nationalsozialismus und Preußentum" für ihn „zwei Seiten einer Medaille" seien und forderte eine endgültige „Abkehr von dem blutrünstigen Idol des Machtstaates".[4] Viel näher an die tatsächliche Vergangenheit kam allerdings Konrad Adenauer, der damalige Vorsitzen-

---

2   STEPHAN BURGDORFF, NORBERT F. PÖTZL, KLAUS WIEGREFE (Hg.): Preußen. Die unbekannte Großmacht, München 2009, S. 11.
3   Preußen 2001. PreußenJahrBuch. Ein Almanach. Hg. vom Museumspädagogischen Dienst Berlin, Berlin 2000, S. 6.
4   Zitiert bei VEIT VELTZKE: „Über den Tod hinaus": Gedanken über die Beziehung Nordrhein-Westfalens zu einem untergegangenen Staat, in: GEORG MÖHLICH, VEIT VELTZKE, BERND WALTER (Hg.): Rheinland, Westfalen und Preußen. Eine Beziehungsgeschichte, Münster 2011, S. 384.

de der CDU in der britischen Besatzungszone, in einer Rede im März 1946 an der Kölner Universität, als er das Erscheinungsbild Preußens, in dem Negatives bemerkbar war, auf die Zeit nach 1870/71 begrenzte.[5] Etwas mehr als dreißig Jahre später formulierte der Journalist Sebastian Haffner die gleiche Erkenntnis, nämlich dass Bismarcks Erwartung, „daß das Reich ... ein größeres Preußen" werden könnte, sich nicht erfüllt habe. Das Reich entfaltete vielmehr, wie Haffner es formulierte, „ein unpreußisches Eigenleben ..." und „wuchs Preußen über den Kopf"; mit der Wilhelminischen Zeit habe „das lange Sterben" Preußens begonnen.[6] Und in seinem 2007 in deutscher Übersetzung erschienenen Werk „Preußen. Aufstieg und Niedergang 1600-1947" vertritt der in Cambridge lehrende australische Historiker Christopher Clark im Zusammenhang mit der Gründung des Deutschen Reiches von 1871 die These: „Deutschland ... war nicht die Erfüllung Preußens, sondern sein Verderben".[7]

2.

Versuche, sich mit dem vielschichtigen und vielgesichtigen Thema „Preußen" auseinanderzusetzen und zu offenen Diskussionen und ausgewogeneren Urteilen zu kommen, begannen in der Nachkriegszeit 1981 mit der großen Ausstellung „Preußen – Versuch einer Bilanz" im Westberliner Gropius-Bau; die Ausstellung war auch eine Reaktion auf das sich verändernde Preußen-Bild in der DDR.

1990 wurde in Düsseldorf die Stiftung Preußen-Museum Nordrhein-Westfalen gegründet. Mit Bezug auf das Kontrollratsgesetz Nr. 46 der Alliierten aus dem Jahre 1947 heißt es in der Grundsteinlegungsurkunde des Preußen-Museums in Minden und Wesel, „dass die pauschale Einordnung als militaristisch und reaktionär den Leistungen des preußischen Staates nicht gerecht wird". Man sei der Überzeugung, dass Preußen für sich in Anspruch nehmen könne, „im Modernisierungsprozess Europas

---

5 Veltzke: wie Anm. 4, S. 384-385.
6 SEBASTIAN HAFFNER: Preußen ohne Legende. Taschenbuchausgabe der Originalausgabe 1979 by Stern-Magazin im Verlag Gruner + Jahr, Hamburg o. J., S. 452 und S. 428-429.
7 CHRISTOPHER CLARK: Preußen. Aufstieg und Niedergang 1600-1947, München 2007, S. 13.

in den Bereichen Verwaltung, Justiz, Kirchenwesen, Schule und Bildung streckenweise eine Führungsrolle eingenommen zu haben".[8]

Weitere Publikationen folgten, auch Ausstellungen, Fernsehserien[9] und Presseberichte zu besonderen Jahrestagen von Ereignissen aus der Geschichte Preußens. Im Januar 2001 gedachte man der Krönung des brandenburgischen Kurfürsten Friedrich zum „König in Preußen" und damit des Beginns der preußischen Geschichte, die die des Kurfürstentums Brandenburg fortsetzte. Das Jahr 2009 gab Anlass zum Gedenken daran, dass 1609 das Kurfürstentum Brandenburg durch Erbschaft Kleve, Mark und Ravensberg erhalten hatte – Castrop lag in der damaligen Grafschaft Mark. Vom Februar 2009 bis zum Januar 2010 veranstaltete man in Nordrhein-Westfalen eine Ausstellungsreihe in den ehemals märkischen Städten Lüdenscheid, Altena und Hamm sowie in den „altpreußischen" Städten Wesel, Minden und Bielefeld unter dem etwas provozierenden Titel „Wir sind Preußen. Die preußischen Kerngebiete in Nordrhein-Westfalen 1609-2009"[10], obwohl das „Staatengebilde" von 1609 bis 1701 noch den Namen „Kurfürstentum Brandenburg" getragen hatte und der Indikativ Präsens in „Wir sind Preußen" irritiert und das Personalpronomen „wir" jeden Leser einfach mit einschließt.

Im Januar 2012 erinnerte man sich nicht nur in Potsdam an die 300jährige Wiederkehr des Geburtstages Friedrichs II. und vor allem an dessen facettenreiche Persönlichkeit. Den Festvortrag hielt der eben erwähnte australische Historiker Christopher Clark. Schon angekündigt ist die 200-Jahr-Feier anlässlich der Völkerschlacht bei Leipzig im Oktober 1813, die den Zusammenbruch der Vorherrschaft Napoleons in Mitteleuropa einleitete – bei Leipzig kämpften 1813 mehr als 500.000 Preußen. Österreicher, Russen und Schweden gegen die Streitmacht Napoleons, die mehr als 440.000 Soldaten umfasste.[11] Und spätestens 2014/15 wird die Arbeit des Wiener Kongresses (1814/15) im Blickpunkt der Medien stehen, auf dem sich die damaligen Großmächte nach den durch Napoleon verursachten Veränderungen auf eine erneute „Flurbereinigung" in Mitteleuropa einigten. Preußen wurde eine territoriale Schwerpunktbildung

---

8   VELTZKE: wie Anm. 4, S. 388.
9   So das Begleitbuch zur Fernsehreihe „Preußen. Chronik eines deutschen Staates". Hg. Wolfgang Ribbe und Hansjürgen Rosenbauer, Berlin 2001, 2. Aufl.
10 Im gleichen Jahr 2009 erschien in München – vom „Spiegel" initiiert – das Buch „Preußen. Die unbekannte Großmacht" (wie Anm. 2).
11 CLARK: wie Anm. 7, S. 423.

westlich von Elbe und Weser aufgedrängt – die preußischen Vertreter in Wien hätten viel lieber Sachsen annektiert. Mit den neu gebildeten preußischen Provinzen Niederrhein, Jülich-Kleve-Berg[12] und Westfalen, in denen die „altpreußischen" Erwerbungen Kleve, Mark und Ravensberg von 1609 aufgingen, mit dem neuen „Preußen im Westen" beginnt 1815 „die moderne rheinisch-westfälische Geschichte".[13]

3.

Im Folgenden werde ich auch auf Geschehnisse aus der mehr als 337 Jahre währenden Zugehörigkeit Castrops zu Brandenburg/Preußen eingehen, vor allem aber – angeregt durch die von Wissenschaft und Medien immer wieder in den Blickpunkt gestellten Jubiläen von bestimmten Ereignissen – auf die Zeit um 1813 bis 1815.

Unter dem brandenburgischen Kurfürsten Johann Sigismund wurden zwei große Erbanwartschaften fällig: 1609 erhielten die brandenburgischen Kurfürsten Teile des jülich-klevischen Erbes: Kleve, die Grafschaft Mark und Ravensberg. 1618 erhielt Brandenburg das Herzogtum Preußen, das aus dem Ordensstaat Preußen hervorgegangen war und sich geografisch fast mit dem Gebiet von Ostpreußen deckte. Das Herrschaftsgebiet der Brandenburger wurde damit gegen Westen und Osten enorm vergrößert. Castrop, in der Grafschaft Mark gelegen, kam nach 1609 unter brandenburgische Herrschaft.

Das Herzogtum Preußen war erst ein Territorium neben anderen unter der Herrschaft der brandenburgischen Kurfürsten. Die Grafschaft Mark mit Castrop gehörte schon zum Kurfürstentum Brandenburg, bevor das Ordensland Preußen 1618 durch Erbschaft in Personalunion mit Brandenburg kam. Aber erst nach dem Dreißigjährigen Krieg wurde die Herrschaft des brandenburgischen Kurfürsten in den neu erworbenen Gebieten endgültig gefestigt: Im Oktober 1666 leisteten die größeren märkischen Städte dem Kurfürsten Friedrich Wilhelm, dem „Großen Kurfürsten", im Schloss zu Kleve ihren Huldigungseid; die kleineren

---

12 Jülich-Kleve-Berg und Niederrhein wurden 1822 zur Rheinprovinz zusammengefasst.
13 WILHELM RIBHEGGE: Preußen im Westen. Kampf um den Parlamentarismus in Rheinland und Westfalen 1789-1947, Münster 2008, S. 1.

Städte und Freiheiten, deren Vertreter in Kleve nicht anwesend waren, erhielten damals eine urkundliche Bestätigung aller ihrer Rechte und das Versprechen, dass Regierung, Gerichte und Beamte die Rechte achten werden – so auch die „Freyheit Castropff". Eine Abschrift der Urkunde liegt im Castrop-Rauxeler Stadtarchiv.[14] 1701 krönte sich der Kurfürst Friedrich III. in Königsberg im Einverständnis mit dem Kaiser Leopold I. als Friedrich I. zum „König in Preußen". Es dauerte noch eine Zeit, bis der Name „Preußen" zum Namen des gesamten Staatsgebildes wurde, in dem der Kurfürst von Brandenburg und König in Preußen herrschte.

Man muss annehmen, dass bis zum ersten Jahrzehnt des 19. Jahrhunderts die Castroper sich – wenn sie sich Gedanken über ihre Identität machten – erst einmal als Angehörige eines Standes – als Adelige, Bürger, Bauern - und als Angehörige einer bestimmten Konfession gesehen haben; einen Wechsel des Landesherren haben sie als Schicksal hingenommen. Vielleicht haben sie sich auch als Bewohner der Grafschaft Mark betrachtet, keineswegs schon als Westfalen, auch nicht als Brandenburger oder als Preußen. Ein Patriotismus preußischer Couleur ist in Castrop dann erst im Zusammenhang mit den Befreiungskriegen gegen das napoleonische Frankreich entstanden.[15]

1807 hatte Napoleon die Grafschaft Mark mit Castrop einem kurzfristig geschaffenen Vasallenstaat, dem Großherzogtum Berg, zugewiesen. Zum Präfekten des Ruhrdepartements ernannte er Gisbert von Romberg, Herr von Brünninghausen und Bladenhorst. Als eine Erfahrung nach einer Rundreise durch sein Departement hielt Gisbert von Romberg fest, dass die Bevölkerung der Mark sich noch die Anhänglichkeit an Brandenburg-Preußen bewahrt hätte; aber vielleicht wollte er damit nur sagen, dass die Menschen in den wenigen Jahren noch kein bindendes Verhältnis zu dem neuen Staatsgebilde und zu der französischen Oberherrschaft gewonnen hatten. Deutlicher urteilte der französische großherzoglich-bergische Minister Beugnot: Die Märker erschienen ihm nicht als „Bewohner des Großherzogtums Berg, ja überhaupt nicht als Deutsche, sondern Preußen. ... Der Ruhm einer langen Regierung, der Klang des Namens Friedrich (König Friedrich II.) ..., hatte den Preußen

---

14 Vgl. DIETMAR SCHOLZ: Brandenburg–Preußen und Castrop/Castrop-Rauxel. 10.06.1609 – 25.02.1947, in: Vestische Zeitschrift (VZ) 100 (2004/2005), S. 169-192, besonders S. 174-175.
15 Dazu: SCHOLZ: „Vive l'Empereur". Castrop unter Kaiser Napoleon I. im Großherzogtum Berg (1808-1813), in: Kultur und Heimat (KuH) 61 (2010), S. 74-87.

ein übertriebenes Selbstgefühl verliehen ..."[16]; und in einem Vergleich sagte der Minister Beugnot in einem anderen Zusammenhang: „Wie die Juden auf den Messias hoffen, so ersehnen die Bewohner der Mark die Rückkehr der glorreichen Monarchie Friedrichs II."[17] Ob sie dies wirklich nur aus preußischem Patriotismus heraus taten, sei dahingestellt; eine wesentliche Rolle hat beim Entstehen dieser Haltung sicher der Wunsch gespielt, die drückende französische Fremdherrschaft wieder loszuwerden, nicht nur aus wirtschaftlichen Gründen, sondern vor allem wegen der Aushebungen von Soldaten für den Russlandfeldzug. Von den etwa 5.000 Soldaten, die das Großherzogtum Berg für Napoleon nach Russland schicken musste, kehrten bis 1813 nur 430 zurück. Und schon im Januar 1813 befahl ein neues Dekret die Aushebung von 2.500 Mann; aber dieser Befehl führte zu den ersten Unruhen.[18] Noch Monate später - im Juni 1813 - mussten die Märker und damit auch die Castroper ein feierliches Tedeum dafür anstimmen, dass Napoleon nochmals über die Verbündeten gesiegt hatte. Erst nachdem Napoleons Truppen im Oktober 1813 bei Leipzig von Österreichern, Russen, Preußen und Schweden geschlagen worden waren und nach Westen zurückwichen und das Großherzogtum Berg ohne Widerstand räumten, war der ersehnte Augenblick der Befreiung gekommen.

Die Gebiete westlich von Elbe und Weser wurden in keine wesentlichen Kriegshandlungen mehr einbezogen. Zu Beginn des Jahres 1813 hatte es aber in dem ostelbischen Teil Preußens den Anschein, als würde der Krieg zum Volkskrieg werden. Vor allem die Aufstellung von sogenannten Freikorps, bekannt war das Lützowsche Freikorps, die ohne Bindung an größere Truppeneinheiten selbstständig operieren konnten, und die Reaktion auf den Aufruf Friedrich Wilhelms III. „An mein Volk" vom März 1813, auf den hin sich eine große Zahl Freiwilliger meldete und eine überaschende Spendenbereitschaft spürbar wurde, sowie die in Breslau erlassene „Verordnung über den Landsturm" vom April 1813, die – jedenfalls auf dem Papier – die letzten Volkskräfte entfesseln und

---

16 Zitiert bei MONIKA LAHRKAMP: Die französische Zeit, in: WILHELM KOHL (Hg.), Westfälische Geschichte Bd. 2, Düsseldorf 1983, S. 26. – Auch: KURT VON RAUMER: Deutschland um 1800. Krise und Neugestaltung 1789-1815, in: Handbuch der Deutschen Geschichte, hg. von LEO JUST, Konstanz 1956-1979, Bd. III/1a, S. 332.
17 ERNST DOSSMANN: Auf den Spuren der Grafen von der Mark, Iserlohn 1983, S. 81.
18 KARL SCHWERTER: Unsere Heimat in napoleonischer Zeit, in: Die Heimatseite (HS) 56/57 (1935). – LAHRKAMP: wie Anm. 16, S. 37. – Auch RIBHEGGE: wie Anm. 13, S. 39.

einen modernen Partisanenkrieg vorbereiten sollte, zeigten die „Züge einer Volkserhebung" (Thomas Nipperdey). Der Krieg von 1813 hatte anfangs einen Doppelcharakter: Nationalgefühl – deutsches wie preußisches – und herkömmliche Diplomatie, die das Volk nicht berücksichtigte, nationale und liberale Forderungen, radikale Pläne für Partisaneneinsatz und eine Gesinnungskontrolle und das Denken einer erzkonservativen Obrigkeit standen einander gegenüber. Mit dem Übergewicht der antifranzösischen Koalition nach dem Beitritt Österreichs wurden dann die anfangs spürbaren Elemente von Volksbewaffnung und Volkskrieg mit all ihren Unwägbarkeiten wieder zurückgedrängt.

Am 5. November 1813 marschierte eine Vorhut der Preußen in Münster ein. Vor allem in den rückeroberten altpreußischen Gebieten wurden die Befreier mit Jubel begrüßt. Am 11. November 1813 tauchten preußische Husaren in Dortmund auf; im Dezember 1813 marschierten dann russische Regimenter des Generals Tschernytschew durch Castrop und Umgebung. Kurz vor Weihnachten 1813 gewährte Castrop einem Zug Kosaken Unterkunft in der alten evangelische Kirche. Weil nicht alle Kosaken unten Platz fanden, zogen sich viele auf die Empore zurück, die dann aber mitten in der Nacht unter dem großen Gewicht mitsamt der Treppe zusammenbrach und Schlafende verletzte. Die Kosaken vermuteten erst einen Überfall, aber die von dem Lärm geweckten und herbeigeeilten Castroper klärten die Situation auf. Die verletzten Russen wurden verbunden; einige Krüge Branntwein sollen sie beruhigt haben. Am anderen Tage zogen die Kosaken nach Wesel weiter.[19]

Als Ende 1813 in der Grafschaft Mark die Landwehr aufgestellt wurde, meldeten sich innerhalb von vier Wochen 3.306 Freiwillige. Im Bezirk Castrop-Mengede organisierte der Freiherr von Bodelschwingh-Plettenberg die Freiwilligenschar; er soll über 100 Mann nach Dortmund geführt haben, einige von ihnen stellten sogar ein Pferd. Dazu kamen Freiwillige, die zur Infanterie und zu den freiwilligen Jägern wollten. Uniformen gab es vorerst nicht, nur Militärmäntel konnten verteilt werden. So zogen die meisten Landwehrleute in Kittel und Mütze los; erst an der holländischen Grenze erhielten sie Uniformen und Waffen. Die Westfälische Landwehr gehörte zum Belagerungsheer von Antwerpen und kämpfte 1815 gegen Napoleon bei Ligny und Waterloo. Einige

---

19 HANS-JOACHIM BEHR, Die Provinz Westfalen und das Land Lippe 1813-1933, in: Westfälische Geschichte (wie Anm. 16) Bd. 2, S. 47. – CARL SCHRÖDER, Beiträge zur Geschichte der Stadt Castrop. Dortmund 1913, S. 23.

westfälische Regimenter durften im Juli 1815 mit in die französische Hauptstadt einrücken.[20]

Man hat darauf hingewiesen, dass 1813 das Städtchen Castrop im Bezirk gleichen Namens die meisten Freiwilligen gestellt hatte. Ebenso wie in Lütgendortmund wurde in Castrop ein Lazarett eingerichtet. Zur Unterstützung hilfsbedürftiger Landwehrmänner aus Lünen und Castrop sammelte man Geld, unmittelbare Spenden erbrachten 620 Reichstaler. Der älteste Sohn des bis 1813 das Amt des Maire von Castrop verwaltenden Freiherrn von Bodelschwingh-Plettenberg war der erste Freiwillige in der ehemaligen Mairie Castrop; er nahm an dem Feldzug von 1813/14 teil und wurde in den letzten Kämpfen mit Napoleons Truppen 1815 bei Ligny schwer verwundet.[21]

4.

Äußerst ernst haben anscheinend die Castroper die Aufstellung des Landsturms Ende 1813 genommen, die durch König Friedrich Wilhelm III. am 21. April 1813 angeordnet worden war. Das Exerzieren sollte an Sonn- und Feiertagen stattfinden; die Landsturmmänner sollten lernen, schweigend und geräuschlos zu marschieren, in Reihe und Glied mit Piken und Heugabeln feindliche Kavallerie abzuwehren; diejenigen, die über Feuerwaffen verfügten, sollten sich im Schießen üben. Zum Landsturm gehörten alle tauglichen Jünglinge und Männer von 15 bis 60 Jahren. Kommandant des Castroper Landsturmbezirks war der neue Bürgermeister Adolph Biggeleben. Aufgestellt wurde eine Kompanie mit 140 Männern, die mit dem wöchentlichen Exerzieren und mit Übungen im Gelände sofort begannen. Da nur zwanzig Männer mit Gewehren ausgerüstet waren, wurden von den übrigen Tannenstangen von acht Fuß Länge mit einer eisernen Spitze versehen und beim Exerzieren als „Lanzen" benutzt.

Durch den Aufruf vom 21. April 1813 war jeder Angehörige des Landsturms verpflichtet, sich einem andringenden Feind zu widersetzen,

---

20 SCHRÖDER: wie Anm. 19, S. 23; BEHR: wie Anm. 19, S. 48.
21 ADOLF DORIDER, Opfer der Castroper Gegend in den Freiheitskriegen, in: Heimatblätter für Castrop und Umgebung (HBl) 1921/22, S. 153.

den Befehlen des Feindes nicht zu gehorchen, dem Feinde sogar durch alle nur aufzubietenden Mittel zu schaden. Bestimmung des Landsturm sollte es sein, dem Feinde „den Rückzug zu sperren ..., seine Munition, Lebensmittel, Courriere, Recruten aufzufangen, seine Hospitäler aufzuheben, nächtliche Überfälle auszuführen, kurz, ihn zu beunruhigen..., einzeln und in Trupps zu vernichten, wo es nur möglich ist." Die Offiziere waren durch eine Armbinde kenntlich gemacht; aber Uniformen für den Landsturm waren nicht gestattet, „weil sie den Landsturm kenntlich machen und der Verfolgung der Feinde leichter Preis geben können".[22] Damit war eigentlich die Grenze zum Partisanenkrieg überschritten. Die Grundgedanken hatte 1813 Ernst Moritz Arndt in Königsberg entwickelt. Die Verordnung vom April 1813 wurde allerdings schon im Sommer 1813 entschärft. Nach den Friedensschlüssen von 1814 und 1815 wurde der Landsturm auch wieder aufgelöst.

Eine Art Kontrolle der erwünschten und 1813 bis 1815 auch vielfach vorhandenen patriotischen Einstellung führte die königliche „Verordnung zum Tragen der Preußischen Nationalkokarde" ein, die am 22. Februar 1813 in Breslau veröffentlicht wurde. Danach sollte jeder Staatsbürger die Nationalkokarde am Hut tragen, es sei denn, er habe „diese Ehre" verwirkt „durch Feigheit vor dem Feinde, durch Ausweichen vor dem Kriegsdienst oder durch Festungs- oder Zuchthausarrest". Die Kokarde sollte jeden Staatsbürger immer an seine „Pflichten" erinnern.

Am 22. Februar 1815 – einige Monate vor seiner Ernennung zum Oberpräsidenten der neuen preußischen Provinz Westfalen – erneuerte Ludwig Freiherr Vincke in einer Denkschrift[23] an den Kriegsminister von Boyen die Forderungen der königlichen Verordnung von 1813. Vincke hatte von 1810 bis 1813 – ganz zurückgezogen von der Politik – auf Haus Ickern – damals Mairie Castrop – gelebt und war im November 1813 zum Zivilgouverneur der westlich der Weser eroberten Gebiete berufen worden. Vincke betonte, dass äußere Zeichen nicht unwesentlich in ihren Wirkungen auf die innere Gesinnung seien; eine anfänglich erzwungene Gemeinschaft werde durch gemeinsame Zeichen allmählich zu einer

---

22 WILHELM STEMANN: Castroper Landsturm in den Befreiungskriegen, in: Castrop-Rauxel. Heimatbuch zur 1100-Jahrfeier 834 – 1934, Castrop-Rauxel 1934, S. 105-106. Auch SCHOLZ: Von der Freyheit zur Europastadt. Eine Geschichte der Stadt Castrop-Rauxel 834-1960, Stuttgart 1996, S. 83-84.
23 Vinckes Denkschrift „Die Tragung der Nazionalkokarden" vom 22. Februar 1815 ist abgedruckt in: Ludwig Freiherr Vincke. Ein westfälisches Profil zwischen Reform und Restauration. Hg. von H.-J. BEHR und J. KLOOSTERHUIS, Münster 1994, S. 602-603.

wirklichen. Besonders im Augenblick der Erweiterung des preußischen Staatsgebiets sei es wichtig, ein solches „Nazionalzeichen" zu haben, das Zeichen könne dabei helfen, Einwohner mit nichtpreußischen Gesinnungen zu preußischen Staatsbürgern zu machen; es müsse als Schande gelten, wenn man dieses Zeichen nicht vom Eintritt in die Militärpflicht an trage. Wer zum Tragen des Zeichens berechtigt sei, es aber nicht zeige, sollte von der Gendarmerie gleich einer verdächtigen Person bis auf weitere Anweisung festgehalten werden. Der Name dessen, der das Zeichen durch Begehen von Schandtaten verwirke, sollte in den Zeitungen genannt werden. Das Recht zum Tragen dieser Kokarde – Vincke spricht im Schlußteil seines Entwurfs von einem „Volkszeichen" – werde auch „durch Widerspenstigkeit und Verunglimpfung der preußischen Regierung" verwirkt. Das verwirkte Recht solle jedoch wiedererworben werden können „durch nahmhafte Beweise guter Gesinnungen in patriotischen Handlungen ..." Aber anscheinend hat sich der preußische Kriegsminister nicht um eine Verschärfung der Verordnung von 1813 bemüht. Allerdings hat der erste Castroper Krieger- und Landwehrverein noch in seine 1862 verhandelten Statuten aufgenommen, dass der Verein keine Mitgliedschaft solchen Personen gewähre, die "wegen entehrender Vergehen bestraft und ihrer National Kokarde und Kriegsgedenkmünze verlustig erklärt worden" seien.[24] Eine strikte Verwirklichung der Gedanken Vinckes hätte auch eine – wenn auch nur äußerliche – permanente Gesinnungskontrolle bedeutet und fast Methoden einer totalitären Herrschaft vorweggenommen.

Castrop feierte die Siege über Napoleon und die Rückkehr Preußens lautstark mit wiederholtem „Viktoriaschießen" aus Böllern auf dem Schellenberg; Rechnungen über 53 Pfund Pulver waren noch 1913 erhalten. Zur Erbhuldigung gegenüber Friedrich Wilhelm III. in Münster schickten die Castroper den Beigeordneten Neubauer und den Major Rost, einen guten Bekannten Vinckes aus dessen Ickerner Zeit, dazu noch zwei Erbeingesessene. Für die nähere Umgebung machte Castrop auch äußerlich deutlich, dass man wieder preußisch war. 1816 lautete eine Rechnung über fünf Reichstaler: „1816, 4. Januar. Maler Berger aus Dortmund für die Ausfertigung eines Schildes mit dem preußischen Adler und der Umschrift Königlich Preußischer Verwaltungsbezirk Castrop".[25]

24 SCHOLZ, Eine Fahne des Krieger- und Landwehrvereins Castrop aus dem Jahre 1846, in: KuH 59 (2008), S. 68-79, bes. S. 70.
25 SCHOLZ: wie Anm. 22, S. 85.

Gisbert Freiherr von Bodelschwingh, der 1815 in der Schlacht bei Ligny verwundet worden war, schenkte 1846 den noch lebenden Castroper Teilnehmern an den Befreiungskriegen eine – noch heute im Stadtarchiv erhaltene – Fahne mit der Inschrift „Preußens tapfern Kriegern 1813 - 1814 - 1815"; die Jahreszahlen stehen inmitten eines Eisernen Kreuzes. Die Fahne wurde später von dem ersten Castroper Krieger- und Landwehrverein übernommen.[26]

5.

Auf dem Wiener Kongreß, der 1815 die politische Zugehörigkeit vieler Gebiete neu ordnete, bemühte sich Preußen intensiv darum, Sachsen, das südlich an Brandenburg grenzte, in Besitz nehmen zu können; Sachsen hatte bis zuletzt auf Napoleons Seite gekämpft. Aber Österreich wollte ein Ausweitung Preußens bis zur österreichischen Grenze in Böhmen verhindern, Frankreich versuchte die Existenz des ehemaligen Bündnispartners Sachsen zu erhalten, England dachte an eine Verschiebung Preußens nach Westen, an die Rheingrenze, an einen Schutz des mitteleuropäischen Raumes vor Frankreich. Die militärstrategischen Überlegungen der Engländer überzeugten auch Österreich, das sich aus seinem Besitz in den Niederlanden – dem späteren Belgien – auf seine Kernlande zurückziehen wollte. Nach harten Verhandlungen – Preußen hatte seinen Verbündeten sogar mit militärischen Maßnahmen gedroht – erhielt Preußen nur einen kleineren Teil des nördlichen Sachsens, dafür aber große zusammenhängende Gebiete in Westfalen und im Rheinland – vom Niederrhein bis zum Saarland[27], mit einer „unpreußischen" Bevölkerung, im Rheinland überwiegend bürgerlich, städtisch, katholisch, Gebiete, die über Jahrhunderte von unterschiedlichen Herrschern regiert worden waren und unterschiedliche Entwicklungen hinter sich gebracht

---

26 SCHOLZ: Kriegervereine und militärische Vereine in Castrop und Umgebung (1862-1945). Der Militarismus der „kleinen Leute"? – Teil 1, in: Der Märker 51 (2002), S. 78-86, Zitat S. 79.
27 KARL GRIEWANK: Der Wiener Kongress und die europäische Restauration 1814/15, Leipzig 1954, S. 234-237, 247-251. Auch: Ribhegge: wie Anm. 13, S. 58; THOMAS NIPPERDEY, Deutsche Geschichte 1800-1866. Bürgerwelt und starker Staat, München 1998, S. 87-91.

hatten. In der geplanten Provinz „Westfalen" waren dies neben den „altpreußischen" Territorien Mark, Ravensberg und Minden vor allem die frühere Reichsstadt Dortmund, die Fürstbistümer Münster und Paderborn, das zum Erzbistum Köln gehörige Gebiet im Sauerland und das kurkölnische Vest Recklinghausen sowie die Fürstentümer Sayn-Wittgenstein und Nassau-Siegen und andere kleinere Gebiete. Erster Oberpräsident der preußischen Provinz Westfalen mit dem Sitz in Münster wurde 1816 Ludwig Freiherr Vincke, der die schwere Aufgabe hatte, aus der territorialen Vielfalt, die z. T. noch sehr stark durch unterschiedliche Konfessionszugehörigkeit geprägt war, einen homogenen neuen Teil Preußens zu machen. Die neue Provinz war in drei Regierungsbezirke gegliedert, Münster, Minden und Arnsberg. Castrop kam in den Regierungsbezirk Arnsberg; erster Regierungspräsident in Arnsberg war Friedrich von Bernuth. Castrop gehörte anfangs zum Kreis Dortmund; Landrat war Friedrich Hiltrop. Bürgermeister der Bürgermeisterei Castrop wurde Adolph Biggeleben. Ursprünglich sollte Hamm Sitz der Bezirksregierung werden, aber Vincke war der Auffassung, dass das ehemals kurkölnische Sauerland durch die Arnsberger Zentralbehörde besser eingegliedert werden könnte.

Der Historiker Thomas Nipperdey hat sehr gerafft auf Konsequenzen dieser von Preußens Politikern gar nicht gewollten Westverschiebung hingewiesen. Er bezeichnet diese Westverschiebung als „eine der fundamentalen Tatsachen der deutschen Geschichte, eine der Grundlagen der Reichsgründung von 1866/1871".[28] Nach Nipperdey hat die Westverschiebung und die „Spaltung in eine Ost- und eine Westhälfte" Preußens Politik darauf ausgerichtet, die Spaltung zu überwinden. Preußens neue Rolle als „Schutzmacht Deutschlands an der Westgrenze" hat dazu geführt, dass es seine hegemoniale Stellung stärken wollte und dass sein Militarismus neu legitimiert wurde. Schließlich entwickelte sich das rheinisch-westfälische Gebiet noch im 19. Jahrhundert zu dem mächtigsten Wirtschaftszentrum und machte Preußen zur stärksten deutschen Wirtschaftsmacht; das rheinisch-westfälische Industriegebiet wurde zur „Waffenschmiede Deutschlands". Das alles muss mit gesehen werden als Hintergrund der Entscheidung der Alliierten vom Februar 1947, Preußen als Staat endgültig aufzulösen. Das rheinisch-westfälische Industriegebiet, um dessen „Herauslösung" aus dem besiegten Deutschland nach 1945 sich vor allem Frankreich und die Sowjetunion eine Zeit-

---

28 NIPPERDEY: wie Anm. 27, S. 91.

lang bemühten, verblieb damals in der britischen Besatzungszone und wurde schon im August 1946 wichtiger Bestandteil der neuen Landes Nordrhein-Westfalen.

Gegenüber einem englischen Historiker – einem Mitarbeiter der britischen Kontrollkommission – hat Konrad Adenauer im Dezember 1945 es als „größten Fehler" der Engländer bezeichnet, dass sie auf dem Wiener Kongress „Preußen an den Rhein gebracht" haben, um die europäische Mitte gegen Frankreich und gegen einen neuen Napoleon zu sichern.[29]

Aber es hat wenig Sinn darüber zu spekulieren, wie die deutsche Geschichte verlaufen wäre, wenn Preußen 1815 ganz Sachsen hätte annektieren dürfen und statt der Preußen der sächsische König, der Wettiner Friedrich August, innerhalb des Deutschen Bundes die Herrschaft in einem rheinisch-westfälischen Staat hätte antreten müssen.

6.

Auf eine weitere Folge der Entstehung der Provinz Westfalen soll noch hingewiesen werden: Der allergrößte Teil von Westfalen – nördliche Gebiete um Osnabrück kamen damals an das Königreich Hannover – wurde zum erstenmal in der Geschichte eine geschlossene administrative und politische Einheit innerhalb der Grenzen des preußischen Staates. Das hatte für Westfalen, das Land zwischen Rhein und Weser, „bewußtseins- und identitätsbildende Folgen".[30] Heinz Gollwitzer hat diese Entscheidung so beurteilt: „Wenn der preußische Staat ehemals geistliche und weltliche Territorien zu einer Provinz zusammenfaßte, die er mit einem für das Bewußtsein des 19. Jahrhunderts so attraktiven Stammesnamen wie Westfalen versah, so hat er damit für das Zustandekommen eines Westfalenbewußtseins und eines westfälischen Regionalismus wahrscheinlich mehr getan als alle literarischen publizistischen Wortführer eines Westfalentums".[31]

---

29 Zitiert bei Ribhegge: wie Anm. 13, S. 1.
30 Harm Klueting: Geschichte Westfalens. Das Land zwischen Rhein und Weser vom 8. bis zum 20. Jahrhundert, Paderborn 1998, S. 263.
31 So Heinz Gollwitzer im Jahre 1975, zitiert bei Sebastian Scharte: Westfalenbilder und Westfalenbewußtsein, Münster 2003, S. 25.

Wie stark allerdings ein „Westfalenbewusstsein" dann das schnell wachsende Industriegebiet, das Ruhrrevier und damit Castrop und Castrop-Rauxel erfasst hat, lässt sich schwer sagen. Eher lässt sich nachweisen, dass die starke Zuwanderung und völlig neue Lebens- und Arbeitsbedingungen zur Herausbildung eines Zugehörigkeitsgefühls zum „Ruhrgebiet" geführt haben, obwohl man sagen kann, dass Wilhelm Brepohls 1948 veröffentlichte These von der Entstehung eines Ruhrvolks umstritten geblieben ist.[32]

Manche Versuche, das Bewusstsein von einer ehemaligen Zugehörigkeit zur preußischen Grafschaft Mark wieder zu wecken, hatten in schnell wachsenden Industriestädten wie Castrop nicht den Erfolg, den man erwartete. Die Akte, die im Archiv der Stadt Castrop-Rauxel unter der Bezeichnung „300jährige Jubelfeier der Zugehörigkeit der Grafschaft Mark zur Krone Preußen 1909"[33] erhalten ist, gibt sich auffallend nüchtern. Der die Jubelfeier vorbereitende Schriftverkehr beginnt schon 1906; in den Vordergrund schiebt sich jedoch die Auseinandersetzung über eine „Wiederherstellung" der Burg Altena[34], die damals bereits über ein halbes Jahrhundert als Krankenhaus des Johanniterordens benutzt worden war. Von einer Begeisterung für den Plan einer Rekonstruktion der Burganlage aus Anlass der Feier der 300jährigen Zugehörigkeit der ehemaligen Grafschaft Mark zu Brandenburg/Preußen, von der ein Aufruf aus dem Jahre 1907 spricht, ist in Castrop nichts zu spüren gewesen. Zwar gehörte der damalige Castroper Bürgermeister Leonhard Wynen dem Ausschuss für die Jubelfeier an, bis 1908 waren aber keine finanziellen Beiträge von der Stadt Castrop geleistet worden; an den Vorbesprechungen im Februar 1909 nahm kein Castroper Vertreter teil. Für die Jubelfeier auf der Terrasse der Hohensyburg am 10. August 1909, bei der auch Kaiser Wilhelm II. anwesend war, erhielt der Bürgermeister Wynen eine Tischkarte. Die Bestellung einer zweiten Tischkarte fünf Tage vor der Feier wurde abschlägig beantwortet; die Karten waren alle vergeben. Die lokale Presse nahm von der Jubelfeier kaum Notiz. Es scheint so, als ob die Frage nach einer Fortdauer eines märkischen Identitätsgefühls und einer Verehrung

---

32 SCHOLZ: Lokale Geschichte zwischen West und Ost, in: Aus zwölf Jahrhunderten. Überblicke und Ausschnitte. Zur Geschichte von Castrop und Umgebung, Dortmund 2007, S. 38-40.
33 StadtA Castrop-Rauxel. Stadt Castrop 750.
34 Vgl. dazu STEPHAN SENSEN: Duell – der Streit um den Wiederaufbau der Burg Altena, in: Wir sind Preußen. Die preußischen Kerngebiete in Nordrhein-Westfalen 1609-2009. Redaktion STEPHAN SENSEN und ECKHARD TROX, Essen 2009, S. 157-193.

des Hohenzollernhauses die Bevölkerung der Ruhrgebietsstadt Castrop, in der die „alten" Castroper wegen der durch die Industrialisierung in Gang gesetzten Bevölkerungsbewegungen schon lange in der Minderheit waren, nicht allzu sehr berührt hat.

Eine Untersuchung in Castrop-Rauxel im Jahre 1931, die die Bevölkerung nach Geburtsort und Herkunft aufschlüsselte, erbrachte Folgendes: Von den damals 57.858 Einwohnern stammten nur 27.767 aus Westfalen, ein Großteil davon war auch nicht in Castrop-Rauxel geboren. Aus anderen preußischen Provinzen waren 15.900 gekommen, die meisten aus Ostpreußen und der Rheinprovinz; aus vom Deutschen Reich 1919 abgetretenen Gebieten 8.453, die meisten aus Posen und Westpreußen; aus anderen Reichsländern 4.264, vor allem aus Bayern, Sachsen und dem Saargebiet; dazu kamen 1.474 Ausländer. Die Westfalen stellten im Oktober 1931 nur noch einen Anteil von etwa 48% der Bevölkerung, sie waren also in der Minderheit.[35] Die lokale Presse kommentierte die Statistik so: „60 Provinzen, Staaten und Länder in Castrop-Rauxels Einwohnerschaft vertreten! ... Das landsmannschaftliche Spiegelbild von Castrop-Rauxel ist außerordentlich buntscheckig ..."[36]

Für viele Zuwanderer blieb „Westfalen" ein politisch-administrativer Begriff; den meisten Zuwanderern kann man wohl kein „Westfalenbewusstsein" unterstellen; für die meisten gehörte die „Grafschaft Mark" nur noch der Geschichte an.

Auch gegenüber Preußen scheint sich – im Vergleich zu den patriotischen Regungen in den ersten Jahrzehnten des 19. Jahrhunderts – eine eher nüchterne Distanz herausgebildet zu haben, nicht nur wegen des stark wachsenden deutschen Nationalgefühls, das einen Erfolg in der Reichsgründung von 1870/71 sehen konnte. Spannungen hatte es immer wieder gegeben, weil der preußische Staat im Westen für Führungspositionen in den Behörden meist altpreußische Protestanten katholischen Bewerbern vorzog; 1830 hatte sogar der Freiherr vom Stein das „Verdrängen der gebildeten, mit den inneren Verhältnissen bekannten Einländern durch ein Heer von mittelmäßigen Subjekten aus den östlichen Provinzen" scharf kritisiert.[37]

---

35 HERMANN WIGGERMANN, Castrop-Rauxel im Wandel der Zeiten, Castrop-Rauxel 1950, S. 121-122.
36 FRANZ JOSEPH PRUYS: „Wer zählt die Völker, nennt die Namen...", in: Die Heimatseite (HS) 2, 1934.
37 Zitiert bei JÜRGEN HERRES und BÄRBEL HOLTZ: Rheinland und Westfalen als preußische Provinzen (1814-188), in: GEORG MÖHLICH, VEIT VELTZKE, BERND WALTER (Hg.): wie

Vor allem in katholischen Regionen ist eine Distanz zu dem – protestantischen – Preußen durch die Tatsache geschaffen oder verstärkt worden, dass bald nach 1871 evangelische Prediger und Kirchenzeitungen von einem „heiligen evangelischen Reich deutscher Nation" gesprochen hatten und immer wieder das Schlagwort vom „evangelischen Kaisertum deutscher Nation"[38] verwendet wurde, um die nationale Identität zu stärken.

Skepsis und Distanz gegenüber dem protestantischen Preußen wurden dann aber besonders durch den Kulturkampf geweckt oder verstärkt. Um 1870 waren noch 75% der Castroper Bevölkerung katholisch. 1876 nahmen ein Bochumer Staatsanwalt und zwei Untersuchungsrichter im Beisein des Amtmannes Müller-Tolffs bei dem Castroper Dechanten Heinrich Lohmann und dem Vikar Josef Ziegeweidt eine Hausdurchsuchung vor; man hatte bei ihnen „staatsgefährdende Schriften" vermutet.

Distanziert standen auch die katholischen „inländischen" Polen aus preußischen Ostgebieten den protestantischen Hohenzollern gegenüber. Auf Versammlungen von Polenvereinen wurde zur Eröffnung häufig ein dreifaches „Hoch" auf ein erwünschtes Gesamtpolen oder auf „Seine Heiligkeit den Papst" ausgebracht; erst wenn man anwesende Polizeibeamte bemerkte, folgte ein zögerliches Hoch auf den Deutschen Kaiser.[39]

Bei den Reichstagswahlen von 1877 erreichte das katholische Zentrum in Castrop fast 70% der Stimmen, und 1898 gewann der Zentrumkandidat Lensing bei den Reichstagswahlen noch etwa 62% der Stimmen in Castrop. Bei den Reichstagswahlen von 1907 sprachen sich in der jungen Stadt Castrop fast 80% der Wähler für das Zentrum (37,7%), die Sozialdemokraten (23,9%) und die Polenpartei (18,2%) aus; der damalige Reichskanzler von Bülow hatte vor der Wahl die drei genannten Parteien als „Reichsfeinde" bezeichnet; inwieweit das Ergebnis auch auf eine mehr oder weniger deutliche Distanz zu Preußen schließen lässt, muss hier offenbleiben.[40]

Anm. 4, S. 124.

38 HEINRICH AUGUST WINKLER: Der lange Weg nach Westen Bd. 1. Deutsche Geschichte vom Ende des Alten Reiches bis zum Untergang der Weimarer Republik, München 2002 (5. Aufl.), S. 213-215.

39 Scholz: Zum politischen Katholizismus in einer Mittelstadt der Emscher-Region. Die Zentrumspartei in Castrop(-Rauxel) 1870-1933, in: VZ 102 (2008/09), S. 177-178.
– SCHOLZ: Polen in Castrop und Umgebung 1885-1933, in: Beiträge zur Geschichte Dortmunds und der Grafschaft Mark 100/101 (2009/2010), S. 178-179.

40 SCHOLZ: Politischer Wandel in Castrop und Castrop-Rauxel. Vereine, Gewerkschaften, Parteien und Wählerverhalten 1866-1998, in: VZ 97/98 (1998/99), S. 319, S. 328-329.

7.

Abschließend erfolgen einige Überlegungen zum Entstehen des Gesetzes Nr. 46 des Alliierten Kontrollrates vom 27. Februar 1947, das den Staat Preußen, der ohnedies durch russische und polnische Gebietsansprüche und die Aufteilung in Besatzungszonen zerstückelt war, für aufgelöst erklärt hat. Schon in einer Rede vom Dezember 1939 meinte der britische Außenminister Anthony Eden: „Hitler ist im Grunde gar nicht so einzigartig. Er ist nur der jüngste Ausdruck des Eroberungsgeistes des preußischen Militärs". Und der „Daily Telegraph" kommentierte die Rede unter der Schlagzeile „Hitlers Herrschaft in der Tradition der preußischen Tyrannei".[41] Bei den Beratungen der Alliierten im Herbst 1946 über das Gesetz Nr. 46 sagte der britische Vertreter: „Der Fortbestand des preußischen Staates ... könnte später zum Ausgangspunkt revanchistischer Bestrebungen des deutschen Volkes werden, würde militaristischen Ambitionen in Deutschland Vorschub leisten und den Wiederaufstieg eines autoritär geprägten, zentralistischen Deutschlands begünstigen. Das muss im Interesse aller unbedingt verhindert werden".[42] Der Historiker und Leiter des Hessischen Staatsarchivs Marburg, Ludwig Dehio, argumentierte nach dem Zweiten Weltkrieg sogar, der „Nationalsozialismus sei kein Zufall gewesen ... der Österreicher Adolf Hitler sei von seiner Mentalität her ein ‚Wahlpreuße' gewesen".[43] Die gleiche Ansicht hatte der 1936 nach England emigrierte deutsche Journalist Edgar Stern-Rubarth vertreten, der Propaganda als ein wichtiges politisches Instrument ansah und ab 1940 Mitarbeiter führender englischer Zeitungen war. Stern-Rubarth beschrieb Hitler als einen „Erz-Preußen" und behauptete, seine Eroberungspolitik beruhe auch „auf den philosophischen Grundlagen des Preußentums".[44]

Aber die Auflösung Preußens im Februar 1947 mit dem „vermeintlich reaktionären und militaristischen Charakter Preußens" zu begründen, ist – wie in der neueren historischen Forschung betont wird – das „Produkt einer fundamentalen Täuschung" gewesen, der die Nationalsozialisten

---

41 Zitiert bei CLARK: wie Anm. 7, S. 763-764.
42 Ebd. S. 766.
43 Ebd. S. 10.
44 Ebd. S. 763. – E. STERN-RUBARTH veröffentlichte ab 1940 in London „Eine kurze Geschichte der Deutschen" und „Exit Prussia". Das Zitat bei CLARK stammt aus „Exit Prussia".

nicht erst seit dem „Tag von Potsdam" erheblichen Vorschub geleistet haben.[45] In einer Wahlkampfrede vom April 1932 vor der Neuwahl des Reichspräsidenten behauptete Joseph Goebbels: „Der Nationalsozialismus darf ... von sich behaupten, daß er Preußentum sei. Wo immer wir Nationalsozialisten auch stehen, in ganz Deutschland sind wir die Preußen. Die Idee, die wir tragen, ist preußisch. Die Wahrzeichen, für die wir fechten, sind von Preußengeist erfüllt ..."[46] Die Kandidaten in dem Wahlgang waren Hindenburg und Hitler und Thälmann (KPD). Goebbels' Behauptung, dass „Preußentum" und „Preußengeist" die NSDAP geprägt hätten, blieb ohne die erwartete Wirkung auf den Ausgang der Wahl; Hindenburg erreichte im zweiten Wahlgang 53% der Stimmen; zu seiner Wahl hatten auch SPD und Zentrum aufgerufen. In Castrop-Rauxel erhielt Hindenburg 17.900 Stimmen, fast 60%; Hitler erhielt 6.400 und Thälmann 5.700 Stimmen.[47]

Punktuelle Kontakte der NSDAP gab es anfangs zum ehemaligen Herrscherhaus Hohenzollern; 1931 kam es zu einem Treffen zwischen dem im Exil lebenden Wilhelm II. und Hermann Göring. Anscheinend hat Göring damals Wilhelm II. eine Rückkehr in Aussicht gestellt. Aber solche Kontakte erklären sich daraus, dass Hitler die NSDAP, die noch keine politische Mehrheit besaß, auch als „legitimen Erben der preußisch-deutschen-monarchischen Tradition" darstellen wollte[48], dass er dadurch versuchte, möglichst viele national-konservative und monarchistische Wähler von DNVP und DVP zu den Nationalsozialisten herüberzuziehen.

Im Januar 1932 feierten der Ortsverband der militärischen Vereine und der „Stahlhelm" in Castrop-Rauxel den Jahrestag der Reichsgründung von 1871. Die Bühne des Saales war mit den alten Reichsfarben und den Büsten von Wilhelm I., Bismarck und Hindenburg geschmückt.[49] Im selben Jahr schlossen sich der „Stahlhelm" und die DNVP zur Kampffront „Schwarz-weiß-rot" zusammen; der Hinweis auf die Farben des Kai-

---

45 So Horst Möller im Jahre 2001; auf Horst Möller bezieht sich BERND WALTER: Rheinland, Westfalen, Preußen und der Nationalsozialismus (1933-1945/47), in: MÖLICH/VELTZKE/WALTER: wie Anm. 4, S. 353-379, bes. S. 376. – Auch: CLARK: wie Anm. 7, S. 743-773.
46 Zitiert bei CLARK: wie Anm. 7, S. 747.
47 SCHOLZ: Das Krisenjahr 1932 in Castrop-Rauxel. Politische Radikalisierung und Destabilisierung, in: Märkisches Jahrbuch für Geschichte (MJbG) 102 (2002), S. 258.
48 CLARK: wie Anm. 7, S. 754.
49 Stadtanzeiger für Castrop-Rauxel und Umgebung. 18. Januar 1932.

serreichs von 1871 stand für das national-konservativ-monarchistische Programm – die Nationalfarben der Weimarer Republik waren immer noch Schwarz-rot-gold. Der Kampffront schloss sich auch ein Teil der rechtsliberalen DVP an.[50] Bei den Reichstagswahlen im November 1932 erhielt der Kampfbund „Schwarz-weiß-rot" in Castrop-Rauxel einen Stimmanteil von 8,6%, die NSDAP 16,9%, bei der Reichstagswahl im März 1933 kam der Kampfbund in Castrop-Rauxel auf 9,1%, die NSDAP auf 25,7%.[51] In der gesamten Republik erhielten jedoch NSDAP und DNVP mit 43,9% und 8,0% eine Mehrheit von 51,9%.

Für den ersten Zusammentritt des neuen Reichstages in Berlin am 21. März 1933 - der Tag war kurzfristig zum Nationalfeiertag erklärt worden - hatten Hitler und Goebbels ein eindrucksvolles Schauspiel inszeniert. Weil das Reichstagsgebäude im Februar 1933 abgebrannt war, traten in der Potsdamer Garnisonkirche, der damaligen letzten Ruhestätte Friedrichs des Großen, die Reichstagsabgeordneten zusammen. Die Abgeordneten der KPD waren ausgeschlossen. Hitler, nicht in Uniform, sondern mit Frack, verneigte sich vor dem uniformierten und mit Orden geschmückten Reichspräsidenten Hindenburg; eine zusätzliche Kulisse bildeten Generäle des Ersten Weltkriegs, anwesend war der hohenzollernsche Kronprinz. Der neue Staat schien an die Traditionen des preußischen Staates und des deutschen Kaiserreichs anknüpfen zu wollen; der Nationalsozialismus schien zu versprechen, Potsdam an die Stelle von Weimar zu setzen. Noch glaubten national-konservative Kreise, Hitler nur benutzen zu können, ihn zähmen zu können. Aber der Tag von Potsdam war bloße Taktik; konservative, monarchistische und nationale Gruppen wurde nur dazu benutzt, der NSDAP eine Mehrheit zu verschaffen.

Weder der preußische Staat noch Friedrich der Große, der an vielen humanitären Idealen aus der Kronprinzenzeit auch als König festhielt, noch das Kaiserreich von 1871 waren Vorbilder für den Nationalsozialismus; Preußen und Friedrich der Große waren Identifikationsangebote, um Bindungen an das NS-System zu schaffen. Schon kurz nach der Wahl vom März 1933 waren letzte Hemmungen für die Ausbreitung des Terrors gegen wirkliche oder angebliche Gegner und gegen Juden gefallen; sie wurden aus wichtigen Ämtern gewaltsam entfernt, misshandelt, verfolgt, ohne gerichtliches Urteil in „Schutzhaft" genommen;

50 SCHOLZ: wie Anm. 47, S. 265-266.
51 SCHOLZ: wie Anm. 40, S. 345-346.

die ersten Konzentrationslager wurden von der SA eingerichtet. Das alles wies nicht auf preußische Traditionen hin und knüpfte nicht an die Rechtsstaatlichkeit des Reiches von 1871 an; hier begann der Weg in den NS-„Unrechtsstaat".[52]

In Castrop-Rauxel wurde der Tag von Potsdam „denkwürdig" begangen: Nach einem Platzkonzert auf dem Marktplatz der Altstadt begaben sich die evangelischen Teile der Bevölkerung, darunter viele Mitglieder der SA, der NSDAP und des Stahlhelms in die Lutherkirche, wo Pastor Rothe "in erhebendem Gottesdienst dem Allmächtigen den Dank für die Wendung im Geschick des Vaterlandes erstattete". Sein Gebet erbat von Gott, dass "er seine Hände segnend ausbreiten möge über das deutsche Volk, das sich nach so langer innerer Zerrissenheit ... wieder zusammengefunden habe zu einer stolzen und glaubensfrohen nationalen Einheit". Im Norden der Stadt fand in Ickern unter freiem Himmel eine Veranstaltung statt, auf der Pastor Schneider den Tag als "große geschichtliche Wende" bezeichnete und versprach: "Wir wollen kämpfen für ein neues deutsches Vaterland ... Wir wollen hinter unseren Führern stehen und tilgen, was uns erniedrigen will".[53] Das Bemühen der NSDAP, auch in der katholischen Lambertuskirche einen Dankgottesdienst zu veranstalten, hatte zu keinem Erfolg geführt.

Ich möchte auch noch kurz hinweisen auf die damals immer wieder veröffentlichte Reihe der Portraits von Friedrich dem Großen, Bismarck, Hindenburg und Hitler, was suggerieren sollte, dass Hitler in einer preußisch-nationalen Tradition stand und die Geschichte fast zielgerichtet nicht nur auf die Reichsgründung von 1871, sondern auch auf 1933 hin abgelaufen war.[54]

In den letzten Kriegsjahren mussten dann Gestalten und Ereignisse aus der Geschichte Preußens dafür herhalten, in propagandistischen Fil-

---

52 Clark: wie Anm. 7, S. 743-746. – Auch: JOHANNES UNGER: Republik, Nazi-Diktatur und Untergang 1918-1947, in: RIBBE/ROSENBAUER (Hg.): wie Anm. 9, S. 264-267.
53 RICHARD ANTON: Die Entwicklung der nationalsozialistischen Bewegung in Castrop-Rauxel, in: Heimatbuch zur 1.100-Jahrfeier 834-1934, S. 161. – Stadtanzeiger für Castrop-Rauxel und Umgebung vom 22. und 23. März 1933. Über fast eine ganze Seite hin berichtete der „Stadtanzeiger" darüber, wie die Feierlichkeiten - mit Rundfunkübertragungen aus Potsdam – an allen Castrop-Rauxeler Schulen begangen wurden.
54 HAFFNER: wie Anm. 6, S. 510-511.

men wie „Der große König" oder „Kolberg" den Durchhaltewillen zu wecken oder zu stützen, allerdings ohne viel historische Genauigkeit.[55]

8.

Den Anstoß für die Wahl des Themas hat die Erfahrung gegeben, dass Museen, Städte, Bundesländer immer wieder Daten aus der preußischen Geschichte aufgreifen und in naher Zukunft – ich verweise nochmals auf Ereignisse aus den Jahren 1813 bis 1815 – aufgreifen werden und nicht nur informieren, sondern durch neue Erkenntnisse und durch unterschiedliche Schwerpunktsetzungen und Wertungen die Diskussion über das Thema Preußen weiterführen werden. Dabei wird weiter deutlich werden, dass Preußen Spuren hinterlassen hat, auch in Westfalen, besonders in der „altpreußischen" Grafschaft Mark und – zwar nur wenig spürbar - auch in der Geschichte von Castrop und Umgebung, und dass Urteile über Gestalten und Ereignisse aus der Geschichte Preußens wieder im Wandel begriffen sind.

Aber fest steht: „Es wird kein endgültiges Preußenbild geben, denn Geschichte ist im Gegensatz zur landläufigen Meinung eben nichts Abgeschlossenes ..."[56]

---

55 WALTER: wie Anm. 45, S. 372-375. – Die genannten Filme entstanden unter der Regie von Veit Harlan.
56 RIBBE/ROSENBAUER (Hg.): wie Anm. 9, S. 6.

GERHARD E. SOLLBACH

Ein halbes Jahrtausend Wandel der Gemeinde-Selbstverwaltung in Westfalen am Beispiel von Herdecke an der Ruhr

Inhalt: 1. Bauersprache, S. 275. – 2. Rathäusliches Reglement, S. 276. – 3. Mairie, S. 277. – 4. Revidierte Städteordnung von 1831, S. 278. – 5. Dreiklassenwahlrecht, S. 279. – 6. Allgemeines und gleiches Wahlrecht in Gemeinden, S. 279. – 7. NS-Gleichschaltung, S. 280. – 8. Doppelspitze, S. 281. – 9. Süddeutsche Ratsverfassung in NRW, S. 282.

1.

Die gemeindliche Selbstverwaltung ist in Westfalen und somit auch in Herdecke in den vergangenen Jahrhunderten in unterschiedlichen Formen erfolgt. Die Veränderungen waren stets durch die jeweiligen allgemeinen politisch-weltanschaulichen und gesellschaftlichen Umstände bewirkt. In dem 1229 erstmals urkundlich erwähnten Dorf Herdecke[1] ist wie auch andernorts auf dem platten Land für Jahrhunderte die „Bauersprache" („Pflichttag") – das war die alljährlich einmal stattfindende Versammlung aller männlichen erwachsenen Dorfbewohner – das Selbstverwaltungsorgan gewesen. An ihrer Spitze standen zwei von der Versammlung für in der Regel mindestens zwei Jahre gewählte Bauerschaftsvorsteher. In der „Bauersprache" wurden die rein dörflichen Angelegenheiten geregelt. Dazu gehörten unter anderem auch die Bestellung der Dorf-Beamten wie des Gemeinde-Kuh- und -Schweinehirten sowie die Festlegung von Fahr- und Treibwegen im Dorf und in der Feldmark. Die älteste Aufzeichnung der Herdecker „Bauersprache" stammt zwar erst aus dem späten 16.

---

1 Landesarchiv NRW Abt. Westfalen: Stift Herdecke Urk. 2 – Druck: JOHANN DIEDERICH VON STEINEN: Westfälische Geschichte IV. Teil. Nachdr. der Ausgabe Lemgo 1760: Münster 1964 – hier S. 94 „villa Herrike"

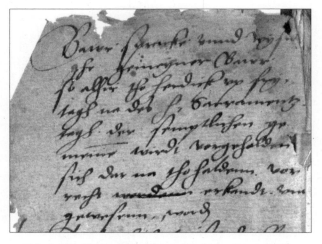

Abb. 1: Die 1574 aufgezeichnete Herdecker Bauerschafts-
Ordnung („Bauersprache"), Anfang,
LAV NRW Abt. Westfalen: Stift Herdecke Akten Nr. 5 Bl. 1r

Jahrhundert, genau aus dem Jahr 1574, doch gehen die Bestimmungen sicherlich noch bis auf die mittelalterliche Zeit zurück.[2]

2.

Eine einschneidende Änderung in der Selbstverwaltungsform brachte für Herdecke das 1739 von dem preußischen König Friedrich Wilhelm I. verliehene Stadtrecht. Die damit verbundene Einführung eines „Rathäuslichen Reglements" setzte der „Bauersprache" und zugleich auch der Gemeinde-Selbstverwaltung überhaupt in Herdecke ein Ende. Für derartige, ihre Angelegenheiten eigenständig regelnde Gebilde, gab es in dem autoritär regierten, absolutistischen Staat, zu dem sich das Königreich Preußen im 18. Jahrhundert entwickelte, keinen Platz mehr. Die Verwaltung der neuen Stadt Herdecke geschah nunmehr durch einen ersten und zweiten Bürgermeister sowie zwei weitere Ratsmitglieder, die jedoch ohne irgendeine Mitwirkung der Bürgerschaft von der zuständigen

---

2   OTTO SCHNETTLER: Herdecke an der Ruhr im Wandel der Zeiten. Dortmund 1939, S. 86-122; Landesarchiv NRW, Abt. Westfalen: Stift Herdecke, Akten Nr. 5 Bl. 1r-7r

preußischen Regierungsstelle (damals in Kleve) eingesetzt wurden und als weisungsgebundene Staatsbeamte agierten.[3] Fast ein Jahrhundert hatte diese Form der städtischen Verwaltung Bestand.

3.

Die dann eingetreten Neuordnung der Kommunalverfassung war eine Folge der von Napoleon I. bewirkten massiven Veränderungen im europäischen Staatensystem. Im Friedensvertrag von Tilsit 1807 musste das Königreich Preußen unter anderem auch die ehemalige Grafschaft Mark, in der Herdecke lag, an das französische Kaiserreich abtreten. Die Grafschaft kam an das neu geschaffene Großherzogtum Berg. In diesem Territorium wurde durch das Dekret Nr. VII vom 18. Dezember 1808 („Decret, die Verwaltung des Großherzogtums Berg enthaltend") der kommunale Verwaltungstyp der Mairie eingeführt.[4] Eine Wiederherstellung der gemeindlichen Selbstverwaltung war damit aber nicht verbunden. Der Bürgermeister (Maire), die Beigeordneten (Adjoints) und die Munizipalräte (Conseils municipaux) wurden in Kommunen unter 5000 Einwohnern, also auch in Herdecke mit knapp 1000 Einwohnern, von dem jeweils zuständigen Präfekten (für Herdecke war es der in Dortmund amtierende Präfekt der Ruhr-Departements) berufen. Zu der Munizipalität Herdecke gehörten aber auch Wetter und Ende. Nach dem Ende der Napoleonischen Herrschaft und der Wiedereingliederung des Territoriums der ehemaligen Grafschaft Mark in das Königreich Preußen 1813-1815 blieben hier die eingeführten französischen Verwaltungsstrukturen auf kommunaler Ebene zunächst noch im Wesentlichen bestehen, wenn auch mit anderen Bezeichnungen. Das galt auch für die Vereinigung von Wetter und Ende mit Herdecke. Erst 1851, mit der Einrichtung des neuen Amtes Wetter, sind Wetter und Ende von Herdecke getrennt wor-

---

3 Wochentliche Duisburgische [...] Addresse- und Intelligentz-Zettel v. 23. Juni 1739: „Vom neu bestelten Magistrat zu Herdecke"; OTTO SCHNETTLER, Herdecke an der Ruhr im Wandel der Zeiten, S. 193-197: WOLFRAM MELLINGHAUS: Von der Stadtgründung bis zum Einzug Napoleons; in; BERNDT BEHRENDT/WOLFGANG MELLINGHAUS/OLAF ROSE: 250 Jahre Stadt Herdecke 1739-1989.Essen 1989, S. 20 f.
4 Großherzogtum Berg: Erste Abteilung des Gesetz-Bülletins. Düsseldorf 1810, S. 196 ff.

Abb. 2: Heiratsregister der Mairie Herdecke 1811, Anfang – StadtA Herdecke, Akte 25f

den. Ende gehörte von da an zu dem Amt Wetter,[5] bis es 1939 der Stadt Herdecke eingegliedert wurde.

4.

Eine neuerliche grundlegende Änderung brachte dann die Revidierte Städteordnung für Preußen vom 17. März 1831.[6] Sie wurde nach Zustimmung des Westfälischen Provinziallandtages ab 1834 in zahlreichen westfälischen Städten eingeführt. In Herdecke geschah das im Jahr 1837.[7] Die Städteordnung von 1831 beruhte auf den zu Beginn des 19. Jahrhunderts in Preußen begonnenen und nach ihren Hauptinitiatoren, dem Reichsfreiherrn Karl von und zum Stein sowie Karl August Fürst von Hardenberg, auch Stein-Hardenbergsche Reformen genannten Staats- und Verwaltungsneuerungen. Sie waren als Reaktion auf die Niederlage Preußens gegen Napoleon in der Schlacht bei Jena und Auerstedt im Jahr 1806 in Angriff genommen worden. Zu den Reformen gehörte auch die von Stein entworfene Städteordnung mit ihrem Kernelement der Wiederherstellung der kommunalen Selbstverwaltung (Städteordnung von 1808). Dementsprechend führte die Revidierte Städteordnung von 1831

---

5   OTTO SCHNETTLER: Herdecke an der Ruhr im Wandel der Zeiten, S. 294 und S. 306; HORST WIENTZEK: Wetter – Stadt an der Ruhr. 2., verbess. Aufl. Wetter (Ruhr), S. 89; Reinhard von Hymmen: Geschichtlich-statistische Beschreibung des früheren Kreises Hagen, jetzt Stadt- und Landkreis Hagen, sowie Kreis Schwelm. Hagen 1889, S. 234
6   Preußische Gesetz-Sammlung 1831, S. 10 ff.
7   Stadtarchiv Herdecke, Akte 2 c Fach 3

(wieder) die Wahl der Stadtverordneten durch die Bürgerschaft ein. Die Stadtverordneten ihrerseits wählten aus der Bürgerschaft den Bürgermeister und den als kollegiales Vollziehungsorgan der Stadtverwaltung und als Ortsobrigkeit fungierenden Magistrat. Allerdings bedurften der Bürgermeister wie auch die Magistratsmitglieder der Bestätigung durch die Staatsregierung (§ 93). Außerdem waren das Wahlrecht und die Wählbarkeit als Stadtverordneter auf das (Besitz-)Bürgertum beschränkt.

5.

Die revolutionären Vorgänge des Jahres 1848 führten in Preußen auch zum Erlass einer geänderten Gemeindeordnung.[8] Diese vom 11. März 1850 datierende preußische Gemeindeordnung wurde jedoch bereits am 24. Mai 1853 wieder aufgehoben.[9] Sie ist aber insofern von Bedeutung, als sie erstmals in Westfalen (wie zuvor schon 1845 in der preußischen Rheinprovinz und damit das erste Mal in der preußischen Monarchie überhaupt) das Dreiklassenwahlrecht auch im kommunalen Bereich einführte. Das Dreiklassenwahlrecht war eine besondere Form des Zensuswahlrechts, bei dem die Wähler ein nach der Höhe ihrer gezahlten Steuern abgestuftes Stimmrecht besaßen. Dafür wurden die Wahlberechtigten einer Gemeinde entsprechend ihrer Steuerleistung in drei Abteilungen eingeteilt. Die Wähler, die die meisten Steuern zahlten, wählten in der 1. Abteilung. Es wurden so viele Wahlberechtigte in diese erste Abteilung eingeteilt, bis ein Drittel des Steueraufkommens erreicht war. In die 2. Abteilung kamen diejenigen Wähler, die unter den verbleibenden Wahlberechtigten die größte Steuerleistung erbrachten, bis wieder ein Drittel des Gesamtaufkommens erreicht war. Die übrigen Wähler bildeten die 3. Abteilung.

6.

Die am 18. März 1856 für die Provinz Westfalen erlassene neue Städteordnung[10] entsprach im Wesentlichen der Revidierten Städteord-

---

8 Preußische Gesetz-Sammlung 1850, S. 213 ff.
9 Preußische Gesetz-Sammlung 1853, S. 261 ff.
10 Preußische Gesetz-Sammlung 1856, S. 237 ff.

nung von 1831, jedoch unter Einbeziehung des Dreiklassenwahlrechts (§ 13). Sie ist in ihren Grundzügen auch in Herdecke über 60 Jahre angewandt worden. Erst die Weimarer Reichsverfassung vom 11. August 1919 bewirkte ihre Abänderung, indem jetzt das allgemeine und gleiche Wahlrecht, das bisher schon für die Reichstagswahl galt, nunmehr auch auf die Kommunalwahlen ausgedehnt wurde (Art. 17, Abs. 2). Diese Regelung wurde auch in die Verfassung des Freistaates Preußen vom 30. Januar 1920 übernommen.[11]

Abb. 3: Das erste in allgemeiner, gleicher, unmittelbarer und geheimer Wahl gewählte Herdecker Stadtverordneten-Gremium 1919-1923 – StadtA Herdecke, Bildsammlung

7.

Das 1933 an die Macht gekommene NS-Regime stellte sehr schnell auch die Gemeindeordnung in den Dienst seiner Herrschaftssicherung. Die demokratische gemeindliche Selbstverwaltung wurde daher (wieder) abgeschafft und das „Führerprinzip" auch hier eingeführt. In Preußen geschah das durch das preußische Gemeindeverfassungs-Gesetz vom

---

11 Preußische Gesetz-Sammlung 1920, S. 543 ff. - hier Art. 74

15. Dezember 1933.[12] Danach wurden Bürgermeister und Beigeordnete in den kreisabhängigen Städten und somit auch in Herdecke „nach Fühlungnahme mit dem Gauleiter der nationalsozialistischen Bewegung" von den Regierungspräsidenten (für Herdecke war der Regierungspräsident in Arnsberg zuständig) berufen (§ 34 Abs. 3). Die Gemeinderatsmitglieder ernannte auf Vorschlag des jeweiligen Gauleiters der NSDAP (für Herdecke war das der Gauleiter von Westfalen-Süd) in kreisangehörigen Städten der zuständige Landrat (§ 41 Abs. 2). Da Herdecke seit 1929 in dem damals neu geschaffenen Landkreis Ennepe-Ruhr lag, nahm der dortige Landrat die Berufung der Herdecker „Ratsherren" vor. Die „Ratsherren" hatten jedoch nur beratende Funktion (§ 40 Abs. 3). Beschlüsse fasste allein und eigenständig ausschließlich der Bürgermeister (§ 28). Die preußische Gemeindeordnung von 1933 wurde 1935 durch die am 30. Januar dieses Jahres erlassene „Deutsche Gemeindeordnung"[13] ersetzt bzw. in Teilen abgeändert. Sie ist übrigens die bisher erste und einzige Gemeindeordnung, die nicht nur für ein bestimmtes Land, sondern für das gesamte deutsche Staatsgebiet verbindlich galt. Die Deutsche Gemeindeordnung bestimmte, dass Bürgermeister und Beigeordnete in den kreisangehörigen Städten von dem zuständigen Regierungspräsidenten nunmehr auf Vorschlag des örtlichen NSDAP-Beauftragten „zur Sicherstellung des Einklangs der Gemeindeverwaltung mit der Partei" (das waren die Kreisleiter) zu bestellen seien (§ 41 Abs. 1 und 2). Die Gemeinderatsmitglieder waren in diesen Orten jetzt von dem Beauftragten der NSDAP zu berufen (§ 51 Abs. 1).

8.

Nach dem Ende der nationalsozialistischen Herrschaft erließ die britische Besatzungsmacht in Westfalen bzw. Nordrhein-Westfalen am 1. April 1946 mit der „Verordnung Nr. 21" Bestimmungen zur wesentlichen Abänderung der Deutschen Gemeindeordnung von 1935, die vor allem auf eine Re-Demokratisierung der Gemeinde-Selbstverwaltung abzielten.[14] Entsprechend der britischen Ratsverfassung wurden kom-

---

12 Preußische Gesetz-Sammlung 1933, S. 427 ff.
13 Reichsgesetzblatt 1935, Teil 1, S. 49 ff.
14 Amtsblatt der Militärregierung Deutschland, Britisches Kontrollgebiet, Nr. 7, 1946, S. 127 ff.

munale Verwaltungsentscheidungen jetzt wieder ausschließlich den Gemeindevertretungen übertragen. Außerdem spaltete man das bisherige Amt des Bürgermeisters in zwei Funktionen auf. Die politische und repräsentative Führung der Gemeinde übernahm der Bürgermeister. Die Durchführung der Gemeinderatsbeschlüsse oblag dem Gemeindedirektor (so genannte Doppelspitze). Diese Form der Gemeinde-Selbstverwaltung übernahm auch die Gemeindeordnung des Landes Nordrhein-Westfalen vom 21. Oktober 1952.[15] Danach erfolgte die Wahl des Gemeinderates in allgemeiner, gleicher, unmittelbarer und geheimer Wahl durch die wahlberechtigten Bürger (§ 29). Der Gemeinderat wiederum wählte aus seiner Mitte den Bürgermeister, der auch den Vorsitz im Rat innehatte (§ 32). Außerdem war der Rat für die Wahl des Gemeindedirektors und der Beigeordneten zuständig (§ 9).

9.

Über vier Jahrzehnte blieb diese nordrhein-westfälische Gemeindeordnung gültig, nämlich bis zu der vom Landtag beschlossenen neuen Gemeindeordnung vom 17. Mai 1994 („Gesetz zur Änderung der Kommunalverfassung").[16] Sie änderte die von der Britischen Besatzungsmacht 1946 festgelegte „Norddeutsche Ratsverfassung" in die „Süddeutsche Ratsverfassung" ab. Dadurch wurde die bisherige „Doppelspitze" abgeschafft. An ihre Stelle trat – wieder – ein von den Einwohnern in allgemeiner, unmittelbarer, freier, gleicher und geheimer Wahl auf die Dauer von sechs Jahren gewählter hauptamtlicher Bürgermeister (§ 65). Dieser leitet die Gemeindeverwaltung und ist Vorsitzender des Gemeinderates (§ 62 Abs. 1, § 51 Abs. 1). Die Gemeindeordnung von 1994 ist derzeit in Nordrhein-Westfalen immer noch in Kraft. Eine bisher letzte bedeutsame Änderung in der gemeindlichen Selbstverwaltung erfolgte hier durch das „Gesetz zur Einleitung von Abwahlverfahren von Bürgermeistern und Landräten durch Bürgerbegehren" vom 24. Mai 2011.[17]

---

15 Gesetz- und Verordnungsblatt für das Land Nordrhein-Westfalen 1952, S. 283 ff.
16 Gesetz- und Verordnungsblatt für das Land Nordrhein-Westfalen 1994, S. 270 ff.
17 Gesetz- und Verordnungsblatt für das Land Nordrhein-Westfalen 2011, S. 270 f.

ANDREAS JANIK

Eickeler Grabsteine in der Sammlung des Märkischen Museum

Das Märkische Museum besitzt eine rund 100 Jahre umfassende Sammlung alter Leichensteine aus der 1892 abgetragenen Dorfkirche St. Johannis in Herne-Eickel. Schon in den ersten Jahren seines Bestehens erkannte der Verein für Ort- und Heimatkunde in der Grafschaft Mark mit dem Sitz in Witten (VOHM) die Notwendigkeit, von der modernen Industrie verdrängte Kultur-und Kultusgegenstände durch Ankauf zu schützen.

„Durch die während der letzten Jahrzehnte in vielen Kirchen vorgenommenen umfassenden baulichen Veränderungen [...besonders] der Beseitigung und Veräußerung zahlreicher Bauteile und Bilderwerke, [... ist] in bedauerlicher Weise Vorschub geleistet worden. [...] Wir meinen [dabei] die in den älteren Kirchen häufig vorkommenden Familienwappen, Leichensteine und monumentalen Teile von Grabdenkmälern, [... denn] dass die alten Leichensteine durch die auf ihnen befindlichen Inschriften vielfach einen urkundlichen Wert haben und auch nicht selten durch künstlerische Ausstattung und Darstellung beachtenswert sind, ist [....] bereits [...] hervorgehoben worden [...]. Deshalb richten wir an unsere Mitglieder, an die Hochwürdigen Herren Geistlichen, an die Ehrwürdigen Presbyterien, Kirchenvorstände, Repräsentantionen [und] an die Herren Lehrer [...] uns in vorkommenden Fällen zu benachrichtigen, und uns zur Erwerbung derselben für das Märkische Museum behilflich zu sein. [...]"[1]

Wenige Monate später wurde der damalige Vorsitzende über den angedachten Abriss der Kirche zu Eickel informiert, benachrichtigt seinerseits den Bochumer Landrat Carl Albert Spude (1852-1914) und bat

---

[1] Jahrbuch des Vereins für Orts- und Heimatkunde in der Grafschaft Mark, verbunden mit dem Märkischen Museum zu Witten. 3. Jahrgang 1888-89, Januar 1890, S. 12f

um seine Unterstützung. Dieser vereinbarte einen Besichtigungstermin mit dem Presbyterium und dem VOHM, um die Gegenstände des Interesses, besonders das Strünkede-Epitaph, in Augenschein zu nehmen. Am 7. August 1890 gab der Vereinsvorstand seine erste Offerte zum Ankauf der Strünkede-Gruppe ab und nach mehreren Zwischenstationen erteilte das Presbyterium der evangelischen Kirchengemeinde am 10. Dezember 1890 seine abschließende Zustimmung zum Verkauf bzw. Ankauf des Epitaphs für 1000 Mark, „zu der noch weitere 100 Mark für alte Grabsteine, Wappenschilder, ec. kamen".[2]

Über das Strünkede-Epitaph -es stellt den Höhepunkt der Leichenstein Sammlung dar und steht hier nicht im Fokus der Betrachtung, welches zu den besten Arbeiten der deutschen Grabmalkunst gezählt wird, hat schon der ehemalige Leiter des Emschertal-Museums der Stadt Herne Alexander von Knorre in seinem Aufsatz „Das Familiengrabmal des Conrad von Strünkede zu Dorneburg in Witten und sein Vorbild, das Grabdenkmal des Jobst von Strünkede in Herne" berichtet.

Die Leichensteine besitzen einen hohen kunsthistorischen, regionalgeschichtlichen und genealogischen Wert, zeigen sie neben ihrer künstlerischen Ausdrucksprache auch die damaligen Machtverhältnisse und das Statusdenken der örtlichen Patrone gegenüber ihren Untertanen und den benachbarten Standesgenossen. Sie lagen vermutlich im Chor der alten Johannis-Kirche, da „diese hochadeliche Familie [von Strünkede als Erben der von Loe] nebst anderen hochadelichen Familien ihre Begräbnüß würklich in der Kirche haben und ihre Todten in der Zeit dahin [1707] begraben lassen."[3] Diese Familien waren die Nachkommen der Familie von Eickel: die „von der Dorneburg gt. Aschebrock zu Dorneburg bzw. Nosthausen", „von Düngelen zu Dahlhausen" und „von Hugenpoth zu Gosewinkel".

Diese Adelsfamilien saßen im Kirchspiel Eickel und waren die Patrone der Kirchengemeinde. Besonders das Haus Dorneburg und das Haus Dahlhausen hatten besondere Vorrechte, so zum Beispiel jeweils eine eigene theaterartige Loge im Kirchenschiff.

---

2 . Jahrbuch des Vereins für Orts- und Heimatkunde in der Grafschaft Mark, verbunden mit dem Märkischen Museum zu Witten. 5. Jahrgang 1890-91, Januar 1892, S. 19.
3 GUSTAV HEGELER: Aus der Väter Tagen: Bilder zur Heimatkunde von Eickel-Wanne, Wanne-Eickel 1927, S. 192 ff. 18. Juni 1707

Abb. 1: Wappen der Familie von Eickel, von der Dorneburg gt. Aschebrock, von Loe, von Düngelen, von Hugenpoth und des Sigismund von Strünkede zur Dorneburg[4]

Dorneburg

1243 wird mit Conradus de Dorenburg erstmalig der Besitzer der gleichnamigen Burg genannt. Rutger von der Dorneburg nannte sich seit 1345 mit dem Beinamen Aschebrock und war Märkischer Amtmann zu Bochum. Dieses Amt wurde in den nächsten Jahrhunderten oft den Besitzern der Dorneburg anvertraut. Um 1445 geriet die Burg an die Familie von Loe und 1688 durch Heirat an die von Strünkede. Der Dorneburger Besitz, der damals neben dem Strünkeder in und um Herne einer der bedeutendsten des Gebiets war, geriet 1765 in Konkurs. Der Danziger Hauptmann von Kuschinsky kaufte die Anlage und vererbte sie im 19. Jahrhundert an die Familie von Untzer. Nach einem Brand 1844 wurden das Haupthaus und die Ökonomie mit Mühle als klassizistische Bauten unter Verwendung des barocken Portals von Haus Gosewinkel neu errichtet. 1866 ging der Besitz an den Bickerner Landwirt Heinrich Riemann, der ihn später an die Hibernia AG verkaufte. 1942 / 43 wurde

---

[4] Abbildungen der Wappen: 1-5 aus: MAX VON SPIESSEN (Hrsg.): Wappenbuch des westfälischen Adels, mit Zeichnungen von Professor Ad. M. Hildebrandt, 2. Band, Görlitz 1901 - 1903. 6 Ausschnitt aus der Aufschwörungstafel des Sigismund von Strünkede zum Johanniter-Orden 1736 im Geheimen Staatsarchiv Berlin XHA –REP-9_Nr.228

der ehemalige Adelssitz von Bomben schwer getroffen und die Ruine 1951 / 55 abgetragen. An dieser Stelle entstand eine Wohnsiedlung die den Namen „Auf der Dorneburg" erhielt.

Dahlhausen

Im 14. Jahrhundert war die Anlage im Besitz der Familie von Dahlhausen und 1546 gelangte sie durch Heirat in den Besitz der Familie von Düngelen. Die ursprüngliche Wasserburg wurde 1794-1799 als Wasserschlösschen im Fachwerkstil neu errichtet. Karl Ferdinand Franz Philipp Amalius Freiherr von Düngelen starb hier ohne männliche Nachkommen am 21. Juni 1802. Durch Erbfolge gelangte das Gut 1809 an die Familie Schragmüller. Der letzte Eigentümer des Gutes, Karl Konrad Schragmüller, verkaufte es schließlich 1890 an die Firma Krupp, die auch die benachbarte Zeche Hannover besaß. Das Gut Dahlhausen wurde bis 1973 verpachtet und landwirtschaftlich genutzt. Seit 1974 befindet sich Haus Dahlhausen in Privatbesitz.

Gosewinkel

Haus Gosewinkel, auch Haus Hugenpoth genannt, wurde 1430 von Johan von Eickel erbaut. Er nannte sich danach „von Eickel in dem bzw. zum Gosewinkel". Da er ohne männliche Erben starb, ging der Besitz an seine Erbtochter Mechthild über, die Nikolaus von Hugenpoth heiratete. Seitdem nannten sie sich „Hugenpoth zum bzw. auf dem Gosewinkel". 1525 wird „Willm Hugenpoit in dem Gosewinckell", 1558 „Johann Hugenpoith zum Gosswinkel" und 1569 „Johan Hugenpot auf dem Goesswinkel" urkundlich erwähnt, bevor 1672 das Geschlecht erlosch. Über die Familie von Asbeck gelangte das Gut an Conrad von Strünkede, welcher das Gut erwarb und mit der Dorneburger Herrschaft zusammenlegte. Das Haus selbst wurde 1720 niedergelegt und teilweise in der Dorneburg verbaut.

Nosthausen

Das Rittergut Haus Nosthausen, eigentlich „ufn Oythusen", lag in Hofstede zwischen den Orten Eickel und Hamme. Im Jahr 1350 wird Röttger von Dorneburg mit Nosthausen belehnt und seitdem war es ein

Tochtergut dieses Geschlechts. Über die Dobbe und die von Asbeck gelangte das Gut 1842 in den Besitz des Herzog von Arenberg. Das Haus selbst war zu dieser Zeit bereits eine Ruine. Heute sind keine Spuren mehr vorhanden. Bemerkenswert ist, dass die katholische Religion trotz der Reformation der Pfarrkirche in Eickel von den Dorneburgern zu Nosthausen erhalten und gefördert wurde. Die Hauskapelle blieb bis zur Erbauung der älteren Marien-Kirche zu Eickel auf Nosthauser Grund die einzige katholische Kirche der Gegend in der Ausdehnung des heutigen Stadtkreises Herne.

Die Leichensteine

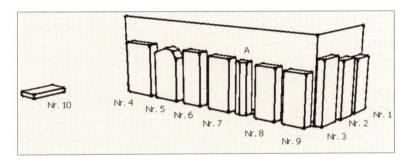

Abb. 2: Übersichtstafel der Leichensteine im Garten des Märkischen Museums Witten

Der erste und jüngste Leichenstein, welchen wir darstellen wollen, gehörte zur Letzten Ruhestätte der ersten Ehefrau Conrads von Strünkede, Elisabeth Clara von der Loe zu Dorneburg, und stammt aus dem Jahr 1684. Erstmalig ist sie mit ihrer Mutter Katharina Margaretha von Boenen im Jahr 1556 bei ihrer gemeinsamen Belehnung mit dem Stifts Essener Gut Papenlohe erwähnt.[5] Am 7. September 1669 heiratete sie den jüngsten Sohn des benachbarten Adelsgeschlecht von Strünkede. 1684 ist sie im Kindbett verstorben, nachdem sie in 15 Ehejahren keine überlebenden Kinder gebähren konnte.

Dieser 236 cm (H) x 113 cm (B) und 16,5 cm tiefe Stein (Übersichttafel Nr. 2) zeigt neben den beiden elterlichen Wappen im Mittelfeld

---

5 Landesarchiv Düsseldorf, Essen, Stift, Akten Nr. 1984.

darüber und darunter jeweils ein Text, wobei der untere zerstört ist. Oben steht zu lesen: „Ao1684Den27Febr/IsdieHochwolgebohrn/Elisabeth/ CLARAvonLoe .Erb / dochter zu Dorneb / urg FreyFrw von / Strünckede Thoulos (Drabon)ne / Fraw [...]". Links und rechts sind die väterlichen (rechts) und mütterlichen (links) Wappen abgebildet.

Die Wappenbilder sind nach dem System der Ahnenprobe aufgestellt. Je näher die Ahnen zum Probanden stehen, desto höher sind sie angebracht. Das bedeutet, dass die in der dritten Ahnenreihe vorkommenden Familien vom direkten nachnamensgleichen Ahnen an aufgelistet werden.

Der Elisabeth Clara sind demnach folgende Ahnen gesetzt, welches durch die Wappenabbildungen bestätigt wurde: von Loe zur Dorneburg, von der Reck, von Loe zu Loe, von Linteloe, von Düngelen zu Dahlhausen, von Raesfeld zu Romberg, von Havkenscheid, Raitz von Frentz zu Fliesteden, von Boenen zu Oberfelde, von Backum, von Palant zu Wachendorf, von Haes zu Türnich, von der Hoven zu Oberhausen, von Vittinghoff gt. Schell, von Oeffte zu Wittringen, von Hammerstein.

Der nächste Leichenstein (Nr. 10) ist namenlos: Aufgrund des Befundes an Wappen ist er als Leichenstein eines unbekannter Sohn Dietrichs von Loe und Mechthild von Loe, also eines Urgroßonkel Elisabeth Claras von Loe, zuzuschreiben. Es ist ein typischer Leichenstein mit einem umlaufenden gerahmten Schriftband mit der Inschrift: „ANNO 1627 DEN [...FE] BUWARY/ [I]ST DER WOLEDEL GESTRENGE UND V[ESTE ...] [...]/ [...ENTSCHLA]FFEN DER SEIE GOT GNEDICH". Die sechs (von ursprünglich acht) erhaltenen Wappen zeigen die genaue Familienzugehörigkeit an. Die Ahnen sind: (väterliche Linie) von Loe zu Dorneburg, von Billerbeck, von der Reck, von Ossenbroich, (mütterliche Linie) von Loe zu Loe, von Strünkede, von Linteloe und von Heiden.

Elisabeth Claras Großvater Johann Wilhelm von Loe zu Dorneburg ± 05.06.1653 (Nr. 3) hat einen 211 cm (H) x 106 cm (B) und 24 cm tiefen, gleichgroßen Leichenstein aus Sandstein. Trotz vieler Abplatzungen sind 2 von 16 Wappen gut, 7 ausreichend und nur 7 ungenügend erhalten. Die Namensnennungen sind in der oberen Hälfte alle erhalten, in der unteren keine einzige. Er zeigt in der Mitte oben das Allianz-Wappen der Linie Loe-Dorneburg mit Loe-Loe, darunter eine verlorene Inschrift. Die Ahnenwappen umschließen diese beiden Teile und bezeichnen: (Väterliche Seite) von Loe zur Dorneburg, von Dellwig, von Billerbeck, Droste, von der Reck, von Raesfeld, von Ossenbroich, Stael von Holstein, (Mütterliche Seite) von Loe zu Loe, von Graeff zu Hasselt, von Strünkede, von Limburg-Styrum, von Linteloe, von Mulert, von Heiden und von Langen.

Abb. 3: Westseite

Vom gleichen Aufbau, nur in schlechterem Zustand erhalten, ist der Leichenstein (Nr. 4) der Elisabeth von Düngelen zu Dahlhausen, Ehefrau des zuvor genannten Johann Wilhelm von Loe zur Dorneburg. Sie starb im Jahre 1667.

Dieser 136 cm (H) x 97 cm (B) und 6 cm tiefe Steintorso zeigt unter den beiden elterlichen Wappen im Mittelfeld folgenden RestText: „Anno 1667 (....) / IST * DIE * HOCH […] / GEBOREN[…] [… T]UGENDTREICHE / […ELI]SABET * VON / [… DU]NGELN". Darüber und daneben sind die väterlichen (rechts) und mütterlichen (links) Wappen abgebildet. Das untere Drittel des Steins ist nicht mehr vorhanden und muss über die Ahnenreihen rekonstruiert werden (siehe auch Stein Nr. 5).

(Väterliche Seite) von Düngelen zu Dahlhausen, von Diepenbruch, von Eyl, von Hoevelich, von Raesfeld, von Haefften, von Wullen, von Diepenbruch (Mütterliche Seite) von Havkenscheid, von Overlacker, von Brabeck, von Schönebeck, Raitz von Frenz, von Schlenderhaen, von Hirtz und von der Capellen.

Als nächstes ist der Leichenstein (Nr. 9) der Mechthild von Loe zu Loe , † 24.02.1650 untersuchenswert. Dieser ist 104 cm X 97 cm X 12 cm groß und ist in der oberen Hälfte gut erhalten. Die untere rechte

Ecke ist zerstört und Steinfraß bedroht die bodennahen Bereiche. Der Stein selbst hat jeweils ein umlaufendes Schriftband mit dem Text: „Ao 1650 * DEN 24 FE / BRUAR * IST DIE HOCH[…] / […] / […] VON LOE UNDE DORNBURG […] ES". Dieser Leichenstein der Erbin des Hauses Strevelloe bzw. Loe bei Marl hat innerhalb dieses Bandes zwei Reihen á vier Wappen. Heraldisch Rechts (vom Betrachter links) die väterlichen, heraldisch links die mütterlichen Ahnen. Die vier oberen Wappen sind vorzüglich erhalten, das letzte beschädigt und jeweils in einem ovalen Bereich in erhabener Technik ausgeführt. Interessant ist hier eine abweichende Platzierung der Wappen. Es werden zuerst die Großelternpaare angegeben, bevor die verbleibenden Urgroßeltern in umgekehrter Folge gesetzt worden sind!

Abb. 4: Nordseite

(Väterliche Linie) 1 von Loe – Dorneburg, 2 von Strünkede (mütterliche Linie) 5 von Linteloe, 6 von Heiden. Dann folgt auf 3 Limburg-Styrum als weiteres erhaltenes Wappen. Demnach folgt auf 4 von Graeff auf der väterlichen und 7 von Langen und 8 von Mulert auf der mütterlichen Seite.

Der nun folgende Leichenstein (Nr. 5) gehörte zu Rötger von Düngelen zu Dahlhausen, geboren am 8. April 1599 und verstorben am 28. Januar 1679. Der Besitzer des Hauses Dahlhausen erscheint erstmalig 1630 als Zeuge in einer Schuldurkunde, in der einige Adelige der Umgebung zur Auslöse inhaftierter „Hausgenossen" und als Kriegskontributionen 2000 Rtlr. zusammengetragen hatten.[6] 1643 wird er mit dem Erbschenkenamt

6 ERNST SYMANN: Die Urkunden des Stadtarchives Wanne-Eickel Nr. 163.

des Stifts Essen belehnt[7], 1646 wird er eine Erbauseinandersetzung mit den von Elberfeld aus der Erbsache Havkenscheid treffen. Am 20. Juli 1628 hatte er Clara Elisabeth von Ketteler zu Hovestadt geheiratet. Aus dieser Ehe stammten 5 Kinder. Sein Leichenstein wurde vom gleichen namenlosen Steinmetz wie der Stein Nr. 4 angefertigt. Seine erhaltenen Maße, es fehlt das gesamte obere Wappenfeld und der rechte untere Bereich über die beiden mütterlichen Stellen, ist 108 cm X 92 cm X 8 cm groß. Der ordentlich erhaltene Text: ANNO 1[...] DEN 28 / [...] IST / R[...] VON DUN / GELEN ZU DAL / HAUSEN UND HAVE / KENSCHE IM 80 / JAR SEINES ALTERS / SELIG ENSCHLAFFE ist vertieft in einem erhabenen Textfeld gearbeitet. Die Wappen sind mit derselben Adelskrone bekrönt wie bei der Nr. 4 und mit einer vertieften Namensinschrift versehen. Der erste Befund lässt auf 12 Wappen schließen. Jedoch kann über einen direkten Vergleich mit dem Stein Nr. 4 davon ausgegangen werden, dass es ursprünglich 16 Wappenbilder waren! Über dem Textfeld – hier sind noch die Namensnennungen vorhanden – war das Allianz-Wappen existent.

Es folgen also reihum die väterlichen und mütterlichen Wappen: (Väterliche Seite) von Düngelen zu Dahlhausen, von Diepenbrock, von Eyl, von Hoevelich, von Raesfeld, von Haefften, von Wullen, von Diepenbrock. (Mütterliche Seite) von Havkenscheid, von Ovelacker, von Brabeck, von Schönebeck, Raitz von Frenz, von Schlenderhaen, von Hirtz und von der Capellen.

Ein weiterer in sehr erhabener Weise gearbeiteter Leichstein (Nr. 9) gehört zu Henrich von der Dorneburg, genannt Aschebrock zu Nosthausen. Dieser war um 1555/56 geboren und starb laut seines Leichensteins am 25. November 1624. Urkundlich ist er nur spärlich dokumentiert: 1603 verkauft er mit seiner um 1591 angetrauten Ehefrau Ursula von Heiden vor dem Richter in Bochum eine Weide in Roxel. Einen weiteren Verkauf, einen Kotten zu Riemke, verkauft er 1612 an das Ehepaar von Aschebrock zur Malenburg/von Hatzfeld.[8] Sein Leichenstein ist 180 cm X 87 cm X 5–6 cm groß, hat im bodennahen Bereich Fehlstellen und trägt im umlaufenden Band den eingravierten Widmungstext: „ANO DNI * 1624 * DEN * 25 * NOVEMB / IST * DER * WOLEDEL * UND * VESTER * HENRICH * VON / [. . .] / IN * DEN * HERN * ENTSCHLAFFEN

---

7 ERNST SYMANN, ebd. Nr. 181
8 Vestisches Archiv Recklinghausen, (Archiv Graf Westerholt), vol. Westerholt: Urk. 2505

* DEN * SEHLEN * GNAEDIG". Unter den acht erhabenen Vollwappen befindet sich jeweils eine gravierte Namenskartusche. Die Ahnen sind: (Väterliche Seite) von der Dorneburg gt. Aschebrock, von Düngelen, von Raesfeld und Linteloe. (Mütterliche Linie) von Lülsdorf, von Vlatten, von Holtorp und von Brempt.

Der Leichenstein Nr. 1 ist in einem sehr abgetretenen Zustand überliefert und wurde vermutlich unwissend kopfüber angebracht worden. Der 201 cm X 109 cm X 5–6 cm große Stein trägt die im umlaufenden Band gravierten Inschriftenreste: „[…] E […] / […] R […] SEHE […] FGEN VON/ […] CK […] HUSS [FR]OWE IN D[E]N HE[R]N [EN] TSLOPEN" Nur das Allianz-Wappen ist in der Mitte zu erkennen, jedoch ist eine genaue Zuordnung über dieses nicht zu gewährleisten. Es könnte sich aber um den Leichenstein der Elisabeth von Havkenscheid, Ehefrau des Goswin von Düngelen handeln. Sie wurde nach 1571 geboren und starb vor dem 22. April 1625.

Ein Bruchstück eines Leichensteines befindet sich ebenfalls in der Sammlung (Stein Nr. 6). Es handelt sich um ein 79 cm X 66 cm X 11 cm großes, rechte oberen Ende eines Leichensteins mit zwei Wappen unter einem Textrest „[…]I J / IST IM HERN […]". Die beiden Wappen zeigen in der mütterlichen Linie von Ripperda und von Falke. Demnach muss dieser Stein einem Mitglied der Familie von Hugenpoth zu Gosewinkel gehört haben. Aufgrund seiner für ein Bruchstück auffallenden Größe muss dieser Stein eine mehr breite als hohe Form gehabt haben und oben die vier Großeltern und unten die weiteren Ur-Großeltern aufgezeigt haben. Die Ahnen sind: (Väterliche Seite) von Hugenpoth zu Gosewinkel, von Knipping, von Pentinck und von Berninghausen. (Mütterliche Seite) von Ripperda, von Twickel, von Falke und von Schele.

Der letzte Leichenstein (Nr. 7) ist leider bis zur Unkenntlichkeit verwittert. Einzelne Textpassagen sind lesbar: […] / […] CONRAD […] / […] / […ENT]SCHL[AFEN…]. Der Stein ist 180 cm X 87 cm X 5–6 cm groß und nur die obere Hälfte erhalten. Im Mittelfeld lag das Einzel-oder Allianz-Wappen, darüber vier Ahnenwappen. Zwischen Schwert- und Spindelseite lag eine schöne Schmuckleiste. Dem Befund nach ist dieser Grabstein den 1720er bis 1750er Jahren zuzuordnen. Er wäre damit der jüngste Stein in der Sammlung.

Nachfolgende Generationen konnten sich die aufwändigen Leichensteine nicht mehr leisten und die Mode ging zu Totentafeln über. Es besteht die Hoffnung, dass die hier präsentierten Leichenstein für die

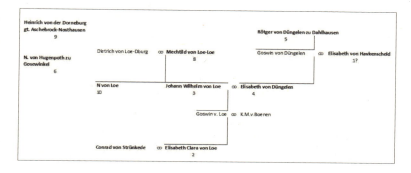

Zukunft gerettet sind. Durch die erstmalige wissenschaftliche Auflösung, rund 125 Jahre nach ihrem Ankauf, ist auch diese Sammlung für den interessierten Betrachter aufbereitet und nutzbar.

Erwähnenswert ist weiterhin, dass in der neuen Johannis-Kirche zu Eickel zwei weitere Leichensteine vorhanden sind welche die Sammlung des Märkischen Museums abrunden. Diese sind – zusammen mit einem dritten Leichenstein von dem heute jede Spur fehlt und als erster Leichenstein Conrad von Strünkede anzusehen ist – 1941 im Pastorats-Garten aufgefunden und an der Kirche zu Eickel angebracht worden. Nach kriegsbedingten Neu- und Umbauten befinden sie sich heute unter der Orgelempore im Inneren der Kirche.

Es sind a) der Leichenstein der Catharina von Loe-Dorneburg, Tochter Johann Wilhelm von Loe-Dorneburg (Stein Nr. 3) und Elisabeth von Düngelen-Dahlhausen (Stein Nr. 4) und Tante Elisabeth Claras (Stein Nr. 2). Dieser 155 cm x 76 cm x 5–6 cm große Stein trägt neben dem Allianzwappen Loe/Düngelen die Umschrift „Ao 1656 * 26 MARTINUS D DIE / HOCHEDELE EHRENREICHE [...]DERINA VON / LOE DOCHTER ZUR / DARENBURCH IN GOTT ENTSCHLAFFEN."
Unter den Wappen steht die Bibelstelle: „IOB * I * CAP * DER HERR HAT ES GE/ GIBEN * DER * HERR * HAT ES * GENOME * DR NAME DES * HERE * SEI * GELOBET"

Und b) der Leichenstein des Johann von Hugenpoth zu Gosewinkel. Er ist 180 cm x 87 cm x 6 cm groß und trägt über und unter dem erhaben ausgeführten Familienwappen des von Hugenpoth oben und unten jeweils in gleicher Ausführung vier Ahnenwappen (vgl. Stein Nr. 6). Es sind die Wappen der Familien Hugenpoth, Pennting, Knipping und Berninghausen sowie als mütterliche Linie die von Ripperdas, Falke, Twickel und Schele.

Das Umlaufende Textband lautet: „Ao 1677 * DEN 17 SEPTEM / BER *IST * DER * HOCH EDELGEBOHRNER HERR IOHANN VON / HUGENPOTH * HERR ZU / GOSENWINCKEL UND HORST IM HERREN ENTSCHLAFEN".

Gerhard Koetter

Der Industrielle und Politiker Louis Berger

Das Berger-Denkmal auf dem Hohenstein bei Witten erinnert an den Kaufmann, Industriellen und Politiker Louis Constanz Berger. Er wurde am 28. 8. 1829 in Witten geboren und starb am 9.8.1891 in Koblenz-Horchheim. Sein Grab befindet sich im heutigen Lutherpark in Witten. Die Villa Berger an der Ruhrstraße ist sein Elternhaus. Der Vater, Carl Ludwig Berger, gründete mit Gewinnen aus dem Bergbau und unterstützt von zwei holländischen Partnern 1854 eine Gussstahlfabrik. Aus ihr ging das heutige Wittener Edelstahlwerk hervor.

Louis Berger wurde von einem Hauslehrer erzogen. Von 1843 bis 1846 schickten ihn seine Eltern auf das Progymnasium Adolphinum in Moers. Nach der Schulzeit begann für ihn eine Lehre im Büro seines Vaters, wo auch sein älterer Bruder Carl jr. tätig war. Als 1848 eine Revolution gegen den preußischen König ausbrach, fand sie in Witten große Zustimmung. Mit einigen gleichgesinnten Freunden gründete Louis Berger damals einen Turnverein, aus dem die noch bestehende Turngemeinde Witten entstand. Neben dem Turnen diskutierten sie über die damalige politische Situation. Louis Berger schrieb dazu, „dass ein Volk, welches bürgerliche Freiheit erringen und bewahren will, eine körperlich kräftige, sittlich und geistig freie Jugend haben muss."[1] Wegen solcher Äußerungen war der Verein zeitweilig verboten.

Um 1849 wurde Louis Berger Rechnungsführer der Zeche Franziska. Er arbeitete aber weiter mit seinem Vater zusammen, als dieser ab 1851 im Borbecker Hammer am heutigen Hammerteich Schmelzversuche durchführte.[2] Weil die zuerst benutzten Tiegel von der Glasfabrik Müllensiefen nicht für die hohen Temperaturen ausreichten, ließ er eigene in einem kleinen Ofen brennen. Beim Einschmelzen mischte er Roheisen

---

1 Friedrich Wilhelm August Pott: Geschichte der Turngemeinde zu Witten, Witten 1898, S. 2.
2 Norbert Slanina u. a.: 150 Jahre Stahl aus Witten, Witten-Krefeld 2004, S. 31.

aus dem Siegerland mit besonderem Alteisen. Ziel war es, hochwertigen Gussstahl für Messer und Scheren zu erzeugen. Nach vielen Veränderungen erzielte man endlich ein gutes Ergebnis. Ab 1853 baute Carl Ludwig Berger zusammen mit den holländischen Geldgebern Jan Jacob van Braam und Cornelius Jacob Arnold den Tex sein Gussstahlwerk, das am 10.7.1854 offiziell mit 36 Arbeitern in Betrieb ging. Die eigenen Mittel zur Finanzierung der Fabrik gewann er durch den Verkauf seines Bergbaubesitzes.

Zusätzlich errichteten Jan Jacob van Braam und Carl Ludwig Berger zusammen mit anderen Teilhabern die Steinhauser Hütte. Sie sollte als Ergänzung zum Gussstahlwerk das preisgünstigere Puddeleisen herstellen. Louis Berger wurde hier 1856 Direktoriumsmitglied, doch 1858 schied er wieder aus, um in die Leitung des Gussstahlwerkes einzutreten. Am 19.8.1856 heiratete er Louise Harkort, eine Tochter von Friedrich Harkort, und half dem Schwiegervater beim Verkauf seines Bergwerksbesitzes. Dadurch konnte dieser sich finanziell sanieren.

Die Gussstahlfabrik C. Berger & Co bestand aus einer Gießerei mit Schmelzöfen, in denen der Stahl in Tiegeln erschmolzen wurde. Neben dem Hammer- und Walzwerk gab es eine Tiegelfabrik mit einer Tonmühle und einem Brennofen. Als Antrieb standen zwei Dampfmaschinen zur Verfügung. Die Zechen Nachtigall und Franziska lieferten die Kohle. Auch Koks wurde eingesetzt. Das Roheisen und anderes Material brachte die Eisenbahn. Die Solinger Klingenschmiede und die Kleineisenindustrie im Sauerland und im Bergischen Land waren die Hauptabnehmer der erzeugten Stahlstäbe.

Carl Ludwig Berger führte das Werk zuerst mit seinem ältesten Sohn Carl jr. Als 1858 Louis Berger in die Geschäftsleitung eintrat, reiste er mit seinem Vater nach Suhl, um dort Geschäftsbeziehungen anzuknüpfen und sich über die Herstellung von Gewehrläufen zu informieren.[3] Außerdem nahmen sie Kontakt zu dem Erfinder des Zündnadelgewehres Nikolaus Dreyse in Sömmerda auf, der Gewehre für Preußen herstellte. Für die Gewehrläufe eignete sich der Gussstahl hervorragend. Die Gewehrfabriken in Berlin-Spandau und Mülheim-Saarn und andere Waffenproduzenten kauften die Rohstäbe bei C. Berger & Co, und schon 1859 richtete das Werk durch die Initiative von Louis Berger eine eigene Laufbohrerei zur Bearbeitung von Gewehrläufen ein. Nun konnten nicht nur geschmiedete

---

3 Westfälisches Wirtschaftsarchiv Dortmund (WWA) N24 Nr. 51

Stäbe sondern auch gedrehte und aufgebohrte Gewehrläufe geliefert werden. Später produzierte man auch Kanonenrohre. Louis Berger unternahm viele Geschäftsreisen nach Lüttich, Erfurt und Sömmerda. Außerdem fuhr er nach Süddeutschland und in die Schweiz. Der gute Ruf des Wittener Gussstahls verbreitete sich. Die Auftragszahlen und die Gewinne nahmen einen erfreulichen Aufschwung, und das Werksgelände konnte durch Zukäufe erweitert werden. Im Sommer 1862 besuchte der russische Oberst Skandertskjöld das Werk in Witten. Er bestellte eine große Lieferung von Gussstahlmaterial für die Gewehrfabrik in der russischen Stadt Tula. Danach reiste Louis Berger mit ihm nach St. Petersburg und verhandelte über die Anlage einer Gewehrfabrik. Weil er vorwiegend am Verkauf seiner Wittener Produkte interessiert war, kam es dazu nicht. Er knüpfte aber wichtige Geschäftsbeziehungen.[4]

Während Louis Berger durch seine Reisen die Kontakte zu den Kunden pflegte, blieben sein Vater und sein Bruder Carl jr. im Werk. Deshalb konnte er sich als Liberaler in der regierungskritischen Fortschrittspartei politisch betätigen. Das führte dazu, dass im März 1864 der preußische Kriegsminister Roon durch ein Dekret sein Ministerium anwies, künftig keine Geschäfte mehr mit Louis Berger abzuschließen. Obwohl Preußen den Bezug von Gussstahlprodukten bei Berger & Co. einstellte, war das Werk voll ausgelastet. Die alten Kunden bestellten weiterhin. Zusätzlich gab es große Aufträge aus Russland und anderen Ländern. Im Krieg Preußens gegen Österreich 1866 bewährten sich die Zündnadelgewehre mit den Läufen aus Gussstahl hervorragend. Deshalb wurden die Fabrikanlagen erweitert, und die Arbeiterzahl stieg auf 480. Wegen der Lieferungen nach Russland reiste Louis Berger 1867 wieder mit der Eisenbahn nach St. Petersburg. Dort lernte er den aus Schweden stammenden Gewehrfabrikanten Ludwig Nobel kennen, einen Bruder des Nobelpreisstifters Alfred Nobel.

Als 1870 der Krieg gegen Frankreich ausbrach, waren Gewehrläufe wieder stark gefragt. Aber anschließend war die Auftragslage schwankend und unsicher. Um konkurrenzfähig zu bleiben, investierte man in neue Anlagen und baute einen ersten Siemens-Regenerativofen. Er wurde mit Gas beheizt und sparte durch Vorwärmkammern Energie. Im Hammerwerk wurden ein fünfter Schnellhammer und ein neuer schwerer Fallhammer aufgestellt. Ein Reversierwalzwerk für Gussstahlbleche

---

4 WWA N24 Nr. 167 u. 51

wurde eingerichtet, und die Bohrwerksanlage erhielt eine neue Dampfmaschine. Da starb am 22.3.1871 Carl Ludwig Berger, der Vater. Sein Wort war bisher bei allen wichtigen Entscheidungen ausschlaggebend gewesen. Jetzt übernahm Louis Berger mit seinem Bruder Carl jr. die Leitung des Werkes. Wie sein Vater war er immer um ein gutes Verhältnis zu seinen Arbeitern bemüht. Solange große Gewinne erwirtschaftet wurden, bekamen die Arbeiter auch hohe Löhne. Das änderte sich 1872, weil sehr viel Geld in neue Werksanlagen floss. Die Belegschaft war unzufrieden, und viele Arbeiter sympathisierten mit den Sozialdemokraten, die für eine bessere Entlohnung kämpften. Louis Berger sah, dass die Konkurrenz der anderen Stahlerzeuger wuchs. Er hatte schon einige Jahre vorher überlegt, das Werk zu einem günstigen Zeitpunkt zu verkaufen. Jetzt erwartete er, dass die Nachfrage einbrechen und dass die preußischen Gewehrfabriken ihn weiterhin boykottieren würden.[5]

Nach Anfragen aus Russland, ob er sich an den Gewehrfabriken in Systerbeck und Ischewsk beteiligen wolle, reiste Louis Berger im September 1872 nach St. Petersburg. Von dort begleitete ihn Ludwig Nobel über Moskau und Nischni Nowgorod nach Ischewsk. Die Verhandlungen in Russland waren vielversprechend.[6] In Witten wurde damals das Werk durch einen zweiten Gasofen und eine zweite Gaserzeugungsanlage modernisiert, und die Produktion konnte im zweiten Halbjahr gesteigert werden. In dieser Situation verkauften Louis Berger und seine Mitbesitzer 1873 die Fabrik für eine Million Taler an die Gussstahl- und Waffenfabrik Witten AG. Er selbst zog sich aus der Leitung völlig zurück. Finanziell unabhängig, betätigte er sich nun vorwiegend als Politiker. Gleichzeitig legte er sein Geld in anderen Unternehmen an und verzog 1874 nach Koblenz-Horchheim am Rhein.

Vorher schon in der Gemeindevertretung tätig, ließ sich der liberal gesinnte Louis Berger 1865 zum ersten Mal ins Berliner Abgeordnetenhaus wählen. Dort blieb er bis zu seinem Tod Mitglied. Außerdem gehörte er von 1873 bis 1881 dem deutschen Reichstag an. Als guter Debattenredner war er ein angesehener Sachkenner in Fragen des Bergbaus, der Industrie und des Verkehrswesens. Er setzte sich für Schutzzölle und den Eisenbahnbau ein. Wegen Meinungsverschiedenheiten über ein Militärgesetz trennte er sich 1874 von der Fraktion der Fortschrittspartei und bildete

---

5 WWA N24 Nr. 51
6 WWA N24 Nr. 167

danach mit Dr. Wilhelm Löwe und anderen Abgeordneten die Gruppe Löwe-Berger, die den Nationalliberalen nahe stand.[7]

Bei seiner Tätigkeit als Abgeordneter ging es Louis Berger um das Gemeinwohl und den sozialen Ausgleich. In dem Buch über seinen Schwiegervater schreibt er: „Harkort hat damals als erster in Westfalen dem besitzenden Teil der Bevölkerung seine Pflichten gegen die Minderbegüterten vorgehalten, um jetzt den Arbeitern Vernunft zu predigen." Das war auch sein eigener Standpunkt. Allerdings verurteilte er 1890 in einer Rede vor dem Abgeordnetenhaus den großen Streik der Bergleute und nannte ihre Sprecher „kontraktbrüchige Sozialdemokraten", die einen Sturmangriff gegen die bürgerliche Gesellschaft unternähmen. Hier zeigt sich, wie sehr er im damaligen Klassendenken verhaftet war.[8]

Sein erworbenes Vermögen legte er gewinnbringend an. So beteiligte er sich bei der „Fabrik für feuerfeste Steine Dr. C. Otto" in Bochum-Dahlhausen. Das Unternehmen ist noch heute ein wichtiger Produzent von feuerfestem Material.[9] Außerdem war er Partner von Ludwig Nobel. Der hatte sich neben der Waffenproduktion zusammen mit seinen beiden Brüdern der Ölförderung in Baku zugewandt und verkaufte in großem Stil Petroleum in Russland, Polen und Deutschland.[10]

Schon am 9.8.1891 starb Louis Berger im Alter von 61 Jahren in Horchheim. Sein Leichnam wurde nach Witten überführt, um hier auf dem öffentlichen Friedhof, dem heutigen Lutherpark, beigesetzt zu werden. In den Wittener Zeitungen wurde darüber ausführlich berichtet. Dabei wird deutlich, welch hohes Ansehen L. Berger in großen Teilen der Bevölkerung besaß. Seine Verdienste um die industrielle Entwicklung der Stadt und um den damit verbundenen wirtschaftlichen Aufschwung waren unbestritten. So ist es verständlich, dass sich schon wenige Jahre später bürgerliche Kreise der Stadt unter Führung der Turngemeinde zusammenschlossen, um für ihn ein Denkmal zu bauen.[11]

---

7 Vgl. Heinrich Schoppmeyer: Kleine Geschichte Wittens, in: Heinrich Schoppmeyer / Wolfgang Zemter: Über 775 Jahre Witten, Witten 1989, S. 33/34
8 F. W. AUGUST POTT: Geschichte des Louis Berger-Denkmals, in: Jahrbuch des Vereins für Orts- und Heimatkunde 18, Witten 1903/04, S. 87 ff
9 GERHARD LORENZEN: Dr. Carlos Otto und seine Zeit, Bochum 1967, S. 108/140
10 WWA N24 NR. 167
11 GERHARD KOETTER: Die Unternehmerfamilie Berger und der Bergbau, in: Märkisches Jahrbuch für Geschichte 104 (2004) S. 73-105

Wilhelm Hacke

Wilhelm Beumer (1848-1926)[1] – eine bürgerliche Karriere im Kaiserreich

Als am 31. Oktober 1886 in Witten jene Generalversammlung des Vereins für Orts- und Heimatkunde im Süderlande (von Westfalen) abgehalten wurde, aus der der Wittener Verein für Orts- und Heimatkunde hervorging, war Wilhelm Beumer Lehrer am Wittener Realgymnasium, dem Vorläufer des heutigen Ruhr-Gymnasiums. Er lehrte dort die alten Sprachen und Geschichte. An der Vorbereitung und Durchführung der Versammlung war er maßgeblich beteiligt. Er gehörte im vorbereitenden „Comitee" der Vortrags-Kommission an und hielt selbst einen Vortrag über „Witten vormals und jetzt", wobei er besonderen Wert auf die Entwicklung Wittens zu einem Industriestandort im 18. und 19. Jahrhundert legte.[2] Zum provisorischen Vorstand bei der eigentlichen Vereinsgründung gehörte er allerdings nicht.[3] Überhaupt ist von ihm im Zusammenhang mit dem Verein später nicht mehr die Rede; denn das folgende Jahr brachte eine radikale Wende in sein Leben, die auf den ersten Blick erstaunlich anmutet: Er beendete im Alter von 39 Jahren seine Laufbahn als Gymnasiallehrer und trat am 1. September 1887 sein neues Amt als Generalsekretär des Vereins zur Wahrung der gemeinsamen wirtschaftlichen Interessen in Rheinland und Westfalen („Langnam-Verein") sowie – damit verbunden – der Nordwestlichen Gruppe des Vereins Deutscher Eisen- und Stahlindustrieller mit Sitz in Düsseldorf

---

1 Dieser biographische Abriß fußt im wesentlichen auf: Max Schlenker: Wilhelm Beumer (1848 – 1926), in: Rheinisch-Westfälische Wirtschaftsbiographien, Band 1, Münster 1932, S. 468-486. Daneben auf: Paul Brandenburg und Karl Heinz Hildebrand: Wittener Köpfe. Biographien aus einem Jahrtausend, S. 17 f. (Artikel „Beumer")
2 Wilhelm Nettmann, Wie das alles angefangen hat. 1886 – 1976, 90 Jahre Verein für Orts- und Heimatkunde in der Grafschaft Mark zu Witten und Märkisches Museum der Stadt Witten, Jahrbuch des Vereins für Orts- und Heimatkunde in der Grafschaft Mark, 74. Jahrgang 1976, Witten 1976, S. 13, S. 7-9
3 Wie Anm. 2, S. 19

Abb. 1: Dr. phil. Dr. Ing. Wilhelm Beumer (1848-1926), 1872-1887 Studienrat am Real-Gymnasium, Wirtschaftsjournalist, 1887-1924 Generalsekretär des Vereins zur Wahrung der gemeinsamen wirtschaftlichen Interessen in Rheinland und Westfalen (sog. „Langnam-Verein")

an. Das waren die maßgeblichen Organisationen der „Stahlbarone" des rheinisch-westfälischen Industriegebiets, der wirtschaftlich und politisch einflußreichsten bürgerlichen Gruppe des Kaiserreichs. Seine Stellung behielt Beumer bis zu seiner Verabschiedung in den Ruhestand am 1. April 1924. Dem Ort, an dem er lange Jahre mit seiner Familie gewohnt und als Lehrer gewirkt hatte, fühlte er sich aber anscheinend weiterhin verbunden; denn er hielt 1904 bei der Einweihung des Berger-Denkmals auf dem Hohenstein die Weiherede.[4] Wer war dieser Mann, dessen geistiger Horizont und praktisches Wirken eine solche Spannweite von humanistisch geprägter Bildungsarbeit bis zu wirtschaftspolitischer Öffentlichkeits- und Lobbyarbeit aufwies?

4 Turngemeinde Witten. Geschichte. 28.08.1904, Erinnerungsfeier zum 75. Geburtstag Louis Bergers und Einweihung des Berger-Denkmals. http://www.tg-witten.de/index.php?menu_id=19 (11.9.2011)

Wilhelm Beumer wurde als sechstes Kind seiner Eltern am 3. August 1848 in Obrighoven bei Wesel am Niederrhein geboren. Er wuchs in materiell dürftigen Verhältnissen auf und wurde von seinem Vater bewußt zur Genügsamkeit erzogen. Sein Vater war Volksschullehrer, erlangte jedoch auch als Jugendschriftsteller einiges Ansehen. Man darf davon ausgehen, daß Wilhelm Beumer wohlbehütet in einer geistig anregenden familiären Umgebung aufwuchs und ihm das Streben nach Bildung und Erkenntnis selbstverständlich wurde. Andererseits mußte er bereits früh in der kleinen Landwirtschaft des Vaters mithelfen und lernte so von Kind auf die Notwendigkeit und den Wert der Arbeit kennen. Schon als Schüler kam er nach eigenen Worten häufig mit einem vierzehnstündigen Arbeitstag nicht aus, da ihm erhebliche körperliche Arbeitsleistungen abverlangt wurden. Trotz schwacher Gesundheit schaffte er Ostern 1867 das Abitur und studierte anschließend in Bonn Theologie, um evangelischer Pfarrer zu werden. Vom Vater nach Kräften, aber unzureichend unterstützt, bestritt er die Kosten für Studium und Lebensunterhalt weitgehend durch private Lehrtätigkeit, und manches Mal reichte es gerade für ein Leben am Existenzminimum mit Wasser und Brot. Später führte Beumer seinen enormen Lebenserfolg auf diese früh erlernte Arbeitsamkeit und Genügsamkeit zurück. Fleiß, Sparsamkeit, Selbstdisziplin und Pflichtbewußtsein waren herausragende Tugenden dieses asketischen Lebenswandels. Während seines Studiums beschäftigte er sich außer mit dem Hauptfach Theologie auch mit Philosophie, und in der Folge kamen ihm Zweifel an der geistlichen Ausrichtung seines Lebens. Seinen Eltern zuliebe verfolgte er die geistliche Laufbahn aber weiter und legte die abschließende kirchliche Prüfung für das Predigtamt ab, doch strebte er parallel dazu den Lehrberuf an, indem er Sprachen und Literatur studierte. Ende 1871 bestand er sein wissenschaftliches Staatsexamen und wurde 1872 zum Dr. phil. promoviert. Im gleichen Jahr erhielt Beumer eine Berufung als „sechster ordentlicher Lehrer" an die höhere Bürgerschule, seit 1882 Realgymnasium, zu Witten. An der Umformung seiner Schule zu einem modernen Realgymnasium hat er maßgeblich mitgewirkt. Im Wittener Bildungsverein und darüber hinaus arbeitete er an einer breiteren Volksbildung und hielt Vorträge und Vorlesungsreihen über pädagogische, wirtschaftliche, politische und geschichtliche Themen. Bis zu seinem Ausscheiden aus dem Schuldienst 1887 brachte er es bis zum „ersten ordentlichen Lehrer" seines Gymnasiums. 1875 hatte er Emma Michaelsen aus Sonderburg/Schleswig-

Holstein geheiratet, was bei seinem knappen Lehrergehalt durchaus ein Wagnis war, zumal sich auch Nachwuchs einstellte. Diese latente Notlage veranlaßte ihn aber auch, verbunden mit anderen Motiven, zu außerordentlichen nebenberuflichen Aktivitäten.

An dieser Laufbahn ist bis dahin nichts Außergewöhnliches, und an ihrem Ende wäre Beumer sicherlich als verdienter Gymnasiallehrer in den Ruhestand verabschiedet worden. Ihm wäre angesichts seiner Herkunft ein maßvoller sozialer Aufstieg zuteil geworden. Doch war der Lehrberuf schon vor 1887 längst nicht mehr Beumers einziges oder eigentliches Tätigkeitsfeld. Aus der Notwendigkeit heraus, das knappe Lehrergehalt durch andere Einkünfte zu erweitern, begann er, Zeitungsartikel zu verfassen und Vorträge zu halten, was neben seiner Lehrtätigkeit, die er nicht vernachlässigte, einen kaum vorstellbaren Arbeitseinsatz erforderte. Seine „Nebentätigkeit" brachte es mit sich, daß er häufig unterwegs war und manchmal morgens vom Bahnhof sogleich zum Unterricht in die Schule ging. Damals stieß er auf jenes Thema, das sein Leben radikal verändern und ihn ganz in Anspruch nehmen sollte: die wirtschaftliche Lage der Industrie an Rhein und Ruhr. Dieses Thema erhielt eine besondere Aktualität, da der sog. Gründerkrach in den siebziger Jahren zu einer anhaltenden Depression geführt hatte, wovon Wirtschaft und Bevölkerung des Ruhrgebiets besonders betroffen waren. Für einen Gymnasiallehrer in damaliger Zeit war die Beschäftigung mit aktuellen volkswirtschaftlichen Fragen jedoch höchst ungewöhnlich. Nicht nur aus finanzieller Not, sondern mit wachem Interesse arbeitete sich Beumer in die Volkswirtschaftslehre ein und suchte Kontakt zu vielen Industriellen, um sich belehren zu lassen und der Sache auf den Grund zu gehen. Er wurde mit der Zeit zu einem angesehenen Wirtschaftsjournalisten. Seine volkswirtschaftlichen Veröffentlichungen machten ihn so bekannt, daß auch Reichskanzler Bismarck mit Anerkennung davon Kenntnis nahm. Dessen Wohlwollen erklärt sich daraus, daß Beumer durch seine Studien und durch seine Auseinandersetzung mit den praktischen Problemen der Schwerindustrie zu einem leidenschaftlichen Anhänger der Bismarckschen Schutzzollpolitik geworden war. Gegen Ende der siebziger Jahre setzte sich Bismarck für Zölle auf Industrie- und Landwirtschaftserzeugnisse ein, die auch als Unterpfand einer konservativen Sammlungspolitik („Eisen und Roggen") gedacht waren. Und da Beumer mit der Zeit einigen Einfluß in der Öffentlichkeit erlangte, kam Bismarck dessen Unterstützung gelegen. Beumer aber wurde über diese Auseinandersetzungen zu einem bedingungslosen Bismarckianer, der seinem Idol sein Leben lang die Treue hielt. Den Höhepunkt seines nebenamtlichen Wirkens bildete eine umfangreiche Berichterstattung über eine große Gewerbeausstellung in Düsseldorf, die ihn in den Blickpunkt der oben genannten maßgeblichen Industriellenverbände rückte. Als daher das Doppelamt des Generalsekretärs dort vakant wurde, entschied man sich 1886 für ihn als Nachfolger. Widerstand dagegen von antisemitischer Seite – Beumer hatte sich öffentlich gegen antisemitische Umtriebe in Witten gewandt – wurde rasch überwunden.

Bismarcks machtvolle Persönlichkeit und sein epochales Werk prägten maßgeblich Beumers eigene Weltsicht und eigenes Handeln. Seine drei Besuche bei Bismarck nach dessen Entlassung empfand er als Sternstunden seines Lebens. Mit Bismarck verband ihn nicht nur sein glühender, nationalliberal gefärbter Patriotismus, sondern auch sein Realitätssinn, der sich ganz an den praktischen Erfordernissen der (werdenden) ersten Industriegesellschaft auf dem europäischen Kontinent im Zeitalter des Imperialismus orientierte. So lehnte er, obwohl selbst humanistisch gebildeter Lehrer, das überkommene Bildungsideal des Gymnasiums ab, weil es ihm realitätsblind erschien, und forderte statt dessen eine Modernisierung des höheren Schulwesens, angefangen von der Bevorzugung der modernen Fremdsprachen bis hin zu praktischen Übungen wie die Verfertigung von postalischen Texten des täglichen Gebrauchs. Für seine eigenmächtige Umsetzung dieser letztgenannten Idee im Unterricht erhielt er Lob von höchster Stelle der Reichspost, aber auch eine Rüge der zuständigen Schulbehörde. Offensichtlich hatte aber das Lehrerdasein keinen Reiz mehr für ihn, er war darüber hinausgewachsen. Wie sehr er in seiner neuen Stellung als Doppel-Generalsekretär in seinem Element war und den gestellten Erwartungen gerecht wurde, belegen die vielfältigen Ehrungen von wirtschaftlicher und staatlicher Seite. Ebenso sprechen seine zahlreichen Mitgliedschaften und Ämter in allen möglichen Vereinigungen und Institutionen, die ihm eine rastlose Tätigkeit abverlangten, für seine unbedingte Hingabe an die Sache, der er sich verschrieben hatte. Hauptsächlich arbeitete er in wirtschaftlich orientierten Vereinigungen mit, aber doch auch in solchen des Bildungs- und Sozialbereichs. Hervorzuheben sind sein ausgeprägtes Pflichtgefühl sowie seine äußere und innere Unabhängigkeit, die auf der früh geübten Abkehr von materiellem Lebensgenuß gründete. Er galt allgemein als der Mann mit der weißen Weste, sowohl im konkreten wie im übertragenen Sinne.

Als seine Sache betrachtete er nicht einfach die Interessenvertretung der rheinisch-westfälischen Industrie, sondern damit einhergehend den Einsatz für das nationale Gemeinwohl, wie er es als Bismarckianer und Protagonist konservativer Industrieverbände verstand. Seine Maxime lautete, daß kein Glied des Körpers leiden könne, ohne daß der gesamte Körper mitleide.[5] Trotz seines Bemühens, im Interesse des Ganzen zu wirken, blieb er selbstverständlich in allen seine Verbände betreffenden Fragen knallharter Interessenvertreter, ob es um Löhne, Zolltarife oder die Bildung von Syndikaten ging. Jedoch betonte er seinem Weltbild gemäß die gemeinsamen Interessen von Unternehmern und Arbeitern und bekannte sich auch nachdrücklich zu den Errungenschaften der deutschen Sozialpolitik. Im Interesse seiner Sache übernahm er zwischen 1893 bzw. 1901 und 1918 Landtags- und Reichstagsmandate, wobei er sich, wie in seiner beruflichen Position und nach seiner Gesinnung nicht anders zu erwarten, dem rechten Flügel der Nationalliberalen Partei anschloß. Wie die konservativen Parteien stand dieser Flügel für den verfassungsmäßigen *status quo* und lehnte die von einigen Nationalliberalen wie Gustav Stresemann angestrebte Allianz von Bassermann (Nationalliberale) bis Bebel (Sozialdemokraten) zwecks Modernisierung und Parlamentarisierung des Reichs und Preußens ab. Beumers Reden zeichnen sich durch klare, gelegentlich auch humorvolle Beweisführung und handfeste empirische Fundierung aus. Daß er von den sozialdemokratischen Abgeordneten viele Zwischenrufe, aber wenig Beifall erhielt, versteht sich von selbst. Übrigens verfolgte er auch im Reichstag noch das Ziel, das höhere Schulwesen zu Lasten des traditionellen Gymnasiums zu modernisieren und neuere Schultypen gleichberechtigt neben dieses zu stellen.[6] Auch die Staatsbeamten wollte er durch eine Ausbildungsreform schon früh mit der wirtschaftlichen Praxis vertraut werden lassen und enger mit der Wirtschaft verbinden.

Der Ausgang des Ersten Weltkriegs kam für ihn wie für eine ganze Generation von Wirtschaftsführern einem Weltuntergang gleich. Wie der überwiegende Teil der Schwerindustrie und übrigens auch Gustav Stresemann hatte sich Beumer öffentlich für weitreichende Kriegsziele aus-

---

5　WILHELM BEUMER: Rede zum Zolltarifgesetz, in: Verhandlungen des Deutschen Reichstags, 1895 – 1918, Band IV, 108. Sitzung vom 9. 12. 1901, S. 3070A, S. 3074A
6　WILHELM BEUMER, Rede über das Schulwesen, in: Verhandlungen des Deutschen Reichstags, 1895 – 1918, Band V, 132. Sitzung vom 1. 2. 1902, S. 3836A

gesprochen[7], die die Weltmachtstellung Deutschlands endgültig sichern sollten. Daß er sich dabei mit steter Inbrunst auf Bismarck berief, zeigt, daß er vielleicht dessen kompliziertes Werk doch nicht ganz verstanden hatte und dem Mythos vom „eisernen Kanzler" aufgesessen war.[8] Der desaströse Friede von Versailles versetzte Deutschland urplötzlich in die Lage eines internationalen Parias, ohne Aussicht auf rasche Wiedereingliederung oder gar Wiederaufstieg. Wie auch andere Führungskräfte machte sich Beumer sofort daran, das Überleben Deutschlands einschließlich seiner Wirtschafts- und Gesellschaftsordnung zu organisieren. Auch am deutschen Widerstand gegen die französische Besetzung des Ruhrgebiets 1923 beteiligte er sich mutig und mit gewohnter Tatkraft. Kurz danach trat er 1924 in den Ruhestand, betätigte sich aber auch weiterhin in Vereinen und Gremien und pflegte alte Kontakte. Als er starb, war auch ein wichtiges Projekt, das er als eine Herzensangelegenheit über viele Jahre verfolgt hatte, so gut wie gescheitert. Er war maßgeblich an dem Vorhaben, ein repräsentatives Bismarck-Denkmal auf der Elisenhöhe bei Bingerbrück zu errichten, beteiligt gewesen. Als der Bau gerade begonnen worden war, hatte der Ausbruch des Ersten Weltkriegs den Arbeiten schon wieder ein Ende gesetzt. Nach dem Krieg war es Beumer nicht mehr gelungen, das Projekt richtig in Gang zu bringen, und seine Mitstreiter mußten schließlich erkennen, daß es unter dem Nationalsozialismus keinen Bedarf mehr an einem Denkmal zu Ehren eines nationalliberalen Helden gab.[9]

---

[7] WILHELM BEUMER, Eine Bismarck-Rede zum 1. April 1915, Kriegshefte aus dem Industriebezirk 5, Essen 1915, S. 14 ff.
[8] WILHELM BEUMER, wie Anm. 7, S. 13-18, bes. S. 15 f.
[9] Michael Dorrmann, Die Geschichte eines nicht gebauten Denkmals. Das Bismarck-National-Denkmal auf der Elisenhöhe bei Bingerbrück/Bingen, Berlin 1994 (Magisterarbeit), IX. Der lange Epilog: Denkmal der nationalen Erhebung, Thingplatz, Freiheitsplatz der Deutschen (1934-1939), http://docs.google.com/viewer?a=v&q=cache:1V6U-2p2WPcJ:www.michael-dorrmann.de/Resources/Bismarck_9.pdf+michael+dorrmann+IX.+Der+lange+Epilog&hl=de&gl=de&pid=bl&srcid=ADGEESjCPaoMqH6LjYNK8qgLy2ElCGbkthFzY7HI-abSjRE-ERQ6GFWGPvee438zNbHICIxbbzcL2-MHmLvOFvyZgyyy8cp-2om9GQItM-Rj6GOEaAkHh5PlEZbW270RbmqRcUflJBrL6&sig=AHIEtbQt14uaPSNCjTu-6r1y4hp7v8-OSw (04.04.2012)

DIETER SCHIDT

Carl Franzen
Der Architekt des Märkischen Museums
Eine Kurzbiographie

Architekt und Bauunternehmer

Carl Franzen wurde am 7.8.1861 in Barmen geboren, kam 1883 nach Witten und stieg als Architekt und Mitinhaber in das Bauunternehmen Lünenbürger ein, das er 1990 als Alleininhaber übernahm.[1]

Die Spuren der Bautätigkeit seiner Firma und seines Wirkens als Architekt lassen sich noch heute an vielen Stellen im Stadtbild nachvollziehen. Für den Verein für Orts- und Heimatkunde hat sich Franzen besonders als Architekt beim Bau des Märkischen Museums ausgezeichnet.

Abb. 1: Carl Franzen * 7.8.1861, †

---

[1] PAUL BRANDENBURG, KARL-HEINZ HILDEBRAND: Wittener Köpfe, Witten 2002, S. 47

Die besondere Innovation im damaligen Baugewerbe wurde von Lünenbürger & Franzen erfolgreich in die Praxis umgesetzt: das Bauen mit armiertem Beton. Als Mitglied im Verband Westdeutscher Eisenbeton-Unternehmungen konnte die Wittener Firma „wissenschaftliche Forschungen über die Berechnungsarten und Prüfungen der beim Beton- und Eisenbau verwandten Materialien"[2] nutzen und im Verbund mit insgesamt 24 Bauunternehmungen der Region Erfahrungen und Ingenieurswissen austauschen.

Der Bau des Märkischen Museums in Witten wurde in der genannten Broschüre (Anm. 2) eingehend dokumentiert und illustriert. Die folgende Abbildung stellt die Beton-Grundkonstruktion des Museums dar.

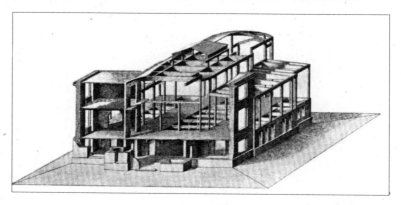

Abb. 2

„Die einzelnen Betonrippen bilden mit den Eisenbetonstützen eine steife Verbindung, wodurch die Stabilität des Neubaues bei geringen Stärken der Umfassungsmauern gegen seitliche Kräfte erhöht wird..."[3]
„Die tragende Eisenbetonkonstruktion konnte so unabhängig von dem Mauerwerk, ... von den Fundamenten bis Dach für sich allein fertiggestellt werden."[4]

2 VERBAND WESTDEUTSCHER EISENBETON-UNTERNEHMUNGEN: Bauausführungen der Mitglieder, Düsseldorf 1909, Bl. 2
3 Ebd. Bl.26
4 Ebd. Bl.26

Die Außenwände hatten somit keine tragende Funktion, sondern wurden als „Füllmaterial"[5] angesehen. Rein optisch blieb jedoch der Eindruck eines massiven Mauerwerks erhalten.

Für den Baumeister Franzen war dies keine architektonische Spielerei, sondern stand in engem Zusammenhang mit der beabsichtigten Funktion des Gebäudes: Es galt einen Museumsbau zu schaffen, bei dem man in den Ausstellungsräumen große Lichteinlässe ermöglichte.

Die Hauptfassade wurde in Werkstein, und zwar aus heimischem Ruhrsandstein, aufgemauert. Daher konnte ausnahmsweise auf der Straßenseite des Baus auf das Eisenbetongerippe verzichtet werden. Hier strebte der Architekt den Eindruck eines „Märkischen Hauses" an, vergleichbar mit einem „Edelsitz" oder einem „Patrizierhaus der Grafschaft Mark".[6]

Die Abbildung zeigt auch „Analogien zu einer Basilika"[7]. Besonders deutlich werden diese durch das – im Vergleich zu den Seitenschiffen – erhöhte Mittelschiff und die Apsis am Ende des großen Saales, den Franzen selbst „Gedächtnishalle" nannte.[8] Links und rechts des Eingangsbereichs sind die Fundamente der Wendeltreppe zu erkennen.

Die große Zufriedenheit des Vereins mit der endgültigen Gestaltung des Gebäudes drückte der Festredner Wilhelm August Pott in seiner Einweihungsrede mit den Worten aus: „... es war eine architektonische Zierde unserer Stadt"[9]

Später wirkte Franzen über seine Mitgliedschaft im Verein hinaus auch als Mitglied des Verwaltungsrates des Märkischen Museums.

Aus der langen Liste der von ihm im Wittener Raum mitgestalteten oder durch seine Firma errichteten Gebäude hier nur eine Auswahl: neues Rathaus von 1926, Wasserturm auf dem Helenenberg, Kaufhaus Alsberg & Blank, Gerichtsschule, Ev. Kirche in Bommern, Siedlung Witten-Ost, Werksanlagen wie Müllensiefen, Mannesmann, Bredt & Co, Korfmann, Wittener Hütte, Lohmann & Soeding, Reichsbahnausbesserungswerk.[10]

Ein weiteres Vereinsengagement, nämlich als Mitglied und Förderer der Turngemeinde 1848, gab ihm die Möglichkeit, an entscheidenden

5   Ebd. Bl.26
6   A VfOHM, VOH 3-2, S. 106
7   HEINRICH SCHOPPMEYER: Die Grundsteinlegung zum Märkischen Museum vor einhundert Jahren – am 18. Mai 1909. Jb VfOHM, Bd 110, 2010, S. 288-301, hier S. 300
8   A VfOHM, VOH 3-2, S. 106
9   A VfOHM, Ebd. S. 230
10 WOLFGANG ZEMTER: Witten aus alter Zeit, Witten 1992, S. 97-98

Baumaßnahmen mitzuwirken, nämlich beim Erwerb des Baugrunds für den Jahnplatz und bei der Errichtung der dazugehörigen Turnhalle.[11]

Vertreter des Oberbürgermeisters 1923-24

Als im Rahmen der Ruhrbesetzung am 15.1.1923 französische Truppen in Witten einzogen, kam auf Carl Franzen eine ganz außergewöhnliche Aufgabe zu. Oberbürgermeister Otto Laue wurde verhaftet und zu einem Jahr Gefängnis verurteilt. Der zweite Bürgermeister und Stadtrat Spanjer gingen gleichfalls ins Gefängnis, und Stadtbaurat Bewig wurde ausgewiesen. Franzen – bisher unbesoldetes Magistratsmitglied – übernahm die Aufgaben der Verwaltungsspitze und hatte sich fortan damit auseinanderzusetzen, dass die Besatzungsmacht mit eigenen Erlassen in das gesamte öffentliche Leben eingriff.

Die ohnehin vorhandene Wohnungsnot wurde durch die Beschlagnahmungspolitik der Franzosen weiter verschlimmert. Franzen sah sich einerseits mit willkürlicher Aneignung von Wohnraum durch französische Militärs und andererseits zahllosen Beschwerden Wittener Bürger konfrontiert.

Zur Regelung der öffentlichen Ordnung stand dem Stadtoberhaupt keine Polizei mehr zur Verfügung, lediglich eine kleine Truppe von Hilfspolizisten, über deren Status, Uniform und Bewaffnung fast während Franzens gesamter Amtszeit gestritten wurde.

Durch Inflation und Arbeitslosigkeit und der daraus resultierenden Not kam es immer häufiger zu sozialen Konflikten. Sozialdemokraten und auch Kommunisten traten jeweils mit ihren spezifischen Forderungen an Franzen heran. Arbeitslose drangen bis in sein Amtszimmer vor, und schließlich bekam er von den Franzosen sogar das Recht zugesprochen, eine Pistole zu tragen.

In Anbetracht dieser äußerst kritischen Situation ist hervorzuheben, wie geschickt Carl Franzen in zahlreichen Konflikten mit den Besatzern verhandelte und ganz pragmatisch Vorteile für die Wittener Bevölkerung aushandelte. Der inhaftierte OB Laue hingegen hatte auf dem preußischen Gehorsam dem Reich gegenüber bestanden und war zu keinerlei Kompromissen bereit gewesen.

11 CARL FRANZEN: Wie wir zu unserem Jahnplatz kamen. Fotokopie handschriftlicher Tagebuchaufzeichnungen, Mai 1941, A VfOHM, VOH-NLS 21-1

Franzens direkter Verhandlungspartner war in der Regel Major Tardy, den er in seinem Tagebuch wie folgt charakterisiert: „Bei vielen Anlässen .... hat er sich oft hinters Licht führen lassen. Wenn er es merkte, wurde er ab und zu hitzig."[12] Wie selbstbewusst er Tardy gegenübertrat, zeigen Bemerkungen wie „Ich antwortete, er sei im Irrtum." oder „Er wurde etwas kleinlaut und kam auf andere Dinge zu sprechen."[13] Einige der Strategien Franzens sind in den Stadtakten dokumentiert, so zum Beispiel in dem ständigen Streitpunkt der Nutzung der Wittener Bäder (des Hallenbads von 1911 und des Freibades am Wittener Ruhrufer). Franzen hat durch Proteste, zähe Verhandlungen und Kompromissvorschläge eine akzeptable Aufteilung der Badetage für die französischen Soldaten und für die Wittener erzielt.[14]

Nach dem Vorwurf eines Attentatsversuchs auf eine französischen Wachposten sollten ab Juli 1923 alle Gaststätten geschlossen werden. Franzen erreichte, dass Gasthäuser v.a. für ihre einquartierten Gäste weiterhin mittags und abends Essen servieren durften.[15]

Für Carl Franzen persönlich war diese Zeit als stellvertretende Stadtspitze eine Belastung. Am Ende seines Tagebuchs schrieb er, dass er während dieser Zeit seinen Beruf nicht mehr ausüben konnte und er „sich auch vereinsamen" musste, da er ständig beobachtet wurde. „Gasthäuser und Gesellschaften" blieben ihm verschlossen. Er musste „sein ganzes Tun und Lassen ausschließlich auf das Wohl der Bürgerschaft einstellen".[16] Trotzdem nahm er sich die Zeit, weiterhin im Verein für Orts- und Heimatkunde präsent zu sein. Das beweist sein Tagebucheintrag vom 14.5.1923: „Nachmittags 6 Uhr Verein für Orts- und Heimatkunde. Fr. Wilh. Aug. Pott legt das fertige Manuskript über die Geschichte der Stadt Witten vor."[17]

---

12 CARL FRANZEN: Franzosenzeit in Witten 1923, Tagebuch 9.1.1923 – 31.10.1923, Typoskript, A VfOHM, VOH-NLS 21-1, S. 139
13 C. FRANZEN: Ebd. (20.6.1923 und 2.7.1923)
14 StadtA Wit, 1.17a.52
15 StadtA Wit, 1.17a.47 (6.7.1923)
16 CARL FRANZEN: wie Anm. 12, S. 137
17 CARL FRANZEN: wie Anm. 12, (14.5.1923)

Kommunalpolitiker

Nur wenige Wochen nach Gründung der DNVP (Deutsche Nationale Volkspartei) auf Reichsebene entstand auch in Witten eine entsprechende Ortsgruppe. Einflussreiche Wittener waren in dieser Partei beheimatet: Oberbürgermeister Otto Laue, Stadtbaurat Georg Bewig und Carl Franzen, dessen Einfluss immer bedeutender wurde.

Die DNVP war eine konservative, nationalistisch eingestellte Partei, die die Monarchie hochhielt und sich gegen den Versailler Vertrag richtete. Republikanische oder gar demokratische Ideen waren ihr fremd.

Während der französischen Besetzung, die ja von französischer Seite mit der Durchsetzung der Versailler Friedensbedingungen gerechtfertigt wurde, mussten sich die Anhänger dieser Partei – so auch Franzen – besonders gedemütigt fühlen. Jede Annäherung von Deutschen an die französischen Besatzer sah er als Anbiederung, ja sogar als Verrat an. So verabscheute er die „schamlosen"[18] Wittener, die Platzkonzerten der Besatzungssoldaten lauschten oder im französischen „Konsum" Rotwein, Kaffee oder Schokolade kauften.[19]

Zur Kommunalwahl 1924 einte Franzen in seiner „Liste Franzen" alle rechten Parteien (v.a. DNVP und DVP) und erzielte mit diesem Bündnis 28,6%. Ganz offensichtlich hatte die gerade überstandene Ruhrbesetzung diesen Wählerkreis beflügelt.

Bei der nächsten Kommunalwahl 1929 – nunmehr in Konkurrenz zur NSDAP auf dem rechten Flügel – kam Franzens Liste auf kaum weniger Stimmen, erreichte aber durch die nach mehreren Eingemeindungen gestiegene Wählerzahl prozentual nur noch 16,5%.[20] Der erstarkende Nationalsozialismus bewirkte den Niedergang der Liste. Nach der Gemeinderatswahl 1933 war Carl Franzen nicht mehr im Stadtrat vertreten.

Carl Franzen verstarb am 2. April 1947 und wurde im Familien-Erbbegräbnis bestattet. Die kurze Straße, in der er mit seiner Familie wohnte und die heute noch seinen Namen trägt, hatte er auf eigene Kosten als Privatstraße bauen lassen. Erst in den 1980er Jahren wurde sie von der Stadt Witten übernommen.

---

18 C. Franzen: wie Anm. 12 (17.4.1923)
19 C. Franzen: wie Anm. 12 (31.8.1923)
20 Heinrich Schoppmeyer: Der Nationalsozialismus in Witten, Teil I, Aufstieg und Machtergreifung, JbVfOHM, Bd. 82/83, 1985, S. 29

Wolfgang Lippert

Klara Rheker
Museumsassistentin

Klara Rheker, Ehrenmitglied des Vereins für Orts- und Heimatkunde in der Grafschaft Mark zu Witten, war viele Jahre als Museumsassistentin die „Gute Seele" im Märkischen Museum. Von 1950 – 1952 gehörte sie dem Vereinsvorstand als Schriftführerin an.

Klara Rheker wurde am 30. Juli 1890 als zweites Kind geboren. Gestorben ist sie am 8. Januar 1970. Ihre Eltern führten eine Gaststätte auf der Hauptstraße, nahe der Feuerwache Altstadt. Sie wuchs zusammen mit ihrer älteren Schwester Elisabeth behütet im elterlichen Haus Röhrchenstr. 24 a in Witten auf. Während Elisabeth als „Haustochter" keinen Beruf erlernte, wurde Klara Assistentin der Geschäftsführung im Märkischen Museum, wie man heute sagen würde. Klara Rheker hat ihren Velobten im 1. Weltkrieg verloren. So blieb sie, wie ihre Schwester unverheiratet.

Klara Rheker war von Juli 1913 bis Juni 1956 bei der Stadt Witten als Museumsassistentin und auch teilweise in der Stadtbücherei beschäftigt. Nach ihrem Ausscheiden aus dem aktiven Dienst hat Klara Rheker ehrenamtlich weiter im Museum gearbeitet. Die letzte handschriftliche Eintragung im Zugangsbuch des Museums erfolgte am 26.11.1957.

Klara Rheker gehörte zu den Menschen, die zwei Weltkriege erleiden mussten. Sie war in beiden Kriegen persönlich stark betroffen. Im 1. Weltkrieg ist ihr Verlobten gefallen. Gegen Ende des Zweiten Weltkriegs explodierte im Garten ihres Hauses Röhrchenstr. 24 a eine englische Luftmine, die die rückseitige Fassade zum Einsturz brachte. Vielleicht gerade deswegen eilte sie nach Aufhebung des Fliegeralarms unverzüglich zum Museum um festzustellen, ob es auch dort Schäden gegeben hat und sie noch etwas retten konnte. Ihre persönliche Einstellung zur damaligen Regierung und zum Krieg kann man daraus erkennen, dass sie ein englisches Flugblatt „An die Arbeiter Westdeutschlands!", das sie morgens am 4. Juli 1941 im Garten ihres Hauses Röhrchenstr. 24 a gefunden hatte, all die Jahre in einem Umschlag aufgehoben hatte.

Mit Schreiben vom 18. Mai 1946 wird Fräulein Rheker vom Stadtdirektor Witten beauftragt den privaten Bibliothekenbestand einer Spenderin durchzusehen und die für den Wiederaufbau und die für die Ergänzung der Stadtbücherei infrage kommenden Bände zu bestimmen. Diese Bücher lagerten im eigenen, teilzerstörten Hause Röhrchenstr. 24 a. Die Stadtbücherei war am 19.03.1945 durch einen Brand zerstört worden, wobei 22.000 Bände vernichtet wurden.

Die große Not in der Nachkriegszeit wird auch durch ein Schreiben von Klara Rheker vom 07.01.1947 an den Herrn Oberstadtdirektor deutlich. Klara Rheker teilt mit, dass seit dem 6.1.47 der Kohlenvorrat des Museums trotz sparsamsten Verbrauchs aufgebraucht ist. Die vom Wirtschaftsamt zugeteilten zwei Zentner Briketts werden bei der großen Kälte nur wenige Tage ausreichen. Zu einer besseren Ausnutzung der geringen Kohlevorräte bittet sie, vormittags zuhause arbeiten zu können und nur nachmittags von 2 - 7 Uhr die Arbeiten im Museum zu erledigen. Im Falle der Genehmigung ist es auch möglich die Kunstausstellung weiter offen halten zu können.

Im Winter 1949 zog sich Klara Rheker eine schwere Gelbsucht zu, die sie zu einem dreimonatigen Krankenhausaufenthalt zwang. Im Anschluss an den Krankenhausaufenthalt nahm sie ihren Jahresurlaub zur Genesungsunterstützung. Leider reichte dies nicht aus, sodass sie nach ärztlicher Verordnung nur halbe Tage arbeiten durfte. Mit Antrag an die Stadtverwaltung – Personalamt – vom 18.5.1949 stellt sie noch einmal einen Verlängerungsantrag für die ärztlich verordnete Teilzeitarbeit, wobei sie betont, in der Vergangenheit häufig über die verordnete halbtägige Arbeitszeit hinaus tätig sein musste. Endlich am 18.7.1949 konnte Klara Rheker ihren Dienst wieder voll aufnehmen.

Mit Schreiben vom 19.6.1950 bittet der Museumsdirektor Herrn Oberstadtdirektor Lehmann Fräulein Klara Rheker die Teilnahme „Zum Tag der westfälischen Geschichte" durch Urlaub am Samstag 1. Juli 1950 und durch Übernahme der Kosten zu ermöglichen.

Klara Rheker war eine große Tierfreundin. Sie hielt sich immer Katzen, versorgte aber auch freilebende Katzen mit Futter. Eine gute Zusammenarbeit mit dem Tierarzt Dr. Fromm bei der Behandlung von erkrankten Katzen half ihr sehr dabei.

Eine gute Nachbarschaft mit gemeinsamen Abenden hat Klara Rheker bis zu ihrem Tode für ihr arbeitsreiches Leben entschädigt. Ende Dezember 1969 stürzte sie auf Glatteis bei einem Gang in die Innenstadt und brach sich dabei einen Arm. Wegen ihres Alters und weil sie alleinstehend war, wurde sie stationär ins Krankenhaus aufgenommen, wo sie dann an einer Lungenentzündung am 8. Januar 1970 verstarb.

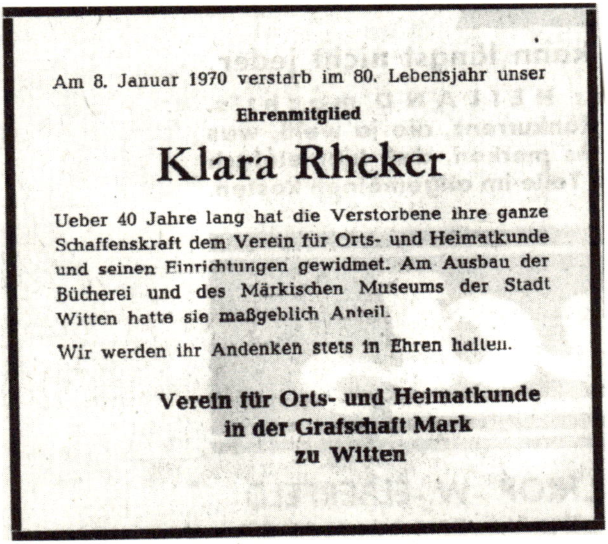

> Am 8. Januar 1970 verstarb im 80. Lebensjahr unser
>
> **Ehrenmitglied**
>
> # Klara Rheker
>
> Ueber 40 Jahre lang hat die Verstorbene ihre ganze Schaffenskraft dem Verein für Orts- und Heimatkunde und seinen Einrichtungen gewidmet. Am Ausbau der Bücherei und des Märkischen Museums der Stadt Witten hatte sie maßgeblich Anteil.
>
> Wir werden ihr Andenken stets in Ehren halten.
>
> **Verein für Orts- und Heimatkunde**
> **in der Grafschaft Mark**
> **zu Witten**

Abb. 1: Todesanzeige des Vereins für Orts- und Heimatkunde in den Ruhrnachrichten.

Bericht über das Geschäftsjahr 2012
(anlässlich der JHV 2013)

Die Jahreshauptversammlung des Vereins war zum 27. März 2013 ins Märkische Museum zusammengerufen worden. Über das Geschäftsjahr 2012 berichteten der Geschäftsführer, Hardy Priester M.A., und der Vereinsvorsitzende, Dr. Ralf Molkenthin.

Die Statue der Erzbischofs Engelbert ist nach der Jubiläumsausstellung erneut mit Zustimmung des Vereins bis Ende 2013 an die Dauerausstellung des Ruhrmuseums entliehen worden.

Vorträge

Die Serie der Vorträge des Vereins war keinem ausdrücklichen Generalthema gewidmet. Sie verwies aber erneut auf das breite Interessenspektrum des Vereins und seiner Forschungen. Im Einzelnen waren dies:

- 27.11.2012: Andreas Janik: Adelsgeschichte in Stein: Die Eickeler Epitaphen aus der Sammlung des Märkischen Museums.
- 11.12.2012: Dr. Axel Heimsoth: Alfred Krupp und die Eisenbahn. Produktion und Marketing im 19. Jahrhundert.
- 15.01.2013: Hardy Priester M.A.: Die Zentral-Werkstätte der Bergisch-Märkischen Eisenbahn in Witten zwischen 1863 und 1873 unter dem Begründer Moritz Stambke und dem Baumeister August Orth.

Der geplante Vortrag von Herrn Theil zur Sammlung Soeding musste verschoben werden. Alle Vorträge waren von 80-100 Zuhörern besucht.

Graf Engelbert-Gedächtnis-Essen

Das traditionelle Graf Engelbert-Essen des Vereins, zu dem sich ca. 50 Teilnehmer einfanden, hat am 19.04.2012 stattgefunden. Frau Irene Rumpler M.A. hielt den Festvortrag zum Thema: "Kunst und Köstlichkeiten" und berichtete dabei über die erste Verbrauchermesse in Witten.

Studienfahrt
   Die Studienfahrt führte uns am 18.08.2012 nach Dalheim und Wewelsburg. In Dalheim besichtigten wir das LWL Klostermuseum. In Wewelsburg besuchten wir die Erinnerungs- und Gedenkstätte 1933-1945 Wewelsburg sowie das Kreismuseum Wewelsburg. Unsere Fahrtleiterin Frau Hildegard Priebel hatte die Studienfahrt vorbildlich vorbereitet. Es gab insgesamt 50 Teilnehmer/innen.

Arbeitskreise
   Der Otto-Schott-Arbeitskreis unter der Leitung von Frau Irene Rumpler M.A. hat die Vorbereitung und Realisation der Ausstellung: „Wittener Stadt-Ansichten" übernommen. Sie wird im Sommer 2013 in Kooperation mit dem Märkischen Museum gezeigt werden. Damit zeichnet der Verein erneut innerhalb kurzer Zeit für die Produktion einer historischen Ausstellung verantwortlich.
   Der Arbeitskreis Kirchen und der Arbeitskreis zur Geschichte der Zentrums-Partei in Witten lassen ihre Arbeit momentan ruhen.
   Im geschäftlichen Teil trug Schatzmeister Ulrich Heinemann den Kassenbericht für 2012 vor. Sowohl Schatzmeister als auch der Gesamtvorstand wurden auf Vorschlag der Revisoren einstimmig entlastet.

Bibliothek
   Einen großen Neuzugang erhielt die Bibliothek aus dem Nachlass von Herrn Günter Röhrig. Die Herren Hans-Rudi Vitt und Otto Hülsmann ließen der Bibliothek eine ebenfalls beachtliche Bücherspende zukommen. Für 827,42 € wurden neuere oder antiquarische Titel angeschafft. Insgesamt umfasst die Bücherzugangsliste 511 Werke.

Archiv
   Für das Archiv wurden Präsentationsmappen, Anlagen- und Produktfotos der Deutschen Edelstahlwerke von Herrn Karl Hebeker übergeben. Weitere Unterlagen der Wickmann-Werke gelangten in den Archivbestand durch Herrn Manfred Rupalla. Aus dem Nachlass der Wittener Fotografin Olga Stratmann erhielten wir einen großen Fotobestand nebst Zeugnissen und Anstellungsvertrag.

Mitgliederstand
Am 01.01.2013 war die Anzahl der Mitglieder mit 380 zu verzeichnen und war bis zum Tag der Jahreshauptversammlung auf 381 gestiegen.

Haushalt 2011
Der Haushalt für das Jahr 2013 wurde einstimmig verabschiedet. Der Mitgliedsbeitrag beträgt unverändert 20 Euro.

R.M.

Anschriften der Mitarbeiter am MJbG 111 (2011)

Gerhard Bergauer, Stadt Bochum, Amt für Geoinformation,
44777 Bochum
bergauer@bochum.de

Wilhelm Hacke
Rüsbergstraße 15a
58456 Witten
wilhelm.hacke@arcor.de

Dr. Axel Heimsoth, Stiftung Ruhr Museum
Fritz-Schupp-Allee 15
45141 Essen
Axel.Heimsoth@ruhrmuseum.de

Andreas Janik
Altenhöfer Straße 116
44623 Herne
info@andreas-janik.de

Gerhard Koetter
Heinbergweg 16a
58455 Witten
gerhard.koetter@web.de

Dr. phil. Stefan Leenen, LWL-Museum für Archäologie
Europa-Platz 1
44623 Herne
stefan.leenen@lwl.org

Hilda Lemke
Julius Leber-Straße 6
58730 Fröndenberg/Ruhr
lemke.hilda@googlemail.com

Wolfgang Lippert
Dürener Straße 5
58454 Witten
wolfganglippert@hotmail.de

Dr. phil. Thomas Parent
Adlerstraße 11a,
44137 Dortmund

Dr. phil. Stefan Pätzold, StadtA Bochum- Bochumer Zentrum für Stadtgeschichte
Paulstr. 25a
44803 Bochum
spaetzold@bochum.de

Dieter Schidt
Alte Straße 19a
58452 Witten
di-schi-witt@t-online.de

Dietmar Scholz
Viktoriastr. 7
44575 Castrop-Rauxel.
d.scholz-cr@gmx.de

Prof. Dr. phil. Gerhard E. Sollbach
Waldstr. 2 A
58313 Herdecke
mariager@t-online.de

Raimund Trinkaus
Josephinenstr. 224
44791 Bochum
info@raimund-trinkaus.de

Vereinsanschriften:

Verein für Orts- und Heimatkunde in der Grafschaft Mark,
Märkisches Museum, Husemannstr. 12, 58452 Witten
Tel. 02302 581 2554
www.vohm.de

Konto des Vereins: Sparkasse Witten 24950 (BLZ 452 500 35)

Vorsitzender: Dr. phil. Ralf Molkenthin
Geschäftsführer: Hardy Priester M.A.

Der Verein widmet sich seit 1886 der Erforschung der Geschichte der ehemaligen Grafschaft Mark, des Ruhrgebiets, Westfalens und der Orte der Region. Die Ergebnisse der Forschungen werden in Vorträgen und in den Publikationen des Vereins vorgestellt. Der Mitgliedsbeitrag beträgt z.Zt. 20 € im Jahr. Aufnahmeanträge werden auf Verlangen zugeschickt oder können an der Rezeption des Märkischen Museum während der Öffnungszeiten erbeten werden.

Redaktion des MJbG:
Dr. phil. Dietrich Thier (geschäftsführend);
e-mail: dietrich.thier@rub.de
Dr. phil. Stefan Paetzold
Hardy Priester M.A.
Dr. phil. Olaf Schmidt-Rutsch